珍藏本
纪念版

汉译世界学术名著丛书

各国的经济增长

总产值和生产结构

〔美〕西蒙·库兹涅茨 著

常勋 等译

石景云 校

商務印書館
SINCE 1897 The Commercial Press

2017年·北京

Simon Kuznets

ECONOMIC GROWTH OF NATIONS

Total Output and Production Structure

汉译世界学术名著丛书
（120年纪念版·珍藏本）
出 版 说 明

2017年2月11日，商务印书馆迎来120岁的生日。120年前，商务印书馆前贤怀揣文化救国的理想，抱持“昌明教育，开启民智”的使命，立足本土，放眼寰宇，以出版为津梁，沟通中西，为中国、为世界提供最富智慧的思想文化成果。无论世事白云苍狗，潮流左右激荡，甚至战火硝烟弥漫，始终践行学术报国之志，无改初心。

迻译世界各国学术名著，即其一端。早在20世纪初年便出版《原富》《天演论》等影响至今的代表性著作，1950年代后更致力于外国哲学和社会科学经典的译介，及至1980年代，辑为“汉译世界学术名著丛书”，汇涓为流，蔚为大观。丛书自1981年开始出版，历时三十余年，迄今已推出七百种，是我国现代出版史上规模最大、最为重要的学术翻译工程。

丛书所选之书，立场观点不囿于一派，学科领域不限于一门，皆为文明开启以来，各时代、各国家、各民族的思想与文化精粹，代表着人类已经到达过的精神境界。丛书系统译介世界学术经典，引领时代思想，为本土原创学术的发展提供丰富的文化滋养，为推动中国现代学术和现代化进程做出了突出的贡献。

为纪念商务印书馆成立120周年，我们整体推出“汉译世界学术名著丛书”120年纪念版的珍藏本，寄望既利于文化积累，又便于研读查考，同时向长期支持丛书出版的译者、编者和读者致以敬意。

两甲子后的今天，商务印书馆又站在了一个新的历史时间节点上。我们不仅要铭记先辈的身影和足迹，更须让我们的步伐充满新的时代精神。这是商务人代代相传的事业，更是与国家和民族的命运始终紧密相连的事业。我们责无旁贷，必须做好我们这代人的传承与创造，让我们的努力和成果不仅凝聚成民族文化的记忆，还能成为后来人可以接续的事业。唯此，才能不负前贤，无愧来者。

商务印书馆编辑部

2017年10月

目　　录

表格目录

前　　言

本书是一项范围最初要广泛得多的计划的产物。原计划涉及10篇专论，其总标题是《各国经济增长的数量》。这些专论曾于1956年10月和1967年1月之间，作为《经济发展与文化动态》季刊的一部分或增刊出版过。本来打算整理这些专论，消除明显的错误，至少对写得较早的专论加进最新资料，把10篇专论编成一本较为有用的参考书。

但事实证明，修订工作一开展起来，就很难只进行编辑和补充最新资料的工作。我们不可能不研究新增加的重要资料，不可能不注意这10篇专论的内在联系，而当初撰写头几篇专论时，却没有（而且也不可能）清楚地看出这种联系。结果，修订已发表的头三篇专论中关于经济增长的结论就花了三年多工夫。这三篇专论中的结论涉及总体增长和各生产部门产量在总产值中的份额及各生产部门劳动力的份额（这三篇专论分别发表于1956年10月、1957年7月和1958年7月）。因为完成整个计划所需要的时间比我们预料的长得多，而且不能肯定最终能否完成，所以，看来最好还是先出版已经修订好的专论。无论以后是否修订和出版其他专论，这几篇专论本身都将引起人们的兴趣并给人们以帮助。

本书的许多内容也许是大家现在所熟悉的，如要全面而充分地讨论一个问题，这是不可避免的。但我认为，本书含有足够多的新内容，有资格成为论述经济增长的一本新书。最后一章的某些一般性讨论，是 1969 年 5 月我在剑桥大学的马歇尔讲座发表的两次讲演的内容。

原先的专论和目前本书的许多讨论，是在社会科学研究理事会经济增长委员会资助和创始的研究分析与估算的基础上进行的。

我非常感激莉莲·E. 韦克斯勒以娴熟的技术帮助我编制统计表、核对分析结果和校订原稿。也感谢耶鲁大学的古斯塔夫·拉尼斯教授，他对第五和第六章提出了有益的意见。还要深刻地怀念已故的哈佛大学出版社在这期间的领导人托马斯·J. 威尔逊，本书的出版得力于他的支持，是他促使我下决心编写这本书，并在编写的过程中给我以鼓励。

西蒙·库兹涅茨

第一章　经济增长率的水平和变化

本书是现代各国经济增长的数量特征的研究成果的总结，它主要的是对国民产值及其组成成分的长期估量进行分析与研究得出的。这样全面的综合的估量——在估量时要对显著不同的成分进行分类和度量——对观察与分析经济增长基本的数量进程是必不可少的，即使只是为了避免许多历史和理论研究中容易发生的错误，这种全面估量也是必需的。在许多历史和理论研究中，常常只是把靠不住的出自估计的细节编成一种似乎有理的叙述，或者只是用一些概括性的范畴做出无法验证的笼统的一般性的陈述。另外，如果我们企图发现某些经济增长的普遍特征并验证其适用的限度，在观察时就应包括各种不同的国家和不同时期。不相匹配的和不完整的资料使我们哪怕只对一个国家也难以归纳出一套全面的并能明确表述的度量标准；而这些困难几乎在任何对比研究的尝试中都是难以克服的。国民产值及其成分的估算，实际上是对散布在共同体系内的大量原始的但不全面的资料的概括。目前，国民产值及其成分的估算，一方面为摆脱由于对一系列国家全面度量的需要而引起的困境提供了唯一的出路；另一方面，它也为摆脱在系统分类的基础上占有充分详尽资料的近乎不可能性提供了一条出路。

现在能够收集到的只有少数国家的国民产值及其成分的长期数列资料，而这些资料通常有着不能断定的误差幅度。精确的全面资料的缺乏，特别是对于理解经济增长过程有决定意义的经济结构变动情况资料的缺乏，可能在描述和分析上会造成偏见。后者，虽然主要是现有资料的反映，既可以是过去曾被认为是经济增长的重要方面的业已形成的、但很可能是过时的观点的间接的反映；也可能是由对资料的需要和相应的统计数字的积累所引起的业已形成的、但很可能是过时的观点的间接的反映。一个社会分析家，在使用可以验证的、依赖社会积累起来的资料时，如果这种资料在对待何者是重要性上反映的是过去的观点，就会经常面对着这种危险。但这种危险是必须面对的，在使用现存的资料时，对它们的局限性要有充分的认识，并希望把这些局限性与有关的分析构想连接起来时能够发现一些东西。

关于在国民产值长期估算中的误差，人们只能说，这些估算是为大多数国家，特别是为发达国家，经过费力和持续的汇编与估算的结果，使之适合共同的一组明确地界说的经济概念，并且是大量基本统计资料的总括。就达到既精确又全面这两方面要求的困难以及必须对材料价值作出评价来讲，估算的误差是不可避免的，然而误差的程度不是简易地就能度量出来的。我勉力运用所有现存的估算，并在必要时指出各种估算之间的差异——因为即使仅仅能指出基本估算中可能存在的差异的粗略概数及其局限性，比起因无知或偏见因而有可能把人引入误解，前者也还是较为可取。误差应联系对估算的应用来判断，因它就是为了这种使用而进行的。对于某些资料的应用，可容许的误差幅度也会是相当大的。举例来说，与美国和瑞典相比，埃及和加纳的长期估算所依据的基础就不够充分。不过，国民产值的数列表明，自从19世纪后期以来，埃及的人均产值趋于下降或停滞；而同一期间，加纳的人均产值却表现出相当大的增长。这些发现是意义重大的，而且至少可以将其看成在欠发达国家之间增长经验多样化的一时的迹象。

总之，尽管有种种度量上的困难，国民产值及其组成成分的长期记录，在探索各国现代经济增长的普遍的和变异的特征时，仍然是必不可少的。此外，现存的估算，比之迄今曾尝试过的其他方法，能够得到更充分的比较分析，从而揭露出更多的事物。认识到了这种设想和困难，并事先在思想上有所准备，能学到的东西就可能多一些。

一个公认的国民产值定义这个问题，曾被这个领域好几代的学者详细讨论过。这些问题的讨论可以归类为三个论题：(一)定义的范围：涉及经济活动和社会生活的区分；(二)评价的基础：涉及把许多经济活动借以归并的公分母；和(三)净额和总额的确定：涉及对经济活动的费用和纯利润的区分。在这里，要充分讨论这三个复杂的论题是不可能的，我只能指出它们的处理对国民产值长期估算的主要影响。这将有助于避免两种极端的看法：概念的出入是如此之大，因而有效的估算是做不到的；或概念中存在的问题如此微不足道，因而这些估算都代表了没有疑问的记录。

一、总的说来，只有那些通过市场或通过家庭以外的其他社会机构的(例如政府)活动,才无疑地被承认为经济活动,并有可能在度量中充分地得到反映。家庭内的经济活动容易与其他活动混淆起来,而使人们无法说出家务劳动是否一种真正的经济活动,或一般来说只是生活的一部分。即使当这种活动被承认是经济上的,并可用人们参与这种活动所耗用的时数或生产出来的产品来度量,对它们的评价仍然是很不容易的。经济的增长常常是随着经济活动从家庭转移到市场来的,或者是随着市场或社会契约活动总量比之在家庭内的活动总量增长得更快而来的。由此就会导致长期产值估算趋向偏高(即他们夸大了增长率):为家内消费需要生产物品的活动(不管生产的是消费品或是资本货品)的省略,就任何一个很长的期间说,在发展的初期阶段比之在后期阶段会相对地更加重要些。对正被观察的国家和时期,如其经济增长业已相当巨大,这尤其是真实的。在其他条件相等情况下,经济增长越大,从家庭到市场(私的或公的)的转移也就越大,由对非市场生产不同程度的低估而引起的可能的向上偏斜就越大。

虽然我们不能对在下面要对其增长记录进行研究的许多发达国家都度量这种偏斜,但从美国的资料中可以找到其数量概貌。罗伯特·E.高尔曼的关于1839年(或1834～1843年)和关于1889年(或1884～1893年)的估算指出,在早年由农场建筑材料建造的(表式I)耕地改良的价值以及由家内制造的产品的增加价值(增加在那些如像1889年那样的经济结构则是要在工厂中加工的材料上的价值)总数达到不把这两项价值包括在内的国民生产总值的17.5%(按当年价格计算);到1890年代,这个比例只有

1.5%[①]。如果假定这个比例按不变价格计算是相同的话，国民生产总值半个世纪以来的增长率，不包括这些项目，是每10年51.0%；包括这些项目是每10年46.7%，几乎低十分之一。不管怎样，就对城市化和从家庭到市场的转移非常快的时期而说，这是真实的偏斜。

二、把各种活动列入国民产值，不论是按生产要素的贡献还是按活动出产的产品量，都是用价格这个唯一的社会决定的衡量体系来计算的。无论如何，这种权衡制度不是社会地规定的优先次序的如实反映，因为它可能由于政府干预及由于在收入和财富分配上的以及商品供应上的垄断因素而受到影响。在这种干预和畸变扩及的范围很广的地方，如在共产主义国家那样，使用国内价格作为权衡单位，在与别的不受这种干扰的国家的估算对比时，可能会妨碍有效的可比性。在这种和类似这种情况下，价格权衡应予核对和调整，但既然这是不容易做到的，我们常常被迫省略掉异常的国家和缩小比较的范围。即使是这个较为狭窄的比较范围，价格权衡，虽然是富有意义的，可能仍是有缺陷的，但除此已没有更好的别的选择。使用未加权过的局部的指数似乎可以避开上述问题，但任何局部的指数的重要意义都依赖于它的内涵，且其数量与增长同整体的联结不易辨清，这正是我们所关注的。价格权衡则提供了这种联结。

关于对国民产值的长期记录使用价格来权衡的问题，有两个

① 参阅他的《美国的国民生产总值1834～1909年》，载布雷迪编的《收入和财富的研究》，第30卷《1800年后美国的产出量，就业和生产率》，纽约哥伦比亚大学1966年版，统计表A—4、A—5、A—1，第26、35页。

特点必须注意。第一,从一个长时期中的不同期间选出来的价格权衡体系,和按不变价格表现的国民产值相比较,可能会产生不同的增长率。应用某一时期早期阶段的价格关系可能会产生更高的增长率,这是由于商品在早期年份定价会比较高,因而作为对较高价格水平的反应,就很可能比其他产品增长得更快,而它们的相对价格地位在这个时期终结时就可能低一些。相反,应用更为新近的价格关系体系来权衡,在国民产值上很可能会产生较低的增长率。这些困难,用混合的价格加权方法是不能解决的,这样只是搞混度量结果的含义。它也不能由应用连锁指数来解决,这个办法是把长期的指数转变为分段的价格加权指数使其同分成的许多短的链环(期间)相称,当整个长时期成为考察中心时,则再将这些短链重新联结起来。

“偏斜”这个词在其与“早期”和“晚近”价格权数的使用相关连时将使人误解。用“早期”和“晚近”价格权衡得出的国民产值不同的增长率,这些不是偏斜,而是从不同的占优势的情况所察看到的经济增长的反映。在前一种场合,这是用早期的——比如1860年的——同时代的眼光来观察的增长;而在后一种场合,则是用晚近的——比如说1960年的——同时代的眼光来观察的增长。人们可能会争论:总的经济增长应当始终从目前占优势的情况来考察,即使仅仅因为这样做比之从过去向前展望是更全面的见解。不管这种争论是非如何,通常的实践是使用最近年份的权数。这就意味着指数必须不断地修订和部分地重写历史。

价格数列的另一特质是,它有一个明显的不足之处:它们对质量变化缺乏敏感性。质量的变化在价格中是没有被反映的,除非它们通过某种显然的产品差异表示出来，而即使那样也还是很不充分的。两种后果随着而来：第一，总产值的组成成分是以用价格计算的实物产量指数为基础的，价格不能反映质量变化，将会导致低估由数列开始的价格计算所得出的增长率和由数列终点的价格计算所得出的增长率之间的差别。的确，假定的用数列开始的价格计算反映的增长率将会十分缺乏真实性。第二，也是更重要的，对于用价格指数"减缩"过的以当年价格为基础的总产值组成成分（例如，大多数服务业成分和许多高度精细加工的商品成分），价格指数（不论是以开始年的数量或终点年的数量为基础）反映质量变化的不足，将会导致对产品增长率的偏低估计，因为它可以假设在长期过程中质量改进远远超过质量退化。

对价格计算的影响和价格数列对质量的敏感性，在这里，没有切实可行的完善的测验。但是我们能够再次用美国的资料，把国民产值（用价格计算的总额）的增长率，同以主要的实物产量指数表示的增长率相对比。美国的国民产值像大多数长期数列一样，主要是用期末价格来衡算的，虽则在较长的分段期间，在价格基础上有某些变化。被引用的实物产量指数是不受价格影响，并限定为个别商品或要素成分的指数。由于这个例证只是对一个国家和一定时期说的，它只能有启发意义，但类似的详细的比较，即使对好些发达国家来说，它也是可行的。

在 1869～1878 年和 1960～1964 年之间美国的国民生产总值增加了约 16.8 倍。在相似时期（1870～1962 年）公立学校在校人数（平均每天在校人数乘以学年中的天数）增长了 14.2 倍；高中毕业生增长了 119.6 倍，而高等院校毕业生增长了 53.9 倍。在正规学校教育人数增长的同时，所有原动机（不包括机动车）的马力增长了 37.8 倍。因而劳动力的教育和可以由他支配使用的绝对动力要比国民产值增长得更快。[①]可以肯定，农产品的增长率如小麦（3.3 倍）、棉花（2.4 倍），换算为牛奶的乳制品（5.2 倍）都是远远低于国民生产总值的增长率的；另一方面，精炼糖的增长率（13.9 倍），雪茄和卷烟（分别以 10 和 1 加权；49.9 倍），以及钢锭和铸件（1 276 倍）都是接近或大大高于国民产值的增长率的。这个道理是要详细说明的，国民产值的增长率，虽则依赖于价格权数，但又是处在主要实物产量（或生产要素）的增长率的变动范围之内。因此，把国民产值增长率看成是实物产量增长率（它们没有一个是依赖于价格权数的）分布状态的中心趋向，这是最有用处并证明是对的。虽则这些引力可能影响这个中心趋向的确实位置，但是，部分地由于实物量增长率变动范围所给予的影响，部分地由于不同的产品——当这些产品由一个单一的主要要素（如像劳动）的实物投入量来度量的时候，在总量中具有的分量所给予的影响，它必然位于相对狭窄的范围内。[②]

① 除国民产值之外，所有的比率都是由美国人口普查局汇编的《美国的历史统计；殖民地时期到 1957 年》（华盛顿，1961 年）和《美国的历史统计；殖民地时期到 1957 年，延续到 1962 年和修订本》（华盛顿，1965 年）组 H229、H230、H232、H237、K233、K270、K302，第 188、195—197、203 页 S3 的材料计算出来的。

国民生产总值的比率引自表 1 所用的资料。

② 从上注所引证的资料来源，农业产量（价格或价值加权的）（组 K190）指数和制造业产量（组 P11—13）指数是能够计算得出来的，这些指数表明在 1870～1962 年间农业和制造业分别增长了 4.5 倍和 41.9 倍。对这些增长数字用 1870 年有收入的工人的份额（组 D57）来加权，大约分别为 3 和 1，我们得出了增长 13.9 倍，比国民生产总值增长倍数低得不很多；如果这个权数被调整为允许制造业中的劳动力有更高的教

三、在经济活动的费用与净利润之间的区别，或者在中间产品（在生产中使用的）和最终产品（为最终的使用者使用的）之间的区别，实质上是以我们认可的经济活动的基本目的是什么为转移的；而这些基本目的从一种社会制度到另一社会制度可能有所不同。但我们如果同意这样的看法：在最近两个世纪的经济社会中的基本目的是对最终消费者目前和未来的各种需要的满足，我们就能够画出区别的主要界线，并把问题缩小到会使我们感觉到这个界线移动的制度变革上。采用这个方式看问题，国民产值的长期记录是会有偏斜的，这是在经济增长过程中不断增长的社会复杂性的反映，是使用处在商业性费用和最终消费间的边界线上的资源不断增加的反映。在私营部门，有关职业培训费用支出的不断增长，有关工会、社团组织、银行和其他费用支出的不断增长等等，这一系列的支出是作为一个以赚钱为主旨的人，在复杂的城市文明中，为了有效地执行任务而欣然承担的。在公共部门，政府开支增长中的大部分，不是为最终消费者服务的，而是为中间产品服务的，不论它是为工商业的活动服务还是一般地为维护社会的结构服务都是这样。然而，国民收入惯常的估算则是把这些开支都作为最终产品包括在其内的；纵然事先有些知道它们中至少有一部分是属于生产的费用。在国民产值的长期数列中发生的偏高倾向，涉及一套度量方法能与更严格的最终消费和资本形成概念相适合的问题。

除这些经济的费用之外，可能还有不属于通常计算的非经济

育水平，则其增长倍数就会更接近于国民生产总值的增长倍数。可以肯定，农业和制造业的产量指数是由内部的价格加权的，但甚至用就业权数所得出的总产量增长率与以价格权数为基础的总产量增长率相比，其差别也不太大。

的费用——如在一些场合，为了增加经济的产品量，政治和智力的自由受到了抑制的那些场合可能有的那些非经济费用。国民产值的度量不能考虑这样的非经济的费用。因此，富有意义的比较必须设想为：或者是我们所关注的是经济的产品量，把非经济的费用撇在一边不管；或者是认为非经济的费用在我们准备对其进行比较的各国中间不是根本不同的，而总产值的总额可以被看成为净产值的代表。在比较研究中，这个设想妨碍了把具有不同政治和社会结构的国家都包括在内；不过，当这些差异大到足够具有决定性的时候，要作出决定是困难的。

国民产值的定义和度量这些复杂的问题，是从观察者要用一个尺度对延伸得很长很宽的时间和空间来进行观察时所引起的。然而，实际上，在现实世界所使用的则是不同的标准。在现实世界中，制度的变革，更改了现时所认为的什么是经济活动和什么是一般人类活动之间的分界线；在不同的市场中，评价的相对尺度是不同的和变动的；生活复杂性的不断增加致使在经济费用和净利润之间产生混淆。因而，仅仅有原始实际，那是不够的。实质上，“经济”这个概念本身，且不管经济增长，它是一种抽象；它是观察得到的生活潮流的变形，因为它夸大了某些因素，这些因素是意义含糊并且被无数的变动和偏差所包围着的。

然而，放弃研究经济增长的企图，拒绝把某些可比性和连续性引入变动中的历史实际，甚至会是一个更大的变形。它就会含有这样的意思，即在今天的和昨天的社会之间，在 1960 年和 1850 年的美国之间，或者在 1960 年的美国和当时的印度之间，不存在宗旨和组织上的相似性。这样的含义是与任何一个社会发展中历史连续性的大量因素不相符的，是与通过许多环节使世界上各种社会结成一个共同的传统不相符的。即使是单独的个人，他的寿命比社会要短得多，记忆、动机和决定都包括相当长的期间并涉及现在与过去的对比，他也否定这种没有连续性的两个不同和分开的世界。在时间过程中使相继的世代结合起来起纽带关系的这种连续事物是显而易见的。人们不得不去提炼一套共同的宗旨、一套共同的准则，为时间上和空间上的可比性提供基础——只要在历史连续性方面，或者在具有共同传统的社会一致中，没有重大的断裂，在几种不同的形式中就有一个公认的基础。

虽然人们普遍认为，需要一些超越制度上的更易或时间上和空间上的差别有关的共同基础，但对一定的国家和时期在特定的度量上，这条界线要确切地画在那里，可能还会有不同的意见。同时，为一套共同的宗旨和共同准则提出多种表达方式或公式，使它们的数量差别能得到最好的阐明，这样做将是合乎需要的。在为一个国家的某一段长时期中估算国民产值时，力图使它至少接近于偏斜量的常态情况，这会是可能的，也会是有用的。不过，在这方面令人满意的尝试，将需要详细的专题研究，因为只有对一个国家变动的制度结构进行细心详尽的研究，关于这种偏斜的有用的估算才能够有保证。这样的意图是应当欢迎的，而且人们希望他们不要很久就会做到。此刻，我们必须利用现有的长期记录来进行工作，纵然它们是粗制的并且常常是偏斜的，对于它们，可作为近似值来处理，为了从它们可能得出的结果而研究它们。

在下一章，仍主要以美国的资料为基础，试图寻找出一个近似值，它是可能把中间产品包括在内和误把资本投资分类为消费品的偏斜量常态情况的粗略的近似值。进而评论在总产值和生产率(每单位投入的产出)的增长率上调查研究的发现,两者都是用所谓常规的国民经济核算来度量的。

但是,这个尝试以及由上面说明中所提出的那些暗示是可以预见的。现有的数列中所表明的现代经济增长率是高的,而这些增长率中间的差异遮蔽了这些概念的偏斜,至少当概念是粗略地近似的时候会这样。而且,偏斜会部分地相互抵消:有些倾向于提高增长率,另外一些又会降低增长率。总之,反映在国民产值常规度量中的相似点和差异是真实的,并已为经济大事和各国之间经济财富的差异的研究者所普遍承认。通过经济增长率或按人口平均收入不同所表示的满足需要的能力的差别,不是统计上的假象。它们在流向消费者的商品量中,在人们所能运用的真实资本的贮存量中,以及在为使社会成员免于物质上的不安全所提供的保护中,都可看到它们的体现。虽然我们的度量是在概念的偏斜下进行的,如果要获得用数量表示的结果,度量就要有必不可少的基本准则作为依据,逻辑上一贯的概念的偏斜正是这种度量的重要意义的证明,而不是其否定。

表1　发达国家长时期的增长率、总产值、人口和人均产值

国别和时期	持续期间(年)	每10年增长率(%)			100年的倍增系数		
		总产值	人口	人均产值	总产值	人口	人均产值
	(1)	(2)	(3)	(4)	(5)	(6)	(7)
大不列颠—联合王国							
英格兰和威尔士,总产值指数1800年价格							
1.1695/1715至1765/1785	70	5.0	3.0	1.9	1.6	1.3	1.2
2.1765/1785至1785/1805	20	16.1	9.3	6.2	4.4	2.4	1.8

（续表）

国别和时期	持续期间（年）(1)	每10年增长率（%） 总产值 (2)	人口 (3)	人均产值 (4)	100年的倍增系数 总产值 (5)	人口 (6)	人均产值 (7)
大不列颠，国民总收入，1865和1885年价格							
3. 1801/1811至1851/1861/1871	55	28.4	13.9	12.7	12.2	3.7	3.3
大不列颠，国民收入，1913～1914年价格							
4. 1855～1864至1920～1924	62.5	23.0	10.7	11.1	7.9	2.8	2.9
联合王国，国民收入，1913年价格和国民生产总值，1958年价格							
5. 1920～1924至1963～1967	43	22.5	4.8	16.9	7.6	1.6	4.8
总　括							
6. 1855～1864至1963～1967（4—5行）	105.5	22.8	8.2	13.4	7.8	2.2	3.5
7. 1765/1785至1963/1967（2—5行）	180.5	23.7	10.1	12.4	8.4	2.6	3.2
法　国							
国民净产值，1901～1910年价格							
8. 1831～1840至1861～1870	30	26.3	3.9	21.6	10.3	1.5	7.1
9. 1861～1870至1891～1900	30	15.7	1.9	13.5	4.3	1.2	3.6
国内生产总值指数，1929＝100，1959年价格							
10. 1896至1963～1966	68.5	22.7	3.5	18.6	7.7	1.4	5.5
总　括							
11. 1861～1870至1963～1966（9—10行）	98.5	20.5	3.0	17.0	6.5	1.3	4.8
12. 1831～1840至1963～1966（8—10行）	128.5	21.8	3.2	18.1	7.2	1.4	5.3
比利时							
商品总产值指数，1953＝100，国民生产总值，1963年价格							
13. 1900～1904至1963～1967	63	20.3	5.3	14.3	6.3	1.7	3.8
荷　兰							
国民收入指数，1900＝100							

（续表）

国别和时期	持续期间（年）(1)	每10年增长率(%) 总产值(2)	人口(3)	人均产值(4)	100年的倍增系数 总产值(5)	人口(6)	人均产值(7)
14. 1860/1870至1900/1910	40	22.2	12.3	8.8	7.4	3.2	2.3
国民收入，1949年价格，国民生产总值，1963年价格							
15. 1900～1909至1963～1967	60.5	31.5	14.2	15.1	15.5	3.8	4.1
总　括							
16. 1860/1870至1963～1967（14—15行）	100.5	27.7	13.4	12.6	11.5	3.5	3.3
德　国							
国民生产净值，1913年价格，战前国界							
17. 1850～1859至1910～1913	57	29.2	11.1	16.3	12.9	2.9	4.5
国民生产净值，1913年价格，两次大战之间国界							
18. 1910～1913至1934～1938	24.5	18.0	5.9	11.5	a	a	a
国民生产净值，1913年价格，国民生产总值，1954年价格，联邦共和国							
19. 1936至1963～1967	29	47.3	14.5	28.7	a	a	a
总　括							
20. 1910～1913至1963～1967（18—19行）	53.5	33.1	10.4	20.5	17.4	2.7	6.5
21. 1850～1859至1963～1967（17—19行）	110.5	31.0	10.8	18.3	14.9	2.8	5.4
瑞　士							
国民生产净值，1938年价格，国民生产总值，1958年价格							
22. 1910至1963～1967	55	26.3	8.8	16.1	10.4	2.3	4.5
丹　麦							
国内生产总值，1929和1955年价格							
23. 1865～1869至1963～1967	78	32.5	10.2	20.2	16.6	2.6	6.3
挪　威							
国内生产总值，1910、1938、1955和1958年价格							
24. 1865～1869至1963～1967	98	31.4	8.3	21.3	15.3	2.2	6.9

（续表）

国别和时期	持续期间（年） (1)	每10年增长率(%) 总产值 (2)	人口 (3)	人均产值 (4)	100年的倍增系数 总产值 (5)	人口 (6)	人均产值 (7)
瑞　典							
国内生产总值，1913和1959年价格							
25. 1861～1869至1963～1967	100	37.4	6.6	28.9	23.9	1.9	12.6
意大利							
国民生产总值，1938和1963年价格							
26. 1861～1869至1895～1999	32	8.1	6.8	1.2	2.2	1.9	1.1
27. 1895～1899至1963～1967	68	31.4	6.9	22.9	15.3	2.0	7.8
日　本							
国内生产总值，1934～1936年价格，国民生产总值，1960年价格							
28. 1874～1879至1963～1967	88.5	48.3	12.1	32.3	51.4	3.1	16.4
美　国							
国内生产总值，1840年价格							
29. 1800～1840	40	52.3	34.1	13.5	67.0	18.8	3.6
国民生产总值，1860年价格							
30. 1834～1843至1859	20.5	60.2	35.4	18.3	111.5	20.8	5.4
31. 1859至1879～1888	24.5	47.4	25.9	17.0	48.3	10.0	4.8
国民生产总值，1929年价格							
32. 1880～1889至1910～1914	27.5	40.1	21.2	15.6	29.2	6.8	4.3
国民生产总值，1954、1958和1963年价格							
33. 1910～1914至1963～1967	53	35.1	14.2	18.4	20.3	3.8	5.4
总　括							
34. 1859至1963～1967（31—33行）	105	39.2	18.7	17.3	27.3	5.5	4.9
35. 1834～1843至1963～1967（30—33行）	125.5	42.4	21.2	17.5	34.4	6.9	5.0
加拿大							
国民生产总值，1935～1939年价格							

（续表）

国别和时期	持续期间（年）(1)	每10年增长率(%) 总产值 (2)	人口 (3)	人均产值 (4)	100年的倍增系数 总产值 (5)	人口 (6)	人均产值 (7)
36. 1870～1874 至 1920～1924	50	38.7	18.7	16.9	26.4	5.5	4.8
国民生产总值，1949 和 1957 年价格							
37. 1920～1924 至 1963～1967	43	44.4	19.4	20.9	39.4	5.9	6.7
总　括							
38. 1870～1874 至 1963～1967 (36—37 行)	93	41.3	19.0	18.7	31.8	5.7	5.6
澳大利亚							
国内生产总值，1911 年价格							
39. 1861～1869 至 1900～1904(F)	37.5	39.8	32.5	5.5	28.5	16.6	1.7
国内生产总值，1910/1911 年价格，国民生产总值，1938/1939 年价格，国内生产总值，1959 年价格							
40. 1900～1904(F) 至 1963～1967(F)	63	34.4	18.8	13.1	19.2	5.6	3.4
总　括							
41. 1861～1869 至 1963～1967(F) (39—40 行)	100.5	36.4	23.7	10.2	22.3	8.4	2.7

注：(F)财政年度开始于 7 月 1 日。

a. 时期太短不能用。

当需用 2 种或 2 种以上的产值概念来表明时，则将其按年月顺序在行首列出。当行首的年份用斜线号(/)连接时，表明资料是某个年份的；当用波纹线(～)连接时，表明资料是这一间隔期内所有年份的。

所有的比率是行首所指期间内每 10 年的等比级数，时期的持续是从终点日期的中点计算出来的。当终点日期包括几个年份或 10 年或大约 10 年时，产品的基本价值是各年价值的等比中项，或为五年时间的等差中项。基本人口数的估算一般是终止期间的中点数。除非另有指明，人均产值的比率是由总产值和人口数得出的。

行首所指的每一国家的最近时期(一般是 1950～1954 年至 1963～1967 年)的比率是以最近整理编制的历史数列或以联合国官方的资料为基础的；但当历史数列或联合国资料没有包括 1950～1954 年整个五年数字时，交叉期的日期在每一国家的注中予以说明。联合国的 1950～1954 年产值数字是未公开的资料，而 1963～1967 年的数字是引自联合国《国民账户统计年鉴，1968 年》第 1 卷，国别资料(纽约，1969 年)；而人口数字是引自联合国《人口统计年鉴》1965 年(纽约，1966 年)和 1967 年(纽约，1968 年)表 4。

大不列颠联合王国

1—2 行：总产值和按人口平均产值引自迪恩和科尔著《英国的经济增长，1688～1959 年》第二版(剑桥：剑桥大学出版社，1967 年)，表 20，第 80 页。

3 行：总产值出处同上，表 72，第 282 页。人口数字出处同上，表 3，第 8 页。

4 行：人均国民收入是联合王国的(包括爱尔兰)，出处同上，表 90，第 329—331 页。1855～1864 年数字已调整校订过。假定爱尔兰的人均收入是大不列颠的一半，把爱尔兰的数字排除掉了。1920～1924 年数字是表 90 所列 1921～1924 年人均收入的等差中项。对 1920 年，在假定人均收入大不列颠和联合王国(包括北爱尔兰)是一样予以校正。人口数字引自米切尔：《英国历史统计摘要》(剑桥：剑桥大学出版社，1962 年)第 8—10 页，对 1920 年在军事人员上有较小的校正。

5 行：1920～1924 年至 1950～1954 年收入总额和人口数是引自迪恩和科尔前引书，表 90，有一处有校正——1920～1924 年所使用的人均收入和 4 行同样计算。

法　国

8—9 行：人均收入引自佩鲁：《1780～1950 年法国经济增长概况》，收在库兹涅茨编的《收入和财富》丛书第五本(伦敦：鲍斯和鲍斯，1955 年)，表 5，第 69 页。人口数是以固定疆域的数列用对数插值法算的，数列资料引自库津斯基：《人口增长的度量》(伦敦：西德威克和杰克逊，1935 年)表 1，第 230—231 页。

10 行：1896 至 1950～1954 年的估算是以总产值和人均产值(1896～1929，1929～1963 和 1949～1963)的每年的变动率为基础的，资料来自马林沃等著《法国经济增长》，社会科学研究理事会历史地观察战后经济增长研究的一个油印的初步报告，(巴黎 1968 年 7 月)表 2，第 12 页。依据该报告第 15 页表 3 的每年生产指数，对 1949 和 1963 年之间的指数应用内插法求出 1950～1954 年的总产值。而后在 1949、1952 和 1963 年人口基础上计算出 1950～1954 年的人均产值，1949、1952 和 1963 年的人口数引自《人口统计年鉴》1965 和 1967 年，表 4。终止期是 1950～1954 至 1963～1966 年，因为联合国的国内生产总值数列终止于 1966 年。

比 利 时

13 行：1900～1904 至 1950～1954 年是农业、工业和交通运输业的生产指数，引自卡本涅：《比利时生产发展的研究，1900～1957 年》布鲁塞尔经济手册，第 1 卷第 3 号(1959 年 4 月)，表 1 第 358 页。包括有其他服务的总指数只是 1910 年和 1930 年两年，但既然这两个指数的长期趋势是类似的，范围更加限定的一种指数就用来代表总计的产值。人口指数，1900～1938 年和 1953 年的取自前引书，表 5，第 367 页。1952 年的人口数是在《人口统计年鉴，1965 年》，表 4 的基础上估算出来的。1950～1954 年至 1963～1967 年产值，联合国编的现有的资料是从 1953 年开始的。1950～1952 年的产值是利用京斯伯格的计算从1953～1954年产值外推得出的。京斯伯格的计算见:京斯伯格:《比利时国民总产值,1948～1962年》,布鲁塞尔经济手册,第19号(1963年第3季度),表2,第337页。

荷　兰

14行:产值的资料是采自博斯:《荷兰经济增长的长期趋势》(鹿特丹,1957年8月),系为1955年由社会科学研究理事会发起主持的一项研究而准备的一个油印的备忘录。指数是以农业和非农业产值的总和为基础。农业产值是从谷物、牲畜和奶类产品(包括蛋)的总价值指数计算出来的,计算时已对农业部门从其他部门购买的生产资料等进行了调整。借助于对农业和非农业部门就业人数的估算(也是取自博斯的备忘录),就得出农业中每一劳动者的平均产值。在假定1860年和1910年非农业部门按工人平均产值为农业部门的两倍下,计算出1860年和1910年的非农业部门总产值,而后用插值法再计算出1870年和1900年的非农业总产值。人口数取自博斯:《荷兰长期的人口统计的发展》(鹿特丹,1956年8月),油印本。

15行:1900～1909至1950～1954年按当年价格计算的产值和人口数是取自荷兰中央统计局:《统计和经济调查》(海牙,1957年第2季度),表18,第68页。以1949年价格计算的生产指数,见表9第63页。

德　国

17行:人均产值取自霍夫曼:《19世纪中叶以来德国经济的增长》(柏林,薛普林格出版,1965年)关于人口见表1,第172—174页,关于产值见表249,第827—828页。人口数出处同上,表1,第172—174页和表2第175页。1850～1859年的人口数中不包括阿尔萨斯和洛林。总产值是由人均产值乘以人口数得出来的,假定不论包括或不包括阿尔萨斯和洛林,这个国家的人均产值都是一样的。

18行:总产值是据17行注的来源和计算程序计算出来的。1910～1913年人口数是用1913年人口比率对17行所用的霍夫曼书中的人口数,(表1,第172—174页)校正后得出的。1913年人口比率的资料取自乔斯托克:《德国国民收入的长期增长》收在库兹涅茨编的《收入和财富》丛书第五本,表1,第82页。

19行:1963～1967年使用的是标准原始资料。德国1950～1954年人均产值(不包括萨尔和西柏林)是依据未公布的联合国产值资料和霍夫曼书内,表1,第172—174页的人口数字计算的,并假定它适用于更广的疆域,其人口数是在《人口统计年鉴,1965年》中报道了的,表4。1936年的数字是用联合国《统计专论》H辑第9号(纽约1956年)表2的总产值和人均产值指数对1950～1954年的估算数用外推法计算的。

瑞　士

22行:1910和1950年按当年价格算的总产值引自兹温格里和杜克里特:《社会产品是长期经济增长的度量工具》,《瑞士国民经济和统计杂志》,1964年1,2号,第356页,并用该书所提供的价格指数换算成不变价格计算的总产值。1950～1954年估计是以1950年数字的比率为基础得出来的,它对1950～1954年估算的比率是从联合国未公布的资料得来的。1910年人口数出处同上,第361页,1950～1954年人口数取自

《人口统计年鉴，1965 年》，表 4。

丹　麦

23 行：1865～1869 年的产值是从 1870～1874 年产值用外推法得来的，它是用布杰克和乌辛：《丹麦国民产值的研究，1870～1950 年》（哥本哈根：加兹，1958 年）表 3，第 146—147 页的 1870～1874 的净产值，再用约翰逊：《丹麦经济和社会发展 1864～1901 年》（哥本哈根：霍墨斯基金会，1962 年）表 73 第 193 页的当年价格并用布杰克、乌辛 1870～1874 年净产值数列表 2，第 144—145 页内含的价格指数予以缩小，而后再利用引自约翰逊书中的指数（第 54 页）用外推法推算到 1865～1869 年。1921～1924 年的产值数字取自布杰克、乌辛同上书表 3，第 146—147 页，将其进行调整使之不把南日德兰包括在内，这项调整是在假定这个国家不论其是否包括南日德兰在内它的人均产值是同样的。

1865～1869 年人口数是用库津斯基前引书，表 1，第 230—231 页中的估算再用对数插值法得出来的。1921～1924 年的人口数是用布杰克、乌辛前引书表 1，第 142—143 页的人口数，该数字包括南日德兰在内，已据《人口统计年鉴》1949～1950 年的表 2 所提供的数字为基础把南日德兰的人口予以减除。1921～1924 年至 1950～1952 年人口数引自布杰克、乌辛同上书，表 1，产值出处同上，表 3。

挪　威

24 行：1865～1869 年至 1930 年产值引自挪威中央统计局：《挪威经济的趋势，1865～1960 年》，《社会经济研究》第 16 号（奥斯陆，1966 年）表 13，第 130—131 页和表 13，第 150—151 页。1865～1869 年人口数字是用表 1 和表 2，第 24—25 页的数列用对数插值法计算得来的；1930 年人口数字引自《人口统计年鉴》1960 年，表 4。1930 至 1946～1949 年至 1950～1954 年产值是引自中央统计局：《国民账户》1865～1960，第 12 号，163（奥斯陆，1965 年）表 51，第 348—351 页，和表 53，第 356—359 页。

瑞　典

25 行：1861～1869 至 1950～1954 年产值引自约翰逊著《瑞典的国内生产总值及其构成，1861～1955》（斯德哥尔摩：阿尔姆格费斯特和威克塞尔出版社，1967 年）表 56，第 152—153 页。人口数字取自表 58，第 156—157 页。

意大利

26 行：1861～1869 至 1895～1899 年产值取自富亚：《论意大利的经济增长，1861～1964年》（米兰：基夫里，1965 年）表 3，第 60—63 页（净国民收入总数，新估价和折旧），人口数字取自中央统计局：《统计年鉴》，第 8 辑，第 9 卷（罗马 1957 年）表 37，第 251—252 页。

27 行：1895～1899 至 1951～1952 年产值和人口数，资料来源同 26 行。

日　本

28 行：1874～1879 年产值是根据修订的一桥数列（未出版）中农业和制造业指数

(两者都始于1879年)用外推法延伸到1874年得出来的。农业指数是总增加价值,用由山田三郎编制的环比指数缩减而得,引自大川一志、篠原美代平与梅村亦治编:《1868年以来日本长期经济统计的估算》第9卷,《农业与林业》(东京:东洋经济新报社,1966年),表13,第182页。制造业指数取自盐屋雄一:《工业发展的形式》载于劳伦斯克莱因和大川一志编:《经济增长:明治维新以来日本的经验》(霍姆伍德,伊利诺伊州,理查德·欧文,1968年)表3A—3,第104—105页。我对农业和制造业部门外推了一桥对1879~1883年产值的估算,并且假定1874~1878年S部门产值对A和M部门产值之和的比是同1879~1883年一样的。而后我把1874~1878年产值的估算加上一桥1879年的估算从而得出1874~1879年的平均数。1874~1879年中点的人口数是从1882年一桥的数列外推得出来的,该数列取自日本银行:《日本经济的百年统计》(东京,1966年)第一辑,第12—13页。与更早年份相比较的1935~1938年产值和人口数依据的是一桥数列。与更后年份相比较的1935~1938年产值引自《百年统计》第11辑,第51页,该资料原使用的是1934~1936年价格,我利用表51中内含的价格指数将其换算为按1960年价格计算的产值。1952~1954年产值取自《百年统计增刊》,它包含有修订的估算。1935~1938年人口数引自《百年统计》第1辑,第12—13页,1952~1954年人口数引自《人口统计年鉴,1965年》,表4。

美　国

29行:产值是保罗大卫论文中的指数的变式D,该论文为《1840年以前美国实际产值的增长,新的证据,有控制的推测》,《经济史什志》第27卷,第2号,(1967年6月)表8,第184页。人口数引自人口普查局:《美国的历史统计,殖民地时期至1957年》(华盛顿特区,1961年)组A2,第7页。

30—31行:产值引自高尔曼:《美国的国民生产总值,1839~1909年》载于布雷迪编:《1800年后美国的产量、就业和生产率》,《收入和财富的研究》第30卷(纽约,哥伦比亚大学出版社,为国家经济研究局出版,1966年),表A—1,第26页,人口数也是引自《历史统计》组A2的。

32行:产值取自库兹涅茨:《美国经济中的资本:它的形成和筹措》(普林斯顿:普林斯顿大学出版社为国家经济研究局出版,1961年),表R—25、R—26,第561—564页。1880~1889年的估算是在高尔曼的调整系数基础上校订的(见高尔曼表A—6,第40页)。它们是每五年按比例分配的,并把它应用于库兹涅茨估算的用当年价格表示的国民生产总值(不包括商品储存的净变化)。依据原来包含的价格指数将其调整为按1929年价格计算的总额。人口数引自库兹涅茨,表R—37,第624—627页。

33行:1910~1914至1930~1934年产值引自美国工商业经济局:《美国的收入和产量》(华盛顿特区,1958年)表I—16,第138—139页,和表I—2页,第219页。1930~1934年的人口数引自美国工商业经济局:《国民收入》1954年版,(华盛顿特区,1954年)第24—25页的表。用32行的估算作为指数外推到1910~1914年。1930~1934年至1950~1954年的资料见《总统经济报告》(华盛顿特区,1967年1月),产值见表B—2,第214页,人口数见表B—16,第232页。

加 拿 大

36 行：产值与人口数引自费尔斯通：《加拿大的经济发展 1867～1953 年》（伦敦：鲍斯和鲍斯，1958 年），表 88，第 280 页。

37 行：1920～1924 到 1950～1954 年产值的官方估计，始于 1926 年，载于厄克特和巴克利编：《加拿大的历史统计》（剑桥：剑桥大学出版社，1965 年）组 E45，第 132 页，用费尔斯通前引书，表 97，第 341 页上较早的官方国民收入的估算，再推回到 1920 年。1950～1954 年估算已调整过，以《历史统计》组 E71 和 E79，第 134 页个人收入估算为基础，调整到不把纽芬兰包括在内。人口数出处同上，组 A1，第 14 页，并在 1961 年人口普查数字基础上对 1950～1954 年的数字予以调整使之不包括纽芬兰的人口数。

澳大利亚

39 行：产值引自巴特林：《澳大利亚的国内产值，投资和外债，1861～1939 年》（剑桥：剑桥大学出版社，1962 年）表 269，第 460—461 页。人口数，1871～1875 年的数字取自库津斯基前引书表 I，第 230—231 页，用 1861～1890 年人口数的变化数列推回到 1861 年。1861～1890 年的人口数引自巴特林：《澳大利亚的殖民社会主义，1860～1900 年》载于艾特肯编：《国家与经济增长》（纽约：社会科学研究理事会，1959 年）表 2，第 33 页，1900～1904 年的人口数是用对数插值法计算得来的。

40 行：1900～1904 和 1920～1924 年产值和 1900～1904 年的人口数见 39 行的注。1920～1924 年人口数引自《人口统计年鉴》1960 年，表 4。1920～1924 至 1953～1954 年（财政年度）产值由澳大利亚国立大学社会科学研究院 D. 黑格对巴特林估算所作的一个未公布的修订本和增订本。人口数取自《人口统计年鉴》1960 和 1965 年，表 4。

一、平均的增长率：证据概要

表 1 提供了所有非共产主义发达国家的总产值、人口和人均产值的平均增长率。我们有这些国家 50 年以上的长期记录。在鉴别发达国家时，主要的准则是看它近年来的人均产值，是否高到足以表明该国在从事开发现代物质和社会技术经济潜力的尝试方面已相对地取得成就。在表 1 中确实没有一个国家在 1965 年人均的国民生产总值少于 800 美元的（参见表 2）。但是人均产值只是一个尺度。一方面，有好些国家（其中有许多是小国）有巨大的

自然资源(巨大一词是相对于这个国家的大小及其人口数量来说的),享有金融的收益,呈现出很高的人均产值,尽管它的经济和社会结构是落后的(例如:文莱、科威特、荷属安的列斯群岛,甚至委内瑞拉)。另一方面,像日本这样的国家,用发达国家的标准来看,它的人均产值是相对低的;但由于具有先进的生产结构,虽然天赋自然资源是贫乏的,仍属于发达国家的集团,区分的界限是以经济和社会制度的成就为基础,而不是以自然天赋为基础。

由于共产党国家借以保证经济增长的社会结构和制度方式同非共产党国家有很大不同,因而,就不适宜把苏联(应当列入发达国家集团的重要大国)的记录和表 1 中那些国家随便对比。正如业已指出的,商品和劳务总和产量的增长,只有在反映现行各种社会与制度的实际状况的权衡尺度大致相同时,才是可以比较的;如果一国用来保证这种增长的方法是不为他国所接受的,那么它们就是不可比较的。在这种场合,苏联和其他发达国家之间要有可比性,就要求费心地重新计算并变换权衡尺度——这是一项超越本书实际涉及范围的工作。

也没有把人口少于 200 万的非常小的国家(例如卢森堡)包括进发达国家集团,因为像这样小的国家的经济增长是难于独立的。诚然,在一切国家间都存在着相互依存的因素,即使是最大的国家也不可能被看成是完全独立的(这里,独立的意思是指:如果它被完全孤立起来,它的增长也将会是同样的),但有一个依赖程度问题。在现代经济世界中,极小国家的卫星地位使其经济增长记录和其他国土较大依赖性较少的国家的经济增长记录相比较时,在分析上就显得不合适。

就某种意义来说，表 1 中所列的 14 国差不多把发达国家都包括在内了。新西兰没有包括在内，因为该国可以收集到并能对之进行检验的资料，只有二次大战后年代的。南非联邦未被包括在内，因为把该国黑白居民都包括在内的人均产值较低，虽然其白种居民的人均收入是相当高的。这表明，南非虽已实现了显著的经济增长，但实际上还不足以把全体居民按每个工人和人均产值提高到和那些目前是发达国家的可以相比的水平。

表 1 中在把时期区别分类为几段时，只有两种间断的形式。第一，当这个记录包括了这个国家经济历史上的工业化以前的时期，一个现代以前的发展阶段——如对英格兰、威尔士和英国，意大利和美国——就把较早时期同较后时期区别开来，较后的时期则假定为代表了现代经济增长时期该国的经验。在疆土或政治重大分裂的情况下，对漫长连续的时期也予以分开，如二次大战前和二次大战后的德国。第二，当估算所包括的各种时期如其基础或所包括时期内资料的连续性有显著的不同时，平均数或是从资料更可靠和连续的数列更完整所包括的年份较短的时期求得的，也有是从首尾包括的年份更长的时期求出来的。对法国、荷兰、美国、加拿大和澳大利亚，就是这样做的。平均数也有整个时期的，其首尾年份包括战争年代及战争刚结束后的年代，以避免要做出战争的立即后果是在那个年份终止的这种困难的决定，以及战争是不是构成现代经济增长整体所必要的部分这种困难的决定。对这些年份的省略会产生不符实际的描述。进一步的证据将在表 4 中提供，在该表中，把漫长的年代分为几个时期，某些包括重大的战争，与另一些不包括战争的时期被区分开来了。

最后，我所使用的长期记录主要是总产值(即以要素费用或以市场价格计算的国内生产总值或国民生产总值)，因为它们比净产值数列更易于搜集到；从逻辑的观点来看，应该说，净产值是更为合适的。但由于这里包括的是很长的时期，同时，所考察的是增长的高度，因而，在总产值和净产值概念之间(或者在要素费用和市场价格之间)增长率的差别就变得微不足道了。正如我们将要指出的：在固定资本消耗所占比重的通常变化下(总产值与净产值之间的差额)，总产值在每年3.0%或每10年34.4%的典型增长率，就意味着净产值每年2.9%或每10年33.1%的增长率。依据要素费用和依据市场价格求得的增长率之间的差异，当两者用产品的不变价格为基础计算时，就很长的期间来说，也是小到无足轻重的。所以我们在这里就不考虑这些差别，并把表1中的增长率看成是总和产值各种计算方式的表现的代表。

在总结表1中的材料时，我集中注意于长期的平均数——设想的是每一个国家自其开始现代经济增长以来迄今所呈现的长期的平均增长率(第7、12、13、16、21、22、23、24、25、27、28、35、38、41诸行)。这个设想对其记录很长并能延伸到现代经济增长开端时的国家(英国、法国、德国、挪威、瑞典、美国、加拿大和澳大利亚)是完全现实的。不过，对加拿大和澳大利亚来说，是存在一些问题的，比如现代经济增长究竟从何时开始，但整个时期已被包括在内，因为记录中早期的一段时间内没有证据表明：人均产值，先是明显地较低的增长率，接着来的是上升到较高的增长率。这个设想对其记录往后延伸不够远、但其现代经济增长时期只有很短一段期间未能被包括在内的国家，也是同样有效的(例如日本大概就是这样，丹麦也可能如此）。可是，比利时和瑞士的记录只回溯到20世纪初期，它们的现代增长时期有相当的一段期间没有包括在内；荷兰尽管有较长期的记录，也有相当一段现代经济增长时期未被包括在内。然而，有50～70年这么长的期间被用以表现增长的特征是够长的了，加上更早的未被包括在内的几十年，对这个参数不会有很大修改。无论如何，把它们包括进去比之完全没有包括进去似乎更好些。①

（一）、按人口平均产值增长率的变动范围，从澳大利亚、荷兰

① 作为一个国家进入现代经济增长过程标志的经济增长的大大加快，一般也同时伴随着总人口中城市人口份额的加速上升；现有的城市人口比例的数列，对确定经济现代化发端的时日可能有帮助，从而断定我们的数列所要包括的期间。下面所引的城市人口比例，有一个是例外，系引自韦伯的古典专题著作，《19世纪城市的增长》哥伦比亚大学，历史学、经济学和公法的研究，第11卷（纽约，麦克米伦，1899年）第47、71、82、84、110、111、113、115、116、117页。

斯堪的纳维亚各国的发端日期似乎是在19世纪后半期。这样，在丹麦，城市人口1801年占总人口的20.9％，1860年还只有23.7％，而到了1890年，就增至34.0％（单是哥本哈根的人口份额就从占10.9％变为10.4％，而后又升到17.3％）。在挪威，城市人口比例，1801年是10.7％，1855年是13.6％，1891年上升到23.7％。在瑞典，城市人口1805年是总人口的9.6％，1860年占11.3％，1890年上升到18.8％。这种证据在托马斯：《瑞典人口移动的社会与经济面面观，1750～1933年》（纽约，麦克米兰，1941年，表78，第42—43页）一书中得到进一步证实。该书指出：人口2 000以上的城市人口的比例，在1800年是7.3％，1865年是10.8％，1895年是19.6％。瑞士的记录回溯得没有这么远，但其趋势也是一样的，人口5 000或以上的城市人口比例1822年为6.5％，1850年为12.7％，1888年上升到24.7％。

看来，比利时在更早时期就显出了城市人口的加速增长：人口一万或一万以上的城市人口所占的份额是：1802～1815年占13.5％，在1846年上升到20.8％（包括郊区）到1890年再上升到34.8％（也包括郊区）。在荷兰，城市人口比例，在19世纪初就已颇高，在十九世纪后半期又有相当大的上升：人口一万或一万以上的城市人口比例，1795年是29.5％，1849年是29.0％，而1889年是43.0％。人们可以设想，在这两个国家，城市增长和经济增长的速度在十九世纪中期以后就加快了。

和英国的每10年10%—12%，到瑞典和日本的每10年29%—32%。余下九国为一组，它们每10年的增长率是在14%—23%之间。

（二）、同人均产值长期增长率的变动范围相对较窄相比，人口增长比率的变动范围要宽阔些。在这里，各国对照之下的较大差别是分明的并且是预见得到的：在欧洲的海外后裔（美国、加拿大和澳大利亚）的人口增长率，每10年为19%—24%，而日本和欧洲国家（比利时、法国、瑞典和意大利），它们中有些国家每10年的人口增长率只有7%或更少。即使在欧洲地区，人口增长率的变动范围也是相当大的，它从法国的3%到荷兰的13%以上。

（三）、在发达国家的样本中，人均产值和人口的增长率之间不存在确定的联系，至少在表1中所列出的长时期内是如此（工业化以前的时期除外）。人口增长率低的国家不一定显现出人均产值的高增长率（否定的联系），同时，人口增长率高的国家也不一定显现出人均产值的高增长率（肯定的联系）。人口增长率最低的法国和人口增长率较高的欧洲海外后裔国家，所显现的人均产值增

（接上页）对于具有长时期总产值记录的许多国家，其城市人口比例的数列进一步证实了这些调查研究的结果。这样，在英格兰和威尔士，所有人口二万或二万以上的城市人口的比例，1801年已经高达16.9%，1851年上升到35.0%，1891年更升为53.6%——显现出至少自19世纪初起就持续地增长了。在法国，人口2 000或2 000以上的市镇人口比例：1801年为20.5%，1836年只是22.2%，1851年上升到25.5%，1891年为37.4%。在德国，1890年的25个大城市的人口在1819年为总人口的4.7%，1855年仍只为6%，1890年就上升到12.1%；而在普鲁士，这个德意志最大的组成部分，城市人口1816年为25.5%，1855年仍只有27.7%，1895年上升到40.7%。引证欧洲海外后裔——美国、加拿大和澳大利亚——的比例是没有意义的，因为，我们往后追溯的经济记录已经足够远了。

长率都接近于总平均数或稍高于总平均数。[①]

（四）、虽然在人口增长率和人均产值增长率之间不存在确定的联系，总产值增长率的变动范围比人均产值增长率的变动范围要略大一些。但有些人口迅速增长的国家，它们的人均产值增长率也是相当高的（例如美国和加拿大）；而有些人口增长率相当低的国家，其人均产值增长率也有低于平均数的（例如比利时）。总产值增长率的变动范围，从比利时的每10年大约20％到日本的48％以上——伸展达28个百分点，对比来说，人均产值增长率只伸展大约22个百分点。正如将在以后要说明的，增长率的这种差别，对于发达国家间经济力量重要性的急速转移将发生相当大的影响。

（五）、在发达国家中即使最低的人均产值增长率也要比现代化以前时期的增长率高得多，要比好些欠发达国家的直接证据所显示的和间接证据所证实的增长率高得多。而且要比在以前许多世纪内它们所能有过的增长率高得多。除少数例外，如法国，这对人口增长讲也是正确的，对此我们过去的记录是相当充分的。这些记录表明，在上一个半世纪和两个世纪期间，发达国家中的人口增长率比之以前的长时期要高得多。有了人均产值和人口这两个如此有历史意义的高增长率，它们的总产值必然是高的。的确，发达国家的经济增长率实在令人震惊。在较老的欧洲国家中，经济增长率在一个世纪中增长了6—24倍，在欧洲的海外后裔国家，一

① 表现人口增长率和人均产值增长率之间相互关系的斯皮尔曼系数级别——在日本和欧洲10个发达国家是0.05——在所有14个发达国家是0.27。没有一个系数在统计上是重要的。

个世纪间倍增系数的范围为 22—34 倍,而日本则是 50 倍以上。既然在先前的许多世纪中欧洲的人口是按大约每世纪 17%的比率累进增长的,[①]其人均经济产值必然增长得非常缓慢,每世纪增长的倍数必定是变动在 1.25—1.50 的范围内,或者说不到现代时期增长倍数的四分之一至二十分之一。

在现代经济增长中,总产值,特别是人均产值相对高的增长率,可以从发达国家目前的人均产值,用外推法回溯到当初它们进入现代经济增长过程时的人均产值而进一步证实。目前发达国家人均产值的这些始初水平将表明表 1 中所示的人均产值高增长率是否在现代以前时期就已出现;同样,也将表明在现代发展的几十年中,这些高增长率是否能够解释今天发达和欠发达国家中人均产值上引人注目的重大差别。

外推法推算的结果总括在表 2 中。

在表 2 中,记录追溯到这个国家进入现代经济增长时的年份,这个年份是能知道的,即使这只是大致上差不多的。这种外推法回溯到的时段(在英国是 18 世纪末,在法国和美国是 1930 年代,等等),当能够合理地使现有的记录包括现代经济增长的全部时期时也同样是这样做的(如对德国、斯堪的纳维亚国家、加拿大和澳大利亚)。最后,当记录是短时期的(如比利时和瑞士),或者不可能回溯到所想望的开始时期的实际界限时,我就外推回溯到一个世纪前(对瑞士),或回溯到 1830 年代(对比利时和荷兰)。结论是

① 在 1000 和 1750 年之间,欧洲人口每 10 年增长了 1.6%(参见库兹涅茨:《现代经济增长:比率、结构及扩展》,纽黑文,耶鲁大学出版社,1966 年版,表 2.11 第 35 页)。

大致的、不精确的，部分是因为现代经济增长发端时间的不确定性，部分是因为我们长期记录的统计的和概念的条件限制，但它可以被看作是以终止期的价格权数为基础所得到的估算。虽然是大致的，但作为数量大小的粗略顺序，以支持由这个估算所引出的结论和推

表 2　发达国家在现代增长开始时近似的人均产值

国　　别	人均国民生产总值 1965 年（美元）(1)	外推至发端日期		
		年　份[a] (2)	约简倍数（增长）(3)	人均国民生产总值，发端日期，(1965 年美元) (4)＝(1)栏：(3)栏
1. 联合王国—大不列颠	1 870	1765～1785	8.23	227
2. 法国	2 047	1831～1840	8.46	242
3. 比利时	1 835	(1865)	3.80	483
		(1831～1840)	5.63	326
4. 荷兰	1 609	(1865)	3.27	492
		(1831～1840)	4.64	347
5. 德国[b]	1 939	1850～1859	6.41	302
6. 瑞士	2 354	(1865)	4.45	529
7. 丹麦	2 238	1865～1869	6.05	370
8. 挪威	1 912	1865～1869	6.65	287
9. 瑞典	2 713	1861～1869	12.64	215
10. 意大利	1 100	1895～1899	4.06	271
		1861～1869	4.22	261
11. 日本	876	1874～1879	11.88	74
12. 美国	3 580	1834～1843	7.56	474
13. 加拿大	2 507	1870～1874	4.94	508
14. 澳大利亚	2 023	1900～1904	2.18	930
		1861～1869	2.66	760

a. 圆括号内的年份是推测的。

b. 德意志联邦共和国 1936 年的人均收入与二次大战前疆域的人均收入相差仅 2%。

1 栏：用《国民账户统计年鉴》1968 年，卷Ⅱ《国际表》，表 2C 中以 1966 年美元计的人均国民生产总值，再据美国国民生产总值内含的价格指数，而后将其转换为以 1965

年美元为基础的人均国民生产总值。美国国民生产总值见《总统经济报告》(华盛顿特区,1968年),表B—3,第212页。这些估算是用《国民账户统计年鉴》1968年,卷I,《国别资料》的国民生产总值和《人口统计年鉴》1967年,表4中的人口数,得出按不变价格计算的人均产值,而后再外推到1965年的。法国、瑞典和澳大利亚的人均产值是以国内生产总值为基础的。

3栏:是从表1推导得来的。

论,它还是足够的。①

① 把这外推得到的估算同马尔霍尔对1890年代中期看来根据不充分的人均收入的估算相对比,我们得承认(正如我们必须做的),马尔霍尔的估算有它一定的价值;那就是马尔霍尔的关于欧洲各国和它们的海外后裔有关经济数量的评价,都是相当好的。为了对比,我运用美国总产值记录中内含的物价指数,把1965年价格换算为1895年价格;再把用1965年美元表示的人均国民生产总值的估算,外推到1895年;最后,按官方汇率1镑约等于5美元的比值换算为英镑。其结果(以1895年价格计算的人均英镑数)如下:

	马尔霍尔估算的收入	外推的国民生产总值		马尔霍尔估算的收入	外推的国民生产总值
1. 大不列颠	38.8	42.0	8. 挪威	18	17.0
2. 法国	31.2	27.8	9. 瑞典	22	34.2
3. 比利时	28.3	31.4	10. 意大利	14	11.8
4. 荷兰	25.8	26.2	11. 美国	44	47.0
5. 德国	24.7	25.6	12. 加拿大	36	36.8
6. 瑞士	23.3	36.2	13. 澳大利亚	49	39.4
7. 丹麦	27.3	27.4			

马尔霍尔的资料引自马尔霍尔所著《各国的工业和财富》(伦敦:朗曼斯·格林,1896年),第58、96页;法国、比利时、荷兰、德国、瑞士、丹麦、意大利、美国和加拿大,第391页;挪威和瑞典第229页;澳大利亚第347页。推算是以表1中所引证的记录为基础外推的,用美国的价格指数换算到1895年价格(用于总产值)这个指数以1895年为100,在1965年是458。

在13国中的8国,外推的人均产值和马尔霍尔估算数之间的差额,均少于10%。较大的不一致是瑞士和瑞典,两国按马尔霍尔的估算数比外推法计算的价值几乎低三分之一;而在澳大利亚,马尔霍尔的估算数则比外推得来的价值约高四分之一。看到这么多国家,特别是较大的国家,两种估算是这么接近,这是颇有兴趣的和可以置信的。

结论是：除了日本是唯一的例外，发达国家在它们开始进入现代经济增长的前夕，人均产值的最初水平是相当高的，其变动范围从 215 美元、227 美元（按 1965 年价格）（瑞典和英国）到欧洲海外后裔国家的 474 美元到 760 美元；每一个现在的发达国家，除日本外，是在人均产值超过 200 美元（按 1965 年价格）时开始其现代经济增长时期的。日本是独一无二的，它的最初人均产值很低，处于亚非人口众多的欠发达国家那样的人均产值的现行水平范围之内。

两个推断如下：第一，如果现代经济增长是以一个世纪内人均产值倍增的范围大约 5 倍为其特征，又如果欧洲大多数老牌发达国家是于人均产值在 200 和 250 美元之间开始其现代经济增长的，这个推论对老牌的欧洲国家就是完全贴切的。工业化前的时期就不能够有这样高的增长率。如果欧洲国家最低限度的人均产值定在 50 美元（按 1965 年价格计算的国民生产总值），这是埃塞俄比亚和若干经济发展状况极低的其他的非洲国家目前的人均产值，对照起来，这毋宁说是一个较低的数字，在增加 5 倍的假设下，为要从人均产值 50 美元增加到恰好 250 美元，那就刚好等于工业化前发展的一个世纪；那就意味着在开始现代经济增长前一直回溯到中世纪早期都一直是停滞的——一个与历史记录迥异的图景。实际上，表 1 表明了，英格兰在 1770 年代的增长率只达到了一个世纪 1.2 的增长系数；而在意大利，在 1860 年代和 1890 年代之间人均产值的上升大约是 1%。我们也知道欧洲海外后裔在其现代经济增长中，人均产值从一开始就有高于其母国的倾向——如果我们把这些后裔原先曾经历了的一个被奴役的殖民地阶段不考虑在内的话。总之，表 1 中所表明的发达国家人均产值的增长记录代表了它们在进入现经济增长以后比之在现代以前时期中的增长率引人注目的加速度，在西欧，增长达到了九倍。①

第二个推断是，在现今的发达国家中，在现代一个世纪到一个半世纪期间，人均产值的高增长率必然会对人均产值目前甚大的国际差异的形成起着重大的作用，有利于发达国家的**最初**水平的差异（日本仍是例外），必然也对此起着重大的作用。表 2 表明发达的欧洲国家 1965 年人均国民生产总值的变动大约在 1 100 美元到 2 700 美元间，其代表性的中等水平约为 1 900 美元。东亚和东南亚（不包括日本）1966 年人均的国民生产总值是 114 美元；而撒哈拉以南的非洲，不包括南非和南罗得西亚，约为 98 美元；②而该年这两个集团国家的人口数字约为 12 亿。因此差距约为 19∶1。如果我们假设，在最近世纪中欧洲发达国家集团的人均产值增加了四倍（这可能是过高了），同时假设不发达国家集团的人均产值没有增长（且对已经发生的任何增长暂置不管，因而结果是对最初水平差异的低估），一个世纪之前最初水平中含有的差异大体是 4∶1。对 1965 年人均国民生产总值在 2 000 美元到 3 600 美元范围间的欧洲海外后裔，如其有代表性的中等水平比如说是 3 000 美元，则其与亚非欠发达国家的人均国民生产总值的比率在 1965 年就是 30∶1；如把各发达国家上个世纪的增长设想为相同的，一

① 如果我们假设在西欧人均产值的低点时期大约是定在公元 900 年，而西欧现代经济增长开始的近似时期是在 19 世纪中叶，为要从 50 美元增加到 250 美元需跨越大约 950 年。这意味着要使人均产值增加 4 倍需经历漫长的 10 个世纪而不是 1 个世纪。

② 这一节的数字和内容都引自联合国《国民账户统计年鉴》1968 年，第 2 卷，《国际表》（纽约，1969 年）表 2C。

个世纪以前人均产值的差异就应是大约为 6∶1。最初水平的这种差异对目前国际差异的重要性，还可以用最初的差异是对当前的欠发达国家有利这样的设想来论证。如果发达国家最初的人均产值是，比如说，比欠发达国家小四分之一，在随后的一个世纪期间在增长率上的差异仍同样那么大，那么，人均产值当前的国际差异的间距就应将是 3.75∶1 而不是 19 或 30∶1。

这种设想所含的意思显然不是数学的，更确切地说，是有深远影响的。其一是，目前发达国家的现代经济增长对人均产值较高的最初水平可能的依赖关系。人们会问，那么，日本又是怎样达到了增长和成功地实现了现代化的呢？其二是，迄今为止所看到的现代经济增长的经验对欠发达国家增长的机制和前景的适用性。这个集团当前的人均产值的差别是很大的，从欧洲和拉丁美洲某些国家 1966 年的 700 美元以上到非洲有些国家的 70 美元这样低的水平。显然，过去和现在观察到的增长经验的适用性，对于人均产值的初始水平的特征各有不同的今天的欠发达国家来说，是十分不同的，因为收入水平是经济和社会制度结构及其实践的有关水平的大体反映。

归根到底，一个国家之所以未能成功地达到使其能进入发达国家行列所要求的人均产值（和有关的结构），很可能是由于其最初的人均产值太低，虽则它在相当长的时期有高的增长率；或是由于增长率过低，尽管它的人均产值的最初水平是相当不错的，而这种过低的增长率又持续地经过很长时期；或者只是在最近一段时期才加速的。本节上下文中所说的高的、低的和时期的长短都是和表 1、表 2 中对发达国家观察所得的诸参数而言的。

在表3中总括的手边有其长期记录的七个欠发达国家的经济增长率和最初水平，形象地说明了未能达到人均产值的适当水平的三个不同原因。表3中的估算，同对发达国家的估算对比来说，其可靠性是要差些。在墨西哥的情况中所看到的就是一个引人注目的例子，对从1920年代到1950年代初的几十年间的两套估算产生了颇为不同的增长率（从而得出不同的人均产值的较早水平）。但对于达到说明上述问题的目的，这个证据还是有说服力的。

在阿根廷的情况中，最初的人均产值（1900～1904年443美元）是远远低于在同样五年中的澳大利亚，或许也低于美国和加拿大的水平。不过，这已经是足够高的了，因而有可能与大多数欧洲或北美的发达国家一样有同样大小的增长率，比如说每10年19%，它将意味着在1965年的人均产值超过1 300美元，并使阿根廷进入发达国家集团。失败的主要原因是人均产值低的增长率，不只是在1920年代后的一段时期是如此，而且在先前的时期也是如此。

牙买加和埃及（后者较不显著）是低增长率的国家的例子。它们在长时期中的人均产值实际上是停滞或下降的，只是在最近期间才有显著的加速度。如果相信这个估算，在19世纪前半期牙买加的人均产值并不比欧洲目前的有些发达国家低多少，但直到第二次世界大战后为止，它一直没有什么上升。在埃及，人均产值的最初水平（在19世纪末叶）并不像牙买加那么高，但也是到第二次世界大战结束以后，并又经过了一段时间，增长率才有显著的加速，在这以前，它的增长率一直是很低的。

菲律宾是有相当高的最初人均产值而在整个观测期只有低的增长率的又一个实例。其增长率所以低，第二次世界大战是一个原因。即使菲律宾的人均产值有相当高的增长率，但在表3中所包括的时期内，它要转变成一个发达国家，那是太短了，只有具有像日本和瑞典那样高的增长率，它才有接近于转变为发达国家的可能。

印度的情况尤其不同，在早期的三段时期中，有两段时期有不小的上升，而有一段时期则是下降的(20—22行)①，极低的最初水平的影响是很令人注目的。在长达一个世纪的期间中(20—22行所包括的)，即使人均产值增加了10倍(而不是在大多数发达国家所看到的增加了5倍)，它仍然进不了发达国家集团的大门。这种情况，对加纳和墨西哥也是真实的，只是程度轻一些罢了。

表3　若干欠发达国家的增长率、总产值、人口和人均产值以及持续期间按初始日期估算的人均产值

国别和时期	持续期间(年)(1)	每10年增长率(%) 总产值(2)	人口(3)	人均产值(4)	用1965年统计的持续期间初始日期的人均国民生产总值(5)
阿根廷					
国内生产总值(811美元)					
1. 1900～1904至1925～1929	25	57.0	40.2	12.0	443
2. 1925～1929至1963～1967	38	31.8	21.1	8.9	587

① 塞尼也有类似的发现，印度在1920年代或1930年代之间的时期有甚至更低的增长率，见塞尼：《印度经济的增长1860～1960》，《收入和财富》丛书第15卷第3篇，《收入和财富评论》1969年版，第247—263页。

国别和时期	持续期间（年）(1)	每10年增长率（%）			用1965年统计的持续期间初始日期的人均国民生产总值 (5)
		总产值 (2)	人口 (3)	人均产值 (4)	
3. 1—2行	63	41.3	28.3	10.1	
墨 西 哥					
国民生产总值，国内生产总值（461美元）					
4. 1895～1899至1925～1929	30	20.7	6.5	13.3	148 (92)
5. 1925～1929至1963～1967	38	59.0 (80.1)	30.0	22.3 (38.5)	215 (134)
6. 4—5行	68	40.8 (51.0)	19.1	18.2 (26.8)	
牙 买 加					
国民生产总值，国民收入和国内生产总值（504美元）					
7. 1832至1930	98	10.9	10.9	0	193
8. 1929～1931至1950/1952	21	27.6	17.2	8.9	194
9. 1950～1952至1963～1966	13.5	110.5	18.5	77.7	232
加 纳					
国内生产总值（312美元）					
10. 1891至1911	20	32.1	10.1	20.0	107
11. 1911至1950～1954	41	45.2	27.5	13.9	154
12. 1950～1954至1963～1967	13	49.1	30.6	14.2	263
13. 10—12行	74	42.2	23.0	15.6	
菲 律 宾					
总增加价值和国民生产总值（255美元）					
14. 1902至1938	36	34.2	22.5	9.6	138
15. 1938至1950～1954	14	19.8	24.7	−3.9	192
16. 1950～1954至1963～1967	13	77.8	36.7	30.0	181
17. 14—16行	63	38.7	25.8	10.3	

国别和时期	持续期间（年）(1)	每10年增长率（%）总产值(2)	人口(3)	人均产值(4)	用1965年统计的持续期间初始日期的人均国民生产总值(5)
埃及（阿拉伯联合共和国）					
国内生产总值，国民生产总值，国内生产净值（185美元）					
18. 1895～1899至1945～1949	50	11.9	14.4	−2.2	131
19. 1945～1949至1963～1966	17.5	65.4	27.4	29.8	117
印　度					
国内生产净值（36美元）					
20. 1861～1869至1881～1889	20	19.1	5.3	13.1	47
21. 1881～1889至1901～1909	20	1.4	4.6	−3.1	60
22. 1901～1909至1952～1958	50	16.8	9.9	6.3	57
23. 1952～1958(F)至1963～1967(F)	10	41.4	26.1	12.2	77
24. 20—23行	100	16.2	9.4	6.2	

(F)：财政年度于4月1日开始。

除了在下面各个国家的注释中另有说明的以外，表1的一般注释可适用于本表。

行首圆括号中美元是以1965年美元表示的。除非在本表注释中另有指明。1965年人均国民生产总值的计算程序已在表2第1栏的注释中说明。

第5栏是以第4栏的资料为基础求出来的。

阿　根　廷

1行：产值是取自甘兹：《拉丁美洲的国民财富估算数的存在问题与应用》载于赖蒙等编：《收入和财富》丛书第8卷（伦敦：鲍斯和鲍斯，1959年）表16，第245页。1925～1929年的年中人口数取自《人口统计年鉴》1960年，表4，1900～1904年的年中人口数是从联合国拉丁美洲经济委员会刊行的《拉丁美洲经济概览》1949年（纽约，1950年）表1，第90—91页中的数字外推得来的。

2行：1925～1929至1950～1954年产值是引自与1行同一的来源。1952年人口是用载在1行注释中所引的《经济概览》中的1947年人口数而后用《人口统计年鉴》1963年，表4中的数列外推得来的。

墨　西　哥

1965年人均国民生产总值是从1966年的人均国内生产总值做了一点变动外推出来的。

4行:国民生产总值引自恩勒克等编:《国民产值》载于经济和文化基金编:《墨西哥,革命五十周年》第一部分,经济(墨西哥城:文化基金1960年)表2—4,第587—589页。1897年人口数用《人口统计年鉴》1952年,表2中的人口普查数字用对数插值法算出来的,1927年数字引自《人口统计年鉴》1960年,表4。

5行:1925～1929年至1950～1954年国民生产总值和人口数引自4行注释中的资料来源。

国内生产总值(记在圆括弧内的)引自甘兹表2,第225页,1950～1954至1963～1967年产值是国内生产总值。

牙 买 加

7行:国内生产总值和人均国内生产总值引自吉塞拉·艾斯纳:《牙买加,1830～1930年:经济增长研究》(曼彻斯特:曼彻斯特大学出版社,1961年)表56,第289页。

8行:1929～1931至1938年,按当年价格计的国民收入取自迪恩:《殖民地国民收入的计量》,全国经济社会研究所,不定期专题论文集12,(剑桥:剑桥大学出版社,1948年)表100,第137页。它已用加权平均的总价格指数(权数为4)和出口价值指数(权数为1)对价格变动予以调整过,两者资料来源同上,表104,第141页。人口取自《人口统计年鉴》1960年,表4。1938至1950/1952年国内生产总值是取自索恩:《牙买加经济的规模、结构和增长》,《社会经济研究》第4卷,第4号增刊(1955年12月)表12,第88页。人口出处同上,第92页。

9行:终点时期止于1966年,因为那是联合国资料的最后一年。

加 纳

10行:国内生产总值和人口数引自斯泽勒雪斯齐夫斯基:《加纳经济的结构变化》1891～1911年,(伦敦:韦登菲尔德和尼科尔森,1965年)表C—6,第149页和表B—5,第126页。

11行:1911年和1960年产值和人口数资料来源同上行,第92页。1950～1954年的估算是取自经济合作与发展组织:《欠发达国家的国民账户》1950～1966年,(巴黎,1968年7月)表C、D中的指数从1960年外推得出来的。

12行:1960～1967年产值引自《国民账户统计年鉴》1968年。1960年和1965年人口数取自《人口统计年鉴》1965年和1967年,表4,而后用经济合作与发展组织:《欠发达国家的国民账户》,表C、D的指数再从1960年和1965年的人口数外推出1950～1954年的人口数。

菲 律 宾

14行:产值是农业(农作物和牲畜)、林业、矿业、制造业、照明电力和动力、铁路、其他陆地运输和通讯业、岛际和海外航运及商业的总增加价值。

总产值和人均产值取自胡利:《菲律宾的长期经济增长》,载于国际粮食研究所:《菲律宾产量的增长》,在一次会议上提出的油印专题论文,1966年12月9—10日表1、2,第4—14页。

15 行：国民生产总值是由 16 行 1950～1954 年的数字计算出来的，计算程序已在表 1 的总的注释中予以说明，用联合国：《统计专论》H 辑第 2 号（1952 年 8 月）表 3，第 19 页，连接到 1950 年时国民收入指数，外推到 1938 年。人口数取自《人口统计年鉴》1960 年和 1956 年，表 4。

埃　　及（阿联）

1965 年人均国民生产总值是由经济合作和发展组织：《国民账户……》表 E 第 27—30 页提供的 1966 年人均产值的指数外推出来的。

18 行：国内生产总值指数是在农业产量指数、它们与从事农业的劳动力的关系，以及非农业部门每个工人的产值与农业部门中每个工人的产值的比率的基础上推导出来的。1935～1939 和 1945～1949 年农业产量指数是由埃及国家银行编制的，刊载在米德：《埃及经济的增长和结构变化》（霍姆伍德伊利诺：理查德·欧文，1967 年）表 3—A—1，第 318 页。用同书中表Ⅲ A—3 第 320 页材料中 10 种基本作物指数外推到 1915～1919年。并用奥布赖恩：《埃及经济制度的革命》（伦敦：牛津大学出版社，1966 年）表 1，第 5 页的四种作物（棉花、小麦、玉米和稻谷）的指数外推到 1895～1899 年。这四种作物的产量（用实物单位表现的）是用每种作物的 1925～1929 年价格加权计算后加总起来的。这四种作物的价格见米德前引书表Ⅲ—B—1 第 323 页。（稻米的衡算单位已据米德前引书表Ⅳ—A—4 第 323 页脚注的资料为基础从 ardeb 转换到 dariba。）

米德前引书表Ⅱ—B—1 第 304 页所提供的 1907、1927、1937 和 1947 年 A 部门和非 A 部门的雇用人数表明，1947 年以前农业对总就业人数的比率值是相对稳定的，我就把 1907 年的估算用以表示 1895～1899 年的。

利用农业产量指数和 A 部门劳动力，计算出农业部门每个工人的总产量。在 1937 年（当年价格）和 1947 年（不变价格）A 和非 A 部门的每个工人总产量的基础上（引自米德前引书表 I—A—1、I—A—10、Ⅱ—B—1 第 270、271、291、304 页），我计算了非 A 部门对 A 部门每一工人产量的比率。

应用 A 和非 A 部门每个工人的产量和 A 与非 A 部门劳动力的比例，我计算了每个工人总产量指数，而后乘以总就业指数。1907 年及以后年份取自米德前引书表Ⅱ—B—1 第 304 页，并用同书中提供的总人口的动态资料，表Ⅱ—A—1，第 294—295 页，外推到 1897 年，从而求得国内总产值的指数。

19 行：1945～1949 年至 1950～1954 年国民生产总值是引自米德前引书表 I—A—6，第 286 页。人口数引自《人口统计年鉴》1965 年，表 4。1950～1954 至 1963～1966 年国内净产值指数来自经济合作与发展组织：《国民账户》表 C；人口数引自《人口统计年鉴》1965 和 1967 年，表 4。

印　　度

经过对人均国内生产总值做了一些变动后，把 1966 年的人均国民生产总值外推到 1965 年。

20—22 行：人均收入（国内净产值内含的）是引自米克希尔吉：《印度的国民收入：趋势和结构》（加尔各答，统计出版社，1969 年）表 2、5，第 61 页。1940 年代后期开始的人口数引自《人口统计年鉴》1965 年，表 4，并已用米克希尔吉书的印度联邦的人口数列，表 A2，14 第 99 页外推回去（在 1947～1951 年有交叉）。

23 行：1950～1954 年的国内净产值（财政年度开始于 4 月 1 日）是引自联合国未公布的资料。1963～1967 年的国内生产净值，引自《国民账户统计年鉴》1968 年（把在 1948 年价格基础上的 1965 年数列连接到 1960 年价格基础上的数列）。人口数引自《人口统计年鉴》1965 年和 1967 年，表 4。

二、总体增长率的几个问题

总体增长率有几个方面的问题是值得进一步分析的，但迄今都还没有被提到过。下面将讨论三个互有联系的问题：（一）增长率差异的国际含义，甚至在发达国家之间增长率也是有差异的；（二）增长率的长期趋势和第二次世界大战后的发展；（三）总体增长率的长期波动。这种评论必然只是简短的，尽管上述需要分析的问题每一个都值得仔细研究。

（一）增长率差异的国际含义

在讨论表 1、表 2 和表 3 的过程中，我们注意到了今日世界上人均产值有很大差异（特别是在发达国家与欠发达国家之间）的主要根源是它们的人均产值增长率之间的差异。一般是，在上一世纪至一个半世纪中人均产值在目前的发达国家中增长更快。当它们进入现代化经济增长阶段时，（只有日本例外）既然它们的人均产值已经略高于今日欠发达国家的水平，这些国际差异必然会进一步扩大。这种差异所以迅速扩大，起主要作用的是发达国家不寻常的高增长率。

但是，在早先期间（最近几十年除外），发达国家（除法国外）的人口增长也比欠发达国家更快。这意味着人均产值和总产值两者在发达国家都按较高的比率在增长——从而使相对的经济重要性迅速地转向有利于发达国家集团。

所有这一切都是人们所熟悉的，但这种由于人均产值、人口和总产值增长率的很大差异所引起的、在经济重要性方面的迅速转变，在发达国家集团内也能够看到，这确是个值得注意的现象。尽管所有发达国家长时期以来人均产值都有相当高的增长率，通常每 10 年增长 10%以上；尽管在大多数发达国家中有令人印象深刻的人口增长率；但就是在发达国家之间，这两者的增长率与总产值增长率都有着很大的差异。因而，经过相当长的期间后，在相对的经济力量重要性方面就会有很大的变化。

要举出这种变化的显著例子是不难的。在 1834～1843 年期间，当美国刚进入现代工业化时期时，美国有 1 670 万人口和大约 79 亿（以 1965 年美元计）的总产值。差不多同一时期（1831～1840 年），法国有 3 390 万人口和大约 82 亿（也以 1965 年美元计）的总产值。因而法国的人口与美国的相比约为 2∶1；经济总产值为 1∶1 略高一些。1965 年美国人口是 1.95 亿，它的总产值接近于 7 000 亿美元，而法国的人口是约 4 900 万，其经济产值大约 1 000亿美元。这时，法国对美国的比率在人口方面约为四分之一，在经济总产值上约为七分之一。在这两个时点，美国和英国的对比，也呈现出同样的变化。这样的例证还能重复列举（例如，把 1870 年代后期和 1960 年代间的日本同法国或同英国进行对比）。

重要的一点是：全面的高增长率会使在增长率上产生更大的绝对的差异，而增长率上的这种更大的绝对的差异，有助于产生经济力量方面的迅速变化。这点可以用简单的代数式来表明它的一般样式。

假设 A_1 和 A_2 为人口、总产值或人均产值的两个初始数量；D 为两者初始的相对关系，如 $D=A_1/A_2$（百分比的差异是〔D－1〕×100）；设 r_1 和 r_2 为这两个初始数量每 10 年各自增长的百分比率；而后把经过 t 时间增长后的最终的相对关系以 F 表示（百分比的差异是〔F－1〕×100）。

那么：

$$F=A_1(1+r_1)t/A_2(1+r_2)^t=D(1+r_1)^t/(1+r_2)^t$$

或用对数表示：

$$\log F=\log D+t[\log(1+r_1)-\log(1+r_2)]$$

初始差异越大，包括的期间越长，增长率的初始数量间的差异越大，同时假定所有这些差异都是朝同一方向变化，那么，最终的相对差异就将会越大。

这里，这种相互联系的最值得注意的方面是经济增长率之间的**绝对差异**。下面举一个例来说明其间的联系。

		r_1 和 r_2（%）	F，期末的相对关系		
r_1（%）	r_2（%）	之间的差异	t＝5	t＝10	t＝20
2	1	1	1.051	1.104	1.218
10	5	5	1.262	1.592	2.535
20	10	10	1.545	2.387	5.699
40	20	20	2.162	4.672	21.830

若假设 $A_1=A_2$ 或 D＝1，那么，在期末的数量与 r_1 和 r_2 间不同的差异及时间 t 不同的年限（以 10 年计）之间是什么关系？

上表中每一行 r_2 都是 r_1 的一半。但如果每 10 年的增长率是低的，从而，r_2 和 r_1 之间差异的扩展，绝对地看，是较小的，甚至在两个世纪以后，其差异只是 20％多一些。然而，如果每 10 年增长的百分比率是高的，它们之间的绝对差异就会是大的。比如第 4 行，r_2 和 r_1 的关系其开始的情况是与第 1 行内两者的关系是一样的，由于每 10 年的增长率高，在不到 50 年的期间，第 4 行的 r_2 与 r_1 的差异就比第 1 行的 r_2 与 r_1 的差异大一倍多。①

如果这样来论证，在增长率绝对大的条件下，一般说，比之在增长率低的情况下，它们之间的绝对差异也一定是很大的，那么，这个简单的代数式的恰当性就很清晰了。如果技术和其他条件是这样：人口和人均产值的增长，每 10 年在 5％—10％左右变动，增长百分率间的绝对差异——特别是长期的平均增长率——预期也不可能会是很大的，肯定不会像每 10 年增长率为 20％时那样大。②

高的平均增长率（于是就发生了很大的绝对差异）和各国间经济力量迅速转移两者之间这种联系的重要性在于：由于这种转移，

---

① 在表 1 中可以找到许多例证。让我们取挪威和瑞典（24、25 行）为例，挪威的人口增长率，每 10 年 8.3％，比瑞典的 6.6％约高三分之一；然而经过一个世纪，这两个比率累积到 2.2 倍和 1.9 倍（第 6 栏），差别并不那么突出了。瑞典的人均产值增长率，每 10 年为 28.9％，只比挪威的 21.3％高约三分之一；但经过一个世纪，其增长的倍数各为 12.6 倍和 6.9 倍，前者几乎为后者的两倍。显然，增长率间的绝对差别决定了增长倍数的差异——瑞典在人均产值增长率上比挪威高 7％，而在人口增长率上比挪威低 2％。

② 当变动率下降到临界线以下时，或者说，当这个变化是下降的时，就会出现这个判断的重要例外。既然平均变动率是代数平均数，低的正的水平就可能意味着大的偏离。因而，高的平均增长率和它们之间的大的绝对差异间和正的联系的假设，将被限制于那些不存在长期衰退下降的国家和时期中。这一点对现代时期肯定是真实的，但对某些较早的历史时期就不是这样。

就有可能出现，为了适应经济力量关系的改变，而尽力更改政治关系，并从而有可能更改经济和军事的权力。总增长率的加速，由此产生的各国间相对力量转移的加速，因此，有可能引起政治调整和政治紧张的加速，而在某些情况下，作为对这种已承认的但有争议的经济权力转移的反应，也有可能引起争夺频率的加速。

（二）增长率的长期趋势

表1的讨论着重在很长时期的经济增长率。仔细审察连续相继的诸分段时期增长率的运动，探索由于时间的推移表现的增长率的加速或减速的任何迹象，或某些其他的也许对所有的或大多数发达国家具有共同性的特征，应该说，这也是值得重视的。

表4　发达国家持续长时期的总产值、人口和人均产值的增长率

国别和时期	持续期间（年）(1)	每10年增长率（%） 总产值 (2)	人口 (3)	人均产值 (4)
大不列颠				
1. 1801/1811 至 1831/1841	30	32.1	15.4	14.5
2. 1831/1841 至 1861/1871	30	23.8	12.2	10.3
3. 1861/1871 至 1891/1901	30	38.6	12.4	23.3
联合王国				
（第6行起不包括爱尔兰）				
4. 1855～1864 至 1885～1994	30	35.4	12.5	20.4
5. 1885～1894 至 1905～1914	20	23.8	11.1	13.4
6. 1885～1894 至 1925～1929	37.5	14.0	8.4	5.2
7. 1925～1929 至 1963～1967	38	22.3	4.9	16.6
8. 1925～1929 至 1950～1954	25	16.3	4.5	11.3

国别和时期	持续期间(年) (1)	每10年增长率(%) 总产值 (2)	人口 (3)	人均产值 (4)
9. 1950～1954至1963～1967	13	34.9	5.6	27.8
法　　国				
10. 1831～1840至1861～1870	30	26.3	3.9	21.6
11. 1861～1870至1891～1900	30	15.7	1.9	13.5
12. 1896至1929	33	18.4	2.0	16.1
13. 1929至1963～1966	35.5	26.9	4.9	21.0
14. 1929至1950～1954	23	11.5	1.3	10.0
15. 1950～1954至1963～1966	12.5	61.0	11.7	44.1
比利时				
16. 1900～1904至1925～1929	25	19.6	6.0	12.8
17. 1925～1929至1963～1967	38	20.8	4.8	15.2
18. 1925～1929至1950～1954	25	10.5	4.0	6.3
19. 1950～1954至1963～1967	13	43.1	6.4	34.6
荷　　兰				
20. 1860/1870至1890/1900	30	20.3	11.7	7.6
21. 1890/1900至1925/1929	32	33.0	15.1	15.5
22. 1925～1929至1963～1967	38	29.8	13.6	14.3
23. 1925～1929至1950～1954	25	17.1	13.4	3.3
24. 1950～1954至1963～1967	13	58.2	13.9	38.9
德国——联邦德国				
25. 1850～1859至1880～1889	30	26.7	8.9	16.4
26. 1880～1889至1905～1913	24.5	32.9	13.5	17.0
27. 1895～1904至1925～1929	27.5	17.7	9.7	7.3
28. 1925～1929至1963～1967	38	43.6	12.4	27.8
29. 1925～1929至1950～1954	25	26.5	12.5	12.5
30. 1950～1954至1963～1967	13	83.2	12.2	63.3
丹　　麦				
31. 1865～1869至1885～1894	22.5	31.4	10.2	19.3

国别和时期	持续期间(年) (1)	每10年增长率(%) 总产值 (2)	人口 (3)	人均产值 (4)
32.1885～1894至1905～1914	20	41.0	12.1	25.8
33.1905～1914至1925～1929	17.5	24.4	11.8	11.3
34.1925～1929至1963～1967	38	32.5	8.6	22.0
35.1925～1929至1950～1954	25	24.5	9.2	14.1
36.1950～1954至1963～1967	13	49.3	7.4	39.0
挪　威				
37.1865～1869至1885～1894	22.5	18.8	7.2	10.8
38.1885～1894至1905～1914	20	24.9	9.2	14.3
39.1905～1914至1925～1929	17.5	32.5	9.2	21.4
40.1925～1929至1963～1967	38	42.6	8.0	32.1
41.1925～1929至1950～1954	25	38.8	7.5	29.1
42.1950～1954至1963～1967	13	50.4	9.0	38.0
瑞　典				
43.1861～1869至1885～1894	24.5	28.5	6.5	20.7
44.1885～1894至1905～1914	20	38.8	7.1	29.6
45.1905～1914至1925～1929	17.5	28.6	6.2	21.1
46.1925～1929至1963～1967	38	47.0	6.5	38.0
47.1925～1929至1950～1954	25	45.5	6.5	36.6
48.1950～1954至1963～1967	13	49.9	6.5	40.8
意大利				
49.1895～1899至1925～1929	30	24.6	6.5	16.9
50.1925～1929至1963～1967	38	37	7.2	27.8
51.1925～1929至1951～1954	25.5	22.7	7.4	14.3
52.1951～1954至1963～1967	12.5	71.5	6.9	60.4
日　本				
53.1874～1879至1895～1904	23	39.2	9.3	27.3
54.1885～1894至1905～1914	20	39.8	11.4	25.5
55.1905～1914至1925～1929	17.5	50.7	13.5	32.8

国别和时期	持续期间(年) (1)	每10年增长率(%) 总产值 (2)	人口 (3)	人均产值 (4)
56. 1925～1929 至 1963～1967	38	56.7	13.2	38.4
57. 1925～1929 至 1952～1954	26	25.6	14.3	9.9
58. 1952～1954 至 1963～1967	12	152.8	10.7	128.4
美　国				
59. 1800 至 1840	40	52.3	34.1	13.5
60. 1839 至 1859	20	59.1	35.7	17.3
61. 1834～1843 至 1869～1878	35	49.7	31.5	13.9
62. 1869～1878 至 1889～1898	20	50.0	24.7	20.3
63. 1885～1894 至 1905～1914	20	44.7	20.5	20.1
64. 1900～1909 至 1925～1929	22.5	36.7	17.4	16.5
65. 1925～1929 至 1963～1967	38	36.2	13.7	19.8
66. 1925～1929 至 1950～1954	25	33.2	11.8	19.2
67. 1950～1954 至 1963～1967	13	42.1	17.6	20.8
加 拿 大				
68. 1870～1874 至 1890～1899	22.5	41.8	13.2	25.2
69. 1880～1889 至 1900～1909	20	35.2	15.3	17.2
70. 1900～1909 至 1925～1929	22.5	34.3	23.7	8.6
71. 1925～1929 至 1963～1967	38	44.1	19.6	20.5
72. 1925～1929 至 1950～1954	25	39.9	16.3	20.2
73. 1950～1954 至 1963～1967	13	52.7	26.1	21.1
澳大利亚				
74. 1861～1869 至 1890～1899	29.5	45.1	36.9	6.0
75. 1885～1894 至 1905～1913(F)	20	27.8	20.2	6.2
76. 1900～1909(F)至 1925～1929(F)	22.5	26.9	21.5	4.4
77. 1925～1929(F)至 1963～1967(F)	38	37.1	17.3	16.8
78. 1925～1929(F)至 1950～1954(F)	25	29.6	14.3	13.3
79. 1950～1954(F)至 1963～1967(F)	13	52.8	23.3	23.9

(F)财政年度开始于 7 月 1 日。

基本的资料来源和计算程序，参见表 1 附注。

当年度用斜线号(/)连接起来时，资料是表明单一年份。
当年度用波纹线(～)连接起来时，资料是表明所有间隔的年份。

表 4 提供了大多数发达国家持续相继的分段时期增长率的概貌，只是在由于缺乏连续的长时期的资料时(如瑞士的情况)才作某些省略。时期的分段使其长到足以相对地避免长期波动的影响——一个经 18～25 年波动起伏的形式的期间(对此后面还会讨论)；在划定分段时期的边界时，我已努力把战争包括在某一相当长的时间间隔内，从而使战前和战后年代的影响，可以最终得到平衡。作为唯一的例外是，把紧接第二次世界大战后的一段时期(从 1950～1954 年至 1963～1967 年)区别分类出来，以便对在这些战后年代中增长显著加速的印象予以检验。

把表中包括的 13 个发达国家中的 10 个国家的时期区分为四段时期或五段时期。这种分段时期所提供的增长率的数值已足以指明任何加速或减速的倾向。尽管有好些国家在大体相同的期间其分段时期增长率都有高于或低于平均增长率的倾向，但总的印象是，在长时期的趋势上并不存在共同的形式。

有几个国家(大不列颠—联合王国、丹麦，特别是美国和澳大利亚)，人口增长率是下降的；但这个情况也远不是普遍的。在其他几个国家中，(比利时、荷兰、挪威、1880 年代后的德国、瑞典和意大利)人口增长率则稳定在相当低的水平上。而在其他国家中，人口增长率显示了某种上升的趋势：最近时期的法国；在日本，它直到第二次世界大战后才表现出下降；在加拿大，在不少人向美国移居以后人口增长率已经下降。因而，尽管发达国家有一个时期在出生率和死亡率的长期运动上有趋同现象，但在考虑了移民流向，这在各个时期和各个国家是不同的，以及在出生率上存在的某些相反倾向后，人口增长率并没有显示出共同的趋势。

人均产值的增长并没有发现显著的加速度或者减速度，特别是在现代经济增长开始以后的时期。在大不列颠，人均产值增长率从 19 世纪初到 1870 年代中期显示了上升的趋势，然后是一阵下降，特别是在第一次世界大战期间更加引人注目，接着在 1920 年代以后增长率又有提高，回复到现代经济增长时期的平均增长率。实际上，只有日本，也许还有瑞典和挪威，呈现出一种明显的全面加速度的趋向。日本最近的人均产值增长率从每 10 年的 10%全面上升到 30%以上。人均产值增长率唯一可以算是共同的时间形式的特征是包括第一次世界大战在内的那段期间，通常是从 1890 年代起或从 1900 年起延伸到 1920 年代的后半期为止，都呈现出低于平均的增长率(联合王国、德国、丹麦、瑞典、加拿大、澳大利亚如此，比利时、意大利以及美国也可能是如此)。

尽管所包括的发达国家范围已相对充分，这个资料还不足以验证关于增长率的时间形式的假设。但是它们没有对罗斯托的“起飞”理论提供支持，这种理论认为人均产值增长率的最初加速度是随着在“起飞”阶段结束后并成功地取得了 20～30 年稳定的持续高增长率后才来的。[①] 无论从联合王国的增长率来看，它在开始时缓慢向上，到 1870 年代达到最高点(假定联合王国是在 18 世纪开始起飞的)，还是从挪威和日本增长率的向上运动来看，都

① 关于这个假设的提出和详尽的讨论参见罗斯托著:《起飞进到持续增长的经济学》(伦敦:麦克米伦，1963 年)。

同罗斯托的假设所预期的形式不相符。这个资料也无助于格申克龙的假设,他认为一个国家进入现代增长过程越迟,增长率就有可能越高,至少在早期阶段是这样——因为更大的“落后性”的有利条件和伸张力大暗示着在早期阶段有可能有较高的增长率。[①] 相对的后来者意大利不是以高增长率著称,而日本却是。瑞典比意大利进入现代经济增长要早得多,具有显著的高增长率,与日本相近似。实际上,由于国家大小、地理位置、历史前提和进入现代时期的历史条件以及显示出增长阶段的不同的年代是多种多样的,因此,反映现代经济增长的经验肯定也是多种多样的。这样,在国家数目相对较少,而能起作用的变量的数目又较多的情况下,以经验为根据的一组共同特征(指事实上只说明经济发展增长率的最低水平和表示结构变化的有关特征以外的特征)是不可能出现的。

第二次世界大战后所达到的高增长率,是在1920年代后期长期的停顿后呈现出来的,这在1950～1954年至1963～1967年这段期间最为显著。所以挑选1950～1954年这五年期间,是为了把紧接战后的恢复期间排除掉;增长比率是以五年的平均数作为基础的,以便把短期的影响尽可能缩小。其结果是引人注目和令人感兴趣的。

有11个国家的人均产值(并常常在人口上)增长率要比回溯到19世纪的更长的分段时期所看到的平均数高得多。两个例外是美国和加拿大,这两个国家第二次世界大战后的增长率与长期

---

① 参见格申克龙:《经济落后的历史透视》(坎布里奇;麻省:哈佛大学出版社,1962年)论文Ⅰ,第5—30页。

的平均数大体相同。

最近这段时期中，在高增长率的国家中有六个国家，它们的高增长率是在1920年代末以后一段增长率异常低的时期（也许是由于第一次世界大战的影响）之后出现的。这些国家是英国、法国、比利时、荷兰，可能还有丹麦和日本。而其中五国（除日本以外）把在第二次世界大战后高的增长率加上1920年代后期的低于平均的增长率，就得出1925～1929年至1963～1967年整个时期的增长率，这个增长率接近于长期记录的平均数。对这些例证，人们可能会争论说，第二次世界大战后不寻常的高增长率是对先前时期增长受到抑制以及在战争时期增长受到破坏的反应。

这里剩下了这样一组国家——德国、挪威、瑞典、意大利、日本和澳大利亚——它们从1920年代后期到1950年代初期的增长率并不很低，或者其中有的国家第二次世界大战后速度增加得特别快，从而导致了从1920年代后期到1960年代中期的非常高的平均数。有意思的是，这组国家中不仅包括那些受到第二次世界大战严重破坏影响的国家（德国、意大利、日本）而且还包括那些受影响相对小的国家（澳大利亚、瑞典，可能还有挪威，这几个国家至少其所受到的物质上的破坏和社会的解体改组不如那些在第二次世界大战中主要损失者那样大）。

我们不能说发生在第二次世界大战战后时期的经济加速增长是最后的一次。但是把它与美国和加拿大相对稳定的增长率对照比较，再把它和表示老牌发达国家特性的先前的减速和战后的加速增长的不同结合对照比较，就形成令人感兴趣的问题。这些问题已超出本书的范围。

（三）增长率的长期波动

在上述讨论的一个方向的加速或减速的长期趋势以外，增长率还存在摆动的情况，它上上下下的运动延续了比四至九年的商业或经济循环周期更长的期间，但在我们的数列所包括的整个期间内，其间隔年份已足够使我们可以观察到增长率的某种上下往复的循环运动。约18～25年为期的产值、人口以及若干经济组成部分的增长率的长期波动在好些国家中都能够看到。①

对这些长期波动充分的分析，需要在总增长率的连续数列之外再增添好些经济变量的资料；它将使我们过于远离这里所要分析和讨论的与长期波动有关联的机制这样的问题。这里我所能做的是，举例说明这些长期波动的特点，并对几个国家的长期波动指出它们之间显而易见的有规则的相互联系。这种例证将限制在第一次世界大战前的时期，因为第一次世界大战的后果和1930年代的世界性危机造成了两次世界大战期间的波动，这对许多国家都是共同的，但这种波动主要应归于战争及其后果的影响。第二次世界大战以后的时期对当前的分析目的来说可能会太短。第一次世界大战前的时期，一直追溯到19世纪中期，没有世界范围的重大战争，这样就便于我们进行更好的考查。我选了联合王国（不包括爱尔兰，假定它的人均产值是联合王国的一半）、德国、瑞典和澳大利亚——这四个国家，我们都有自1860年代以来的连续记录，

① 关于这类运动最近的讨论参见摩西阿布拉莫维茨著《库兹涅茨周期的本质和意义》，《经济发展和文化动态》第9卷，第3号（1961年4月）第225—248页；和《库兹涅茨周期的过程》，《经济学》第35卷，第4号（1968年11月）第349—367页。

而且整个时期它们都属于发达国家集团(虽然在较早的年代瑞典还不一定能算得上)的国家。从1870年代开始再加上美国;因为有内战,所以把1860年代省略掉了。对从19世纪中期到1913年或1914年期间的人均产值、人口和总产值增长率的编排设计服从于使分析能显示出长期波动,使其既不受到较短的商业周期也不受长期的基本趋势的影响(表5)。

表5　联合王国、德国、瑞典、澳大利亚和美国,从19世纪中叶到第一次世界大战的增长率的长期波动

	联合王国(不包括爱尔兰) 1860～1914 (1)	德　国 1850～1913 (2)	瑞　典 1861～1914 (3)	澳大利亚 1860～1914 (4)	美　国 1870～1914 (5)
A. 人均产值					
每10年增长的相对趋势					
1. 第一组(前4个、5个或3个10年)间隔期,几个10年重叠交叉	1 200	1 165	1 200	1 141	1 149
2. 第二组(前5个10年)间隔期	1 136	1 166	1 280	1 029	1 228
3. 整个时期	1 568	1 166	1 240	1 083	1 188
增长率直线趋势的离差					
4. 1860～1869至1865～1874 (1867)	+1.7	+4.5	+10.8	−5.0	—
5. 1860～1869至1870～1879 (1869～1870)	+1.1	+3.8	+12.3	+0.4	—
6. 1865～1874至1875～1884 (1874～1875)	−2.8	−3.9	+2.4	+4.9	+21.6 (1877)
7. 1870～1879至1880～1889 (1879～1880)	−2.3	−7.6	−7.6	+1.5	+11.7
8. 1875～1884至1885～1894					

	联合王国（不包括爱尔兰） 1860～1914 （1）	德　国 1850～1913 （2）	瑞　典 1861～1914 （3）	澳大利亚 1860～1914 （4）	美　国 1870～1914 （5）
（1884～1885）	＋4.2	＋0.1	－5.8	－6.4	－4.0
9.1880～1889 至 1890～1899					
（1889～1890）	＋7.5	＋5.8	－0.8	－17.7	－6.8
10.1885～1894 至 1895～1904					
（1894～1895）	＋3.6	＋2.5	＋1.8	－14.7	＋1.1
11.1890～1899 至 1900～1909					
（1899～1900）	－4.5	－3.7	0	＋9.6	＋4.6
12.1895～1904 至 1905～1914					
（1904～1905）	－6.0	－4.3	－0.9	＋29.9	－5.4
13.1900～1909 至 1905～1914					
（1907）	－3.9	－2.3	－0.5	＋32.4	－13.4
B. 人口					
每 10 年增长的相对趋势					
14.第一组（前 4 个 10 年）					
间隔期	1 128	1 090	1 067	1 389	1 240
15.第二组（前 5 个 10 年）					
间隔期	1 113	1 130	1 068	1 224	1 202
16.整个时期增	1 121	1 110	1 067	1 304	1 221
长率直线趋势的离差（%）					
17.1860～1869 至 1865～1874					
（1867）	－0.7	＋0.2 （1864～1865）	0	－2.5	—
18.1860～1869 至 1870～1879					
（1869～1870）	－0.2	－0.6	0	－4.0	—
19.1865～1874 至 1875～1884					
（1874～1875）	＋0.5	＋0.1	＋0.8	－3.0	－1.1 （1877）

	联合王国（不包括爱尔兰） 1860～1914 (1)	德　国 1850～1913 (2)	瑞　典 1861～1914 (3)	澳大利亚 1860～1914 (4)	美　国 1870～1914 (5)
20. 1870～1879 至 1880～1889 (1879～1880)	+0.1	−0.5	+0.4	+2.1	−0.3
21. 1875～1884 至 1885～1894 (1884～1885)	−0.5	−1.5	−1.2	+5.2	+0.5
22. 1880～1889 至 1890～1899 (1889～1890)	−0.2	−0.9	−1.5	+0.25	−0.1
23. 1885～1894 至 1895～1904 (1894 ～1895)	+0.4	+0.6	0	−1.9	−1.2
24. 1890～1899 至 1900～1909 (1899～1900)	+0.3	+1.3	+0.9	−2.5	−0.5
25. 1895～1904 至 1905～1914 (1904～1905)	−0.4	+0.5	+0.6	+2.0	+1.7
26. 1900～1909 至 1905～1914 (1907)	−0.9	−0.4	+0.6	+5.8	+1.8
C. 总产值					
每 10 年增长的相对趋势					
27. 第一组（前 4 个 10 年）间隔期	1 353	1 270	1 280	1 585	1 424
28. 第二组（前 5 个 10 年）间隔期	1 266	1 318	1 367	1 260	1 476
29. 整个时期	1 309	1 294	1 323	1 413	1 450
增长率直线趋势的离差（%）					
30. 1860～1869 至 1870～1879 (1869～1870)	+0.9	+4.7 (1864～1865)	+10.8	−7.5	—
31. 1860～1869 至 1870～1879 (1869～1870)	+0.9	+3.2	+12.3	−3.6	—
32. 1865～1874 至 1875～1884 (1874～1875)	−2.3	−3.8	+3.2	+1.9	+20.5 (1877)

	联合王国（不包括爱尔兰）1860～1914 (1)	德国 1850～1913 (2)	瑞典 1861～1914 (3)	澳大利亚 1860～1914 (4)	美国 1870～1914 (5)
33. 1870～1879 至 1880～1889 (1879～1880)	－2.2	－8.1	－7.2	＋3.6	＋11.4
34. 1875～1884 至 1885～1894 (1884～1885)	＋3.7	－1.4	－7.0	－1.2	－3.5
35. 1880～1889 至 1890～1899 (1889～1890)	＋7.3	＋4.9	－2.3	－15.2	－6.9
36. 1885～1894 至 1895～1904 (1894～1895)	＋4.0	＋3.1	＋1.8	－16.6	－0.1
37. 1890～1899 至 1900～1909 (1899～1900)	－4.2	－2.4	＋0.9	＋7.1	＋4.1
38. 1895～1904 至 1905～1914 (1904～1905)	－6.4	－3.8	－0.3	＋31.9	－3.7
39. 1900～1909 至 1905～1914 (1907)	－4.8	－2.7	＋0.1	＋38.2	－11.6

—:资料缺乏。

行首圆括号中的时期，以及各栏中少数圆括号的时期是间隔时期的中间年份。

本表计算基础的资料来源参见表 1 的附注。在少数情况下某一时期的资料和 10 年期的资料稍有差别，但任何情况下增长率都是 10 年的。

德国，3 个数列均追溯到 1850 年，6 个 10 年平均数（年度结束为 0 到年度结束为 9），6 个 10 年平均数（年度结束为 5 到年度结束为 4）都有计算——每一套计算给 5 个 10 年间隔提出了增长率的变化。联合王国、澳大利亚和瑞典从 1860 或 1861 年开始，算出了两套 5 个 10 年平均数，而后我又从这两套增长率的变化引申出 4 个 10 年间隔的增长率变化。美国的数列是从 1870 年延伸到 1914 年，分别算出了两套 4 个 10 年的每 10 年增长率平均数，和两套 3 个 10 年的增长率变化。增长率的趋势是以 10 年增长率（10，8 或 6）的对数的等差中项来计算的，按年月顺序排列并沿直线插值使之给出逐次的纵坐标。离差是特定的 10 年增长率的对数及其趋势的相应的纵坐标之间的绝对差异。在离差系列的两端（第 4，13，17，26，30，39 行），我们计算了交叉的 10 年间的增长率；这个增长率意味着只是 5 年的增长。这些增长率的对数已予加倍；其离差取自每 10 年增长率直线趋势相应的纵坐标。

特定间隔期的对数和直线趋势的对数之间的绝对差异已被变换为反对数；这些结果由（＋）（—）百分比来表现，它们都已记入第 4—13，17—26，30—39 行内。人口和人均产值的离差是直接计算的。总产值的相对平均趋势和离差的百分比是从人口和人均产值的离差推导出来的。

我是用每 10 年为一单位的平均数这样的技术方法来处理的。方法的细节在表 5 的附注中有说明。这些平均数用两套形式构成：一是由年度结束为 0 到年度结束为 9；另一组是由年度结束为 5 到年度结束为 4。增长率是(两套分开)分别按每套的 10 年间隔来计算的，并按年月顺序(用每个间隔的中间年份)整齐地排成一个单一的序列；与这些连续的每 10 年增长率平均数的半数的对数相适应画一条直线，从而计算出直线趋势的纵坐标；最后，得出对应于直线趋势纵坐标的特定 10 年增长率对数的绝对差异，它的反对数已用百分比形式表现在第 4—13、17—26 和 30—39 行内。为了把这些记录贯串起来，在这个系列的两端，再扩展到以 5 年变化为基础的 10 年间的运动。可能有人会有这样的看法，既然计量的单位基础是 10 年平均数间的 10 年间隔期，较短的商业周期(持续期间不超过 9 年)的微小痕迹仍然存在；因之，这种一定百分比离差的倾向在特征上是长期的。

表 5 显示出围绕长期线性趋势增长率的波动有相当大的波幅；离差上的连续正号和负号意味着相当大的摆动；但最重要的是：在几个国家间这些波动在时间上的相似或不同，强烈地暗示了存在着某种原因的相互因果联系。

如果我们认识到第 4—13、17—26 和 30—39 行中的项目是相对趋势的百分比，而不是每 10 年的增长率，那么这种波动的波幅已被充分显示出来。如果我们把 1—2、14—15 和 27—28 行中所显示的趋势排除掉，我们就可以利用第3、16、29行中的增长率平均数作为一个基础。因而，就英国说，第9行内的高峰百分比+7.5意味着在该间隔的10年增长率为[(1.168×1.075)−1]，或25.6%，对比16.8%的平均数说，几乎要高一半；而在第12行的最低百分比−6.0意味着该10年增长率只有9.8%，或几乎比平均数16.8%低一半。对于人均产值和总产值来说，10年增长率波动的波幅是相当大的，从长期波动中可以看到，其最高的增长率要比最低增长率高2—3倍。就人口说，则波幅较小，但就人口增长波幅而言，正如我们所预料的——对有大量移民的国家，像澳大利亚和美国，其波幅还是相当大的；而对一个小国，像瑞典，波幅是无足轻重的（其最高的人口增长率在1890～1899年至1900～1909年间隔期间是7.7%；最低的增长率在1880～1889年至1890～1899年间隔期间，则为5.1%）。

离差符号的序列是重要的，如果这种离差仅仅是直线趋势，比之一条更加复杂的非循环曲线，与增长率波动的表现就不是那么贴合。这些符号的序列将是负号和正号聚集的两组正负号都有的束（虽然一组可能集中在中间，而另一组则分开在时期的两端）。在表5中看到了四个符号，这对于50—60年这样长的期间和持续20—25年期间的长期波动来说，是我们可以预期到的。除非较短的商业周期的重要因素由于某种未弄清楚的原因在这个计算过程中残存了下来，对这计算过程的结果只能把它视为是每10年增长率的长期波动。

这些波动发生的时间是最重要的，也更能引起分析的趣味。英国和德国在人均产值的波动方面呈现出明显的相似性，其正的离差集中在1860年代后期和1880年代中后期(第4—5,8—9行),其负的离差则集中在1870年代中后期(第6—7行),而另一个低点是1895～1904年至1905～1914年这段期间(第12行)。另一方面,澳大利亚波动的表现正好同英国和德国的相反:前者,第一个高峰集中于1874～1875年(第6行)的时期,与英国的第一个低点相对应;第二个低点集中于1889～1890年时期,与英国的主要高峰相对应;最后,从1890年代到第一次世界大战前夕的增长率在澳大利亚是处在最高点(虽然这个趋势线有可能夸大这些离差的数量),而这时英国的增长率是处在最低点。另外两个国家,瑞典和美国,不能这么井然有序地归进这个格式。瑞典的波动似乎类似于英国和德国,特别是同德国相类似。美国的波动起先有些类似澳大利亚的格式,与欧洲的波动相反(至少一直到1890年代是如此),但这些相反方向的联系在最后两个间隔期中(第12—13行)就没有看到。产生这些关联的机制,可能是因从旧的欧洲到海外后裔国家通过贸易特别是通过资本输出起作用的关系,这个问题在本书第60页注①引证的文献中曾作过讨论。

人口增长率的离差也有差不多相似的分组,大体说来,三个较老的欧洲国家,英国、德国和瑞典之间其波动趋势是很相似的,是十分接近的,只是最后两个间隔期(第25—26行)的离差这三个国家才显现出不相一致。英国的波动与澳大利亚和美国的相反,德国和瑞典一直到1890年代前的波动也是这样,与澳大利亚和美国的相反。在这些波动之间有规则的相互联系给人深刻印象,在其中起作用的机制,推测起来可能是国际移民,当移民加速时,降低了较老国家的人口增长率并增加了那些接受移民的年轻国家的人口增长率。[①]

既然人均产值的波动幅度比人口的波动幅度要广大得多，总产值波动的格式当然就会更类似于人均产值的波动格式。因而，同样的类似情况在英国和德国之间也可看到，而在较小程度上在瑞典也可看到；相反的格式在澳大利亚可以看到，而在较小程度上在美国也可看到。

这个讨论可以扩大到来考虑在人均产值和人口增长率波动之间有明显的间接联系——例如，前者的更高比率就与人均产值更迅速的增长有关系。隔一段时间后，就引起更多的向海外国家移民，但在较老的欧洲国家就是移民的减除。从而在较老的欧洲国家和较年轻的海外国家之间，人均产值长期波动的方向就相反，解析地来看，就与人口增长长期波动相反的方向相联系（这是就人口增长是由于国际移民的结果的限度内，或人均产值更高的增长率必然会引起较高的出生率从而产生人口更高的自然增长率的限度内所发生的人口增长长期波动而言的）。但是，探索人口和产值的长期波动的这种相互影响已经远远离开了本书的中心主题。

长期波动的整个问题的提出主要是要表明它们的存在是可用数据来证实的。这种波动是相当大的，这是应当懂得的，造成这种波动的机制很值得分析研究。至于这样的波动，即使在第二次世

① 对这个过程及其对几个发达国家经济产值及其主要组成部分，增长率波动的影响值得重视的分析，参见托马斯：《移民和经济增长：大不列颠和大西洋社会的研究》（剑桥：剑桥大学出版社，1954 年）。

界大战后，在较短的商业周期的波幅比过去小的情况下，长期波动问题是否也普遍存在或很可能也是普遍存在的，仍然是一个重要问题。对第二次世界大战后高增长率的详细阐释见表 4。

第二章 生产率增长与非常规费用

作为现代经济增长特征的人均产值的高增长率，究竟是起源于人均生产要素（劳动与资本）投入的高增长率，还是起源于生产率的高增长率呢？

一、生产率增长

在讨论生产率问题之前，必须强调指出，在这里，投入就像产出一样，是根据通行的国民经济核算规则确定的。这意味着：劳动投入仅限于这样的劳动居民，他们在参与生产的产出中的贡献，是包括在国民产值内的；对从事家务及类似活动的人，则不予计入。更重要的是，所包括的劳动在质量上是有差别的，尽管可以通过对工作时数的不同加权来估量它们的质量差别，但是，对诸如在常规的经济核算中不认为是投资的质量差别，那就无法用这种加权方法来估量了。例如，日益流行的看法都认为正规教育至少有一部分是投资，必须反映在劳动投入的度量中，但这却与当前国民经济核算的概念和实践不相符合，目前的计算方法是把公私教育费用的支出视为最终消费的。当然，彻底改变对国民经济核算的概念和制度，将能使上述分歧趋于一致，我们将在下一节对这种可能性进行探讨。但是，至少在这里，这种改变难以在较广泛的对比范围内有效地应用。因此，我们必须沿用劳动和资本的通常含义，后者是指物质的、有形的商品，既包括可再生产的建筑物、设备和存货等，也包括不能再生产的资产，如土地，而不包括耐用消费品。以国家为单位来说，必要时，则需根据国际债务差额加以调整。

在生产率增长的度量中，除产出量增长外，还需要估算劳动投入和资本投入的增长率，并估算为求得结合投入的增长率所需的权数。而后，将结合投入增长率与产出量增长率相比较，就可以得出生产率的增长率。以下我们首先讨论的是有关劳动投入增长率的证据，其次是资本投入增长率的证据，再次是把劳动和资本投入结合起来的权数，最后是把结合投入与产出相比并从中得出生产率的增长率。由于主要涉及的是生产率增长对人均产值（而非总产值）高增长率的贡献，因此，对劳动和资本投入增长的度量，其着重点也放在人均基础上。

（一）劳动投入

发达国家历次的人口普查及其补充材料提供了劳动力（或从事于有收入的职业的人）和总人口关系的充分证据（见表 6）。诚然，劳动力的概念以及据以确定劳动力组成的实际做法，在不同国家和不同时期是互不相同的——特别是关于不付工薪的家庭劳动力、非常年轻和非常年老的劳动力以及临时工和季节工，更是如此。我们已做出努力使表 6 的编制建立在可比较的基础上，但某些比率上的偏差无疑依然存在。但是，由于近期的人口普查使用了较高的最低年龄规定并且使劳动力的定义更趋明确。因而这种偏差并不很大。而且由于区别出妇女劳动力并将其大体上折合为若干全男劳动力，劳动力占人口的比例(即人均劳动力供给量)长期趋势的可靠性就加大了。

表 6　发达国家劳动力对总人口的比率的长期趋势

国别和时期	占总人口的比率(%)				
	总劳动力 (1)	A 部门的 女劳动力 (2)	非 A 部门的 女劳动力 (3)	男劳 动力 (4)	相当于男 劳动力的 总劳动力 (5)
大不列颠					
1. 1851	45.0	1.1	12.5	31.4	39.1
2. 1911	44.9	0.3	12.9	31.7	39.5
3. 1961	46.9	0.2	15.0	31.7	40.7
法　　国					
4. 1856	39.1	6.0	6.2	26.9	31.8
5. 1906	53.3	8.6	11.2	33.5	41.9
6. 1962	42.4	2.7	11.5	28.2	35.6
比 利 时					
7. 1846	46.3	7.9	9.1	29.3	36.3
8. 1910	46.6	2.9	11.5	32.2	39.7
9. 1961	38.2	0.5	9.7	28.0	33.9
荷　　兰					
10. 1849	41.1	5.4	6.8	28.9	34.1
11. 1909	38.6	1.9	7.3	29.4	34.2
12. 1960	36.4	0.4	7.7	28.3	33.0
德　　国					
两次大战间的疆界					
13. 1882	38.3	5.5	3.8	29.0	32.4
14. 1925	51.3	8.0	10.4	32.9	40.7

国别和时期	占总人口的比率（%）				
	总劳动力 （1）	A部门的女劳动力 （2）	非A部门的女劳动力 （3）	男劳动力 （4）	相当于男劳动力的总劳动力 （5）
联邦共和国					
15.1939	51.7	7.1	11.3	33.3	41.5
16.1964	46.3	2.8	14.1	29.4	38.4
瑞　士					
17.1880	46.3	5.2	9.7	31.4	38.3
18.1960	46.3	0.4	13.5	32.4	40.6
丹　麦					
19.1901	46.6	6.1	8.8	31.7	38.2
20.1960	45.7	0.8	13.3	31.6	39.7
挪　威					
21.1875	45.0	0.9	15.2	28.9	38.2
22.1910	39.6	2.2	9.7	27.7	34.0
23.1960	39.2	0.4	8.6	30.2	35.4
瑞　典					
24.1870	39.8	7.4	5.3	27.1	31.8
25.1910	39.8	4.7	6.4	28.7	33.5
26.1960	43.3	0.5	12.8	30.0	37.8
意大利					
27.1881	58.8	10.9	12.1	35.8	45.2
28.1901	50.7	9.9	6.6	34.2	40.1
29.1961	39.7	3.0	7.0	29.7	34.5
日　本					
30.1920	48.7	11.4	6.9	30.4	36.8
31.1964	49.3	7.2	12.7	29.4	38.5

国别和时期	占总人口的比率(%)				
	总劳动力 (1)	A部门的女劳动力 (2)	非A部门的女劳动力 (3)	男劳动力 (4)	相当于男劳动力的总劳动力 (5)
美　　国					
32.1870	32.5	1.1	3.7	27.7	30.1
33.1910	40.6	1.3	6.8	32.5	36.8
34.1960	39.0	0.3	12.2	26.5	33.9
加拿大					
35.1911	37.8	0.2	4.9	32.7	35.7
36.1961	35.7	0.4	9.4	25.9	31.6
澳大利亚					
37.1901	43.8	1.0	8.5	34.3	39.6
38.1961	40.2	0.4	9.7	30.1	36.0
新西兰					
39.1901	44.0	0.5	8.0	35.5	40.4
40.1961	37.1	0.4	8.9	27.8	33.2

上述资料除另有说明者外,都摘自贝洛茨等:《国际历史统计》第1卷《劳动人口及其构成》(布鲁塞尔,布鲁塞尔自由大学社会学研究所,1963年)。

第1栏:除大不列颠1961年和荷兰1849年及1909年的资料外,都见上引书表A—1。关于1961年大不列颠的比率,是根据引自表A—2的总劳动力及引自联合国:《人口统计年鉴,1965年》(纽约,1966年出版)表2中1961年人口普查的总人口数字算出的。1849和1909年荷兰的各栏的基础资料则引自表1注中所说的博斯备忘录。

第2—3栏:女劳动力占人口的比率,是应用女劳动力占总劳动力(也是根据贝洛茨上引书表A—1)的比率,与第1栏(同样地,大不列颠1961年和荷兰1849年及1909年除外)相比而算出的。大不列颠女劳动力占总劳动力的比率引自贝洛茨前引书表A—2。以同上的出处为基础,再将这个比率分配于A和非A部门。

第4栏:第1栏减第2栏和第3栏。

第5栏:第2—4栏加权后的总和,其权数分别为0.2、0.6和1。

总劳动力的比例(第1栏)受到对女劳动力的处理的影响。由于处理方式不同，各个国家间的总劳动力水平和趋势就差别很大。这些差别中只有某些是真实的。早期的意大利和近代的日本这个比率都很高(见 27—28、30—31 行)，其主要原因是它们将农业和手工业中大部分不付工薪的家庭劳动力(多半是妇女)包括在内，部分则可能是由于在纺织和服装工业中雇用了妇女(如 19 世纪的意大利)的缘故。在比利时、荷兰和意大利，总劳动力占人口比率明显下降，看来大部分是由于在农业和工业中妇女劳动力的重要性降低的缘故。

男劳动力占总人口的比率显示出长时期内在水平和稳定性上都非常接近(第 4 栏)。这里的变动幅度为 26%—36%。但比率的大部分是介于 27.5%—32.5%之间。某些变动趋势则是显著的，特别是在欧洲海外后裔的国家，在 20 世纪大约下降了 4—7 个百分点(见 33—40 行)。这可能是由于移民的大大减少，而在第一次世界大战前，移民曾使这些国家的男劳动力大大增加。在欧洲比较老牌的国家(意大利除外)和日本，变动趋势则相当和缓，在 50 年到一个世纪这样长的时期内，变动幅度只有 1—3 个百分点。

男劳动力对总人口比例的这种长期稳定性是可以预料到的，特别是那些不受国际移民重大影响的国家更是如此。在这些国家中，达到劳动年龄的男劳动力占总人口的比率变动缓慢，从我们所考察的时期来看，它是趋向上升的。因为，出生率的下降和寿命的延长，意味着超过最低劳动年龄的男性人口中进入劳动力的份额的上升。但是，男劳动力对总人口比例的上升却受到进入劳动力市场的年龄不断上升的限制，这大部分是因劳动力需要接受更长期的教育和更多的训练带来的。第二个阻碍因素就是退休年龄的下降。这一点，部分地是与劳动力转向工业相联系，而工业不同于农业，对高龄劳动者所提供的机会有更多局限性；部分地也由于劳动力中的非雇佣劳动者或独立经营者变成受雇者以后，对高龄劳动力的继续受雇也是不利的。人口统计中有利于提高男劳动力对总人口的比例的趋势和减少年轻人和老年人参与劳动力的比率的趋势之间的平衡，在国与国之间和不同时期之间都有某些不同。但一般地说，差别是不大的。不用说，那些导致男劳动力对总人口的比例长期稳定的力量，正是社会现代化由来已久的基本的人口统计和制度上的现象。在社会现代化中，就单一因素来说，经济增长是唯一重要的因素。

女劳动力平均约为男劳动力的一半，而它占总人口的比率大约介于5%—20%之间。和男劳动力一样，这个比率同样受到人口统计上各种变量的影响，如出生率的下降、寿命的延长和总人口中达到劳动年龄的份额上升等等。但是在这里，出生率的下降是更为重要的，因为它减轻了妇女生育和抚养儿童的负担。这样，促使总人口中女工比例上升的力量就比男工大。这些人口统计上的力量加上都市化和传统观念的变化，就促成了已婚和未婚的女工获得有酬职业的机会。另一方面，某些重要的制度上的变化也抑制了不付工薪的家庭劳动力，而这在过去是妇女参加生产活动的主要形式；而且，在制造业和其他领域中，小型家庭单位的相对重要性在下降，减少了妇女参加生产活动的机会，甚至减少了妇女从事有酬职业的机会。这两种相对抗的因素结合在一起，就形成了各不相同的趋势。有半数国家的总人口中的女工比例是上升了，如英国从稍许超过13%上升为稍许超过15%；法国从略为超过

12%上升为略为超过14%;德国从约9%上升为约17%;美国从约5%上升为略超过12%;加拿大从约5%上升为将近10%;在澳大利亚和新西兰,其上升幅度约为2个百分点。这样,在所有这些国家中,非农业部门女工占总人口比例的上升足以抵消农业部门女工的减少而有余。但是,在瑞士、丹麦、瑞典和日本,总人口中女工的比例却大体稳定在约12%到略超过18%的水平。而在比利时、荷兰、挪威和意大利则显著地下降了。

如果企图去校正资料中的其他偏差,并且对于造成妇女改变和参与不同经济活动的各种因素更明确地做出权衡,那就离题太远了。但是,为了掌握人均劳动力总供给的大体趋势,女工占总人口比例的动态可以和男劳动力的动态结合在一起。

为得出第5栏中的这种结合而进行的加权,是基于以下两个假设。首先,假设农业中的女工(至少在农业劳动力相当庞大的国家内和时期内)绝大部分是不付工薪的家庭劳动力(当农业劳动力在总劳动力中占的份额很小时,任何假设都只有微小的影响)。1960年的数据部分地支持了上述假设,它显示了法国、荷兰、加拿大,特别是日本,在农业和与农业相依的工业的全部女工中,不付工薪的家庭劳动力占70%—80%[①]。其次,假设根据近年来按年龄分组的平均收入估算出的非农业部门男女工人的相对权数是可以应用于长期的。如果采用这些权数,那么,把它们应用于过去,就意味着指定给女工的相对权数比她们可能具有的要大。而这一偏差的任何调整,又会大大削减女工的贡献,甚至比假定由男工单

① 参阅联合国:《人口统计年鉴,1964年》(纽约,1965年版)表12。

独来做时所作出的贡献还要少。

根据几个发达国家20—64岁年龄范围内的男工和女工收入的比较，把非农业女工和男工的权数分别定为0.6和1.0[①]。农业中不付工薪的家庭劳动力，由于劳动时间较短和所需的技能是低报酬的，只具有很低的权数，因而有点随意地把它定为0.2。这些权数只是近似的，人们可以做出任何合理的调整（将农业女劳动力的权数0.2提高而将其他部门女劳动力权数0.6降低），这样只会使下述主要结论得到加强：即把女劳动力加在男劳动力上，不过是对男劳动力在总人口中所占比重的变化趋势稍加缓和而已。同时，这种加权后的总劳动力对总人口的比例，除在一两个国家中有些变动外，在很大程度上显示了长期的稳定性。

最后这一结论可以从第5栏中得到证明。假如我们同意把3或更少的百分点的变动认为过小而不代表明显的趋势的话，那么，15国中的7个国家（大不列颠、比利时、荷兰、瑞士、丹麦、挪威和日本）的总劳动力在总人口中的比重，在长期内是不变的。在其余8个国家中，有3个是欧洲的海外后裔（美国、加拿大和新西兰），自20世纪以来它们的这个比重就下降了（虽然美国从1870年以来这个比重曾有所上升）。在意大利和澳大利亚，这个比重也同样下降了。但这种动向可能是由于统计记录的不可比性。在法国、德国和瑞典，这个比重则趋于上升。因此，可能有人会认为，总的说来，折合为某种当量的人均劳动力供给，并无确定的趋势，这个

① 参阅丹尼森：《增长率何以有差异：九个西方国家的战后经验》表7—3、表7—4，第72—73页（华盛顿哥伦比亚特区：布鲁金斯研究所，1967年）。

因素的计量，对于人均产值的增长，可能并没有多大的作用[①]。

人均劳动者人数，在经过性别差异的调整以及对农业中不付工薪的家庭劳动力的适当考虑后，没有显示出显著的增长，而按上述定义的劳动力成员的工作时数则减少了。在有工会组织的产业——制造业、运输业和公用事业等部门中，这种工时减少的证据是大量存在的。不过，我们还需要了解这种减少的幅度，特别是其他部门、尤其是农业和服务业中工作时数的水平和趋势。在这方面唯一可用的现成资料是美国的。美国是曾经煞费苦心地搞出长期工时变动估算材料（以区别于没有详细的统计材料作基础的、反映概略印象的想象性估计）的唯一国家。

表 7 显示了整个时期并在 20 世纪加速了的属于民营经济的工业和服务业中平均工时减少的情况。但农业中的工时数直到第一次世界大战以后实际上没有什么变动。更值得注意的是，直到最近，农业中劳动者的平均工时明显地低于民营经济中的其他部门，而其中民营服务业的工时数是最高的。这样，对国民经济起支

① 表 6 的分析揭示了劳动力比重的一些值得注意的部分，单以第 1 栏为基础就能论证主要的结论。在这些较高的比率中，如果少于 5％的变化是这些较高比率的稳定性的证据的话，那么，大不列颠、法国、荷兰、瑞士、丹麦、瑞典、日本、加拿大和澳大利亚（15 国中的 9 国）其比率是稳定的。德国和美国（在整个时期中）的比率是上升的；而比利时、挪威、意大利和新西兰则趋于下降。但是，除意大利外，即使这些国家每 10 年的升降也不过是 1％。

这个结论并不意味着：在某些国家，特别是在苏联那样的劳动力参加工作受到政府强迫干预影响的国家，劳动力对总人口的关系中的主要转移不会发生。苏联妇女劳动力中参加工作的高比率以及从而形成的总劳动力对人口的高比例，显然是政府政策作用的结果，参阅伊森：《劳动力》，载伯格森和库兹涅茨合编：《苏联经济趋势》（马萨诸塞州，坎布里奇：哈佛大学出版社，1963 年）表Ⅱ3、4，第 54、57 页。

配作用的民营经济的平均工时就由于A部门劳动力份额的下降和S部门份额的上升而保持不变。在表7中，发生在第一时期末的部门工时对平均数的不等量的减少，促使了第二时期平均工时的加速下降。

表7　美国民用经济主要部门按年度平均的从业人员数和工时数的长期变动(1869年、1909年和1957年)

	1869 (1)	1909 (2)	1957 (3)
一、从业人数			
1. 总数(百万人)	11.86	34.65	64.94
各部门占总数的百分比			
2. 农场、农业服务、林业、渔业(A部门)	48.5	30.5	9.5
3. 采矿业、建筑业、制造业、运输通讯业和公用事业(I部门)	29.0	39.1	40.9
4. 贸易、金融、保险和房地产、私人服务(S部门)	19.4	26.0	38.6
5. 民营经济(第2—4行)	96.9	95.6	89.0
6. 政府部门和国营企业(不包括军事服务)	3.1	4.4	11.0
7. 民用经济从业人员总数(第5行+第6行)	100.0	100.0	100.0
二、年平均工时			
8. A部门	2 387	2 380	2 140
9. I部门	2 940	2 687	2 044
10. S部门	3 757	3 222	2 168
11. 民营经济	2 826	2 735	2 108
12. 政府	1 883	2 088	1 779
13. 民用经济	2 797	2 706	2 072
三、年平均工时每10年的变动率(%)			
	1869至1909	1909至1957	1869至1957
14. A部门	−0.1	−2.2	−1.2

	1869 (1)	1909 (2)	1957 (3)
15. I 部门	−2.2	−5.5	−4.0
16. S 部门	−3.8	−7.9	−6.1
17. 民营经济	−0.8	−5.3	−3.3
18. 政府	2.6	−3.3	−0.6
19. 民用经济	−0.8	−5.4	−3.4

基础资料引自肯德里克:《美国生产率的趋势》(普林斯顿:普林斯顿大学出版社为国家经济研究局出版,1961年)。

第1—7行:根据该书表A—Ⅶ,第308页。1953年前后数字的不连续性是微小的,对比率的变动只有无足轻重的影响。

第8—13行:总数见表A—Ⅺ,第314页,除以作为第1—7行的基础资料的绝对数。

当然,美国发现的情况,特别是关于各经济部门之间劳动者平均工时数的差别,不一定就能代表其他发达国家的情况。加拿大是能取得按农业和非农业部门分开的每个劳动者平均工时资料的唯一的另一个国家,但只有较短期的近期资料。而它的农业中的工作周却远比美国长①。其他国家平均工时的降低率和1929年到1957年的美国相类似。法国从1896年到1963年每10年平均工时就下降3.9%。德国(主要根据第一次世界大战前一些大城

① 见利斯威克:《加拿大的经济增长》表A—8,第74页(多伦多:多伦多大学出版社,1967年)。1926年农业平均周时数为64,而非农业部门为49.8。而按照肯德里克估算数,美国1929年农场的周时数为49.8,而非农场为49.2(参阅肯德里克:《美国生产率的趋势》表A—Ⅸ,第310页〔普林斯顿:普林斯顿大学出版社为国家经济研究局出版,1961年〕)。利斯威克还指出,从1926年到1956年每10年平均周时数下降7.6%;而在大致相同的时期内,据肯德里克指出的从1929年到1957年每10年的下降率则为6.9%。

市的估算材料)从1870～1879年到1950年每10年下降3.7%[①]。

尽管缺乏有关美国和加拿大的农业部门和非农业部门的工作年(或周)的相对长度的详细数据和它们之间的差异资料,我们也能得到一些关于工时数的长期下降的幅度和格式的可以接受的信息。首先,整个国民经济以及除政府部门外的所有主要部门的工时在长期内都趋于下降。其次,在20世纪,特别是第一次世界大战后,全国范围的平均工时的下降率看来远大于较早的年代。第三,工时长期下降率,譬如说前一世纪的,可以合理地定为每10年下降3%—4%,而在第一次世界大战后则可能高达4%—5%。

由于人均劳动者人数很少增加,也许每年不到1%,按总人口平均的人时总投入量在我们所考察的长时期内必然每10年要下降2%—3%。因此,按人时平均的产值较之人均产值在长期内的增长速度必然较快。但是,这里重要的一点是:工作人时数的增加不可能对人均产值的高增长率有所贡献。

(二)资本投入

资本投入的增长率可以从一系列可再生产的和不能再生产的资本量(前者是减除累计折旧后的净额)中求得。正如即将予以说明的,资本利用的时间则不考虑在内。

---

① 法国的数字是根据马兰沃等:《法国的经济增长》,这是社会科学研究理事会关于历史地观察战后经济增长研究的一份油印的初步报告第3章,表7,第21页(巴黎,1968年7月)。德国的估算数字引自乔斯塔:《德国国民收入的长期增长》表v,第99页,编入库兹涅茨编:《收入和财富》丛书第5本(伦敦:鲍斯与鲍斯出版公司,1955年)。

按不变价格计算的历年资本量的数列只能在少数几个国家中取得，其中有些国家的数字将在后面加以使用。但是我们确实有很多按当年价格、也经常有按不变价格计算的资本形成净额的估算数。把这些数字和总产值估算数结合起来，我们就能推算得出当时的资本形成率。根据发达国家资本形成率的一般水平和趋势以及关于初始资本—产值比率的可靠假设，我们就能求出总的或可再生产的资本的增长率，以之与总产值的增长率相对比。而把人均（按总人口）资本增长率和人均总产值增长率加以比较，对于确定资本增长对表1所揭示的人均产值高增长率的贡献，是一个关键性的数据。

表8　资本增长和总产值增长间的关系——假设资本形成率的水平和趋势是可靠的，而初始资本—产值比率的平均水平是合理的

假设：

1. 增长的累计时期是一个世纪。
2. 资本形成率、资本量和总产值的变动是简单等比级数。

指标定义：

c，k，y：可再生产的资本量、总资本量和总产值（都是国内净值）。

G_c，G_k，G_y：一个世纪内可再生产的资本量、总资本量和总产值的倍增数。

ry，rdc，y：总产值、资本形成量和资本形成率的年增长率。

m_c，m_k：初始的可再生产的资本量和总资本量对初始资本形成量的比率。

则：

$$1+rdc=(1+ry)\cdot(1+rdc/y) \quad (1)$$

$$G_c=\frac{\frac{(1+rdc)^n-1}{(1+rdc)-1}+m_c}{1+m_c} \quad (2)$$

$$G_k=\frac{\frac{(1+rdc)^n-1}{(1+rdc)-1}+m_k}{1+m_k} \quad (3)$$

基础Ⅰ：整个世纪的资本形成比率是产值的10%。

基础Ⅱ：资本形成率从7.5%提高为15%。

（续表）

基础Ⅲ：资本形成率从5%提高为15%。
基础Ⅳ：资本形成率从2.5%提高为15%。

	G_c			G_k		
	(1)	(2)	(3)	(4)	(5)	(6)
1. c/y 或 k/y	2	3	4	5	6	7
			$ry=0.02$；$G_y=7.244$			
2. 基础Ⅰ	15.8	11.0	8.59	7.10	6.10	5.38
3. 基础Ⅱ	19.0	13.1	10.1	8.34	7.13	6.27
4. 基础Ⅲ	17.1	11.8	9.17	7.55	6.47	5.69
5. 基础Ⅳ	14.6	10.1	7.86	6.50	5.58	4.93
			$ry=0.03$；$G_y=19.23$			
6. 基础Ⅰ	29.9	20.6	15.8	12.9	10.9	9.54
7. 基础Ⅱ	37.4	25.5	19.5	15.9	13.4	11.7
8. 基础Ⅲ	34.4	23.4	17.9	14.5	12.3	10.7
9. 基础Ⅳ	29.9	20.3	15.5	12.6	10.7	9.32
			$ry=0.04$；$G_y=50.47$			
10. 基础Ⅰ	59.8	40.9	31.1	25.2	21.3	18.4
11. 基础Ⅱ	77.5	52.6	40.0	32.3	27.1	23.4
12. 基础Ⅲ	72.2	48.9	37.0	29.9	25.1	21.7
13. 基础Ⅳ	64.4	43.4	32.9	26.5	22.3	19.3

表8中的代数式所用的基础是这样简单的假设：通过资本（总资本或可再生产资本）对产值假定的初始比率与资本形成率的某种可靠的水平和动态而求得的资本增长率（一个世纪的累计数）和总产值的增长率是这样：产值和资本的增长率两者都位于按对数比例绘出的直线上，其基本数量构成等比级数。根据等比级数求和的公式，就能得出一个世纪累计的当今资本形成净值，再把它和设定的初始资本—产值比率结合在一起，就可求得总资本增长率。其模式

必须与净资本形成相一致。因为,在一个长时期内,总资本形成的累积会产生出不实在的夸张的总值,并把它当作产值增加的来源。

由于我们有了发达国家总产值长期增长的估算数(见表1),要求得资本的累计增长,就只再需要资本形成率(水平和趋势)和初始资本—产值比率的数字。如果典型的产值年平均增长率大约是3%,如果净资本形成率从5%提高为15%,又如果在世纪初总资本—产值至少是6∶1,那么,所得出的扣除折旧后的总资本增长率,将比总产值增长率低(参见表8第7行第5栏)。但是,净资本形成率的水平和趋势以及初始资本—产值比率(总资本和可再生产资本的)水平的迹象又是什么呢?

联合国收集的国民账户资料提供了关于15个发达国家的净资本形成率或总资本形成率的估量。在新近的1963～1967年的5年里,比利时、丹麦、意大利、瑞典(从这个国家的国内总资本形成率25%推得)、联合王国、加拿大和美国的净资本形成率是15%—16%左右。另外7个国家,法国、德国、荷兰、挪威、瑞士、澳大利亚和新西兰,则在17%—21.5%之间,而日本则特别地高达26.4%。总资本形成率的相对变动幅度则远少于此。在净资本形成率处于中等水平,即9%—15.6%间的7个国家中,其总资本形成率的变动幅度则为18%—25%,而除日本外的其他国家,则处于25%—29%之间,并不高出很多。我们在某种程度上怀疑净资本形成率有可能被夸大。因为,资本耗费准备一般是根据原始成本,它没有把固定资本财物的价格上涨充分考虑在内。

基于这个原因,还因为,与第二次世界大战前的长期增长模式相对比,战后时期就有其特殊的性质,所以,我们认为,作为一般的考察，最好把15%定为本世纪（或更长一些时间）内净资本形成率可能上升的特定的极限水平。对此，表8阐明了各种可能的组合。

把净资本形成率的极限确定下来之后，我们就必须考虑它在长时期中的趋势。国内净资本形成率上升的最显著的事例，意指从现代经济增长过程开始时的约5%或6%的上升移动。这里，我们无须考虑初始的国民资本形成，这个比率可能低得多。为了避免将国内提供的资源对国内生产的产值的比率与外国资本对代表这些资本收入的那部分国内产值的比率混同起来，而后者与前者是完全不同的，所以，根据国内资本来进行生产率的分析是更可取的。在斯堪的纳维亚国家、意大利、日本以及如果回溯到18世纪的英国，初始的国内净资本形成率可测定为约5%到6%。但是，在其他国家，特别是美国，初始水平是相当高的，并没有出现表8基础Ⅲ的假设，即净资本形成率增大三倍的情况。关于工业化以前时期的净资本形成率，难免有意义含糊的地方，其原因将在以后与初始资本—产值比率联系起来一起讨论。虽然，5%与3%的净资本形成率的差别看起来只有2个百分点，但它对资本长期增长率却有显著的影响。但是，我们必须利用材料所提供的一般水平①。

资本形成率只和可再生产资本的增加有关。虽然，这些增加也可能体现在某些不能再生产的自然资源（如土地或矿山）之内。

① 细节参阅库兹涅茨：《各国经济增长的数量》Ⅵ“资本形成率的长期趋势”，载《经济发展和文化动态》卷Ⅸ、第4期、第Ⅱ部分（1961年7月）附表；以及稍后库兹涅茨在《现代经济增长：比率、结构和扩展》（纽黑文：耶鲁大学出版社，1966年）表5.3，第236—239页关于国内总资本形成率和国民资本形成率，以及表5.5、第248—250页、第5栏关于国内净资本形成率的趋势。

但是,我们没有包括也不打算包括那些并非由于把当前的部分产值或当前现有的部分劳动力和可再生产资本作为投资而形成的不能再生产的资源的增加。

不能再生产的资本价值(按不变价格计算)的增加可以有三种来源:第一,为改善资源(例如将大草原变为可耕地)的劳动和资本投入,是包括在当前资本形成之中的,并不引起概念上的问题。第二,由于人口移动和变得接近于自然资源从而改变了资源的可利用程度,这标志着,由于人口的较好分布或增加,或是两者兼具,扩大了国家经济的自然基础,这一基础虽然是生产率增长的可能来源,却并不代表资源的额外支出,没有投入。第三种来源是科学的发现和发展,其中的直接投入是微小的,它与经常被引证为生产率增长来源的因素——科学进步和技术变革相联系。这里的度量旨在把资本增长率记录为所增加产值中的资本投入来源,在这种情况下,投入意味着当前产值的吸收和现有资本的消费。作为这种追加投入来源的资本增加,只可能来自通常定义的净资本形成,即使后者是加到初始资本总额(而不仅是可再生产资本)上去的情况下也是如此——这样,生产率是在不能再生产资源的固定供给的条件下度量的,而把对后者的非收益增加处理为生产率增长的一部分[①]。

① 另一种程序是把非收益增加包括在不能再生产的资源之中,这只会加强我的结论。即在关于资本形成率和初始资本—产值比率的可靠假设下,总资本的增长率很可能低于总产值的增长率。包括进去将会稍为提高净资本形成率的平均水平。但是,由于自然资源的这种增加对资本的总增加的相对贡献会使可再生产资本形成的增长显著下降,因此,在一定时期,将会大大减低资本增长率的任何上升倾向。

对大多数国家来说，初始资本—产值比率(扣除折旧后的总资本对国内生产净值的比率)应联系到一个世纪前进入现代经济增长的日期，在美国和法国则应追溯到1830年代，而在英国可追溯到18世纪末。但这对满足我们约略估计现代经济增长的某些早期阶段的这一比率的目的已经足够了。

从零星分散材料得出的主要结论是：早期总资本—产值比率远高于5，可能在6—7之间。1885年大不列颠可再生产的资本国民收入比率高达6.7；假如考虑到占18%的土地价值，那么，总财富的比率就会上升到8以上。然而这是最高的数字，1865年的最早的水平可以约略估计为7①。关于国民财富的最近汇编资料表明，比利时在1846年和1896年、美国在1890年代后期、澳大利亚在1903年，净财富对产值的比率在6—9之间；该资料还表明，这些比率在长时期过程中的一般趋向是下降到4—5之间②。根据这个趋势，在1950年代初发达国家的总资本—产值比率为介于3.0到5.4之间，而在1913～1914年则平均超过5.5(绝大多数国家是这样)；因而，把初始日期的水平定为6—7，看来是可靠的③。

① 参阅迪恩和科尔：《英国的经济增长，1688～1959年》第二版(剑桥：剑桥大学出版社，1967年)关于可再生产的资本—产值比率，见表71，第274页；关于国民财富的构成(包括土地)，见表70，第271页。

② 参阅戈德史密斯和桑德斯编：《收入和财富》丛书第8本(伦敦：鲍斯与鲍斯出版公司，1959年)表Ⅵ、第30—31页。

③ 1950年材料引自同书表Ⅷ、第32页，1913～1914年材料出自斯坦普，而由库兹涅茨扼要引述于《各国经济增长的数量》Ⅳ“按要素份额的国民收入分配”，载《经济发展和文化动态》卷Ⅶ，第3期，第Ⅱ部分(1959年4月)第65页，附表3。

如果初始的总资本对产值比率在6—7之间，那么，对可再生产的资本来说，开初的比率可定为3—4。两种类型的材料足以证明这个结论。首先，关于不能再生产的资产，特别是土地和自然地基这类资产，早期在总财富中所占的份额大约是三分之一至二分之一。这样，在大不列颠，根据迪恩和科尔的估计，1798、1812和1832年，土地在国民财富中的份额超过50％。根据戈德史密斯对美国早期的估计，土地和自然地基这类资产在国内总财富（不包括消费者的耐用品）中所占份额在1805年大约是一半，1850年大约是45％，1880年则大约是40％[①]；澳大利亚1903年土地在私人有形财富中差不多占五分之二，1956年则下降到五分之一[②]；丹麦1844年土地在总财富中所占份额是44％；挪威1884年大约是36％；瑞典1885年大约是42％；意大利1908年土地在私人总财富中所占份额（包括矿山和采石场）是45％，到1924～1925年则下降为38％[③]。

第二类足以支持初始可再生产资本—产值比率为3—4（特别是较老牌的国家的）的证据，是进入现代以前的时期可资佐证的净资本形成比例。在1965年的一篇专题论文中，我把发达的西欧国家在1500～1750年这一长时期中的总产值的可能增长率大致定

① 参阅《美国可再生产的财富的增长，1805至1950年》，收入库兹涅茨编：《收入和财富》丛书第2本（伦敦：鲍斯与鲍斯出版公司，1953年）表2，第310页。

② 参阅加兰和戈德史密斯：《澳大利亚的国民财富》，收入戈德史密斯和桑德斯编《收入和财富》，第355页。

③ 丹麦和挪威的估算数根据法尔布汉森的资料；瑞典的根据法尔贝克的资料，由金尼引用于贾诺：《国民财富的总额及构成》第二次修订本，（都林：托林尼斯出版印刷联盟，1962年）第360页；意大利的估算数根据金尼，出处同上，第401页。

为每年 0.4%,或是每 10 年 4.1%[①]。在 1750～1850 年这一个世纪中,仅由于人口的增长显著加快,总产值增长率就应该高得多。欧洲发达国家从 1750～1950 年人口的增长率是每年 0.5% 到 0.7%[②]。如果人均产值的最低年增长率是 0.2%,那么,总产值的年增长率将为 0.8%,约为后一世纪中大多数发达国家的典型数字的四分之一至五分之一(人均产值的增长率在后一世纪大大加快了。从每 10 年 2%增为每 10 年 15%—17%)。假设现代以前总产值的年增长率为 0.8%,则当初始可再生产资本—产值比率为 3 时,净资本形成率将为(3×0.8)或 2.4%。当初始可再生产资本—产值比率为 4 时,净资本形成率将是(4× 0.8)或 3.2%。净资本形成率看来如此之低,这对当时普遍存在的产值水平和结构来说,是适宜的。不过,在工业化以前的世纪中,净产值和总产值之间的关系非常模糊,以致难以对净资本形成率下定义或加以度量,使之足以明确地解释 2%与 3%的净资本形成率之间究竟有什么差别[③]。

如果我们可以假设初始总资本—产值比率为 6—7,可再生产资本—产值比率为 3—4,而资本形成率则从 5%提高到 15%时(见表 8 基础Ⅲ),那么,我们就可得出如下几个结论:

---

① 参阅库兹涅茨:《现代经济增长中的资本形成以及对过去的某些关联》,见《经济史第三次国际会议,1965 年》第 1 卷(巴黎和海牙:莫顿出版公司,1968 年),特别是第 30—31 页。

② 1750 年的数字引自厄兰勒斯:《欧洲人口的增长》(莫斯科,国家政治出版社,1941 年)第 414—415 页;1950 年数字引自联合国:《人口统计年鉴,1963 年》(纽约,1964 年出版)表 4。

③ 参阅库兹涅茨:《现代经济增长中的资本形成》一书中的说明。

首先，只有在总产值的年增长率少于2%的情况下，总资本的增长率才能大于总产值的增长率。但是，如果后者是2%，那么，净资本形成率就极不可能升到我们所假设的那种高度——平均水平会高达10%，因为这个水平和趋势意味着净增量的资本—产值比率将是5∶1——远远超过从一些国家的长期记录中所发现的情况。对假设的净资本形成率与总产值年增长率至少是3%的更有可能的组合来说，6—7的初始的总资本—产值比率所产生的总资本量增长率将远低于总产值增长率。这意味着，人均总资本供给的增长率将比人均产值的增长率低约35%—45%。总产值的增长率越高，总资本的增长率就越小于总产值的增长率（参见第5—6栏，第8、12行）。

其次，根据同样合理的组合以及初始可再生产资本—产值比率为3时，当产值的年增长率为3%时，可再生产资本的增长率将超过产值增长率——特别在净资本形成率呈现上升趋势时更是如此。但是，当初始可再生产资本—产值比率为4左右，总产值的年增长率为3%时，即使净资本形成率有显著上升的趋势，可再生产资本的增长率也将小于产值的增长率。

综上所述可以看出，总资本甚或是可再生产资本的增长率之所以可能低于总产值的增长率，应归因于假设的初始资本—产值比率和假设的净资本形成率的水平和趋势。初始资本—产值的高比率显然与在工业化以前的资本构成中自然资源占支配地位有关。部分地也可能是由于：在现代以前的时期，即使是可再生产的资本也没有使总产值的增长快到足以导致初始可再生产资本—产值的低比率。制约着资本形成率的水平和趋势的，大概是由于一些影响现在和将来的产值分配的根深蒂固的因素。这正像人均人时的低增长率一样，这种与总产值对比而显得较低的资本增长率，要归因于各种基本因素。这些因素不仅影响工业化以前的资本构成，而且也决定着现代经济增长中的资本积累率。

最后，我们要简要地谈一下关于净资本利用率的长期趋势。在发展过程中工人平均工时的大幅度下降这一事实，并不意味着资本平均利用时间的相应减少。对某些资本来说，如作住宅用的建筑物，就不可能得出这种结论。同样地，由于技术上或社会的原因必须24小时开工的许多工业部门也不可能得出这种结论，而这类工业在总资本中的比重很可能已经提高。但是，除非更长的时间意味着非流动的资本费用（亦即资本投入）的增大，而较短的时间则意味着费用的降低——这是不大可能的，利用时间问题就是与之不相干的。除非资本因超时利用而运转过度，以致它的磨损超过了正常的折旧率（它更多反映技术进步的作用而不是时间的因素），资本费用是不会受利用时间的影响的。当由于社会或技术上的缺陷使资本的利用时间非自愿地趋于缩短时，资本的投入量还是要全部计算，因为这样的缩短将减少剩余生产率——而这是一定会的。总之，我们可以不问时间利用的长期趋势如何，而把扣除折旧后的净资本增长率作为反映增加的产值中的资本投入增长率的恰当的近似值。

（三）结合投入和剩余生产率

劳动和资本投入的增长率可以分别根据按要素费用的净产值总额中劳动报酬和资本收入所占的份额进行加权而结合起来。这样做的出发点是，两个要素的贡献最好由社会给予它们的经济报酬来衡量。就利用价格作为合适的加权体系的有效性的含义来说，在不受垄断、无知等情况的歪曲下，是与利用价格来权衡产值的有效性相类似的。这里没有考虑结合比例的可能影响，它在增长率中是没有反映的。同样地，也没有考虑两要素或其中之一与产值增长的特殊关系的可能性，这种特殊关系是不能用简单的分数系数来反映的。这些对生产率较之对投入更有密切联系的问题，将在讨论生产率的根源时加以考虑。

把按要素费用的净产值在劳动和资本间进行分配，牵涉到民营企业收入在劳动和资本这两部分之间的分配。在私人企业家的收入占总额的较大份额的早期发展阶段，对这个问题应给予更大的重视。但是，当对民营企业收入的不同分配额的结果加以考虑之后，劳动报酬和资产收入的份额的一般水平和趋势，就易于确定了。

在我们所能获得的近似材料的时间范围内，即主要在过去一个半世纪内，劳动份额的变动范围大约在50%以上到近乎80%之间，而资产收入的变动范围，则在远超过40%（接近于50%）至20%之间。在第二次世界大战以后的1950～1962年，9个西方国家国民收入中劳动收入所占份额的变动范围在72%—79%（这分别是意大利和美国的数字），其他绝大多数国家的份额则为73%—74%之间。而资产收入所占份额则处于21%—28%之间①。长期记录表明，在早期，资产收入占有高得多的份额，以后

① 参阅丹尼森：《增长率何以有差异》表4.1，第38页。

才明显地下降到最近的水平。这样，1860～1869 年联合王国的资产收入份额(分配给企业家的收入的两种方法的平均数)为 44%，1954～1960 年则降为 24%；法国则从 1853 年的约 36%(公司储蓄除外)降为 1954～1960 年的约 18%；德国则从 1895 年的约 35%降为 1954～1960 年的约 25%(尽管领土发生了变动)[①]。有关这方面的记载虽然不多，但其趋势却是明确无误的：人们可以合理地认为，在上述现代经济增长的一个世纪中(这个时期可延续一个半世纪而不致使历史趋势有重大的变更)，劳动收入的份额上升了，从大约 55%上升为 75%；而资产收入则下降了，从大约 45%降为大约 25%。

这些趋势是可以预期到的，即使不一定在幅度上会是这样，至少在方向上是这样。由于资本的增长要比人均劳动力供给的增长大得多，资本的价格及其报酬将比劳动力的价格及其报酬上升得更少而下降得更多。而且，正如表 8 所指明的，人们可以预期到大多数国家内的总资本—收入平均率已经下降了——因为资本总额增长率低于净产值总额增长率(把后者转换到要素费用基础上不会明显地影响增长率)。按要素费用的国民产值或国内产值中的资产收入的份额应等于总资本—产值比率乘以资本收益率。如果初始资本—净产值比率为 6—7，而譬如说资本收益率为 7%，那么，资产收入的份额就应在 42%—49%之间。如果总资本—产值比率下降到 4—5 之间，而资本收益下降到 5%—6%之间，那么，资本收入的份额就将下降至 20%—30%之间。虽然这些数字在

① 参阅库兹涅茨：《现代经济增长》表 4.2，第 168—170 页。

这里只是用来举例说明问题，但所有这些数字都是相当真实的，它指明了资本收入份额的明显下降，是由劳动力、资本和产值的相对增长所导致的。

在已知劳动收入份额和资本收入份额的这些水平和趋势后，我们就可以利用表 8 的作为例证的分析连同从表 6 和表 7 引出的结论，来估计人均结合投入的增长对人均产值增长所做的贡献。假设总产值的年增长率为 3%，人口的年增长率为 1%，从而人均产值的年增长率为 1.98%；人均人时数的估计下降率就能定为每 10 年 3%或每年 0.3%。把表 8 的基础Ⅲ看作为还是现实的资本较高贡献的最有利的结合，并把初始资本—产值比率定为 6，我们将得出，总资本的年增长率为 2.54%（表 8 第 8 行第 5 栏中的增长倍数 12.3 换算为每年基础的增长率）和人均资本年增长率为 1.52%。为了把整个世纪的劳动和资本贡献结合在一起，我们应取的权数就要在初始的 55—45 和最终的 75—25 分布之间的居中处。如果我们对人均人时数的年下降率 0.3%按三分之二加权，对人均资本的年上升率 1.52%按三分之一加权，我们就得出，人均结合投入的年增长率为 0.49%，即约为人均产值总增长率的四分之一。余下的四分之三，或更准确地转换为百分比（101.98）：（100.49），亦即年率 1.48%，就代表生产率的增长率。另一类似的计算，假设总产值增长率为 4%。其他假设照旧，就得出人均结合投入的年增长率为 0.55%，与之对应的人均产值的增长率则为 2.97%。

简言之，尽管把净资本形成率定为三倍这样有利的条件，结合投入的贡献只是有限的一小部分，仅占人均产值增长的五分之一至四分之一。其差额可归因于生产率的增长。从而，在公认的国民经济核算体制和基本的人口统计以及控制劳动力供给、资本积累和初始资本—产值比率的制度上的过程这样一些已知假设下，这个主要的结论，亦即作为现代经济增长显著特征的人均产值的高增长率，绝大部分应归因于生产率的高增长率，将是无可置疑的。

为了表明这一结论并不是由于表 8 中作为例证的系数是有意选择的，也不是由于劳动投入的增长作了不真实的假设的结果，我又对能取得长期资料的五个发达国家的投入和产出增长率特别做了计算，并加上了对九个发达国家在第二次世界大战后十年内的类似概括（表 9）。

表 9　若干发达国家按常规的经济核算度量的投入和生产率的增长率的长期趋势及第二次世界大战后的变动

国别和时期	年增长率（%）							
	产值	劳动力	资本	结合投入	每一投入单位的产值	人口	人均产值	第 5 栏对第 7 栏的比值
	(1)	(2)	(3)	(4)	(5)	(6)	(7)	(8)
A. 长期变动								
联合王国，国内生产总值								
1. 1855 年至 1913 年	1.82	0.74	1.43	0.98	0.83	0.86	0.95	0.87
2. 1925～1929 年至 1963 年	1.93	0.82	1.77	1.09	0.83	0.47	1.45	0.57
法国，国内生产总值								
3. 1913 年至 1966 年	2.33	−0.50	1.95	0.18	2.15	0.40	1.92	1.12
挪威，国内生产总值								
4. 1879 年至 1899 年	1.72	0.68	1.87	0.93	0.78	0.85	0.86	0.91
5. 1899 年至 1956 年	2.80	0.25	2.47	0.72	2.07	0.79	1.99	1.04

国别和时期	年增长率（%）							
	产值 (1)	劳动力 (2)	资本 (3)	结合投入 (4)	每一投入单位的产值 (5)	人口 (6)	人均产值 (7)	第5栏对第7栏的比值 (8)
美国，国民生产总值								
6.1889年至1929年	3.70	1.74	3.76	2.43	1.24	1.71	1.96	0.63
7.1929年至1957年	2.95	0.53	1.01	0.64	2.30	1.24	1.69	1.36
加拿大，国民生产总值								
8.1891年至1926年	2.96	1.82	2.74	2.02	0.92	1.93	1.01	0.91
9.1926年至1956年	3.89	0.77	2.86	1.18	2.68	1.70	2.15	1.25
B. 1950至1962年间的变动（国民收入）								
10.联合王国	2.38	0.40	2.30	0.82	1.55	0.44	1.93	0.80
11.法国	4.70	0.21	3.43	0.95	3.71	1.00	3.66	1.01
12.比利时	3.03	0.45	1.51	0.74	2.27	0.54	2.48	0.92
13.荷兰	4.52	0.85	4.00	1.67	2.80	1.29	3.19	0.88
14.德意志联邦共和国	7.26	1.71	5.36	2.67	4.47	1.13	6.06	0.74
15.丹麦	3.36	0.60	3.87	1.41	1.92	0.70	2.64	0.73
16.挪威	3.47	－0.12	3.44	0.80	2.65	0.91	2.54	1.04
17.意大利	5.95	0.78	2.50	1.26	4.63	0.60	5.32	0.87
18.美国	3.36	0.80	3.88	1.46	1.87	1.71	1.62	1.15

第1—3行：人口、产值和投入引自马修斯等：《联合王国的经济增长，1855～1963年》以及马兰沃等：《法国的经济增长》，两者都是为社会科学研究理事会关于历史地观察战后经济增长的研究的油印报告初稿。第4栏各项是劳动力（人时数）和资本（仅指固定资本）的增长率的加权平均数，第1行分别按0.65和0.35加权，第2行和第3行分别按0.72和0.28加权——这些权数引自相同的出处。

第4—9行：第1—4栏引自利斯威克：《加拿大的经济增长：数量分析》（多伦多：多伦多大学出版社，1967年）表53—58、第53—57页。使用的是人时数和固定资本。第5栏是按（100＋第1栏）÷（100＋第4栏）求得的。第6栏中的早期数字引自厄克特及巴克利编：《加拿大的历史统计》（剑桥：剑桥大学出版社，1965年）；美国人口普查局：《美国的历史统计，殖民时期至1957年》（华盛顿，1961年）；挪威中央统计局：《挪威经济的趋势，1865～1960年》，载《社会经济研究》（奥斯陆，1966年）。近年数字则引自联合国：《人口统计年鉴，1965年》。

第10—18行：第1—5栏关于国民收入（调整过的）增长率和劳动贡献（教育除外）

和资本贡献的数字(后两者都已加权过,以得出第 4 栏的结合投入数字),系根据丹尼森:《为什么增长率不同:九个西方国家的战后经验》(华盛顿:布鲁金斯研究所,1967 年)表 21—1、21—5、21—15、21—9、21—11、21—13、21—7、21—17、21—19(第 298、302、304、306、308、310、312、314、316 页)。我利用该书表 4—1、第 38 页所显示的国民收入中的劳动和资本份额,重新构成了第 2 栏及第 3 栏中的未加权的劳动和资本的增长率数字。

人口数字引自《人口统计年鉴,1965 年及 1967 年》,表 4。

应该强调,第 3 栏中的增长率指的是可再生产的固定资本的净积累,因而有些偏高。同样地,第二次世界大战以后时期是资本大量积累和充分就业时期,也就是说,是对要素投入进行了充分的动员和利用的时期。最后,第 1 栏的增长率应该是净产值而非总产值,在这种情况下它会稍低一些。

这些数据值得注意的方面是:除少数例外,甚至固定资本的增长率也比总产值增长率低(在长期记录中,只有 1879～1899 年的挪威和 1889～1929 年的美国是例外)。同时,除了一两个例外,人均要素投入增长率的贡献在人均产值的增长率中只是一个次要部分。

再者,在具有长期记录的五国中的三国(挪威、美国和加拿大),生产率的增长率在后期加快了。在加拿大和挪威,尽管资本的增长率较高,也出现了这种加速。基于 20 世纪初以来工时的下降率较大,同时,在我们援用的这一长时期的终了阶段,净资本形成率的上升很可能达到了某种固定的(虽然是较高的)水平,人均结合投入的增长率将会下降——超越了由于劳动收入和资产收入所占份额的变动而引起的下降(劳动收入份额的上升意味着增长更为缓慢的投入要素的较大比重)。虽然人均投入的增长率下降了,但第一章中的结论则说明人均产值的增长率并未放慢,因此,人们可以推断，大多数国家在20世纪内的生产率增长率肯定要高于19世纪。

二、经常性和资本化的非常规费用

关于常规的国民经济核算把实际上属于生产费用的某些产出处理为最终产品而非中间产品的这种可能性，值得严肃而仔细地加以探讨。对于整个经济中某些生产分支间增长率的不同从而引起的产业结构变化（如农业份额的下降或制造业份额的上升）来说，上述情况的确是存在的。产业结构的变化改变了现代经济增长的特征，这将在以后各章加以考察。这种生产结构的变化通常是与（而且也确实需要与）社会结构的其他方面的变动相联系——不仅与经济上的变动，而且与政治上的、在长期内甚至是意识形态上的变化相联系。

就这些变动对企业的规模和性质的影响以及对于由新技术所产生的职业需求的影响来说，生产结构的改变对积极参与经济生产的社会成员的工作条件和生活条件带来显著的变化。经济生产是涉及一个国家的大部分成员并涉及他们及其亲属的最重要的活动。譬如现代经济增长要求迅速城市化，那就必须认识到，对食品、卫生、娱乐及从住处到工作地点的交通等等来说，城市化生活比满足农村水平的需要要求投入更多的资源。而且，工业和其他经济部门的日益复杂，势必在政府法规和维护法律秩序上要求更大的投入。这些额外支出或实际资源的额外投入，很多是纳入家庭消费或政府消费项目下出现在国民经济账户中的，并被当作最终产品来对待，作为未重复计算的总产值的组成部分。但是，在一定程度上，这些由家庭或由政府的支出是为便于充分参与现代生产过程或使其顺利进行所必需的经常性支出，它们是中间产品而非最终产品。它们被包括在最终产品中是被重复计算了。如果它们在总产值中的比重在一定时期内上升了，把它们包括在总产值中就将夸大未重复计算的经济产品的增长率。

这种过高估算将会在生产率的度量中有所反映。但是，除此之外，结构变化对工作条件的影响所引起的必要投入，在前节引证的计算中有些也可能被忽略了，而这些忽略的费用，如与大规模生产的节约和类似的非直接关联的开支相比，却和生产率有更多的关联。正如这一领域的日益扩展的文献所指出，这些必要的投入，可能是在教育以及研究与发展的开支项目下，它们在常规的经济核算中不包括在资本形成之内，除非是体现在建筑物、设备或存货之中的。基本的假设是：这些追加的投入，即这些额外资源（例如教育中的）对改变生产体系以扩大其产量来说是必需的。它在某种程度上是与物质资本的需要相类似的。同样的假设至少适用于别的消费支出——如保健、文娱、住宅等等——的一部分，只要它有助于改善劳动质量。而这些改善对提高生产率是一个必要的（即使不是充分的）条件。

如果教育和其他改善劳动质量的支出被视为资本投资，在度量上引起的后果将不仅涉及投入和生产率，而且也将涉及产出或收入，以及资本消费净额。由于净产出或收入是最终消费（包括政府）和资本形成的总和，某些项目诸如教育、保健和类似支出的全部或一部必须从消费移向资本形成。这些，现在变得类似于资本购置了，但由于它们是总资本形成，应作为体现在人力中的经常资本消费而予以扣除。国民生产净值中发生的这种减除，应该是在用来抵消因生产结构变动引起的生活条件变化所需的更高的实际费用而发生的减除之外的。另一方面，用于正式教育和职业训练的时间必须作为投资来处理——预定的使用这两种时间的收入应加进国民收入，从而把总产值扩大到它的常规范围之外。

在辨认和度量这种非常规费用时，我们面临着如下的难题，即如何区分为了要提高生产率而引起的一般生活方式的改变这一“副产品”与作为对改变了的工作条件的反应的特定消费支出。前者因其有助于剩余生产率的增长（如本章开始时计量的形式），它不是“费用”；而后者则的确代表了与特定的经济产出相适应的经常性或资本化的费用。在现代经济增长的漫长历史时期中，在所有其他条件不变的情况下，食品供给的显著提高和保健条件的改善确已加强了工人的体质。但是，如果把增加的食品、保健和文娱支出过多地处理为经济费用（而不是最终消费），其含义将变成生活就是为了工作，从而，最终消费或产值以及中间消费或费用之间的区别就消失了，而这种区别却是现代社会的意识形态体系以及经济分析和计量中的基本部分。但是，如果现代经济增长下的工作条件需要由消费者支付的某些特定支出（或是为了超出一般需要的保健，或是供给更多的食品，或是提供更多的文娱），现在这些支出都是包括在消费支出中的，它们显然是中间产品，是经常性费用，而非最终收入。同样地，就教育而言，我们能否这样设想，它是完全为工作做准备而不包括一般地作为生活一部分的最终消费因素？对从职业和专业学校获得的高度专门化的旨在从事某项工作而进行的训练来说，或者是对在职培训来说，这是不成问题的，因为两者看来都与工作的特定类型相联系。但是，作为生活准备的正式教育的绝大部分，就不是这样。这里牵涉的问题是，要在最终消费与作为对已改变的经济产出条件的反应和特定调整间作出区分，那将是困难的。前者尽管具有“最终”的性质，但可能对生产率有所贡献；后者则代表经常性的或资本化的费用，这里也无法设定确实又可靠的规则。在试图对政府消费（在常规经济核算中作为最终产品）进行职能分析时，我们也面临着类似的难题。这种分析应该在对企业的直接服务和维持社会与经济结构的费用以及最终产品之间做出区分，也就是在物质资本形成和由公共教育服务所代表的混合着资本与消费商品的以及采取政府保健与文娱服务形式的最终消费商品间作出区分。但是，难以区分这一事实不能作为取消所涉及的主要问题（像在常规经济核算中那样）的理由，也不能作为不去探索数量含义的近似值（就算只是举例说明的）的理由。

在惯常的增长率中在考虑到现代经济增长中额外的经常性和资本化的费用时能做出哪些调整？尽管对这一问题的答案肯定是粗糙的，我试图提出经济费用所显示的数量次序。在这一尝试中，要把调整对人均净产值的绝对水平和结构的影响，以及调整对人均产值和生产率的增长率的影响，做出明确的区分。其所以必须做出这种区分，因为根据某些看来有理的假设，对绝对水平和结构的影响远比对增长率的影响大。这样，如果我们从常规定义的净产值开始，就要：(1)减去城市化额外费用所引起的额外消费支出；(2)减去与增加的规章、维护法律与秩序等等（这部分地是由于现代经济增长更多的复杂性而引起）有关的，或与保持国内和平和对外安全的更多费用有关的货物(政府消费)上的所有政府额外支出;(3)把家庭或政府在教育上的支出从消费中转出,并把它们和正式教育与职业训练中预先确定的收入一起包括在总资本形成中(作为教育投资),而后,通过减去人力资本的经常性消费,亦即体现在现存劳动力中的教育支出等等,把它们抵消掉一部分;最后,(4)进行重新分类,把得出的代表人力资本蓄积的那一部分净收益总额(目前是包括在劳动报酬中的)作为与来自物质资本资产的净收入相类似的资本收益。包含在前两种减项中的扣除,在调整工作量上是较为繁重的,将取决于所应用的参考基础,即为计算出额外经常性费用以之作为对比的基础。如果这一基础是城市建立以前的朦胧中的幸福的昔日,那时还不需要为城市生活的较高费用做准备;如果这一基础包括了理想中的最低限度的政府支出,无须负担像目前这样庞大的军事机构和官僚行政机构;那么,这两项减除在绝对数和相对数上都将是巨大的。同时,在减除总额中的职能份额转移(指第 4 项)也将是显著的。这种巨大的调整,在截面研究中对比发达和欠发达国家间的净产值水平和结构时是要注意到的[①]。

但是,这种调整对增长率的影响并不那么显著,因为所用的参

① 在发达和欠发达国家间进行对比时,发达国家中从资本转移到收入的份额就显得特别高。尽管前者的人均物质资本储存的绝对数较高,它们的总物质资本对产值的比率并不比欠发达国家的高多少。决定性的差别存在于人力资本的蓄积(亦即对人口的教育、保健、食物等等方面的投资)的较大的绝对数和比例方面。如果所包含的人力资本的蓄积是高出于以最低限度的生活必需品维持生活的非熟练工人的最低水平(对欠发达国家的多数劳动力来说,这种情况是真实的)的部分,那么,不论是资本—产值比率还是来自这种资本的收入份额,在发达国家中就要比在欠发达国家中高得多。

考基础是各个国家（当前的发达国家）在其增长初始阶段的情况。在这样的早期阶段，常规的净产值中早已包含了某些重复因素，也就是某些非常规的经常性和资本化费用。因此，增长率的调整只局限于重复比重的历史性增加等等，并不能认为是现实和某些理想基础（即使是以启发性的和看来可信的准则用绝对数提出的）间的总差别。

由于代表非常规经常性费用的中间产品的比重可能上升，也由于常规地被当作消费来对待的项目转入资本形成，对增长率产生的影响就能够近似地算出来。大部分的计算采用的资料是美国的，因为这些资料最易取得。虽然美国很难算是经济增长的典型例子（如果还有哪个国家可以作为典型例子的话），但它的确说明了我们所指出的某些趋势。

(1) 过去一个半世纪内的城市化，主要是经济增长的产物，是技术变革的产物，这些技术变革使大规模生产和经济成为可能。一个大规模的工厂含有一个稠密的人口社会的意思，也意味着劳动人口、从而总人口的向城市转移，这种转移又转而意味着经济投入的增长。这对大多数不能由城市工业品的供给来满足的需要来说，这样才能取得像农村中那样的同等满足水平。这种较高的投入费用，要么反映为同样产品（例如食品）在城市内的价格高于农村，要么反映为追加的“货物”支出，这些货物只是由于城乡生活条件不同才需要的（例如在城市中由于人口稠密度较高，就需要更多的卫生机构）。在估算城市生活的额外费用中，在同样产品的较高价格或满足同样需要的较大支出间做出区分是具有重要意义的，但我们探索的是两者的联合影响。

科夫斯基提供了1941年同样商品对农村人口和对城市人口的不同价格的某些对比资料。纵然这样，由于质量差别悬殊，对房租就无法确定其价格差异。城市中的超价比率或为14%（以城市支出为权数）或为30%（以农村支出为权数）[①]。我利用这些物价资料，又粗略地考虑了城市规模的差别，对1870～1940年间美国国民收入的变动做了有关的调整，它显示出，这70年间产值的夸张约为10%，增长率则应作相应的减低[②]。但这一调整证明是不充分的，因为它仅仅考虑到相同产品的价格差别，而且，对价格差异是按人口加权的，而不是按消费数量（按当年未调整的价格计算）加权的，这样，在调整中就产生了向上的偏差。

更为可取的近似估算法是在表10中做出的。这里，我利用对美国家庭支出的研究资料，区分了农业户、乡村非农业户和城市家庭，对1935～1936年还按城市规模划分为四组。对城乡具有同等的人均收入的家庭来说，在假设两个组类的储蓄倾向相同的情况下，人均消费的对比就得出了城市的消费要较大的近似值，这是由于城市生活需要较高的费用（它或是由较高的价格或为了满足相同需要的较大数量而形成的）。一般来说，在同样的实际收入水平上，由于农场经营者家庭具有较大的储蓄倾向，非农业领域的较大消费费用的估算数在某种程度上是夸大了的，但这种偏向只有使结论更为有力。

① 参阅其在收入及财富研究会议上提出的论文《农村和城市购买力》，载《收入和财富的研究》，第2卷（纽约：国家经济研究局，1949年）表8，第170页。

② 参阅库兹涅茨：《1870年以来美国国民收入的长期变动》，收入库兹涅茨：《收入和财富》丛书，第2卷，表6，第61页。

继而采用的方法，就是去计算按家庭收入分类的农业户和其他人口组类的人均收入和消费；而后，在假设的农村生活条件下，把从农业户家庭中得出的消费对收入的关系，应用到其他组类，以求出它们的估计的消费。这样，非农村人口组类的实际消费与估计消费间的比率（它肯定大于1）就是非农村生活的相对高费用的近似值（第5、10行）。在1935～1936年，援用的资料限于不需救济的家庭和属于收入分类法范围的总收入。然而，排除领救济金的家庭对结果会有轻微影响，因为，计量生活费用昂贵的差异最好是根据需救济或贫困线以上的人口组类（贫困线以下的人口的消费在总消费中也只占相当小的比重）。1960～1961年的资料包括家庭和单身，作为分类基础和收入数据基础的是货币收入（税后的），但在计算中，我只援用税后货币收入在2 000美元以上的那些单位的数字，以便使没有把按实物表示的收入包括进去所发生的影响减至最低限度。

表10　美国1870年和1960年的城市化对经常性消费支出与人均收入间的关系产生的影响

一、经常性消费支出对人均收入的关系，农业户、乡村非农业户和分为四组的城市人口

	农业户	乡村非农业户	城市	城市			
				小城市	中等城市	大城市	主要大都市
	(1)	(2)	(3)	(4)	(5)	(6)	(7)
1935至1936年资料，不需救济的家庭（人口在2人以上的）							
1. 人均总收入（美元）	286	426	568	447	490	622	773
2. 同上，扣除捐赠和直接税	279	409	539	436	471	614	727
3. 经常性消费，人均							

	农业户	乡村非农业户	城市	城市			
				小城市	中等城市	大城市	主要大都市
	(1)	(2)	(3)	(4)	(5)	(6)	(7)
(美元)	244	357	478	401	423	537	635
4. 第 3 行对第 2 行的%	87.5	87.3	88.7	92.0	89.8	87.5	87.3
5. 实际消费对估计消费的比率(以农村为基础)	1.00	1.17	1.34	1.23	1.26	1.38	1.52
6. 第 3 行对农村水平的比率	1.00	1.46	1.96	1.64	1.73	2.20	2.60
7. 按国内物价差异调整后的经常性消费,农村基础=1.00(第 6 行:第 5 行)	1.00	1.25	1.46	1.33	1.37	1.59	1.71
1960 至 1961 年资料,家庭及单身,家庭收入在 2 000 美元以上的组别的税后货币收入。							
8. 税后的货币收入,人均(美元)	1 358	1 471	1 968	—	—	—	—
9. 经常性消费,人均(美元)	1 007	1 321	1 780	—	—	—	—
10. 实际消费对估计消费的比率(以农村为基础)	1.00	1.25	1.47	—	—	—	—
11. 第 9 行对农村基础的比率	1.00	1.31	1.77	—	—	—	—
12. 按国内物价差异调整后的经常性消费,农村基础=1.00(第 11 行:第 10 行)	1.00	1.05	1.20	—	—	—	—

二、城市化的影响,以农业户、乡村非农业户和城市人口的区分为基础

	1870			1960		
	农业户	乡村非农业户	城市	农业户	乡村非农业户	城市
	(1)	(2)	(3)	(4)	(5)	(6)
13. 人口比重(%)	44.6	29.8	25.6	7.6	22.6	69.8
14. 人均消费的权数	1.0	1.3	1.8	1.0	1.3	1.8
15. 在经常性消费总额中所占份额(%)	34.46	29.93	35.61	4.67	18.07	77.26
16. 比较费用(以第 10 行为基础)	1.0	1.2	1.45	1.0	1.2	1.45
17. 按第 16 行调整后的消费份额(%)	34.46	24.94	24.56	4.67	15.06	53.28

	1870			1960		
	农业户 (1)	乡村非农业户 (2)	城市 (3)	农业户 (4)	乡村非农业户 (5)	城市 (6)
18. 城市化影响(按常规计算)	第17行第4—6栏之和除以第17行第1—3栏之和,即(73.01∶83.96)=0.870,约简13%。					

三、城市化影响,对城市以按规模区分四组为基础

			城市			
	农业户 (1)	乡村非农业户 (2)	小城市 (3)	中等城市 (4)	大城市 (5)	超过100万人口的大城市 (6)
19. 人口比重(%)	44.6	29.8	10.5	4.4	10.7	0
20. 人均消费的权数	1.0	1.3	1.5	1.7	2.0	2.3
21. 在经常性消费总额中所占份额(%)	34.85	30.27	12.31	5.85	16.72	0
22. 比较费用指数	1.0	1.2	1.3	1.35	1.54	1.7
23. 按22行调整后的消费份额(%)	34.85	25.23	9.47	4.33	10.86	0
1960						
24. 人口比重(%)	7.6	22.6	19.9	16.1	22.1	11.7
25. 在经常性消费总额中所占份额(%)	4.60	17.77	18.06	16.56	26.73	16.28
26. 按22行调整后的消费份额(%)	4.60	14.81	13.89	12.27	17.36	9.58
27. 城市化影响	第26行之和除以第23行之和,即(72.51∶84.74)=0.856,约简14.4%。					

注:—:未能取得资料。

小城市是指人口在2 500至25 000人;中等城市是指人口在25 000至100 000人;大城市在专组一是指人口在100 000至1 500 000人,在专组三则是指人口在100 000至1 000 000人。

第1—3行,第1—3栏:按家庭收入组别分布的人口数引自全国资源计划委员会:《美国的家庭支出》(华盛顿,1941年6月)表362,第120页。按家庭收入组别的总收入、消费以及捐赠和个人纳税支出也引自前书。其中,农业户家庭引自表372,第123页;乡村非农业户家庭引自表386,第127页;城市家庭引自表400,第130页。第4—7

栏:第1行引自全国资源委员会:《美国的消费者收入》(华盛顿,1938年)表7,第23页。第2行及第3行根据下述第5行的资料来源。

第5行:其程序已在正文中阐明。第1—3栏的基础资料见上述第1—3行注释中所引出处。第4—7栏:按家庭收入分类的级别直至10 000美元的每一家庭平均收入、平均消费及捐赠和个人纳税的平均支出都引自《家庭支出》一书。其中,农业户家庭引自表144,第51页;小城市家庭引自表195,第66页;中等城市家庭引自表197,第66页;大城市家庭引自表199,第67页;主要大都市家庭引自表201,第68页。对收入在10 000美元以上的家庭,每一家庭的平均收入、扣除捐赠和个人纳税后的平均收入以及平均消费,在城市规模的四个分组中都假设与全部城市家庭的相同,见前书,表400。每一城市规模分组中的家庭数见《消费者支出》表9B,第97页;按家庭收入级别的全部城市家庭的平均人数见《家庭支出》表362,第120页。根据这两组数列得出的按四个城市规模分组、按家庭收入级别的人数初步分布,再调整到每一城市规模分组中的总人数,引自《消费者支出》表7,第23页。然后计算人均收入、扣除捐赠和个人纳税后的人均收入以及人均消费(为第1—3行)。同时,根据农业户家庭按家庭收入级别的已扣除捐赠和个人纳税后人均收入以及人均消费支出(引自《家庭支出》表144,第51页和表362,第120页),用正文中已阐述的程序估算出四个城市规模分组中的消费与农业户消费的对比。

第8—9行:基础资料引自《消费者支出和收入:乡村农业人口,美国,1961年》,美国农业部:《消费者支出调查报告、第5号》(华盛顿,1965年4月)表1,第14页;《消费者支出和收入:美国的乡村非农业地区,1961年》,劳工统计局:《第237—288号报告》(华盛顿,1964年6月)表1,第9页;《消费者支出和收入:美国城市,1960～1961年》,劳工统计局:《第237—238号报告》(华盛顿,1964年4月)表1A,第10页。按纳税后货币收入分级的家庭和单身个人分成10个收入组别。我的计算中排除了收入在2 000美元以下的单位,它在农业户单位中占24.6%,在乡村非农业户单位中占20.1%,在城市单位中占11.1%。

第10行:按正文阐述的程序估算。

第13、19、24行:基础资料引自人口普查局:《美国的历史统计,殖民时期至1957年,延续到1962年,及修订本》(华盛顿,1965年)第34a—50a组,并按肯德里克:《生产率趋势》表A—Ⅶ,第308页中的农业劳动力移动从1920年推算出1870年的农村人口。遵循1950年采用的城市人口定义(把城郊人口包括在城市内),增加的人口数按未包括前的人口数比例分配到大城市组和人口超过100万的大城市组的1960年人口中。

第14、20行:按假设,第14行取自第11行列示的权数(1960～1961年),小数四舍五入。第20行与第14行相同,其城市分组的权数则引自第11行和第6行。

第16、22行:按假设,根据第10行及第5行。第10行的费用指数(1960～1961年)对相对的高费用的估计稍有偏低,这是由于略去了收入低于2 000美元的家庭,但无须作出调整。第22行根据第16行,在城市规模分组中的区分则根据第5行。

显然,当我们从农业户移向乡村非农业户,而后又移向规模相继扩大的城市时,实际消费对估计消费的比率(亦即非农村生活的相对高费用指数)显示了明显的上升趋势。我们还发现,人均消费在城市比农村高,只有一部分原因来自较高的费用。这意味着,当我们应用费用差异来计量较早的年代与近期年代相比的影响时,必须考虑到非农业人口的较高的人均消费。第二部分和第三部分的最后计算表明:90 年的累计影响把增长倍数夸大了七分之一或八分之一。因此,假如 90 年中总消费的增长倍数是 10,调整后将减低到 8.56 或 8.70。

这一近似计算是粗略的,但看来在程序中不会低估这种适度的调整。如果我为了支持城市中较高的人均消费而在 1870 年夸大其差异(亦即,如果第 14 行第 2—3 栏中的权数或第 20 行第 2—6 栏中的权数过高),调整中就会得出向下的偏差。但是,即使在极端的假设条件——所有人口分组的人均消费都相同,因而把人口数用作权数——下,调整的比率在表 10 的第二部分也将是 0.856,在第三部分将是 0.854,很少有显著的变动。或者是,可能有向下的偏差,因为我在事实上低估了 1960 年代城市消费的费用差异。但这一程序会产生高的估计数,因为,在城市消费的较高费用下,可能包含着城市家庭的较低的储蓄倾向。最后,我在农业户、乡村非农业户和城市内按规模的分组间分配人口数字可能会有错误,但这不大现实,因为其基础资料是由连续的人口普查提供的,而城郊人口已包括在 1960 年的大城市人口中。

可以得出这样的结论:90 年来,像美国这样的国家,其中间费用对最终消费之比约为 15%,或者说,在回溯到 1860 年代的这一作为例证的世纪中，约为16%。由于美国的城市化速度远较日本和欧洲老牌发达国家高，在私人总消费的常规计量中，对消费的较高费用的影响和从而形成的中间产品的比重，上述扣抵掉的百分比是比较多的。

以上的调整是针对城市化影响的，并没有考虑到农场人口消费中的中间产品比重的可能趋势。随便地说，在现代经济增长进程中，在农场人口消费中，这一比重的长期上升（教育费用以外的，这将在下面另作考察）看来是不显著的。如果要作出经得住检验的答案，那就需要对农业户家庭消费的不断改变的组成进行详细的调查，在这里是不必要的。就目前来说，经济增长对农场人口消费结构的影响是不受注意的，调整仅限于不断扩大的城市化的影响。

由于我们关注的是对国民生产净值增长率的影响，而不是对消费增长率的影响，应该把所做的调整转换到反映最终的生产净值总额中的中间产品所增加的比重（净值而非总值以消除资本消费中包含的重复计算，并使后者扩大到反映出把教育转入资本投资）。这种转换可以很简便地分两步进行。首先，确定1960年代和一个世纪以前的国民生产总值中的消费支出份额，然后估算出1960年代和一个世纪以前的国民生产总值中的资本消费份额——这样就使计算中的最终步骤成为可能了。

对15个发达国家（日本、四个海外后裔和所有在欧洲的这类国家）来说，联合国的资料显示出：1963～1967年国民生产总值中私人消费支出的平均份额为60%。对联合王国、德国、意大利、挪威、瑞典、加拿大和美国这七个国家，我们可以约略估算出1860年代的(意大利是工业化初期的)国民生产总值中私人消费支出的份额。这些国家1963～1967年的国民生产总值中的私人消费支出份额也定为60%,则一个世纪前的平均份额将为83%[①]。这样,我们就能把上一世纪的典型移动定为约占国民生产总值的83%下降到60%。

对14个发达国家来说,1963～1967年国民生产总值中资本消费的份额平均约占9.7%。对联合王国、意大利、丹麦、挪威、美国、加拿大和澳大利亚这七国来说,1960年代的平均比值为9.6%,一个世纪前的类似比值平均约为5.5%[②]。因而,我们可以得出结论,与城市化相联系的中间产品增加的比重,在上述截至1960年代的一个世纪中,其数额为[0.16×(60÷90.3)÷(83÷94.5)],或占国民生产净值的12%。

(2)包括在政府消费内的非常规费用的可能增加,其影响又如何呢?对15个发达国家来说,1963～1967年的政府消费总额平均约占国民生产总值的14.7%。对其中的七国,我们拥有这些国家按产品用途细分的国民生产总值的长期数列,政府消费总额在国民生产总值中所占的份额在1860年代或工业化开始时期为4.4%(参阅库兹涅茨:《现代经济增长》中列举的各国私人消费份额),而1960年代的平均份额则为16.6%。这就表明,在一个世纪内,政府消费总额在国民生产总值中所占的份额大约从4%上升到14.7%。

---

① 参阅库兹涅茨:《现代经济增长》表5.3,第236—239页。

② 同上书,表5.3相关联的表5.5,第248—250页。

但是，我们关注的是政府的中间费用——行政支出、国防等等。联合国关于1960年代的资料显示出，对澳大利亚、丹麦、德国、意大利、新西兰、瑞典、联合王国、荷兰和美国这九个国家来说，在政府消费支出的主要组成中，教育和研究、保健及其他福利服务三项可作为最终产品，其余各项，主要是一般行政费用和国防支出，可定为中间产品。这九国的最终产品组成（对荷兰和德国作了提高的调整以包括未分开列示的其他福利服务）平均占国民生产总值的7.1%，而政府消费总额则占国民生产总值的15.8%。这表明了，1960年代政府消费总额所占的份额14.7%可划分为：最终产品占6.6%，而中间产品则占8.1%。

然而，在一个世纪以前政府消费总额在国民生产总值中所占的份额4%中，最终产品和中间产品分别所占的份额又是多少呢？由于缺乏现成的资料，同时，政府消费总额的初始份额不大，也由于应该在最大程度上考虑到调整的现实性，我们把一个世纪以前的政府消费中的中间产品份额定为约占二分之一（虽然现今约占55%，尽管教育、保健和其他服务的大量增加）。这就意味着，政府消费中的中间产品这一组成部分在国民生产总值中所占份额从2.0%上升到8.1%，或者是，从占国民生产净值的2.1%上升到9.0%。这与城市化的调整影响合在一起，将意味着使最终的国民生产净值、从而使总增长率缩减了18.9%。

(3) 国民生产净值增长率可能向下调整的其他两个来源是国民资本形成净额（或国内资本形成净额，两者的水平和趋势在大多数发达国家中大致是相同的）和把教育支出从消费（私人的和政府的）转为资本形成。

由于按常规定义的私人消费支出和政府消费总额在国民生产净值中所占的典型份额在一个世纪以前分别为87.8%和4.2%，而后在1960年代中期分别转变为66.4%和16.3%，按常规定义的国民资本形成净额的份额则从占国民生产净值的8.0%转变为17.3%。因此，对这一组成部分的任何调整，影响到的只是其在国民生产净值中所占比重的总上升额9.3%。

这样一种调整有两个方面应予仔细考虑。首先，物质资本形成包括住宅和有关建筑，这样，资本贮存的价值可以认为是因城市化而夸大了。这是就下述意义而言的，即如果没有城市化，比目前小得多的住宅和有关资本就足够了。但这一调整是十分微小的。联合国的资料显示出：1963～1967年12个发达国家的住宅建筑在总国内资本形成中所占份额约为21%，由于缺乏足够的详细资料，我假设在国民资本形成净额中所占的比重是相同的（虽然它可能要略低些）。美国1965年的非农场和非工业的建筑的总价值（这是与提供私人家庭住宅密切联系的类别）约为住宅建筑的四分之一①。

对资本形成总额中住宅建筑份额的长期趋势不能作出定论，某些国家下降了，但其他国家则相对稳定②。假设其比重是稳定的，住宅和有关建筑将从一个世纪以前的（0.262×0.08），或占国民生产净值的2.1%，上升到1960年代的（0.262×0.173），或占国民生产净值的4.5%——增加2.4个百分点。我们没有关于与

① 参阅美国工商业经济局：《美国的国民收入和产值账户，1929～1965年：商业现况增刊》（华盛顿，1966年）表5.2，第80—81页。

② 参阅库茨涅茨：《现代经济增长》表5.6，第252—256页。

需要相应的城市的住宅和有关资本与乡村间的差别的资料，但就最大限度而言，所作的调整应在1—2个百分点之间。

国民资本形成净额比重的调整的另一方面是这样的可能性：城市内最终消费（私人家庭的从而也就是劳动力的）的较高费用意味着资本形成中劳动投入的较高成本。诚然，这一较高的成本被大规模生产的较高效率所抵消了，否则，许多资本形成将在乡村中产生。如果我们要把消费的全部费用差异应用到净资本形成比重上去，那么，1960年代中期的百分比份额17.3%应除以表10中的城市一类的相对费用差异1.45。按常规计量的占国民生产净值的9.3%这一上升额，就要削减到只有3.9个百分点，国民生产净值的总增长则将再降低5.4%。但这是一种夸张的估算。比较适中的是把向下调整定为2个百分点，它与从第（1）和第（2）两节中计及的下降19个百分点合在一起，使向下调整的总额达到21%。

如果我们把正规教育处理为资本投资，那么，私人家庭和政府在教育上的支出就应转为资本形成，但不会影响国内生产净值的总额。如果把在正规教育和职业训练中预先确定的收入加入本期，同时把代表体现在人力中的教育资本贮存的消费从本期资本消费中减去，国内生产净值的总额就会变动。问题在于：上述的增减差额对常规的国民生产净值（或以上调整的产值）的比率是正数还是负数，是增加了还是减少了。

可惜的是，无论是估算增加或减少的资料都不具备，而在得出和验证这种资料之前将花费很多的时间和努力。但是，在这里大胆提出的推测表明，两者对国民生产总值或国民生产净值的比率都是相对微小的，其扣抵后的差额很可能只是总产值的一个极小的部分。以后还将阐明,1950 年代后期,在像美国这样的国家中,教育资本净储存的总额(包括正规教育和职业训练)远远落后于可再生产的物质资本净额的储存,虽然这种教育资本已经以比物质资本储存(甚至是比可再生产的资本诸存)高得多的速度增长起来。除非有作出相反假设的理由,教育资本的消费可能在某种程度上比物质资本的消费低,在过去一个世纪内,它对常规产值总额(总产值)的比率可能上升约 2—4 个百分点。预先确定的收入的比率,亦即应加上的项目,还没有增长得那么多。为了避免复杂的和不可靠的计算(它只会对一个世纪内的常规定义的产值的总增长作出 1—3 个百分点的调整),我们假设,由于所讨论的增减扣抵差额作为对常规的或调整后的总产值的比率来说变动甚微,因而可略而不计。

(4) 在考虑劳动质量中的教育投资花费对生产率增长的影响时,可以遵循两种方法,两者都以美国的估算数作为例证。在第一种方法中,我们应用不同的工资报酬率估算数,假定它们是支付给属于相同的年龄和性别分组而在正规教育和从职业训练中获得的技术熟练程度方面则是不同的。肯德里克关于美国生产率趋势的研究在人时投入方面提供了长期的数据,也提供了不同工业部门中以每人时平均报酬加权的人时数来表示的劳动收入,这些权数在计量投入量和生产率的时期中都保持不变(见其著作第 32—34 页)。一般地说,因为这些工业部门之间的每人时平均报酬的差异反映了年龄—性别差别(相对地说是次要的)和正规教育及职业训练差别(相对地说是主要的)的结合影响,这就在主要地考虑到教育的影响方面为我们的人时指数提供了所需的补充资料。肯德里克的估算数表明：从1869～1957年，人时数按1.63%的年率增长，而劳动投入则按2.01%的年率增长。这样，劳动投入增长率就比人时数增长率高约四分之一。但是，在某几个较短的期间之间，这一相对增长数有着显著的差别。从1929～1957年，人时数仅增长14.9%而劳动投入则增长29.4%；从1909～1929年，人时数和劳动投入分别增长27.9%和36.1%；而在1869～1909年间，这两者增长倍数分别为182.3%和228.1%①。

第二种方法从舒尔茨关于美国的估算数开始。他表述了：1957年劳动力的教育资本储存净额（包括男工在职培训）约为8 820亿美元（按1956年价格计算），而可再生产的物质资本储存净额则为12 700亿美元②。由于财富净值的总额（包括不能再生产的物质资产）在1955年约为可生产的资本储存的1.23倍③，劳动力中的教育资本对物质资本总额之比为0.56。因1960年代这一比率为0.6并考虑到教育资本在某种程度上的较高收益率（舒尔茨在其著作的注12，第6页中指出，劳动力中的教育资本和男

① 参阅肯德里克：《生产率趋势》表A—Ⅻ，第316—317页。这些比率都是与整个国民经济有关的数列。

利斯威克在《加拿大的经济增长》中调整了丹尼森对1929至1957年的估算数，以排除工时减少和学校教育期限加长对生产效率影响的双重扣抵。经过这些调整后，丹尼森数列中这段时期的增长率为人时数17.5%，年龄—性别差异2.8%，教育13.2%（见该书表6，第13页）。教育和年龄—性别差异对增长率的联合增加额与人时数的增长率相比，分别为16.0%和17.5%，这和肯德里克为1929至1957年间估算的结果几乎是相同的（分别为14.5%和14.9%）。

② 参阅《人力投资上的各种反射》，载《政治经济学杂志》卷LXXX，第5期、第二部分（1962年10月）表1，第6页。本节中的进一步引证除另加说明的以外，都引自以上出处。

③ 戈德史密斯和桑德斯：《收入和财富》第8辑，表1，第9页。

工在职培训的联合收益率约为4.8%，而可再生产的有形财富的收益率则为3.9%)，我们可以把1960年代的教育资本收益定为约是有形资本总额的收益的0.74，这将使1960年代的资本投入的比重变为(0.25×1.74)或0.435，而劳动投入的比重则为0.565。

追溯到1860年代，我们必须指出，教育资本的增长率(根据舒尔茨，在1929至1957年间，教育资本的增长率比有形资产净额的增长率高出二至三倍)可能在整个世纪内是较高的。如果我们在做了很大的扣除后而把这一增长率定为有形资产增长率的两倍，教育资本对有形资本的比值在1860年代就将缩减为一个微小的分数，即使我们考虑到教育资本的较高的收益率，资本总额的比重不会超过0.435，这是因为有形资本的比重已定为0.333。因此，我在这一新的改写本中把整个世纪的劳动和资本的比重分别定为0.565和0.435，并提高资本总额的增长率，以便把这一增长更为迅速的成分包括在内——它在1960年代约为有形资本的0.6，而且在前一世纪中以高出有形资本两倍的速度增长。

表11 对经常性和资本化的非常规费用的调整——以典型经济增长的一个世纪为例来说明

假设：国内或国民生产总值的年增长率为3.0%，人口的年增长率为1.0%

	常规计算	经常性费用的调整(中间产品)	也包括资本费用的调整	
			变式Ⅰ	变式Ⅱ
	(1)	(2)	(3)	(4)
年增长率(%)				
1.国民生产净值	2.95	2.71	2.71	2.71
2.劳动投入	0.80	0.80	1.00	0.80

	常规计算 (1)	经常性费用的调整（中间产品） (2)	也包括资本费用的调整	
			变式 I (3)	变式 II (4)
3. 资本投入	2.54	2.54	2.54	2.97
4. 结合投入	1.38	1.38	1.51	1.74
5. 剩余生产率	1.55	1.31	1.18	0.95
6. 人均国民生产净值	1.93	1.69	1.69	1.69
7. 生产率增长对人均国民生产净值的增长之比	0.80	0.78	0.70	0.56

第 1 行：第 1 栏是根据资本消费对国民生产总值的比率在这一个世纪开始时为 5.5%，在这一个世纪终结时为 9.7%（参见正文）这一假设计算的。第 2—4 栏考虑了中间产品的不断上升的比重的影响，此项比重在这一个世纪期末国民生产净值中占 21%（按常规计量，参见正文）。

第 2 行：第 1、2、4 栏是根据人均的人时数每 10 年平均下降 2%这一假设计算的（参见本章第一部分的讨论）。第 3 栏是根据教育投资使人时增长率增加四分之一这一假设计算的（参见正文）。

第 3 行：第 1—3 栏根据表 8，基础Ⅲ中列示的开初的资本—产值比率为 6 时的资本增长倍数。第 4 栏中的增长率的提高，则是根据如下的假设：即增加的资本组成成分（教育等等）的增长率为有形资产的两倍，到这一个世纪末，其储存达到有形储存的 0.6（参见正文）。

第 4 行：第 1—3 栏中的劳动和资本投入分别以 2 和 1 加权（参见本章开始时的讨论）；第 4 栏中，权数分别为 0.565 和 0.435（参见正文）。

第 5 行：[（100＋第 1 行）÷（100＋第 4 行）－100]。

第 6 行：根据第 1 行和人口增长率假设为 1%而求得。

第 7 行：第 5 行对第 6 行之比。

表 11 用按照常规计算得出的典型总增长率所显示的一个世纪的增长情况举例说明了劳动和资本投入的增长率以及由此获致的生产率增长率；它也显示了为以上所讨论的非常规的经常性和资本化的费用所做的各种调整的影响，其结果是十分明确的。在常规分析中，人均的净产值的年增长率接近 2%；生产率的年增长

率约 1.5%，占人均产值的增长中的十分之八。在消除相当于期终国民生产净值的 21%的非常规经常性费用(第 2 栏)后，按人口平均产值的年增长率下降到 1.7%，其削减幅度仅为原增长率的十分之一略多一些(因为 21%的削减代表了整个世纪的累计调整)。剩余生产率的削减比较显著，特别在第 4 栏，它从每年增长 1.55%(在常规计算中)削减至 0.95%。但是，总的说来，削减是不多的，纵然它们所根据的是宽大的假设和使用美国的资料，这两者都会导致偏高而不是偏低的调整。

特别是，如果从这些调整对这里的两项主要结论——现代时期人均产值的高得多的增长率以及生产率增长对产值增长的巨大贡献——的影响来判断，根据历史记录中它们具有的分量几乎都不足以否定这两项结论。当现代以前的人均产值年增长率低于 0.2%时(西欧追溯到 1000 年时就是如此)①，为了与这样的低水平相称，对现代经济增长率所作的调整，就意味着在 3%的总产值增长中要去掉 1.8%或十分之六，这势必把中间产品或不恰当的内部价格调整在账面上减低到移至借方。同样地，否定生产率的显著增长将意味着：根据劳动投入(未按质量变动调整)对总人口等比例地增加的假设，那么，人均纯消费(亦即，为消费而消费，它仅仅包括为数极微的作为中间产品的教育、训练等等因素)将不会

① 如表 1 所示，对人均产值来说，大多数发达国家上一世纪的每 10 年增长率在 14%与 24%之间，其典型数字为 18%—20%；根据表 2 中的当前水平(以及其他证据)推断：在进入现代增长以前，大致在 19 世纪中期，这些发达国家(日本除外)的人均产值为 200 美元或更多一些(按 1960 年代的价格计算)。如果我们按照欧洲的条件把最低额定为 50 美元并假定这在 1000 年前后是普遍的，其包含的每 10 年增长率在 1000 至 1850 年间约为 1.6%，亦即年增长率约为 0.16%。

显著增长。这是因为，人均消费的任何增长，都是生产率纯增长的反映。同时，由于所有对物质或人力资本的额外投入和所有中间产品都早已被排除掉，而又不能假设在资本储存上的某些净支付是为了来维持或增加这种“纯”消费的。

我之所以提出这些相当简单的计算，其目的在强调说明，一旦我们承认了在现代经济发展中以及现代以前的长时期中按常规定义的总产值和人均产值的增长率之间的巨大差异，那么，对常规计量中略去的那些费用的向下调整（并与由经济和社会制度的结构变动所产生的生活和工作条件的变动相联系），如果超过了证实主要结论的范围，其幅度偏大就显得是不现实的。这一点是非常重要的，因为这些略去的费用是某些当代问题的根源，惹人注目，从而可能使我们看不清如下的事实，即它们仅仅是对净产值、生产率和纯消费中的巨大增长的背景的合格证明。至少，截至目前的记录是这样。就是对以上的估算数的细节做出任何合理的修改，诸如把中间产品所代表的经常性费用的比重从占期末国民生产净值的21%提到高达30%，或者对教育投资提出更切合实际的估量，这一主要结论也不会受到多大的影响。

上述对非常规费用的调整，只涉及经济上的公开费用，大部分只是对早已包括在常规经济核算中的项目重新分类。因此，从对现代经济增长的费用和收益进行彻底估价的观点来说，可能做得还很不够。虽然，离开了有记录的经济行为和交易以及通过经济计算得出的估算数，将引向不能以数量表示的揣测范围。不过，提示一些在前述各项调整中还没有讲到的重要费用，至少，这是合适的。

首先是国内的隐藏费用。所谓国内，是指它们涉及的是发达国家的国内社会而非对外关系。所谓隐藏，是指它们不是被以上认定为中间产品或新型资本的那种经济资源的额外支出所抵消的（或仅仅是微不足道的抵消）。在这些费用中，有一些可能是易于辨认的准经济投入。例如：经常往返于工作地点所花费的时间是不包括在工作小时内的。在经济增长进程中，为逃避城市闹区的某些较高的费用和不舒适的居住条件而迁往郊区，往返时间随着显著增加。其他的例子还有那些没有适当的经济价格标签的损失和不舒适。其范围包括现代经济中的那些明显的令人厌恶的后果，由空气和水的污染直至城市文明中不易捉摸的影响，系市内的喧哗、群居生活条件下的粗野行为及无理性的家庭冲突等，就是这类影响的代表[①]。

我们可以根据用以抵消现代经济增长的某些消极后果所需的资源来估算其经济费用，即使这些抵消并没有实际作出。但这些估算只能是隐藏的，而不是实际的。这表现为，属于社会保证方面的必要的投入，在考虑投入的优先性时把属于社会保证的投入放在很不重要的地位。这显然是由于经济和社会制度的缺陷造成的。用比现实生活中的更高（或不同）的标准来说，现代经济增长的确具有某些不良的影响，应该把它归之于负的经济价值。例如，这样的议论是有道理的：由于大量使用小汽车和晶体管收音机而带来的大规模生产的不经济——空气和噪音污染——是显著的，

① 可参阅米香：《经济增长的代价》（伦敦：斯特普尔斯出版公司，1967 年）中的精辟论述。

其所以未能通过经济投入来补救这种情况，并不是由于对这类问题未能给予优先安排处理，而是由于有关制度的无能为力：私有市场和其他体制在向大量的人们供给汽车和收音机方面，要比向他们供给防止所引起的空气和噪音污染方面有效率得多。但事实仍然是由于这些是隐藏的费用，还没有在现实中抵消，对它们的经济数量的任何估算，都会有大幅度的错误，同时，我们也缺乏为对比分析而设计的例证材料。

与第二类被略去的费用相关联的问题甚至是更重大的。这类费用是对外的，是由现代经济增长和武装冲突的破坏性的激增之间的联系而引起的。从截至现在为止的记录看，尽管包括了两次世界战争（也可以说是三次，把拿破仑的战争计算在内），但它证实了以上的主要结论，即在现代经济发展进程中，产值和生产率有巨大增长。但是，经济计算是建立在保持资本储存持续不断的基础上的。而资本储存持续不断也就是进行生产所需的未来的生产能力。假如一次原子大屠杀的潜在破坏力意味着杀死世界人口的一大部分、影响到人口进一步增长的遗传能力，并使世界许多地区在几十年内实际上不能居住，当以其可能发生的概率加以权衡时，这种破坏影响的加入必然是带着负号的。假如在现代经济增长和高涨的民族主义以及使现代冲突成为可能的国际紧张关系之间有着明显的联系，那么，为可能的武装冲突支付的价格应该作为现代经济增长的一项被略去而又巨大的费用记入借方。上面两句中的这两个“假如”暗示了所包含的联系的数额和不确定性。但是，这里的评述足以说明涉及的问题中的费用的巨大，其情况甚至足以不仅对表 11 中概括的相当和缓的调整而且也足以对许多结论附加上“不真实”的气味。

无论是对于国内的和对外的隐藏费用来说，以上的分析都需要与过去对比——因为，正如已指出的，甚至净增长的计量也是根据一种历史资料为基础的。因此，我们就需要知道当前发达国家在其进入现代经济增长前夕普遍存在着的未用经济投入来抵消的大规模生产的不经济。我们也需要知道先前的经济增长所引起的、隐隐呈现在背后看来将威胁进一步的生存和增长能力的武装冲突的危险。甚至粗略的历史调查也会证实某些主要的不经济确实是存在的。城市在 19 世纪上半期并更多地在 18 世纪很少受到污染的危害，但是，与 1960 年代的城市不同，它们都受到高死亡率和高发病率的折磨。即使是活着的人口，也忍受着城市生活的许多不舒适，这些不舒适嗣后却因新技术或迁居市郊而减少了。无论是较高的死亡率和发病率，或是许多不舒适，都是在现代以前的城市中形成的现代以前经济增长的消极后果。同样地，在现代经济增长以前实现的技术进步增加了武装冲突的破坏能力——尽管从那时起，它保护了发达国家免受经济上欠发达民族的入侵（如摧毁罗马帝国，而且直到 15 世纪末这一直是对西欧的威胁）。所有这些都不能排除以下的事实，即对外的（如果不是国内的）被略去的费用在今天无论是绝对地或相对地看都比经济增长的早先时期要大得多。

以上的评述指明了现代经济增长的这些消极方面的重要性，虽然，它们对后者的影响的大小仍然是未知数。对这些方面的进一步分析所需要的推理水平和资料类型使我感到难以处理，最好让贤于本领域内更有能力的研究者。无论如何，我希望，通过这里讨论的各项调整,其所代表的对非常规但公开的费用的有限分析,保有它本身的价值,并且,在走向批判性地探讨经济增长的所有方面(而不仅仅限于反映在实际投入和产出中的)这一更困难的任务时,可能提供某些启示。

第三章　总产值中的部门份额——截面的考察

一国经济的生产结构中，可以区分为若干部门，因为它们通过技术上和组织上不同的过程生产不同的产品。生产出来的产品可能是终结的成品，也就是不再需要进一步制作就能为家庭或耐用资本的购买者所使用的产品；它们也可能是未终结的产品。终结产品在耐用性、在它们满足需求的优先次序、在对变化中的经济水平的反应、在对其他产品的相互补充程度以及供给情况等方面都可能不同。各种未终结产品到其成为终结产品的间隔距离以及它们所加入的终结产品的特性上，也都可能不同。即使是同一的或类似的产品，其生产过程或各种投入在其所使用的工艺技术、所依赖的自然资源以及在负责组织生产过程的单位等方面也可能不同。按照产品和生产过程的综合特征，就能区分出极其广泛的各种部门，在具有较大规模的发达经济中更是如此。

这里，我们关心的是：在现代经济发展进程中，各生产部门在其增长速度以及随之而发生的它们在总产出或总投入中的长期份额的变化等方面的不同的反应。这种不同的反应部分地是按人口平均产值的高速增长所起的作用，由于不同的收入对不同的终结产品有着不同的需求弹性，这就意味着国内需求结构的高速变化。

这种不同的反应部分地是运输及通讯革命所起的作用，它加强了国家之间的贸易和其他联系，影响它们在世界市场的对比优势，因而改变了国外需求结构并由此改变了国内的生产结构；这种不同的反应部分地是工艺技术变化所起的作用，它会对好几个生产部门给以不同的影响，影响其增长而不管国内外需求结构的变化如何。现代经济增长及其人均产值的迅速上升，主要是建立在物质和社会技术的不断变化与国家之间日益增多的相互依赖的基础上的。这就必然会在生产体系各部门的增长速度中形成颇大的差别，从而，正在经历着这种增长的经济的生产结构，也必然会发生迅速的变化。如果不去理解和衡量生产结构中的变化，经济增长是难以理解的。

本章介绍近年来生产结构变化的国际对比，下一章则是对长期趋势的考察。国际性截面对比的结果对表明生产结构中的趋势（无论是回溯过去或展望将来）来说，都是不可能提供可靠的根据的。但是，截面对比的结果同经济增长进程中对趋势直接观察的结果之间出现的任何不一致，就有助于鉴别出那些是在一定时期内在增长中起作用而在截面资料中没有给反映出来的特定因素。而且，截面资料就其本身来说也是值得注意的。因为它揭示出世界当今结构中的重要差别。

在致力于探讨结论之前，我们简要地论述一下利用“不同部门在总产值中和在像劳动力这样的生产要素总量中的份额”这样一种简单的方法来获得生产结构的合意的计量尺度的困难。从以下三个概括性的课题——（一）部门的确认；（二）部门差别的可测量性；（三）资料的供给——中，最能觉察到那些特别与研究经济增长和结构有关的问题。

（一）部门的确认问题可以用如下的提问来说明：当我们对比一个发达国家在1840年代和1960年代的农业部门份额时，我们是否在论述一个同一的部门？首先，考虑到操作技术的巨大差别和对其他部门（例如机械、化肥或杂交种子）的依赖程度；其次，考虑到专业化程度的显著差别，以及从19世纪初的能生产形形色色非农业产品的自给自足的农村人口转变到今天这样专业化的农民。因此，把发达国家在不同发展时期的农业（譬如说美国的农业）视作一个同一的部门这样的一种方法是否符合实际？同样地，也是考虑到技术和专业化程度的巨大差别，当我们把发达国家的同亚洲或撒哈拉沙漠以南的非洲最欠发达国家的农业部门对比时，将它们看作为同一的部门是否符合实际？在涉及制造业时也出现同样的问题，它的变动范围从巨大的、大规模的、借助于资本的工厂直到家庭手工业。对服务业来说，其变动范围则从具有高度技能的专业工作直到无须技能的佣仆。

这些问题也许可以这样来回答：如指出农业是给人类的消费供应必不可少的食物的，它在今天的发达和欠发达的国家中是这样，在19世纪初也是这样；农业依靠土地，相对地说是一种小规模的活动，赋予它的参加者以一种不同于更为集中的城市职业的生活形式——在今天的发达和欠发达国家中以及在19世纪初的形式中都是这样。在某种程度上说，这是确实的。农业的确构成了一个部门，它可以在发达和欠发达国家之间，以及发达国家的今天和19世纪之间进行对比。同样的论据也适用于制造业、建筑业、运输业、商业或服务业。从这种意义上说，尽管在技术和专业化程度上存在着显著差别，明显的部门确认性还是普遍地存在着的。

但是，由于我们这种分类不能在传统农业和现代农业之间、在以手工制造业和畜力运输为一方和以现代制造业和现代运输业为另一方之间作出区别，从而低估了与现代经济增长相联系的生产结构的变化，则也是确实的。它掩盖了发达和欠发达国家之间生产结构上的许多国际差别。对专业化程度差别的影响有可能也会作出粗略的调整，例如，在处理劳动力这一生产要素时，有可能在要对支付工薪的全日雇佣劳工和不支付工薪的家庭劳动力之间作出区分；这样，当然在对比同一部门（不同时间的或不同空间的）按工人平均的产值时就出现了某些差异。但是，生产部门的分类，在说明技术使用的程度方面，与说明产品的性质和生产的广泛条件的主要差别方面相对比，则显得特别缺乏说服力。因此，记住以下这一点是重要的：在计量伴随着现代经济增长而出现的部门份额变化时，有很大程度没有把生产结构中的长期变化以及这种结构在发达和欠发达国家间的国际差别的实情充分表达出来。

（二）即使在清楚而精确地确认生产部门的情况下，产量（或投入量）的度量同样是不容易的，无论在不同发展水平上的同一部门，或是在同一发展水平上的不同部门间都是这样。例如：在某些欠发达经济中的农业部门，即使是总产量也取决于主要农作物的收成，因为市场是有限的，生产者可能决定宁让次要的作物在田野里腐坏而不去收割它。在这样的情况下，这个部门总产量的充分的度量就需要对有关生产过程的安排和使用方面的了解，而不单是收获量。更重要的是：度量问题的难易程度的不同是由特定产品的复杂性和质量差别产生的。因而，其产量中占支配地位的是质量不同的复杂产品的部门，比之产品较“标准化”的其他部门，更不易以通用的市场价格来准确度量。在这一方面，某些服务部门——特别是那些需要高级专业训练或者担负着难以认为是相同的几种职责的部门（例如大部分政府活动）——与只生产单一的、其质量反映在市场价格中的产品（例如面粉或烟煤）的工业间的鲜明对照，那是众所周知的。因为，要度量许多服务部门以及那些生产产品结构复杂易变和质量差别悬殊的工业部门的“实际”产量，的确是困难的。在度量生产要素时也面临着同样的困难：资本和劳动具有不同的复杂性和质量，而这些差别并不总是能用数量来反映的，而只有数量反映，才能使用通用的市场度量。对于那些拥有复杂物质产品份额较大和服务部门比重较大的发达国家来说，度量的问题看来更为尖锐——其所以说是“看来”，是因为有可能对那些在我们看来是欠发达国家的较简单的经济中的质量差别还不够了解。

（三）为经济分析提供全国范围的数量资料是这样一种职能：它部分地是为了度量的便利，部分地是基于社会对这些资料的关切。在这两方面，为研究增长而提供的经济资料，很可能存在着有利于较发达的国家和更近代时期的显著偏向（当极权主义政府有意识决定不给时则是例外）。这意味着：即使把可取得的资料全部利用起来，也不可能对一定时期的增长过程或发展全程内的国际差别得出一个完全的、不偏不倚的图景。鉴于资料提供上的这些限制以及所研究的结构（特别是小国的）对许多特定因素（每一种都对分析上发生关系）的敏感性，由此得出的分布范围，就不可能运用以设定方差的某些一般特征为基础的正规统计方法来有效地进行研究，而必须对个别单位和特定组类进行连续的考察，因为从更为简捷的正规方法中所获得的结果，其中可能发生的错误是不易辨认的。

一、人均产值与部门份额间的联系

表 12 概括了 57 国的三个主要生产部门及其细分部分在总产值中的份额。总产值主要是按要素费用估算的国内生产总值。57 国是按照 1958 年的人均产值递增次序分组的（所有这些人均产值都用恰当的汇率换算为美元）。之所以采用 1958 年而不是更近年份的资料，部分地是因为联合国对这一年用美元计算的产值估算数提供得较多，部分地是为了与 1960～1961 年人口普查中所包括的劳动力的部门份额的可比性。

表 12　生产部门在国内生产总值（按要素费用）中的份额——57 国（按照 1958 年人均国内生产总值分组）

	国家分组（按照 1958 年人均国内生产总值递增次序分组）							
	Ⅰ (1)	Ⅱ (2)	Ⅲ (3)	Ⅳ (4)	Ⅴ (5)	Ⅵ (6)	Ⅶ (7)	Ⅷ (8)
1. 国家数	6	6	6	15	6	6	6	6
2. 人均国内生产总值（美元）	51.8	82.6	138	221	360	540	864	1 382
3. 国家的地区分布	F-4 A-2	F-3 A-2 L-1	A-4 L-2	F-2 A-3 L-9 E-1	A-1 L-3 E-2	A-1 L-3 E-2	E-6	E-3 S-3
主要部门的份额（%）								
4. A	53.6	44.6	37.9	32.3	22.5	17.4	11.8	9.2

	国家分组(按照1958年人均国内生产总值递增次序分组)							
	Ⅰ (1)	Ⅱ (2)	Ⅲ (3)	Ⅳ (4)	Ⅴ (5)	Ⅵ (6)	Ⅶ (7)	Ⅷ (8)
5. I	18.5	22.4	24.6	29.4	35.2	39.5	52.9	50.2
6. S	27.9	33.0	37.5	38.3	42.3	43.1	35.3	40.6
I部门的细分								
7. 矿业及采掘业	1.1	1.3	1.3	2.0	3.3	0.7	2.2	2.2
8. 制造业	7.7	10.4	12.6	16.2	18.1	23.9	31.3	31.2
9. 建筑业	4.0	4.1	4.1	4.2	5.7	5.8	7.5	6.6
10. 电力、煤气、水	0.5	0.7	0.8	1.1	1.6	2.1	2.6	2.4
11. 运输和通讯	5.2	5.9	5.8	5.9	6.5	7.0	9.3	7.8
S部门的细分								
12. 商业	12.8	11.8	13.5	15.3	14.9	13.5	11.3	14.2
13. 银行、保险、房地产	0.6	1.4	1.8	2.0	3.6	3.7	2.8	4.0
14. 住房的所有权	2.4	5.0	6.0	5.8	6.0	5.9	4.1	3.8
15. 政府及国防	5.7	6.9	7.1	6.4	7.2	10.8	6.8	8.1
16. 其他服务	6.4	7.9	9.1	8.8	10.6	8.2	10.3	10.5

A部门包括农业、林业、狩猎业和渔业。I部门及S部门包括的细分部门分别列示在第7—11行和第12—16行。

所包括的57国和地区(按照其人均国内生产总值递增次序排列)是:马拉维、尼日利亚、坦噶尼喀、缅甸、乌干达、巴基斯坦、印度、肯尼亚、泰国、苏丹、海地、埃及(阿拉伯联合共和国)、韩国、斯里兰卡、中国台湾、巴拉圭、叙利亚、厄瓜多尔、洪都拉斯、秘鲁、土耳其、菲律宾、南罗得西亚、毛里求斯、马来亚、多米尼加共和国、萨尔瓦多、哥伦比亚、葡萄牙、危地马拉、尼加拉瓜、巴西、墨西哥、西班牙、希腊、牙买加、哥斯达黎加、智利、日本、乌拉圭、爱尔兰、意大利、以色列、波多黎各、阿根廷、奥地利、荷兰、芬兰、联邦德国、比利时、挪威、联合王国、丹麦、法国、澳大利亚、加拿大、美国。

第1—2行:换算为美元的1958年人均国内生产总值(按要素费用),取自联合国:《国民账户统计年鉴,1966年》(纽约,1967年出版)表7A,第725—729页。但日本的1958年人均国内生产总值则定为400美元。第2行各项数字是上列国家(按第1行所列示的分组)的未加权等比中项。

第3行:各地区用以下字母代表:F—非洲,A—亚洲,L—拉丁美洲,E—欧洲,S—欧洲的海外后裔。土耳其归入亚洲。

第4—16行:各项数字是各个国家份额的未加权等差中项,它是从关于各产业部门的产品的国别表格中计算出来的，出处同上（巴西及哥斯达黎加除外）。对绝大多数国家来说，这些份额是根据按当年要素费用计算的国内生产总值的1957～1959年估算数，但把总额的调整除外。在少数几个例子中，估算数是按不变价格或市场价格计算的产值，或是国内生产净值。有关巴西和哥斯达黎加的资料是由拉丁美洲经济委员会提供的未公布的估算数（按1960年要素费用计算）。

对一些国家的某些细分的部门，未能取得全部详细资料。除巴西和阿根廷外，这些国家的细分份额是以各特定分组的其他国家份额的平均数为基础计算的。巴西的商业和银行、保险与房地产的联合份额，则是以从《国民账户统计年鉴，1965年》（纽约，1966年出版）中取得的这两个细分部门在国内生产净值中的份额为基础计算的；阿根廷的银行、保险与房地产及住房的所有权的联合份额，则是以拉丁美洲经济委员会提供的估算数为基础计算的。这些调整是较次要的，但这样就可能对所包括的国家和国家分组作出一致的和完整的产业细分。

所有可能取得资料的国家都包括在内了，只有几个重要的删除，这是为了分析上的抉择，谅必是可以被接受的。首先，如第一章那样，所有共产主义国家都被排除了，因为它们的制度、价格和市场度量基础，以及产值本身的定义，看来与非共产主义国家非常不同，如果把它们包括在内，就将混淆这两个集团每一方的经济结构的主要特征。

其次，我删除了人口少于100万的所有国家，只有毛里求斯是唯一的例外（其所以包括在内，是因为在样本中欠发达的非洲国家太少了）。鉴于有严重依赖性的小国的生产结构的不稳定性质，把它们删除看来是有正当理由的。

再次，把有些国家排除在外是因为它们的生产结构显著地受到单一的、主要地是外在因素（例如石油或单一的矿产储藏）的影响。在这种情况下，相应细分部分（如矿业与采掘业）的巨大份额必然意味着其他细分部分和部门的不正常的过小的份额。由于我们关注的是在截面的分析中确立生产结构的重要参数以与一定时期的趋势相对比，看来最好还是把结构受到这些外在因素剧烈影响的少数国家排除为对。任何国家只要其矿业及采掘业的份额由于例外财富而上升到超过总产值的10%的都被删除了。同样的规则也应用到少数其他国家。因“矿业”而被排除的国家是伊拉克、南非、赞比亚、玻利维亚和委内瑞拉。因其他原因而被排除的有巴拿马（运河）、约旦（政府的巨额补贴和阿拉伯难民）以及阿尔及利亚、柬埔寨和越南（受战争影响的国家）。排除这10个国家看来是无关紧要的。因为，在对它们结构中的畸变来源进行某些扣抵后再把它们包括在内时，并不影响表12中包括的57国所显示的生产结构差异的形式。

如果表12中的平均数作为不受主要外在因素（战争、额外财富来源等等）影响的生产结构的近似值而被认可，它展现出怎样的形式呢？对三个主要部门的答案是相当明确的。A部门（主要是农业但包括林业、渔业和狩猎业）的份额与人均产值成反比例的联系，在最低收入分组中占50%以上，而在最高收入分组中则低到9%（第4行）。I部门（不仅包括采矿、制造、电力、煤气、水和建筑这些工业部门的通常组成部分；而且包括运输及通讯）的份额与按人口平均产值紧密地并成正比例地联系着：在最低收入分组中低于总产值的20%，在高收入的分组中则超过50%（第5行）。在S部门（包括商业、银行业等等）的份额中，住房所有权和各种公私服务中的收入呈现出与人均产值成正比例联系的趋向，从最低收入分组的占30%上升到高收入分组的40%以上（第6行）。但是，在人均产值高低分组间的全部跨距中，S部门对较低级别的联系是不密切和有限的。无论是A和I部门与人均产值间的紧密和明显的联系以及S部门的不密切的(要是肯定有的话)联系,以往都曾考察过[①],而现在应是十分熟悉的了。

在I部门各细分部分的份额中,除矿业及采掘业可能被认为是无规律的以外,其他都与人均产值成正比例的联系——从低收入国家到高收入国家不断上升(第7—11行)。制造业是占支配地位的细分部分,它的份额上升了三倍,显然比整个I部门份额的上升为大。后者大致增了两倍,只有电力、煤气、水这个份额不大的细分部分的相当巨大的上升才比得上制造业的变化。

在S部门的细分部分(第12—16行)中,当我们从低收入国家转向高收入国家时,只有银行、保险、房地产的份额显示出引人注目的上升,但这个细分部分是小的。而两个主要份额、商业和公私服务合起来的份额却只在一个狭小的范围内变动。前者显示出与人均产值很少联系,后者则成正比例的联系,在有某些波动的情况下大约从12%上升到约19%。显然地,S部门对人均产值中的大幅度差别的有限反应,是由它的主要细分部分份额的类似的有限反应造成的,而并非某一细分部分的紧密的成正比例的联系与另一细分部分的显著的成反比例的联系互相抵消的结果。

不同部门及其细分部分的份额差别与人均产值的差别间的关系的另一面貌展示在表13中。这里,样本中的份额的离中趋势是用份额最大的六个国家和最小的六个国家的平均数之间的变动范围来度量的。这些国家的分类排列与人均产值无关(第1、2、4栏),

① 参阅切纳里:《工业增长的形式》,载《美国经济评论》卷L、第4期(1960年9月)第624—654页,特别是表3,第634页。

而这一变动范围则是与所有57国的平均份额相关联的(第3、5栏)。A部门的份额显示出最宽阔的离中趋势,只有银行、保险、房地产这一小细分部分比得上它。隔开一些距离而跟随其后的则是制造业(第1、4、8行)。这些结果与商业(第7行)和整个服务业(第3行)份额的范围狭小得多的离中趋势形成鲜明的对照。由于欠发达国家在样本中没有充分的代表,如果所包括的国家更全面些,离中趋势的大幅度差别很可能进一步得到证实。在对部门及其细分部分的分组稍有不同的1950年份额的考察中①,曾发现类似的差别。

表13提供了人均产值的差异与部门及细分部分份额的差异之间的联系的两种度量尺度。第一种尺度对表12中人均产值最低和最高的国家分组间的变动范围与在份额最小和最大的国家分组中所看到的变动范围(第6栏)进行对比。这一测量人均产值对部门份额变动影响程度的简单尺度证实了我们在表12中的考察。就A部门和I部门、制造业细分部分及银行与保险这一小细分部

表13　产值中部门份额的离中趋势以及它们与人均产值的联系之间的关系(以构成表12的资料为基础)

	产值中的平均份额(%)			份额的变动范围,% (1)－(2)＝(4)	变动范围除以等差中项(4)÷(3)＝(5)	表12中的变动范围对(4)的百分比(6)	反应弹性值－1 (7)
	最高的六国(1)	最低的六国(2)	全部国家(3)				
主要部门							
1. A	58.0	6.7	29.2	51.3	1.8	0.86	－0.56

① 参阅库兹涅茨:《各国经济增长的数量》Ⅱ、"国民产值和劳动力的产业分布",载《经济发展与文化动态》卷Ⅴ,增刊第4期(1957年7月)表1—表5,第8—12页。

	产值中的平均份额(%)			份额的变动范围,%(1)－(2)＝(4)	变动范围除以等差中项(4)÷(3)＝(5)	表12中的变动范围对(4)的百分比(6)	反应弹性值－1(7)
	最高的六国(1)	最低的六国(2)	全部国家(3)				
2. I	55.3	16.7	33.4	38.6	1.2	0.82	0.34
3. S	49.5	23.2	37.4	26.3	0.7	0.48	0.13
I部门的细分							
4. 制造业	35.3	5.7	18.5	29.6	1.6	0.80	0.49
5. 建筑业	9.2	2.0	5.1	7.2	1.4	0.36	0.16
6. 运输和通讯,电力、煤气、水	13.9	4.1	8.0	9.8	1.2	0.46	0.20
S部门的细分							
7. 商业	23.6	8.1	13.7	15.5	1.1	0.09	0.04
8. 银行、保险、房地产	5.3	0.5	2.4	4.8	2.0	0.70	0.68
9. 住房所有权	9.0	1.5	5.0	7.5	1.5	0.19	0.16
10. 公共服务	12.8	3.8	7.2	9.0	1.2	0.27	0.12
11. 其他服务	14.2	3.9	9.1	10.3	1.1	0.39	0.16

第1—2栏:有关部门及细分部分各取自具有最高和最低份额的六个国家,是六个国家份额的未加权等差中项。

第3栏:全部国家份额的等差中项。

第6栏:表12第1栏和第8栏之间的差额,与其在所区分的八个人均产值分组间的最高和最低份额地位无关,而与第4栏中的变动范围相关联。在连续和单向的联系这样一种假设下,这一比率使人能解释人均产值的差异。

第7栏:反应弹性值(E)是某一部门在人均产值中的百分比差异(对国内生产总值的贡献)与人均产值的百分比差异的比率。它代表与人均产值的差异有关的某一部门(或其细分部分)的反应。它是按人均产值的一个标准差异20%计算的,并且是表12中的整个收入变动范围,即从51.8美元至1 382美元的平均数(参阅表14第9行及第18行)。

分来说,两者之间有着惹人注目的联系,就S部门的其他组成部分(特别是商业)以及就整个S部门来看,两者之间只有不密切的联系。

第二种尺度,反应弹性值(E)在它的基本形式上表述的是:当人均国内生产总值的总额增长20%时,各部门(或细分部分)对国内生产总值人均的绝对贡献的百分比差异的平均比率。这里的平均数是对表12中的人均产值的差异的整个变动范围而言的,即从51.8美元至1 382美元(表14会详细地表述这种度量法)。反应弹性值偏离1.0越多,人均产值的差异对部门份额的影响也就越大。因此,第7栏中的项目的数量越大(与符号无关),人均产值的差异对各该部门及细分部分的份额的影响也就越大。从中可以看到:各个部门及细分部分的(反应弹性值－1)数值中的差异与第6栏中显示的差异和先前在表12中的考察是一致的。

表13中特别值得注意的是:部门或细分部分份额的离中趋势以及这些份额与人均产值的差异的联系(或对后者影响的大小)之间的明显的关系。那些份额受到人均产值的差异的巨大影响的部门和细分部分(A部门,制造业,以及银行、保险与房地产),其份额也显示出最宽阔的离中趋势;那些份额受人均产值的差异影响最少的部门和细分部分(商业、S部门的其他组成部分以及整个S部门),其份额则显示出较狭窄的离中趋势。换言之,如果人均产值所代表的要素结合显著地影响着某一部门或细分部分的份额,这个份额的国际差异将是很大的——与人均产值的国际性的很大差异相符合。如果人均产值的国际差异对份额只有有限的影响,份额的国际差异将是范围狭小的。其含义是:至少对这里列示的部门和细分部分来说,人均产值的差异所代表的要素结合,是生产结构上国际差异的主要决定因素。其他力量也有出现,但其影响显然少得多。

为了对比分析的目的，必须把表 12 中的分组和份额所代表的个别国家（那个小分组的）的原始资料的简单平均数，归纳为人均产值和相应份额的某些合理而有用的基准点价值。这可以用两种方法来完成。第一种方法应包括：提出一个能把人均产值和份额联系起来的方程式，而后利用这个方程式为人均产值的任何想要的一组价值计算出估算份额。这种方法需要一个可防卫的解析模型。而更困难的则是，为了正确配合和计算参数，这种方法需要有关分布方差的正式假设。由于这些假设会导致丧失单位和分组的同一性，它们不可能轻易地被采纳。我认为第二种方法是可取的：对表 12 中的连续分组选取每三组的移动平均数，而后采用简单的插值法估算出与挑选的人均产值的基准点价值相应的份额（表 14 第 1—5 行、第 10—14 行）。从此展现出的形式当然与表 12 所显示的形式相似，但具有更系统的趋向。

表 14　生产部门在国内生产总值(1958 年人均国内生产总值的基准点价值)中的份额以及部门产值对人均产值的相关差异的反应弹性值

	主要部门			I部门细分部分		
	A (1)	I (2)	S (3)	制造业 (4)	建筑业 (5)	运输和通讯，电力、煤气、水 (6)
人均国内生产总值各基准点价值上的份额(%)：						
1. 70 美元	48.4	20.6	31.0	9.3	4.1	6.1
2. 150 美元	36.8	26.3	36.9	13.6	4.2	6.9
3. 300 美元	26.4	33.0	40.6	18.2	5.0	7.8
4. 500 美元	18.7	40.9	40.4	23.4	6.1	9.4
5. 1 000 美元	11.7	48.4	39.9	29.6	6.6	10.4

	主要部门			I部门细分部分		
	A	I	S	制造业	建筑业	运输和通讯，电力、煤气、水
	(1)	(2)	(3)	(4)	(5)	(6)
人均国内生产总值的标准增长为20%时的反应弹性值：						
6. 70至300美元	0.56	1.37	1.21	1.53	1.16	1.19
7. 300至1 000美元	0.30	1.36	0.98	1.46	1.25	1.26
8. 70至1 000美元	0.44	1.36	1.11	1.50	1.21	1.22
9. 51.8至1 382美元	0.44	1.34	1.13	1.49	1.16	1.20

S部门细分部分

	商业	银行、保险、房地产	住房	银行、保险、房地产，及住房	政府	其他服务	政府及其他服务
	(1)	(2)	(3)	(4)	(5)	(6)	(7)
人均国内生产总值各基准点价值上的份额(%)：							
10. 70美元	12.7	1.0	3.7	4.7	6.2	7.3	13.5
11. 150美元	13.8	1.9	5.7	7.5	6.8	8.8	15.6
12. 300美元	14.6	2.9	5.9	8.8	7.7	9.5	17.2
13. 500美元	13.6	3.3	5.5	8.8	8.2	9.9	18.1
14. 1 000美元	13.4	3.6	4.4	8.0	8.4	10.1	18.5
人均国内生产总值的标准增长为20%时的反应弹性值：							
15. 70至300美元	1.10	1.83	1.37	1.49	1.16	1.20	1.18
16. 300至1 000美元	0.92	1.22	0.73	0.92	1.08	1.06	1.07
17. 70至1 000美元	1.02	1.55	1.07	1.22	1.12	1.14	1.13
18. 51.8至1 382美元	1.04	1.68	1.16	1.33	1.12	1.16	1.14

第1—5行、第10—14行：各基准点价值上的份额是根据表12的数列用插值法估算的(计算至两位小数)。这些数列是人均产值的分组平均数的等比中项和分组份额的等差中项、并包括终端的单独分组的连续三个分组的平均数。而后，百分比份额的差异是根据人均产值的中项的对数百分比差异分配的。

第6—9行、第15—18行：从人均产值和部门份额的相关差异中计算反应弹性值(E)的公式是：$E_i=a_i+[(a_i-1)/r]$。这里，E_i 指的是部门 i 的反应弹性值，a_i 是该部门的终端份额与起端份额之比(因而,在A部门它通常小于1.0,在I部门则大于1.0);r则表示人均产值在两端间的增长比率(参阅库兹涅茨:《现代经济增长:比率、结构及扩展》〔纽黑文:耶鲁大学出版社,1966年〕第99页及第98—100页的论述)。在计算中,我采用20%作为r的标准值,同时把真数(1+r)的对数除以1.20的对数,以计算各标准间隔单位的相应数字。这样,在70—300美元的变动范围内产生了约8个标准间隔单位,从300—1 000美元产生了约6.6个,从51.8—1 382美元则产生了约18个。而后,我把真数a_i的对数除以标准单位的相应数字,取其结果的反对数,以之代替上述公式的a_i而求得E_i。

前已指出:反应弹性值(E)是计量某一部门产值对人均产值的变动或差异的弹性反应的尺度,它代表着与人均产值的百分比变动相联系的部门产值的变动百分比。因此,低于1的反应弹性值意味着这一部门产值的变动比率小于人均产值的变动比率;如果后者增加,该部门的份额就下降。由于反应弹性值随着总百分比变动的大小或人均产值的差异而变动。它是按照20%的标准增长率计算的。

A部门的反应弹性值低于1。这反映了:当我们从较低的人均收入移向较高的人均收入时,它的份额显著下降。它被其他部门和它们中的大多数细分部分的超过1的反应弹性值所抵偿。而且可以看到,当我们移向较高的人均产值时,主要部门和它们的大多数细分部分的反应弹性值却在缩减着(见第6、7行)。值得注意的例外是I部门的建筑和公用事业这两个细分部分①。

①　切纳里教授在《工业增长的形式》一文对1950～1955年所作的分析中,当估算人均产值的类似的基准点变动范围的反应弹性值时,产生了类似的结果。由于切纳里教授的样本和公式是根据1953年的价格,我不得不估算相当于1958年价格的国内生产总值的价值的1953年价格的国内生产净值的价值。有了这些基准点价值后,我引出了相当于表14中所应用的那些产值份额。对于主要部门,则把国内生产净值中的份额和国内生产总值中的那些份额当作是可比的。这样,根据切纳里的分析(使用

表的另一方面值得详加阐述。在70—300美元的组距内,A部门的份额下降显著,而I+S部门的份额则相应地大幅度上升。但是,在国民经济的非农业部分内部,I部门和S部门的份额的改变不大。当基准点价值为70美元时,前者在非A总份额中占40%,当基准点价值为300美元时占45%;与之相对比,在300—1 000美元的基准点价值之间,I部门的份额则从占非A总份额的45%转变为占55%。如果在生产结构内对农业向非农业的转移以及非农业部门内部的转移之间做一区分,则所得的迹象是:在人均产值的较低组距内,非农业部门的份额上升迅速,而其内部的结构转移可能只是和缓的;而在人均产值的较高水平内,在非农业部门之间和细分部分之间的结构转移则较为显著。

在人均产值与制造业结构之间所发现的联系(表15)支持了这一迹象。由于制造业是这样一个细分部分,当其从人均产值低的分组向高的分组移动时,它在国内生产总值中的份额增加得最多。因此,考察那些对制造业的这种上升作用(其上升数额超过A部门份额的下降数额的一半)贡献最多的制造业分支是令人感兴趣的。制造业各行业的资料来自国民经济账户以外的来源(对大

他的表3中的公式并将规模这一因素的系数定为0)得出的反应弹性值是:

	70至300美元	300至1 000美元	70至1 000美元
A 部 门	0.55	0.40	0.48
I部门(如表14所下的定义)	1.47	1.30	1.39
S 部 门	1.18	1.01	1.10

除了I部门的系数有较大的降低外,反应弹性值和它们的动态与表14所显示的十分接近。

多数国家来说)，它与增加价值有联系而不是与国民产值或国内产值的净贡献(或资本消耗总额)有联系。但在整个制造业增加价值中，各分支的份额可以与制造业在国内生产总值中的份额连接起来，从而得出制造业各分支在后者内的份额。在表15中分别为1953年和1963年这样做了，其所以采用这两个年份，是由于对截面关系中的一定时期变动(将在第四章中说明)的关注而决定的。然而，为了当前的目的，我们采用了这两个截面的平均数，作为这一段时期的居中年份——1958年的水平的近似值。

表15　制造业各行业在制造业附加值和国内生产总值中所占份额(在1953年和1963年两个截面上的人均国内生产总值各基准点价值的份额平均数)

		人均国内生产总值的基准点价值					
	1953(美元)：	81	135	270	450	900	1 200[a]
	1958(美元)：	91.7	153	306	510	1 019	1 359
		(1)	(2)	(3)	(4)	(5)	(6)
一、在制造业产值增加中的所占份额(%)							
1.食品、饮料与烟草		33.8	37.4	34.8	27.2	17.6	15.5
2.纺织品		18.3	14.2	10.5	9.4	7.1	5.6
3.服装及鞋类		4.8	6.3	7.8	7.5	6.3	5.5
4.木制品及家具		6.9	5.4	4.9	5.1	5.7	5.4
5.纸及纸制品		0.9	1.3	1.9	2.9	3.9	4.3
6.印刷及出版		2.5	2.6	2.9	3.5	4.7	5.3
7.皮革制品(鞋类除外)		1.1	1.3	1.2	1.1	0.8	0.7
8.橡胶制品		1.2	1.4	1.2	1.3	1.4	1.4
9.化学及石油产品		8.7	9.3	9.7	9.6	8.9	9.3
10.非金属矿产品		5.4	5.5	4.9	4.8	4.7	4.5
11.基本金属		4.0	3.5	4.3	5.2	5.7	6.0
12.金属加工产品		10.4	9.9	13.7	19.8	29.8	32.8
13.其他		2.0	1.9	2.2	2.6	3.4	3.7

		人均国内生产总值的基准点价值					
	1953(美元)： 1958(美元)：	81 91.7 (1)	135 153 (2)	270 306 (3)	450 510 (4)	900 1 019 (5)	1 200[a] 1 359 (6)
主要分组							
14.食品、饮料及烟草		33.8	37.4	34.8	27.2	17.6	15.5
15.纺织品及服装(第 2—3 行)		23.1	20.5	18.3	16.9	13.4	11.1
16.木、纸、印刷及皮革(第 4—7 行)		11.4	10.6	10.9	12.6	15.1	15.7
17.橡胶、化学及石油产品(第 8—9 行)		9.9	10.7	10.9	10.9	10.3	10.7
18.工业原料(第 10—11 行)		9.4	9.0	9.2	10.0	10.4	10.5
19.金属加工产品(第 12—13 行)		12.4	11.8	15.9	22.4	33.2	36.5
二、在国内生产总值中的份额(%)							
20.整个制造业		11.6	14.1	19.9	25.2	29.5	30.0
21.食品、饮料及烟草		4.0	5.2	6.9	6.8	5.2	4.6
22.纺织品		2.2	2.0	2.1	2.4	2.1	1.7
23.服装及鞋类		0.5	0.9	1.6	1.9	1.9	1.6
24.木制品及家具		0.8	0.8	1.0	1.3	1.7	1.6
25.纸及纸制品		0.1	0.2	0.4	0.7	1.1	1.3
26.印刷及出版		0.3	0.4	0.6	0.9	1.4	1.6
27.皮革制品(鞋类除外)		0.1	0.2	0.2	0.3	0.2	0.2
28.橡胶制品		0.1	0.2	0.2	0.3	0.4	0.4
29.石油及石油产品		1.0	1.3	1.9	2.4	2.6	2.8
30.非金属矿产品		0.6	0.7	1.0	1.2	1.4	1.4
31.基本金属		0.5	0.5	0.9	1.3	1.7	1.8
32.金属加工产品		1.2	1.4	2.7	5.0	8.8	9.9
33.其他		0.2	0.3	0.4	0.7	1.0	1.1
主要分组							
34.食品、饮料及烟草		4.0	5.2	6.9	6.8	5.2	4.6
35.纺织品及服装(第 22—23 行)		2.7	2.9	3.7	4.3	4.0	3.3
36.木、纸、印刷及皮革(第 24—27 行)		1.3	1.6	2.2	3.2	4.4	4.7
37.橡胶、化学及石油产品(第 28—29 行)		1.1	1.5	2.1	2.7	3.0	3.2
38.工业原料(第 30—31 行)		1.1	1.2	1.9	2.5	3.1	3.2
39.金属加工产品(第 32—33 行)		1.4	1.7	3.1	5.7	9.8	11.0

a 仅根据 1963 年的数字，但在 900 美元（1953 年价格）基准水平上的 1953 年和 1963 年的结构是十分相似的。

得出这些份额的程序就像表 14 注释中所表述的那样。

对国家分组时所需的人均国内生产总值，是根据《国民账户统计年鉴，1967 年》表 7B 中以美元表示的 1958 年人均国内生产总值推算出来的，或者是把按不变价格计算的国内生产总值（出处同上，国别表格）除以人口数（取自《人口统计年鉴》1965 年年鉴中表 4 的 1953 年数字及 1967 年年鉴中表 4 的 1963 年数字）；或者是取自经济合作与发展组织：《欠发达国家的国民账户，1950～1966 年》（巴黎，1968 年 7 月）表 E 中人均的实际产值指数得出的。后一种推算法应用于下列样本中除注明（取自《国民账户统计年鉴》）以外的所有国家，对附有注明的那些国家则是应用第一种方法。

然后，根据美国国内生产总值中内含的物价指数（取自《总统经济报告》〔华盛顿，1968 年 2 月〕表 B—3，第 212 页），把按 1958 年美元价格估算的人均国内生产总值换算为 1953 年的相应数字。

第 1—13 行：在整个制造业产值增加中的份额是以联合国统计局友好地提供的未公布的数字为基础的。样本中包括的国家和地区（按照 1953 年人均国内生产总值递增次序排列）是：尼日利亚、坦桑尼亚、缅甸、莫桑比克、印度、巴基斯坦、肯尼亚、泰国、刚果共和国、中国台湾、埃及（阿拉伯联合共和国）、韩国、巴拉圭、斯里兰卡、叙利亚、突尼斯、厄瓜多尔、秘鲁、巴西、菲律宾、摩洛哥、洪都拉斯、土耳其、多米尼加共和国、萨尔瓦多、哥伦比亚、尼加拉瓜、危地马拉、墨西哥、西班牙、希腊、日本（取自《国民账户统计年鉴》）、哥斯达黎加、智利、意大利（取自《国民账户统计年鉴》）、阿根廷、爱尔兰（取自《国民账户统计年鉴》）、乌拉圭、奥地利（自此以下的各国均取自《国民账户统计年鉴》）、法国、比利时、挪威、丹麦、联合王国、澳大利亚、瑞士、新西兰、瑞典、加拿大、美国。

细目是根据两位数国际贸易标准分类法的商品分类，与第 1—13 行相应的数字是第 20—22、23、24、25—26、27、28、29、30、31—32、33、34、35—38、39 行。

第 20 行：所根据的资料取自《国民账户统计年鉴，1967 年》，例外的是菲律宾（其资料取自 1966 年年鉴）和牙买加（人均国内生产总值来自经济合作与发展组织）。所包括的国家和地区（按照 1953 年人均国内生产总值递增次序排列）是：尼日利亚、缅甸、巴基斯坦、泰国、中国台湾、韩国、巴拉圭、斯里兰卡、厄瓜多尔、秘鲁、菲律宾、洪都拉斯、土耳其、多米尼加共和国、葡萄牙、哥伦比亚、牙买加、希腊、日本、哥斯达黎加、智利、意大利、波多黎各、阿根廷、奥地利、以色列、荷兰、芬兰、联邦德国、法国、比利时、挪威、丹麦、联合王国、澳大利亚、瑞典、加拿大、美国。

第 21—33 行：为 1953 年及 1963 年份额的平均数，是以第 1—13、20 行的份额为基础计算的。

无论是详细的分组和范围较广的分组都显示出：人均产值在约 92—306 美元（按 1958 年价格）之间的组距内，制造业在产值增加过程中的结构转移是十分有限的(第1—19行)。对6个主要组别来说,第1—3栏间的转移总额(份额变动的总和)达11个百分点(与符号无关),对13个分支来说,转移总额是20.6个百分点。但在1958年基准点价值306—1 019美元之间,与92—306美元之间一样,同样是增加了2.3倍,6个主要组别的份额转移总额则为45.4个百分点,13个分支的转移总额则为47.0个百分点。在人均产值的较低组距内,虽然制造业在生产总值中的份额上升迅速,制造业内部的结构变动却十分有限;但在人均产值的较高水平上,在制造业内部,从食品、服装和木制品转向化学和金属制品的常见的转移就变得惹人注目了。

表15中从38个国家得出的制造业在国内生产总值中的份额,在按1958年价格的基准水平上,与表14中的份额十分相似(对比表15的第20行与表14第4栏第1—5行,要酌量调整基准点价值中的差异)。表15中的1953年和1963年的平均值与表14中的1958年份额同样地显示出:在最低的基准点价值上上升约10%,而在最高的基准点价值上则上升约30%。

制造业的内部转移与制造业在生产总值中的份额的上升结合在一起,在人均产值较低的变动范围内显得特别迅速,导致了制造业各行业在生产总值中的份额变动的独特形式(第21—39行)。在人均产值的较低组距中,即从约92—约500美元的变动范围内(按1958年价格,第1至4栏),所有的主要行业对制造业在生产总值中的份额上升都有重大贡献。同时,只有在人均产值超过500美元的等级中,制造业的某些主要行业如食品、纺织品与服装业等的份额才有所下降。从而,在92—500美元的基准点价值之间,制造业在生产总值中的份额上升约 13.6 个百分点，其中食品、纺织品和服装业就占了 4.4 个百分点或三分之一；而在人均产值超过 500 美元—1 300 美元以上的变动范围内，这两个行业在生产总值中的份额却下降了 3.2 个百分点。13 个分支间的分布情况在相互联系上提供了更为详细的资料。但结论仍然是：在人均产值较低的基准点价值间的制造业结构转移，与它在较高的价值间的结构转移差别极大，这就在各不同分支对生产总值的增加的贡献中引起了差异。

二、国家大小的影响

在肯定了人均产值和生产总值中的部门份额间的显著联系之后，仍然出现这样的问题：即国家的大小是否是影响部门结构的重要因素。一个国家的大小对对外贸易在生产总值中的比重有重大影响时，也就形成国外供求对国内产值结构的影响[①]。国家的大小也可能决定其合理的经济规模，从而形成国内的生产结构、而不管对外贸易的影响怎样。最后，由于国家大小与经济发展水平（后者由人均产值表明）并无显著的联系，前者构成了一个追加的独立变数，它的影响应予约略估计。

就国家大小对与经济规模相应的对外贸易比重和国内市场规模的影响来说，一个合适的简单的度量标准就是生产总值的大小。但是，由于国家大小的影响应与人均产值大小的影响分开度量，国

① 参阅库兹涅茨：《各国经济增长的数量》Ⅸ，“对外贸易的水平和结构：近几年的对比”，载《经济发展与文化动态》卷ⅩⅢ，第 1 期，第Ⅱ部分（1964 年 10 月）。

家大小的差异将按照相同或近似的人均产值水平进行考察——在这两个变量间采用双重的交叉分类。其所以不顾麻烦而选用这种特定的交叉分类，是为了避免多种假设以及把一种多重回归程序在隐匿下应用于分析中的资料样本。而且，对于人均产值水平相同的国家，用生产总值和用人口来计量规模大小的相对差异都是一样的，因此就采用人口作为尺度，并以 1 000 万作为分界线把国家分为大（人口超过 1 000 万）、小（人口低于 1 000 万）两类。

之所以这样划定分界线，是为了保证每一类别都有足够的案例，以便在每一类别内对人均产值的影响进行充分的分析，从而也能对人均产值的相同的基准水平上的国家大小的影响进行充分的分析。在表 16 内，1958 年的基本样本划分为 22 个大国和 35 个小国。它显示了，大国在按照人均产值分类的八个组别中的七个占有大的比重——反映了在国家大小和人均产值之间没有什么联系；同时，关于国家大小的对比却十分显著，大国的分组人口平均数从 2 500 万直到 11 900 万，而在小国间则从 330 万直到 750 万（第 10、14 行）。由表 16 的平均数（特别是第 10 行）部分地显示出来的其他值得关注的细节是：那些真正的大国，即人口在 5 000 万左右的国家，其趋向是群集在人均产值的变动范围的两端。如不同地区的国家数这一项目所显示的那样，这些国家大部分在亚洲（印度、巴基斯坦、印度尼西亚和日本），这里没有涉及中国，一个在非洲（尼日利亚），一个在拉丁美洲（巴西），除日本以外的所有这些国家都处在人均产值变动范围的下端（第 11 行），而其他大国（美国、联合王国、法国、德国和意大利）则处在人均产值变动范围的上端。实际上，没有一个真正的大国处于两端之间。这说明了：人均产值的国际对比，无论在哪一端，当以人口而不是以国家数目加权时就更为显著得多。但是，对手头的特定问题——国家大小对国内生产结构的影响——来说，还不是那么明确，不足以保证对这一线索的进一步探讨。

表 16　样本中的大国和小国(按照 1958 年人均国内生产总值分组)

	按照 1958 年人均国内生产总值递增次序的国家分组							
	Ⅰ (1)	Ⅱ (2)	Ⅲ (3)	Ⅳ (4)	Ⅴ (5)	Ⅵ (6)	Ⅶ (7)	Ⅷ (8)
1. 国家总数(参见表 12)	6	6	6	15	6	6	6	6
2. 大国数	3	3	1	5	2	2	2	4
3. 人均国内生产总值，大国(美元)	56.5	84.3	121	229	359	583	845	1 500
4. 大国的地区分布	F－1 A－2	F－1 A－2	A－1	A－2 L－3	A－1 E－1	L－1 E－1	E－2	E－2 S－2
5. 小国数	3	3	5	10	4	4	4	2
6. 人均国内生产总值，小国(美元)	47.4	80.9	141	217	361	520	873	1 174
7. 小国的地区分布	F－3	F－2 L－1	A－3 L－2	F－2 A－1 L－6 E－1	L－3 E－1	A－1 L－2 E－1	E－4	E－1 S－1

	按照人均国内生产总值的大国分组				
	Ⅰ (1)	Ⅱ (2)	Ⅲ (3)	Ⅳ (4)	Ⅴ (5)
8. 国数	5	4	5	4	4
9. 人均国内生产总值(美元)	62.9	149	294	702	1 500
10. 平均人口(百万人)	119.2	25.0	46.9	33.1	72.2
11. 地区分布	F－1 A－4	F－1 A－3	A－1 L－3 E－1	L－1 E－3	E－2 S－2

	按照人均国内生产总值的小国分组						
	Ⅰ	Ⅱ	Ⅲ	Ⅳ	Ⅴ	Ⅵ	Ⅶ
	(1)	(2)	(3)	(4)	(5)	(6)	(7)
12. 国数	5	5	5	5	5	5	5
13. 人均国内生产总值(美元)	58.1	122	193	226	337	546	1 039
14. 平均人口(百万人)	7.5	5.8	3.9	4.8	3.9	3.3	6.3
15. 地区分布	F－5	A－3	F－2	A－1	L－4	L－2	E－4
		L－2	L－3	L－3	E－1	A－1	S－1
				E－1		E－2	

根据构成表12基础的资料，以及1958年的人口估算数(取自联合国:《人口统计年鉴，1965年》)，大国是在1958年具有12亿美元以上的国内生产总值及1 000万人口以上的国家。人均国内生产总值(第3、6、9、13行)是每一分组的等比中项，人口(第10、14行)则是等差中项。

表17显示了按照国家大小分类对1958年人均产值各基准水平上的主要部门及其细分部分份额的影响。对大国和小国这两个组别的每一个的处理程序，与表14中对整个样本所采用的程序相同，但由于所包括的国家较少，其近似值容易发生更大的误差(更确切地说，是受某些为个别国家所特有的因素的较大影响)。第1—2行内用插值法求得的人口平均数说明了在人均产值的每一基准水平上国家大小的差异。如果说国家大小的相对差异是最恰当的，那么，在8∶1至10∶1这样相当狭小的范围内变动的大国对小国的人口比例就说明了：国家大小的差异与人均产值的差异并无联系。

表 17　大国和小国在人均国内生产总值各基准点价值上的生产部门在国内生产总值中的份额(1958 年)

	人均国内生产总值的基准点价值(美元)					平均数第 1—5 栏
	70 (1)	150 (2)	300 (3)	500 (4)	1 000 (5)	(6)
一、人口(百万)						
1. 大国	59.0	38.4	30.3	34.5	44.0	40.1
2. 小国	6.1	4.0	3.2	3.5	5.6	4.3
二、在国内生产总值中的份额(%)						
主要部门						
A 部门						
3. 大国	45.8	36.1	26.5	19.4	10.9	27.8
4. 小国	50.7	37.0	26.7	20.4	14.2	29.8
				(20.5)	(14.6)	
I 部门						
5. 大国	21.0	28.4	36.9	42.5	48.4	35.4
6. 小国	21.1	26.5	31.4	38.1	48.7	38.2
				(37.7)	(47.2)	
S 部门						
7. 大国	33.2	35.5	36.6	38.1	40.7	36.8
8. 小国	28.2	36.5	41.9	41.5	37.1	37.0
				(41.8)	(38.2)	
I 部门细分部分						
制　造　业						
9. 大国	10.4	15.8	22.2	26.4	30.7	21.1
10. 小国	8.3	13.5	16.9	21.0	27.1	17.3
建筑业						
11. 大国	3.6	4.0	4.2	4.6	5.5	4.4

	人均国内生产总值的基准点价值(美元)					平均数第1—5栏
	70 (1)	150 (2)	300 (3)	500 (4)	1 000 (5)	(6)
12. 小国	4.9	4.4	5.0	6.1	7.4	5.6
运输及通讯,电力、煤气、水						
13. 大国	5.9	6.7	7.9	8.7	9.4	7.7
14. 小国	6.8	7.0	7.4	9.2	12.7	8.6
				(8.6)	(10.6)	
S部门细分部分						
商业						
15. 大国	15.8	13.7	12.8	13.6	14.0	14.0
16. 小国	10.2	13.8	15.8	14.4	12.8	13.4
银行、保险、房地产,住房收入						
17. 大国	4.9	6.9	7.4	7.3	7.6	6.8
18. 小国	3.9	7.5	8.8	9.0	8.1	7.5
公私服务						
19. 大国	12.5	14.9	16.4	17.2	19.1	16.0
20. 小国	14.1	15.2	17.3	18.0	16.2	16.2

第1—2行:人口是用插值法估算的,其程序与估算各基准点价值上的相应份额相同。第6栏中的平均数是等比中项。

第3—20行:根据构成表12基础的资料。第4—5栏的第4、6、8、14行内的括号内的数字把挪威除外,因为它的运输及通讯业的巨大份额对500美元和1 000美元这两个基准水平上的估算价值影响极大。第6栏中的平均数是等差中项。

按国家大小进行分类的某些影响不连续一贯,要给予明确说明是有理由的。首先,总的说来,在人均产值的同样水平上,A部门的份额的趋向是小国比大国大,在人均产值的两端,其差异特别显著(第3—4行)。相反地,I部门份额的趋向则是大国比小国大——由于大国的制造业的较大份额,而建筑业以及运输与公用事业在大国中的份额都较小(第5、6、9—14行)。

虽然大国和小国的S部门份额在平均数上是大致相同的,约占国内生产总值的37%。但当我们从人均产值的较低水平移向较高水平时,变动的形式则不同。对大国来说,在基准水平的整个变动范围内,其份额相当平稳地从70美元水平的33.2%上升到1 000美元水平的40.7%(第7行);对小国来说,其份额仅仅在收入变动范围的较低部分上升,从70美元水平的28.2%上升到300美元水平的41.9%,而后在较高的水平上下降了(第8行)。显然地,全部样本的变动形式:即份额的上升到300美元的收入水平就为止了,而在较高的收入水平上则保持稳定或下降,则是由于小国的变动形式所导致的结果(见表14、第1—5行、第3栏)。

最后,在S部门份额随着人均产值的差异而发生的变动中,大国和小国之间所出现的那种差别,在像商业、公私服务业这些主要细分部分中也同样可以找到。在小国中,对前者来说,其份额在70—300美元的基准水平间上升,后者则上升到500美元的水平,两者在较高的水平上都下降了;即使是小得多的金融业,其份额也是上升至500美元水平而后就下降了(见第16、18、20行)。在大国中,商业的份额在人均产值的变动范围的绝大部分,都大致稳定在13%—14%,只有在最低收入水平(70美元)上的份额,16%,是一个难以料到的例外;同样地,在大国中,除商业和金融业以外的S部门细分部分的份额,则稳步而显著地从70美元水平上的12.5%上升到1 000美元水平上的19.1%。同时,在低收入水平上比小国少得多,而在高收入水平上又比小国大(第19、20行)。

以上概述的部门和细分部分份额的水平和形式在大国与小国

之间的差别，在更深入细致的分析中可能被证实是值得注意的。但截至目前，表17提示的主要结论是：人均产值对各个部门和细分部分份额的差异的影响，几乎存在于所有主要的按国家大小划分的组别中。与此对比，国家大小对部门及其细分部分份额的差异的影响则是较次要的。这对主要部门和大的细分部分来说尤其如此。例如：对A部门来说，第1栏和第5栏之间的差异（按人均产值表示的）大国为35个百分点，小国为36个百分点（与表14、第1栏第1—5行的37个百分点相对比），大国与小国间的平均差异仅仅是2个百分点。对制造业这一主要细分部分来说，其份额在大国与小国之间的差异是始终如一的，这两个组别间的平均差异是3.9个百分点，而在人均产值基准水平的两端之间，大国的份额差异为20点，小国则为17点。

国家大小这一因素看来对制造业的结构具有稍大的影响（表18）。在大国中，制造业的特征是食品行业的显然较低的份额以及化学和金属加工产品这些行业的显然较高的份额（第6栏，第1—6、8—13行）。而且，在大国中，从食品工业向化学工业和金属加工产品工业的转移开始在92—300美元的组距内。而制造业结构在人均产值的较低组距内的相对稳定（如与表15相关联地阐明的），在这里仅仅在小国中看到。在大国中，制造业结构的转移在较低收入的组距与较高的组距中同样大小——约30个百分点。但在小国中，结构转移在前者仅为12个百分点，而在后者则为45个百分点（第7、14行）。但应该指出，与人均产值基准点价值的同等移动相联系的制造业结构的转移总额（从第1栏至第5栏），对大国和小国来说，几乎是同样大小的。

表 18　大国和小国(以人均国内生产总值各基准点价值分组)的制造业各主要行业在制造业附加值及国内生产总值中所占的份额(1953 年和 1963 年两个截面上的份额平均数)

	人均国内生产总值的基准点价值(1958 年,美元)					平均数第 1—5 栏
	91.7 (1)	153 (2)	306 (3)	510 (4)	1 019 (5)	(6)
一、在制造业增加价值中的份额(%)						
大　　国(22 国)						
1. 食品、饮料及烟草	33.5	29.3	23.3	19.4	14.7	24.0
2. 纺织品及服装	22.0	21.3	18.7	16.0	13.2	18.2
3. 木、纸、印刷及皮革	12.3	11.4	11.1	11.7	12.9	11.9
4. 橡胶、化学及石油产品	11.0	12.5	13.6	13.6	12.7	12.7
5. 工业原料	8.2	9.5	10.8	11.5	11.4	10.3
6. 金属加工产品	13.0	16.0	22.5	27.8	35.1	22.9
7. 份额的转移	29.4[a]		30.0[b]		55.2[c]	
小　　国(33 国)						
8. 食品、饮料及烟草	33.9	39.5	37.4	31.5	20.3	32.5
9. 纺织品及服装	21.4	20.5	19.0	17.0	13.1	18.2
10. 木、纸、印刷及皮革	11.2	10.4	11.5	13.5	16.9	12.7
11. 橡胶、化学及石油产品	10.3	9.3	9.1	9.0	8.8	9.3
12. 工业原料	11.1	9.4	8.7	8.9	9.4	9.5
13. 金属加工产品	12.1	10.9	14.3	20.1	31.5	17.8
14. 份额的转移	12.0[a]		46.6[b]		50.2[c]	
二、在国内生产总值中的份额(%)						
大　　国						
15. 整个制造业,1958 年	12	16	22	26	31	21.4
16. 食品、饮料及烟草	3.8	4.7	5.1	5.1	4.6	4.6
17. 纺织品及服装	2.6	3.4	4.1	4.2	4.1	3.7
18. 木、纸、印刷及皮革	1.2	1.8	2.5	3.0	4.0	2.5
19. 橡胶、化学及石油产品	1.5	2.0	3.0	3.5	3.9	2.8
20. 工业原料	1.2	1.5	2.4	3.0	3.5	2.3

	人均国内生产总值的基准点价值(1958 年,美元)					平均数第 1—5 栏
	91.7 (1)	153 (2)	306 (3)	510 (4)	1 019 (5)	(6)
21. 金属加工产品	1.7	2.6	4.9	7.2	10.9	5.5
22. 份额的上升(第 16—18 行与第 15 行对比)	4.1/10[a]		2.0/9[b]		5.1/19[c]	
小　国						
23. 整个制造业,1958 年	12	14	17	21	27	18.2
24. 食品、饮料及烟草	4.1	5.5	6.3	6.6	5.5	5.6
25. 纺织品及服装	2.6	2.9	3.2	3.6	3.5	3.2
26. 木、纸、印刷及皮革	1.3	1.5	2.0	2.8	4.6	2.4
27. 橡胶、化学及石油产品	1.2	1.3	1.6	1.9	2.4	1.7
28. 工业原料	1.3	1.3	1.5	1.9	2.5	1.7
29. 金属加工产品	1.5	1.5	2.4	4.2	8.5	3.6
30. 份额的上升(第 24—26 行与第 23 行对比)	3.5/5[a]		3.7/10[b]		5.6/15[c]	

a 第 1 栏至第 3 栏。

b 第 3 栏至第 5 栏。

c 第 1 栏至第 5 栏。

第 1—6、8—13 行中所包括的国家和资料来源以及各主要分支所包括的范围参阅表 15 的注释。关于大国和小国的分类基础参阅表 16 的注释。

第 15、23 行:根据制造业在国内生产总值中的 1958 年截面份额,见表 17、第 9—10 行。

第 16—21、24—29 行:在制造业增加价值中的各分支的份额与国内生产总值中制造业的总份额的乘积。

关于第 7、14、22、30 行的含义,参阅表 15 中的论述。

组类二显示了制造业主要分支在总产值中的份额,使用的是从表 17 得出的大国和小国国内生产总值中制造业份额的粗略估算数。从组类一中看到的结构差异在这里也已出现,但大大缩小了。同时,总产值内份额移动的一般形式对大国和小国来说更为相同。当我们沿着收入梯级移动时，与份额的上升相对比，同一水平内的差异是次要的。例如，食品和纺织品及服装这两个细目在总产值中的份额，无论是大国和小国，在人均产值中都上升到510美元基准点价值而后在较高的水平上下降（第16—17、24—25行）。化学品、工业原料以及金属加工产品等细目的份额不论是大国和小国都连续一贯地上升（第20—22、27—29行）。同时，平均份额间的差异，例如金属加工产品细目在大国和小国间的差异是1.9个百分点，和这一细目与产值相联系的份额变动范围（大国为9.2个百分点，小国为7.0个百分点）相对比，那是微小的（第21、29行）。

对国家大小这一因素的更详细的分析是值得注意的①。但是，鉴于主要部门及细分部分份额与人均产值间的联系所处的支配地位而国家大小这个因素的有限影响，在进一步的讨论中，国家大小这个变量被省略了。

三、截面联系总评

即使在考虑到国家大小的因素以后，仍然有几类因素可以用来说明人均产值与按部门及其细分部分在总产值中的份额之间的

① 参阅切纳里和泰勒：《各国的和各时期的发展形势》，《经济学和统计评论》卷L、第4期（1968年11月）第391—416页。但是，如在第四章及第六章的论述中所指出的，截面参数对时间过程中的变动是敏感的，同时，由于后者在截面价值对长期趋势的适用性上有着显著影响，因而存在着这样一个问题：即这一论文把时间数列和截面资料联合在一起的结论，其效果究竟如何？

那种处于支配地位的联系。需求结构，亦即较大的人均收入对各种商品的需求的不同反应，就是其中之一。工艺技术的变化、通过它对工厂和企业规模的影响从而影响到人们生活的条件，在人均产值的高、低水平上也将对需求发生不同的影响。而且，部门间的不同的投入—产出关系，对不同部门的净产出，甚至资本消费总额（有别于最终产品的全部价值，这从需求结构的观点来说是重要的），也将有不同的影响。诚然，有关联的线索是不胜枚举的，因为与人均产值互相关联的事物的绝大多数——不仅有像早已述及的那些纯经济因素，而且有非经济性的伴随因素，如人口统计的、政治的和其他社会制度的因素——都可能对生产结构有某些影响。虽然其中有一些不可能显著地影响主要部门的份额，但它们对恰当说明某些细分部分份额的形式，例如对住房收入或公共服务则是有关的。

如果试图对人均产值的差异与按部门及细分部分的生产结构变动之间的联系做出充分的说明，那就必须涉及对前后紧接着的各项因素的影响分量的恰当度量，并涉及对不同时点的截面上的关系的持续考察，这已超出了本书的范围。但是，记住现代经济增长进程中有关生产结构的长期趋势，对阐述以下这个主要论点是适当的：即 A 部门和 I 部门的结构和有关对消费品（和储蓄）的截面收入或支出的需求弹性值的恩格尔法则 * 和类似“法则”之间的关系。从中得出的任何结论，对人均产值与其他部门及其细分部

* 恩格尔法则：家庭收入增加后，收入中花费在生活必需品上的比例会随之减少。这是由恩格尔首先发挥的。——译者

分份额间的联系，都将有某些关联。

收入或支出对不同产品的需求弹性值显示出人均的收入或支出(个人的和家庭的)与收入或支出中花费在各类消费品的比例或用于储蓄的比例之间的关系。在考虑对商品的需求弹性值时，它显示的是个人的可支配收入或人均的总支出与购买者按最终价值(按市场价值)花费在各类消费品上的比例之间的关系。同时，对家庭支出的许多调查研究都表明了，当人均收入和支出上升时，花费在食品上的比例连续下降。由于食品是A部门的主要产品，食品的这种向下的消费倾向可能是A部门在总产值中从70美元基准水平上的约50%下降到1 000美元基准水平上的约10 %的一个主要因素(参见表14)。同样地，高收入和高支出对服装和耐用消费品(以及储蓄，它转变为生产设备或建筑)的需求弹性，则可能是I部门份额从70美元基准水平上的约20%增加到1 000美元基准水平上的约50%的原因。

但是，在表14中所考察的类型的关系至少在五个方面与收入需求弹性的恰当度量有所不同。即使这些差别的根源被除去了，仍然留下这样一个主要问题：即恰当地度量的收入需求弹性是不是人类需要的某种先后次序考虑的反映，在不同的技术和制度的条件下，它们究竟是不变的呢，抑或前者是后一变量的反映呢？

(一) 按要素费用的人均国内生产总值(为表14所应用)与收入的需求弹性的关系和人均个人可支配收入不同。按要素费用的国内生产总值包括了民营企业的利润(资本消耗总额)和政府收入，它们或来自企业等等，或来自直接税。企业利润和政府收入在国内生产总值中的份额，不是用个人可支配的收入来表示的，它在

1950年代的变动范围从欠发达国家的15%到较发达国家的20%①。我们不了解欠发达和更发达国家中的工商企业和政府在分配它们的总收益和其他收入时在A部门和I部门间是否有所不同。但是,这是总产值中(分配在A、I和S部门中间)不受家庭消费倾向影响的一个重要部分。而且,我们懂得国内生产总值中个人可支配的收入份额在发展过程中有下降倾向,因而,对不断增加的剩余部分所做的不同的或不断变动的安排,就可能对国内生产总值中A和I部门份额的在经济发展过程中的动向具有影响。

(二)即使自变量是个人可支配的收入,在国际对比中,关于消费或产出中的A部门和I部门产值份额的变动范围,将受到收入高低的分配的显著影响,特别在低收入的国家内是如此——不同于它在一个国家内的个人和家庭的典型截面研究中所受影响的方式。在一个国家内,各消费单位是按收入高低分组的(不论其是否用暂时因素调整过),不平等的过度的变化被局限于某些相对狭小的收入级别中。在国际对比中就不是这样的,在这里,单位是个别国家,两个具有同样低的人均收入的国家,在收入高低的分配上可能有显著不同。

像表14中那样的数列对份额变动范围的可能影响,可以从一个简单的例证中看出。假设在一个低收入国家内,99%的人口得到总收入的70%,他们耗用A部门产品的平均倾向是0.6;而得到总收入30%的、占人口1%的上层,其耗用同类产品的平均倾向

① 参阅库兹涅茨:《现代经济增长:比率、结构及扩展》(纽黑文:耶鲁大学出版社,1966年)表8.1,第84—93行,第406页。表内对1958年人均国内生产总值少于200美元和多于575美元的国家做了对比。

则是0.1。总的平均倾向(A部门产值的份额,假定无外贸差额,等等)应是(0.70×0.6)+(0.30×0.1)或45%。假设另一个低收入国家,分配是平等的,占人口99%的下层得到总收入的99%,其平均收入较前一种分配高出41.4%。由于收入分配的这种变化,耗用A产品的平均份额就变成了0.55(对所有的收入分组),低收入的各分组下降了,最高的分组则上升了。因此,在人均收入相同、国内消费倾向类似的情况下,对A产品的消费份额,在一个国家内是45%,而在另一个国家内则是55%。

这一例证是极端的,可以不费力地加以修订,但其提出的论点是显而易见的。尽管在人均产值的水平较高时,收入高低的分配对消费和储蓄倾向以及对A部门与I部门的不同冲击通常只有有限的影响;而在较低的人均水平时它可以有察觉得到的影响。这就意味着在A部门和I部门(或类似的对收入高低分配具有敏感的部门及其细分部分)份额的变动范围内,任何观察到的国际差别,部分地是基于收入高低分配某些内含的东西,当收入梯级下端的收入高低分配显著变动时,对人均收入同一的全距来说,就能够觉察到其变动。即使在较高的收入水平,如果收入高低分配的更改十分显著,也可能对A部门的份额具有可觉察到的影响,如果后者已下降到一个绝对低水平的时候,则更是这样。

(三)国内产值(这是表14反映的)与国内消费或私人消费支出(这就是收入的需求弹性所反映的)不同。当从国内产值转为国内消费时,其差别在于要加上进口和减去出口。而发达国家与欠发达国家间关于A部门和I部门产品的进出口结构中的差别,则是众所周知的。但是,现有资料表明,这一因素对表14内的份额变动在数量上的影响是有限的(表19)。表19的显著特征(即使在更精细调整后,它也大致不会改变)是:无论在大国和小国内,A部门产品在出口总额中都是一个可观的部分,即使在人均产值的较高水平上也是如此。同时,在两类国家内,A部门产品都是进口中的一个重要部分,即使在人均产值的较低水平上也是如此。其净差额(它在这里是最值得注意的)在人均产值的某些基准水平上的差别太微小了,以致不能形成从国内产值中的份额变动范围转到国内消费中的份额变动范围的显著变异。例如,对大国来说,A部门在国内产值中的份额从45.8%下降到10.9%,即大致从4.2下降到1。转为国内消费的份额从42.0%下降到11.3%,或大致从3.7下降到1。一般地说,A部门和I部门进出口的净差额的调整只有一个很有限的影响,纵然它对A部门和I部门的份额和人均产值之间的联系确实有一点儿次要的关系——这一点儿关系与国内消费或储蓄倾向是没有关联的。

表19 A部门与I部门(以人均产值的三个基准水平分组)商品出口和进口结构以及由国内产值转为国内消费的%

	A部门			I部门		
	70美元 (1)	300美元 (2)	1 000美元 (3)	70美元 (4)	300美元 (5)	1 000美元 (6)
大国						
1.在商品出口中的份额	87	69	39	13	31	61
2.在商品进口中的份额	39	38	44	61	62	56
3.净差额(第2行—第3行)	−48	−31	5	48	31	−5
4.第3行占国内生产总值的%	−3.8	−2.5	0.4	3.8	2.5	−0.4
5.在国内生产总值中的份额(引自表17)	45.8	26.5	10.9	21.0	36.9	48.4

	A 部门			I 部门		
	70 美元 (1)	300 美元 (2)	1 000 美元 (3)	70 美元 (4)	300 美元 (5)	1 000 美元 (6)
6. 转为国内消费中的份额(第 4 行+第 5 行)	42.0	24.0	11.3	24.8	39.4	48.0
小　　国						
7. 在商品出口中的份额	81	74	60	19	26	40
8. 在商品进口中的份额	58	37	36	42	63	64
9. 净差额(第 7 行—第 8 行)	−23	−37	−24	23	37	24
10. 第 9 行占国内生产总值的份额	−5.5	−8.9	−5.8	5.5	8.9	5.8
11. 在国内生产总值中的份额(引自表 17)	50.7	26.7	14.2	21.1	31.4	48.7
12. 转为国内消费中的份额(第 10 行+第 11 行)	45.2	17.8	8.4	26.6	40.3	54.5

第 1—3 行、第 7—9 行：所根据的资料引自库兹涅茨：《各国经济增长的数量》Ⅸ“对外贸易的结构和水平：近年来的对比”，载《经济发展与文化动态》卷 XⅢ、第 1 册、第Ⅱ部分(1964 年 10 月)。第 99—103 页的附表 7 显示了 70 多个国家的出口和进口结构，大部分是 1957～1960 年的。食品类和非最终的消费品主要都归属于 A 部门(不去考虑其包含的少量加工，矿产品也包括在非最终的消费品之内)；所有其他类别(包括最终的消费品、最终的和非最终的生产资料、燃料以及未归类的物资)则属于 I 部门。引用的只是那些出口和进口结构都已知的国家。同样地，那些由于外部因素的巨大影响而拥有过高份额的采矿业或其他工业的国家被排除了。然后，50 个国家按照它们 1958 年人均国内生产总值被划分为大国(21 国)和小国(29 国)。第 1—2 行、第 7—8 行所显示的百分比份额是用通常的插值法程序求得的。

第 4、10 行：我假设，总产值中的进口或出口份额在大国都是 10%，小国都是 30%(参阅同样出处的表 2B，第 3 栏，第 10 页。在那里，进口加出口比重的变动范围从 19%到超过 60%)。但这些份额与出口和进口的最终价值(包括分配和运输费用)有关。表 14 显示了全部运输业和商业对 A 部门总产值与 I 部门的可输出产值(即采矿业与制造业)之和的比例在三个基准点价值上的变动范围、约从 32%至 55%。但由于零售商业和电力、煤气、水与之无关，这种比例应予降低。假设在国际贸易中的分配与运输费用占 20%，在第 4、10 行中，原定的 10%和 30%被分别削减为 8%和 24%。

(四) 就生产结构来说的部门份额(如表 14)和就最终需求来

说的(用以度量对 A 部门和 I 部门产品的收入需求弹性的)部门份额,其概念间的差别是具有很大重要性的。在后者,我们处理的是家庭按最终市场价格购买的食品等的需求,并且表现为最终消费者购买的形式。而在前者,我们处理的则是产品起源于某一部门的净产值和总产值(总产值中还包括固定资本消费,其他方面则构成净产值)。

两项主要因素对按最终市场价值表示的最终产品和某一部门对总产值的贡献之间的差别起着作用。首先,按最终消费者的全部市场花费表现的最终产品价值,除包括这种产品在某一部门形成时的总价值外,还包括其他部门的可能贡献。例如:本身不是食品生产者的家庭(譬如住在城市的家庭)的食品购买价格,不仅包括农场生产食品的总价值(A 部门贡献的份额),而且包括运输以及可能的加工制作(如保藏或制罐)和分配费用(I 部门和 S 部门贡献的份额)。最终消费者需支付的最终产品的价格和这种产品离开其出产部门时的总价值之间的差异是巨大的,不仅在表 12 与表 14 的对比中表示出来的这种国际差别是如此,而且在发展过程的趋势中也是如此。伴随现代经济增长而来的城市化进程,即人口向城市的转移,导致了加工制作、运输和分配费用在商品最终价格中的比重的显著上升,对 A 部门的产品来说尤其如此。而在需求中城市消费者所占的比重则是急剧增加的(如第二章所指出的)。从 1870 年代以来,食品的最终价格中的非 A 部门的成分,在瑞典已从约 0.3 上升到约 0.5,在美国则从约 0.3 上升到约 0.6。另一方面,虽然近几十年来这两个国家中的食品最终价格对最初投入(农场的总价值)之比分别是 1.8 和 2.3,但在像印度这样的国家内，这个比例很可能仅仅是1.3[①]。

食品的最终价格对最初投入的比率间的这种差别，对其在A部门份额上的影响是不难说明的。撇开对外贸易的影响并假设农业只生产食品，又假设在人均收入的基准点价值为70美元时，上述的比率为1.3，而在1 000美元的基准点价值上则是2.3。同时，为了突出其影响，假设在以上两个基准点价值上，按最终价格耗用于食品上的收入份额都是0.5。这样，食品的最终价格在两个基准点价值上都将是总产值的50%。但是，就产品的总价值来说，在70美元的水平上，A部门的份额将是(0.5÷1.3)，或国内生产总值的38%，而在1 000美元的水平上，则将是(0.5÷2.3)或22%。这样，在上述实例的条件下，单单是最终价格对最初投入上的比率差异就在A部门的份额中形成将近16点的下降，尽管在人均收入的高水平和低水平上按最终价格耗用在食品上的比例被假定是相同的(这是与恩格尔法则相矛盾的一种假设)。

但是，以上得出的份额是当食品在A部门形成时的全部价值——而不是对国内生产净值的净贡献(或者是对包括固定资本消费在内的国内生产总值的贡献)。这里，对最终消费者的最终购买价格和某一部门在生产上的贡献之间的另一个差别来源就变得明显了。假设在人均收入低的国家内，A部门主要依靠本身的资源来生产食品——不向其他部门购买化学肥料、机械、建筑材料或燃料。在这种假设上，A部门产值对产品总价值(净价值或包含资

① 参阅库兹涅茨：《各国经济增长的数量》Ⅶ“消费的份额和结构”，载《经济发展与文化动态》卷X、第2期、第Ⅱ部分(1962年1月)表13、第43页以及第46—48页的论述。

本消费的总价值)的比率是高的。与此相对比,在人均产值高的国家内,A部门很可能是更为机械化的,在生产投入中更多依赖向其他部门的购买。我们手头缺乏估算所涉及的差异的资料,但让我们假设:农业部门依靠本身资源的产值对国内生产总值中农业产品全部价值的贡献率在欠发达国家为95%,在人均产值高的国家内为70%[①]。这样,继续援用以上的实例,以表14所记载的对国内生产总值的贡献为基础,A部门的份额在70美元基准点价值上将变成(0.38×0.95)或约36%,在1 000美元基准点价值上将变成(0.22×0.70)或15.4%。这样,仍然不考虑恩格尔法则,对最终产品的最终价格和A部门的未重复计算的贡献间的差异的调整,在A部门占国内生产总值的份额中产生了20个百分点(按占国民生产总值的%)的足以说明问题的下降——占表14中所显示的约37个百分点的变动范围的一半以上。

虽然这个计算是用来说明问题的,它也并不是不真实的。同时,以下的两点评述将是恰当的:当我们从人均产值较低的国家转向较高的国家时,那些导致A部门份额下降的原因也将提高I部门和S部门的份额。食品的最终价格中的加工制作和运输成本的

---

① 由于没有取得截面资料,我采用了从约翰逊:《瑞典的国内生产总值及其构成,1861～1955年》(斯德哥尔摩:阿尔姆格费斯特及威克塞尔出版公司,1967年)表3,第42—43页中引来的时间数列比值。A部门对国内生产总值的贡献与A部门总产值(A部门内部的重复计算除外)的比率在1861～1865年为94.9%,1951～1955年为73.0%。

在美国,扣除向其他部门购买后的农业产值对农业总产值的比率也有类似的下降情况。根据肯德里克:《美国生产率的趋势》(普林斯顿:普林斯顿大学出版社为国家经济研究局出版,1961年)表B—1,第349页,此项比率(按1929年美元价格的产值)在1869年为89%,1957年为64%。

较大份额势必自动地提高 I 部门的份额——即使对最终食品的需求弹性值等于 1 并保证不变。而且，与 A 部门不同，现代工业已倾向于变得更少依赖其他部门(至少是 I 部门以外的其他部门)，这部分地是制造业结构转移中那些依赖 A 部门原料的分支变得更小了的反映①。因此，当我们从人均产值低的国家转向高的国家时，A 部门份额的缩减和 I 部门及 S 部门份额的增加是有差异的，尽管我们假设所有部门的产品的收入需求弹性值都等于 1。

第二，也是更重要的，这里所涉及的是在经济发展过程中特别明显和有助于说明问题的因素的影响。不仅对表 12 和表 14 所列示的那些截面是这样，而且对将在第四章中讨论的在经济发展过程中的份额移动也是这样。导致最终价格对最初投入比率的提高的因素，主要在于城市化。它又转过来与生产结构的转移和工艺技术的变化紧密地联系着。A 部门对其他部门的日益增长的依赖

① 根据约翰逊:《瑞典的国内生产总值及其构成，1861～1955 年》表 16、第 68—71 页，矿业、制造业以及照明电和动力部门合在一起的对国内生产总值的贡献对其总产值(这些部门合在一起时的内部重复计算除外)的比率，1861～1865 年为 39%，1951～1955 年为 68%。

这种上升幅度大得异乎寻常。在美国，制造业产出的增加价值与其总价值的对比则显示出较小的上升幅度——从 1880 年的 36%上升到 1914 年的 41.0%和 1948 年的 39.3%(根据 1929 年价格计算的产值；参阅克里默、多勃罗夫斯基、伯恩斯坦:《制造业和矿业中的资本:它的形成和筹集》，〔普林斯顿:普林斯顿大学出版社为国家经济研究局出版，1960 年〕表 A—10，第 252—258 页)。在加拿大，按当年价格计算的制造业增加价值对总产值的比率从 1870 年的 43.2%变为 1910 年的 47.8%和 1951～1958 年的 44.1%(参阅厄克特、巴克利汇编:《加拿大的历史统计》〔剑桥:剑桥大学出版社，1965 年〕Q 辑 1—11，第 463 页)。

制造业的净产值对总产值的比率比其他任何从事生产活动的主要分支低得多。这说明:有关制造业的趋势，必须对其产出的总价值，对增加价值和对总产值(扣除或者不扣除固定资本消费的)的贡献分别加以仔细考察。

也是工艺技术变化的一种影响。其结果,I部门提供的有效投入要比起源于A部门本身的投入多得多。从骡、马、驴向拖拉机的转移,从天然肥料向化学肥料的转移,从稻草人到塑料大棚和化学杀虫剂的转移,是工艺技术变化的结果。工艺技术变化是经济增长的源头。而工艺技术的变化则是以如下的倾向为标志的:即I部门所固有的动作敏捷的机械和合成加工过程代替了A部门所固有的动作缓慢的生物学的过程。

(五)关于表14中的国际对比以及从家庭支出调查中得出的截面收入需求弹性之间各分组间的差异,最难评价的是由估价问题引起的差异。当应用于人均国内生产总值和应用于A部门和I部门产品价格的相对结构对A部门和I部门的份额的影响时都是如此。大致说来,当考察收入对各组产品需求的差异的影响时,人均收入的差异是用某些公认的等价的购买力来表示的,对实际收入水平不同的购买者来说,其相对价格是大致相同的。因此,收入的消费倾向反映了:实际收入水平不同的人们,在价格相同的情况下能在同类或可比的商品间进行选择时的欲望的先后次序。实际上,即使在一个国家内的家庭支出调查中,按当年价格计算的个人可支配收入对不同的收入分组不能被假设为具有相同的购买力,即使对同种商品来说也是如此。而且,同类商品间的价格结构对不同的收入分组也是不同的。但是,至少对在某个特定时点内的一个国家来说,这种差别将缩减到最低限度,因为市场是互相联系的,也因为在商品和资源的流动性上只有少量制度上的限制而并没有法律上的限制。在国际对比中,把不同的通货换算为等价的购买力就复杂得多,相应的商品组别的价格结构差异(例如在A

部门和I部门产品之间的)很可能更加惹人注目。

手头的资料是不足的,并且同分析要求不太紧密契合。以汇率换算为基础,在对人均收入水平不同的国家的同一或类似产品的价格对比的很少几次调查中,就显示出:根据这些直接可比价格(以美国和其他国家的通货所购买的平均数量加权)而得出的人均收入的国际差别,要比单纯以按汇率换算的人均收入为基础而得出的差别狭窄得多①。汇率显然低估了购买力,而且对收入较低的国家低估得更多。需要调整的幅度将随着国家的各个分组而变化,事实上,对于它的精确度量,现有的资料是不够的,需要有更多的资料和分析。不管是否确实,迹象表明:可以把购买力换算对汇率换算的调整比率在 70 美元基准水平上定为 2.0,在 1 000 美元基准水平上定为 1.25——这两个基准水平都是建立在按汇率换算上的。

关于部门价格结构的资料,甚至比在各国通货间的总购买力换算中所应用的资料更少。但是,借助于相当大胆的假设,它们可

表 20　若干欧洲国家(1950 年)和若干拉丁美洲城市(1962 年)的部门价格结构(以美国的价格结构为基础)

欧洲国家,1950 年			拉丁美洲国家首都,1962 年(与洛杉矶—休斯敦对比)		
	I部门价格 A部门价格 (1)	S部门价格 A部门价格 (2)		I部门价格 A部门价格 (3)	S部门价格 A部门价格 (4)
1.联合王国	1.26	0.75	10.意大利	1.43	0.50

① 参阅库兹涅茨:《现代经济增长》表 7.3,第 376—377 页和第 374—378 页的讨论中的简要评述。

欧洲国家，1950 年			拉丁美洲国家首都，1962 年（与洛杉矶—休斯敦对比）		
	I 部门价格 A 部门价格 (1)	S 部门价格 A 部门价格 (2)		I 部门价格 A 部门价格 (3)	S 部门价格 A 部门价格 (4)
2. 法国	1.48	0.73	11. 布宜诺斯艾利斯	1.91	1.54
3. 联邦德国	1.45	0.76	12. 蒙得维的亚	1.53	1.50
4. 等比中项，第 1—3 行	1.39	0.75	13. 圣地亚哥（智利）	1.61	1.92
5. 比利时	1.18	0.99	14. 等比中项，第 11—13 行	1.68	1.64
6. 荷兰	1.53	0.76	15. 墨西哥城	1.29	1.02
7. 丹麦	1.43	0.83	16. 里约热内卢	1.80	1.45
8. 挪威	1.26	0.83	17. 利马	1.32	1.29
9. 等比中项，第 5 8 行	1.34	0.85	18. 等比中项，第 15—17 行	1.45	1.24

取 1950 年美国的和 1962 年洛杉矶和休斯敦合在一起的 I 部门/A 部门和 S 部门/A 部门的价格比率各等于 1。作为 1950 年结构的基础的那些数字是以本国的和美国的数量加权的价格的等比中项；作为 1962 年结构的基础的那些数字是以共同的一套拉丁美洲数量加权的。

第 1—2 栏：资料来源是吉尔伯特、克拉维斯：《国民产值和通货购买力的国际对比》（巴黎：欧洲经济合作组织，1954 年）以及吉尔伯特等：《比较国民产值与价格水平》（巴黎：欧洲经济合作组织，1958 年）。各个比值是根据详细的双方对比，对联合王国、法国、联邦德国和意大利是 1954 年的数量，表 27—30，第 113—120 页；对比利时、荷兰、丹麦和挪威是 1958 年的数量，表 38—41，第 99—106 页。

A 部门包括食品；I 部门包括服装和家用纺织品、燃料、水电、家用商品、运输设备和服务、通讯服务、生产者的耐用品和建筑业；S 部门包括住房、家庭和个人服务、文娱、保健、教育、零星消费服务和一般政府管理。酒、饮料、烟、存货、出口净值和政府的国防支出则由于它们的价格不能正确地反映要素费用或这一组类不容易划入三个主要部门之一而被剔除。

第 3—4 栏：基础资料来自联合国："拉丁美洲国家的价格水平和通货购买力的计量，1960～1962 年"，《拉丁美洲经济公报》卷Ⅷ、第 2 册（1963 年 10 月）第 195—235 页。特别是表 10，第 216—217 页中的加权资料以及表 22b，第 232 页中的 1962 年 6 月的不同商品和服务组类相当于 1 美元的币值单位。表 10 中的 1960 年数量加权被用在 1962 年的对比中。

以下各组类被划入三个主要部门：食品在农业部门，服装、纺织品、运输及通讯、建筑总额、生产设备和运输设备在 I 部门，住房、个人修饰及文娱在 S 部门。饮料和烟被剔除。基本资料来源中把政府在商品上的支出的价格资料除外。

以从同样的来源中来探明。表20汇集了相应的资料。但必须强调，与主要部门价格指数和比率相应的价格分组都是近似的。诚然，这一程序的近似特征是由终结产品的完全价值（在这里，考察中涉及的价格是着眼于各国通货的购买力换算）和某一部门对总产值（按要素费用或按市场价格计算的扣除或不扣除资本消费的总价值）的贡献间的差异所施的影响，后者是一个更纯净的概念。在表20中我们用来代表A部门产品价格的食品价格，反映了属于I部门的加工制作及运输成分和属于S部门的商业成分。同样地，我们用来代表I部门价格的纺织品、服装和家具的价格反映了属于A部门的原料成分（纺织品和服装中的棉花和羊毛、家具中的木材）。因此，价格的对比属于交叉的范畴，不是纯净地分开的部门贡献。也许，对消费品价格的更纯净的划分，其得出的价格结构差异将比表20所显示的更为广阔。但就目前来说，这是我们现在可能取得的全部资料。

正如可能预期到的，I部门价格对A部门价格的比率在人均产值较低的国家比美国高得多。对欧洲国家来说，1950年这个比率的变动范围从1.2到1.5（美国＝1.0）；对拉丁美洲国家首都来说，1962年与洛杉矶—休斯敦对比，I部门价格对A部门价格的比率的变动范围从1.3到1.9。这个还不够充足的证据已指明：I部门对A部门的价格比率在所有其他国家内都远比美国为大，可能是：一个国家的按人口平均产值越低，这个比率就越大。S部门的相对价格所显示的迹象就不一致了。欧洲国家的S部门对A

部门的价格比率都低于1,其变动范围从意大利的低至0.5到比利时的接近于1;这说明:与美国对比,S部门的价格远较A部门的价格为低,而不管I部门如何。对拉丁美洲国家首都来说(要检定这种城市间对比的权数是困难的),S部门对A部门的比率远高于1,只有墨西哥城接近于1。但在大多数情况中,它比I部门对A部门的价格比率为低。从而,与美国相对比,S部门的价格较A部门为高而较I部门为低。S部门价格迹象中的这种不一致性,可能反映了:这不仅是由于拉丁美洲的样本的局限性;而且还由于,在人均收入水平不同的国家间,S部门产品的质量差别较之A部门和I部门的有形商品和服务的质量差别更难度量。譬如,假定在美国以外的其他国家中,政府和教育服务的价格与小麦、大米、煤和电的价格对比来说是较低(或较高)的,在政府和教育服务中可能存在的广阔的质量差别又将如何呢?

这种迹象虽然是有局限性和互相矛盾的,但说明了:由换算方法所引起的差别和部门间价格结构的差异严重地隐隐呈现在表14所表示的国际对比中。其结果,人均产值和各部门在总产值中的份额间的联系,当需要作出调整时,可能要设定不同的参数。

由于我们原先的兴趣是截面对发展过程中的长期变化间的关联。显而易见的问题是:反映在所取截面中的价值基础(它对价格结构的国际差别或汇率的不适当换算未作调整)能否与包含在产值及其部门构成的长期记录中的价值基础相对比?我将在下一章中探讨这个问题。在该章,我将把人均产值和总产值中的部门份额在截面上的联系与在长期趋势中的联系进行对比。

(六)假定表14中所有度量间的差别以及度量收入需求弹性

的适合的基础都被排除，同时假定，我们具有在相同的收入高低分配下个人可支配收入的估量，并具有已用购买力进行调整过的按最终价格计算的国内消费以及已有国内价格结构的可比性，某些问题仍然存在着。这样度量的收入需求弹性是否反映了一系列的偏好和欲望？它们对技术上和制度上的变化来说是否几乎是完全不变的，因而构成了大概是人类天性的相对地永久不变的“法则”？如果是这样，它们是否将产生一个在长期经济增长中始终存在的关系？从而能否在截面的基础上、经过适当的调整、建立起一个经济发展过程中增长和联系的公认的形式？这些问题的答案是否定的，这一点看来是很明显的。但重要的是要强调在这种关系中的技术上和制度上的因素，即使在排除前五点中讨论的差别后也是如此。对目前来说，即使在这些“纯”的度量中，技术上和制度上的因素仍真正地占支配地位，也很可能意味着这种关系在空间和时间上都是可变的。

当我们移向较高的人均收入时，消费支出中某一商品份额的下降可能反映了决定把增加的收入用于其他商品，或者是按比例地用于这种商品的收入比收入增加前更少了。这种偏好对所增加的人均收入是如何得来的可能无关。在这种情况下，它揭示出：商品选择的优先次序是独立于收入来源以外的，需求结构是独立于供给条件以外的。但是，使人均收入的增加成为可能的那些因素（常常是新的或不同的物质或社会技术），通常也会影响需求结构：或是创造新需求从而无疑地降低了旧需求的相对优先次序，或是创造了满足旧需求的新手段从而降低了满足这些旧需求的旧手段的优先次序。无论在哪一种情况下导致的需求结构，其消费和储蓄的倾向，都没有表现出对物质技术有差别的情况下人类需求的规模、品类是不变的，而且在很大程度上是受到后者的影响的。技术改变对生活条件的影响已在第二章中与非常规的经常性费用，或中间产品相联系而讨论过了，没有必要再做进一步的评述。

这里的新论点，关系到由更先进的技术提供的商品来替代旧商品以满足旧需求的问题。例如以工业合成产品来代替“天然”植物产品(肥料、橡胶等等)。另一种替代则不这么明显——例如供应主要维生素和蛋白质(还不是热量)的合成药品减少了对天然食物产品(A 部门的产出)的需求。换言之，如果在人均产值的某一水平上对食品的消费倾向是 X，如果食品仅仅是 A 部门的产品，则对后者的消费倾向也是 X。但在人均产值的较高水平上，即使食品的消费倾向(按同等价格，等等)仍是 X，而其中一部分则由 I 部门的产品——维生素药片来满足，那么，对 A 部门的食物产品的消费倾向就必然少于 X。这样，按需要的公认范畴表现的需求结构就不同于按与这些范畴有关的特定产品所表现的需求结构。甚至这些需要的范畴也不是互相独立的：如果住所和服装对寒冷能提供更大的防御，对作为热量来源的食品需求就会受到影响。而且，用 I 部门的产品，某种形式的内服的燃料的需求来部分地代替对 A 部门的食物产品的需求，也是可以想象到的。

所有这些看来好像是一种语义学上的诡辩，好像是对需求结构的假想对手的解释的争论，把需求结构设想为具有同等知识素养的个人理性集团所规定的某些在技术上和在全社会中都不变的一组需要的表现。但重要的是，正如早已阐明的那些理由，不仅要承认不变的或稳定的需求结构概念的假想对手的外表，而且要承认制度上和技术上的变化掺进和影响到需求结构的各种各样的方式——即使在我们处理的是在稳定的购买力和国内物价结构的假设下各个人对他们的个人收入(当前的或长期的)的需求反应时也应这样。

再作出一点最后的论述是适当的。本节中关于包含在人均产值及A部门和I部门份额之间的国际截面联系中的诸因素的讨论,对人均产值和其他部门及细分部分份额间的联系是同样适用的。个人收入总额和国内生产总值间的差异、对外贸易的影响(即使是次要的)、反映不同技术水平的各部门间不同的投入—产出关系、对换算为共同货币单位的汇率调整以及国内物价结构的差异、由技术产生的替代效果的不同影响——所有这些对人均产值与其他部门及细分部分的产值份额间的联系都是有关的。如果说,制度的、技术的和物价的因素在人均产值和提供与生理需要关系最紧密的主要必需品的A部门之间的联系中是重要的,那么,它们对那些并非主要必需品而是对技术上和制度上的差别决定最终需求时更为敏感的其他商品来说,甚至可能是更为重要的。

第四章　总产值中的各部门份额:长期趋势

在考察了 1958 年截面上的人均产值与 A 部门、I 部门和 S 部门的某些细分部分份额之间支配力量的联系,并探讨了这种联系所牵涉到的某些因素之后,我们可望发现:当人均产值随着长期的经济增长过程而增加时,产值份额的长期变动应与截面中的差异相类似。不论这一预期能否实现,直接观测的长期趋势其本身就是令人关注的。最值得关心的两个问题只能从时间数列中得到可靠的答案。在发达国家中,与经济增长相联系的产值中的部门份额,其一般观测到的长期趋势将会是什么情况?在其他国家,特别是在那些经济增长不显著的、人均产值上升不显著的国家中,是否也能观测到总产值的部门结构的类似移动?只有在这两个问题经过探究以后,我们才能仔细考察经济发展过程中份额的长期变动及其与截面联系之间的一致性问题。

一、份额的变动:三个主要部门

表 21 概括了十三个发达国家和几个能取得长期记录的欠发达国家的三个主要部门的份额变动。从中可以提出以下的结论。

表 21　国内生产总值中主要部门份额的长期变动趋势(%)

国别和时期	按当年价格计算的份额			按不变价格计算的份额		
	A (1)	I (2)	S (3)	A (4)	I (5)	S (6)
大不列颠—联合王国						
大不列颠,国内生产净值,1865 年及 1885 年价格						
1.1801/1811	34.1	22.1[a]	43.8[a]	33.2	23.0[a]	43.8[a]
2.1851/1861	19.5	36.3[a]	44.2[a]	19.3	36.4[a]	44.3[a]
3.1907	6.4	38.9[a]	54.7[a]	6.7	37.0[a]	56.3[a]
4.变动,1801/1811 至 1907	−27.7	+16.8[a]	+10.9[a]	−26.5	+14.0[a]	+12.5[a]
大不列颠,国内生产总值						
5.1907	6.4	48.9	44.7	—	—	—
6.1924	4.2	53.2	42.6	—	—	—
联合王国,国内生产总值						
7.1924	4.4	55.0	40.6	—	—	—
8.1955	4.7	56.8	38.5	—	—	—
9.1955	4.7	56.2	39.1	—	—	—
10.1963～1967	3.4	54.6	42.0	—	—	—
11.变动,1907 至 1963～1967	−3.2	+4.5	−1.3	—	—	—
法　国						
国内生产总值,1954 年价格						
12.1896	—	—	—	25.0	46.2	28.8
13.1963	—	—	—	8.4	51.0	40.6
14.变动,1896 至 1963	—	—	—	−16.6	+4.8	+11.8
比 利 时						
国内生产总值,1953 年及 1963 年价格						
15.1910	—	—	—	8.9	45.9	45.2
16.1953～1955	—	—	—	8.1	50.0	41.9
17.1953～1955	—	—	—	8.4	47.0	44.6
18.1963～1967	—	—	—	6.2	49.8	44.0
19.变动,1910 至 1963～1967	—	—	—	−3.0	+6.9	−3.9

（续表）

国别和时期	按当年价格计算的份额			按不变价格计算的份额		
	A (1)	I (2)	S (3)	A (4)	I (5)	S (6)
荷　　兰						
国民收入						
20.1860	25.0	75.0		—	—	—
21.1910	15.3	84.7		—	—	—
国内生产净值						
22.1913	18.8	36.8	44.4	—	—	—
23.1950	14.9	47.2	37.9	—	—	—
24.1950	14.2	48.6	37.2	—	—	—
25.1963～1967	8.0	49.9	42.1	—	—	—
26.变动，1913 至 1963～1967	－10.1	＋11.7	－1.6	—	—	—
德　　国						
第二次世界大战前，国内生产净值，1913 年价格						
27.1850～1859	40.9	59.1		44.8	22.8	32.4
28.1935～1938	13.6	84.4		16.2	56.3	27.5
29.变动，1850～1859 至 1935～1938	－27.3	＋27.3		－28.6	＋33.5	－4.9
联邦共和国，萨尔及西柏林除外，国内生产净值，1936 年价格						
30.1936	13.4	50.8	28.6	13.4	58.0	28.6
31.1950	12.4	59.9	27.7	11.1	57.3	31.6
国内生产总值，1954 年市场价格						
32.1950	10.4	56.6	33.0	10.3	54.5	35.2
33.1960	6.3	59.7	34.0	6.6	61.8	31.6
包括萨尔及西柏林						
34.1960	6.0	59.8	34.2	6.3	61.9	31.8
35.1963～1967	4.5	57.8	37.7	5.4	62.4	32.2
36.变动，1936 至 1963～1967	－5.6	＋1.1	＋4.5	－4.6	＋7.8	－3.2

（续表）

<table>
<tr><th rowspan="3">国别和时期</th><th colspan="3">按当年价格计算的份额</th><th colspan="3">按不变价格计算的份额</th></tr>
<tr><th>A</th><th>I</th><th>S</th><th>A</th><th>I</th><th>S</th></tr>
<tr><th>(1)</th><th>(2)</th><th>(3)</th><th>(4)</th><th>(5)</th><th>(6)</th></tr>
<tr><td>丹　麦</td><td></td><td></td><td></td><td></td><td></td><td></td></tr>
<tr><td>国内生产净值,1929 年价格</td><td></td><td></td><td></td><td></td><td></td><td></td></tr>
<tr><td>37. 1870～1879</td><td>45.0</td><td colspan="2">55.0</td><td>41.4</td><td colspan="2">58.6</td></tr>
<tr><td>38. 1950～1951</td><td>19.6</td><td colspan="2">80.4</td><td>18.7</td><td colspan="2">81.3</td></tr>
<tr><td>39. 变动,1870～1879 至 1950～1951</td><td>−25.4</td><td colspan="2">+25.4</td><td>−22.7</td><td colspan="2">+22.7</td></tr>
<tr><td>国内生产总值,1955 年价格</td><td></td><td></td><td></td><td></td><td></td><td></td></tr>
<tr><td>40. 1950～1951</td><td>20.4</td><td>45.0</td><td>34.6</td><td>19.5</td><td>45.4</td><td>35.1</td></tr>
<tr><td>41. 1963～1967</td><td>10.9</td><td>49.5</td><td>39.6</td><td>14.0</td><td>50.1</td><td>35.9</td></tr>
<tr><td>42. 变动,1950～1951 至 1963～1967</td><td>−9.5</td><td>+4.5</td><td>+5.0</td><td>−5.5</td><td>+4.7</td><td>+0.8</td></tr>
<tr><td>挪　威</td><td></td><td></td><td></td><td></td><td></td><td></td></tr>
<tr><td>国内生产总值,市场价格</td><td></td><td></td><td></td><td></td><td></td><td></td></tr>
<tr><td>43. 1865</td><td>33.8</td><td>31.9</td><td>34.3</td><td>—</td><td>—</td><td>—</td></tr>
<tr><td>44. 1950</td><td>13.8</td><td>53.1</td><td>33.1</td><td>—</td><td>—</td><td>—</td></tr>
<tr><td>国内生产总值,1963 年价格</td><td></td><td></td><td></td><td></td><td></td><td></td></tr>
<tr><td>45. 1950</td><td>14.9</td><td>55.7</td><td>29.4</td><td>15.1</td><td>50.8</td><td>34.1</td></tr>
<tr><td>46. 1963～1967</td><td>8.3</td><td>55.9</td><td>35.8</td><td>8.0</td><td>57.1</td><td>34.9</td></tr>
<tr><td>47. 变动,1865 至 1963～1967</td><td>−26.6</td><td>+21.4</td><td>+5.2</td><td>—</td><td>—</td><td>—</td></tr>
<tr><td>瑞　典</td><td></td><td></td><td></td><td></td><td></td><td></td></tr>
<tr><td>国内生产总值,1913 年价格</td><td></td><td></td><td></td><td></td><td></td><td></td></tr>
<tr><td>48. 1861～1870</td><td>38.3</td><td>22.6</td><td>39.1</td><td>34.6</td><td>21.6</td><td>43.8</td></tr>
<tr><td>49. 1951～1955</td><td>9.8</td><td>58.3</td><td>31.9</td><td>6.8</td><td>60.2</td><td>33.0</td></tr>
<tr><td>国内生产总值,1959 年价格</td><td></td><td></td><td></td><td></td><td></td><td></td></tr>
<tr><td>50. 1951～1955</td><td>12.7</td><td>54.6</td><td>32.7</td><td>9.2</td><td>50.9</td><td>39.9</td></tr>
<tr><td>51. 1963～1967</td><td>6.5</td><td>54.5</td><td>39.0</td><td>5.6</td><td>54.6</td><td>39.5</td></tr>
<tr><td>52. 变动,1861～1870 至 1963～1967</td><td>−34.7</td><td>+35.6</td><td>−0.9</td><td>−31.4</td><td>+42.6</td><td>−11.2</td></tr>
</table>

（续表）

国别和时期	按当年价格计算的份额			按不变价格计算的份额		
	A (1)	I (2)	S (3)	A (4)	I (5)	S (6)
意 大 利						
国内生产总值，1938年价格						
53.1861～1870	54.3	20.3	25.4	46.1	19.6	34.3
54.1891～1900	47.4	22.0	30.6	41.7	23.4	34.9
55.1950～1952	25.8	45.5	28.7	22.4	43.6	34.0
56.1951～1952	22.7	43.4	33.9	20.2	36.0	43.8
57.1963～1967	13.1	47.1	39.8	13.7	47.9	38.4
58.变动，1891～1900至						
1963～1967	−31.2	+27.2	+4.0	−25.8	+32.1	−6.3
日　　本						
国内生产净值，市场价格，1934～1936年价格						
59.1879～1883	62.5	37.5		65.6	34.4	
60.1904～1913	40.6	59.4		38.6	61.4	
61.1924～1933	22.4	77.6		23.3	76.7	
62.1951～1954	20.2	79.8		16.1	83.9	
63.1959～1961	13.6	86.4		11.9	88.1	
64.变动，1879～1883至						
1959～1961	−48.9	+48.9	−53.7	+53.7		
65.1952～1953	22.4	39.4	38.2	—	—	—
66.1963～1967	11.9	45.3	42.8	—	—	—
67.变动，1952～1953至						
1963～1967	−10.5	+5.9	+4.6	—	—	—
美　　国						
国民收入，1859年价格						
68.1839	42.6	25.8	31.6	44.6	24.2	31.2
69.1889/1899	17.9	44.1	38.0	17.0	52.6	30.4
国内生产总值，1929年价格						
70.1889/1899	—	—	—	25.8	37.7	36.5
71.1919/1929	—	—	—	11.2	41.3	47.5
72.1953	—	—	—	5.9	48.4	45.7

（续表）

国别和时期	按当年价格计算的份额			按不变价格计算的份额		
	A (1)	I (2)	S (3)	A (4)	I (5)	S (6)
国内生产总值,1963年市场价格						
73. 1953	5.5	47.2	48.3	4.3	45.3	50.4
74. 1963～1967	3.3	43.5	53.2	3.3	44.3	52.4
75. 变动,1839至1963～1967	—	—	—	−48.5	+38.1	+10.4
加拿大						
国内生产总值,1949年价格						
76. 1870	45.3	54.7 (I+S)		—	—	—
77. 1920	24.5	75.5 (I+S)		—	—	—
78. 1919～1923	20.8	42.4	36.8	—	—	—
79. 1951～1955	11.5	49.6	38.9	—	—	—
80. 1951～1955	11.5	49.6	38.9	13.6	48.9	37.5
81. 1963～1967	6.6	47.8	45.6	9.7	54.6	35.7
82. 变动,1919～1923至1963～1967	−14.2	+5.4	+8.8	—	—	—
澳大利亚						
国内生产总值,1910～1911年价格						
83. 1861～1880	25.1	31.0	43.9	22.5	30.7	46.8
84. 1935～1938(F)	22.6	32.8	44.6	24.9	29.6	46.4
85. 1935～1938(F)	22.6	31.8	45.6	—	—	—
86. 1955～1959(F)	14.7	47.1	38.2	—	—	—
87. 1956～1958(F)	14.6	48.7	36.7	—	—	—
88. 1963～1966(F)	11.9	49.8	38.3	—	—	—
89. 变动,1861～1880至1963～1966(F)	−13.8	+18.2	−5.1	—	—	—
阿根廷						
国内生产总值,1950年价格						
90. 1900～1904	—	—	—	33.3	24.8	41.9
91. 1935～1939	—	—	—	24.3	36.0	39.7
国内生产总值,1960年价格						
92. 1935～1939	—	—	—	26.2	37.9	35.9

（续表）

国别和时期	按当年价格计算的份额			按不变价格计算的份额		
	A (1)	I (2)	S (3)	A (4)	I (5)	S (6)
93.1950～1954	17.0	42.7	40.3	19.9	43.5	36.6
94.1963～1967	16.4	49.3	34.3	16.9	48.4	34.7
95.变动，1900～1904 至 1963～1967	—	—	—	－13.3	＋21.7	－3.4
洪都拉斯						
国内生产总值，1960 年价格						
96.1925～1929	—	—	—	63.4	12.5	24.1
97.1960～1964	—	—	—	43.0	24.7	32.3
98.变动，1925～1929 至 1960～1964	—	—	—	－20.4	＋12.2	＋8.2
菲律宾						
总增加价值，1939 年价格						
99.1918	—	—	—	60.4	39.6 (I+S)	
100.1961	—	—	—	33.6	66.4 (I+S)	
101.变动，1918 至 1961	—	—	—	－26.8	＋26.8 (I+S)	
埃及						
国民生产总值及国内生产总值，1939 年价格						
102.1895～1899	—	—	—	44.4	55.6 (I+S)	
103.1959～1962	—	—	—	28.0	72.0 (I+S)	
104.变动，1895～1899 至 1959～1962(F)	—	—	—	－16.4	＋16.4 (I+S)	

(F)：财政年度，自 7 月 1 日开始。

— ：表示资料未能取得。

a：运输及通讯不计入 I 部门而包括在 S 部门内。

除非另加注明，作为资料基础的产值都是按要素费用估算的。

当连缀的年份用斜号(/)连接时，资料是指列举的某个年份的，当用波纹线(～)连接时，是指该时期内的所有年份的。

份额变动是交迭数列中变动的总和，情况在行首已有指明的则除外。在第二次世界大战战后时期，除非在以下的国别注释中另有说明者外，份额变动是从联合国：《国民账户统计年鉴，1968年》（纽约，1969年出版）中的国别表格和由联合国提供的未公布的资料中引来的。

大不列颠联合王国

第1—6行：基础资料“按当年价格计算的数量”部分引自迪恩、科尔：《英国经济增长，1688～1959年》第二版（剑桥：剑桥大学出版社，1967年）表37，第166页及表40，第175页；“按不变价格计算的数量”部分是根据鲁索克斯价格指数推算出的，见米切尔：《英国历史统计摘要》（剑桥：剑桥大学出版社，1962年）第471—473页，1801及1811年以三年平均数推算，1851、1861及1907年则以上列年份为中心的五年平均数推算。

第7—8行：基础资料引自迪恩及科尔前引书的表41，第178页。

法　国

第12—13行：基础资料引自马兰沃等：《20世纪中期法国经济增长的根源》，社会科学研究理事会关于历史地观察战后经济增长的研究报告的油印初稿（巴黎，1965年6月）表8，第29页。

比 利 时

第15—16行：基础资料引自卡蒙涅：《1900～1957年比利时生产发展的研究》，《经济手册，布鲁塞尔》第1卷第3册（1959年4月）表1、第358页；1953年加权数见附录，第375—378页。

荷　兰

第20—23行：基础资料引自德克森：《荷兰和其他国家按生产部门分类的国民收入》，《统计和经济调查》1960年第3季度（海牙：齐斯脱出版公司，1960年）表2，第134页。

德　国

第27—28行：基础资料引自霍夫曼：《19世纪中叶以来德国经济的增长》（柏林：斯普林格出版公司，1965年）表122，第506—509页；表103，第454—455页。

第30—31行：基础资料引自联合国：《统计专论》辑H，第9册（纽约，1965年5月）表3，第20页。

丹　麦

第37—38页：基础资料引自布杰克及乌辛：《丹麦国民产值研究，1870～1950年》（哥本哈根：盖茨出版公司，1958年）表Ⅱ，第144—145页。A部门份额只包括农业。

挪　威

第43—44行：基础资料引自中央统计局：《挪威经济趋势，1865～1960年》，《社会经济研究》第16册（奥斯陆，1966年出版）表24，第55页；表20，第53页；表22，第54页。在最后一项中，运输及通讯的份额近似值是从S部门移入I部门的。

瑞　典

第48—49行：基础资料引自约翰逊：《瑞典的国内生产总值及其构成，1861～1955年》（斯德哥尔摩、阿尔姆格费斯特及威克塞尔出版公司，1967年出版）表55，第150—151页。关于"按不变价格计算的数量"，是从个别部门的表格中得出的，但后者提供的是总产值及按当年价格计算的对国内生产总值的贡献，而前者则是按1913年价格计算的。以当年价格表示的两者间的差额按物价变动作了调整：对A部门，是以I部门总产值的价格指数为基础进行调整；对I及S部门，是以A及I部门合起来的总产值的价格指数为基础进行调整。计算结果从按1913年价格计算的总产值中减去。

意大利

第53—55行、第1—3栏：直至1950年的基础资料引自中央统计局：《统计年鉴》第8辑第9卷（罗马，1957年）。关于政府及国防的总增加价值引自表32，第237—238页；关于民营部门引自表35B，第245—246页。对有重复计算的项目（未分配的中间产品），则按总产量比例分配于民营部门的各分支。

1951～1952年民营部门按当年价格计算的数量资料，是根据不变价格数列的产值与内含的价格指数得出的。见富亚：《论意大利的经济增长，1861～1964年》（米兰：基弗雷出版公司，1965年出版）表1、2、5、6，第56—59页、第65—68页。1951～1952年政府及国防的增加价值引自中央统计局：《统计年鉴》第8辑第12卷（罗马，1960年）表13，第135页；引自表15，第136页的重复计算项目，按上段所述方法分配于民营部门的各分支。

第53—55行、第4—6栏：基础资料引自富亚前引书表1、2，第56—59页。对民营部门分支的重复计算调整，是按对企业提供的银行服务和政府服务的比例分配的，见表3—4，第60—64页，出处同上。

日　本

第59—63行：按当年价格计算的数量资料引自未公开发表的一桥数列。关于不变价格份额（第4栏），是根据农业产值的价格对总价格指数的比率对第1栏修订而得。后者引自一志大川等：《1868年以来日本长期经济统计估算》第8卷《价格》（东京：东洋经济新报社，1967年）表1，第134页。前者引自表10第4栏，第165页。

美　国

第68—69行：按当年价格计算的数量资料引自高尔曼和韦斯：《19世纪的服务业》，载富克斯编："服务业的总产量和生产率"，《收入和财富研究》第34卷（纽约：哥伦比亚大学出版社为国家经济研究局出版，1969年）表2，A—1，第291、306页。与之结合的商品产值的估算数引自高尔曼：《商品产出量，1839～1899》，载帕克编："19世纪的美国经济趋势"，《收入和财富研究》第24卷（普林斯顿：普林斯顿大学出版社为国家经济研究局出版，1960年）表A—1，第43页变式A。

按不变价格计算的数量资料引自同样的来源。但我不得不计算包括在I部门内的运输及通讯份额。所引用的价格指数引自高尔曼和韦斯一书表3，第292页，当年的美元价格则取自统计附录（表A—1）。

第70—72行:基础资料引自肯德里克:《美国的生产率趋势》(普林斯顿:普林斯顿大学出版社为国家经济研究局出版,1961年)表A—Ⅳ,第302—303页,其中列示了A部门和I部门各分支的产值指数;表A—ⅩⅪ,第332页,其中列示了实际净产值指数。用以连接这些指数的权数是商务部的估算数,见人口普查局:《长期经济增长,1860～1965年》(华盛顿,1966年出版)组C132至C209数列,第228—235页。S部门份额是作为余值算出的。

加拿大

第76—77行:基础资料引自厄克特及巴克利编:《加拿大的历史统计》(剑桥:剑桥大学出版社,1965年)组E214—224数列、第141页。

第78—79行:关于1919～1926年的国内净收入资料引自组E130—142数列,第138页,出处同上。1926～1960年的国内生产总值资料引自同书组E45—65数列,第133页。这两套数列在1926年连接起来。

澳大利亚

第83—84行:基础资料引自巴特林:《澳大利亚的国内产值、投资及外债,1861～1938/1939》(剑桥:剑桥大学出版社,1962年出版)表2,第10—11页;表269,第460—461页。政府经营企业(主要是铁路、港口和公用事业)包括在I部门内。

第85—86行:基础资料是巴特林数列的修订数,并参照近年来的官方估算数,后者是由澳大利亚国立大学社会科学研究院黑格提供的。运输及通讯在以84行代替85行和87行代替86行的基础上将其转入I部门。

阿根廷

第90—91行:基础资料引自甘兹:《拉丁美洲的国民财富估算数的存在问题与应用》,载戈德史密斯及桑德斯编:《收入和财富》丛书第8本(伦敦:鲍斯与鲍斯出版公司,1959年)表ⅩⅧ、第247页。

第92—93行:基础资料引自拉丁美洲经济委员会研究及统计处的未公开发表的估算数。1950～1954年的数字与联合国公布的数字相同。

洪都拉斯

第96—97行:基础资料引自拉丁美洲经济委员会未公开发表的估算数。

菲律宾

第99—100行:基础资料引自胡利:《菲律宾的长期经济增长》,见国际水稻研究所在1966年12月9—10日举行的一次会议上提出的油印报告《菲律宾总产量的增长》。

埃及

第102—103行:根据表3的基础资料。1945～1949年的A部门份额见米德:《埃及的经济增长和结构变动》(霍姆伍德,伊利诺伊:理查德·欧文出版公司,1967年)表1—A—6,第286页。它是用农业产值指数对国内生产总值指数的比率往回推算的,并按工业生产的总产值向前推算。

（一）按当年价格计算的产值的份额与按不变价格计算的产值的份额间的差别，从长期来看应该是重大的。因为，人们似乎有理由设想（虽然这只是一种猜测），工艺技术的变动会在I部门比在A部门导致净产值（或扣除固定资本消费后的产值）相对价格大量的削减。但是，以能够同时取得按当年价格及不变价格计算的份额量估算数的国家对照起来看，就其长期变动而言，并没有显示出显著差别——只有美国在1839至1899年是个例外。美国在那一段时间内，由于运输价格的猛降，I部门按不变价格计算的份额的上升要比按当年价格计算的份额上升大得多（见第2、5栏第68、69行）。如果显著的部门价格差异确实存在，用来调整这里所汇集的估算数的价格指数就显得过于粗糙，以致不能充分地反映它们。在这方面，时间数列与截面资料所用的是类似的。后者并没有在人均产值高的和低的国家之间按其部门间的价格水平的差异而进行调整（例如，发达的工业化国家的A部门对I部门的价格比率，很可能高于欠发达的人均产值低的国家）。无论在哪一种情况，特别是对长久的时间数列来说，要设计出恰当的部门价格指数几乎是不可能的。因此，我们不得不使用现成的指数。但要记住，对部门价格趋势的较好的校正，就将揭示出：A部门份额的下降以及I部门和S部门某些细分部分份额的上升比我们现在发现的会更大些。

（二）对某些发达国家来说，其A部门在总产值中所占的份额，在较早时期是和近年的欠发达国家的A部门份额一样高的。德国在1850年代、丹麦在1870年代、意大利在1860年代（及在更后的年代内）、美国在1840年代、加拿大在1870年代、日本在

1880年代,其A部门产值在总产值中所占份额都在40%至60%以上。英格兰和威尔士在18世纪中叶也是如此[①]。1958年的截面分析则显示出,在人均产值最低的两组——52美元和83美元,按1958年价格,其A部门份额也处于同等的高度(参见表12,第1—2栏)。现在的发达国家在19世纪(有些在18世纪)A部门在总产值中所占的份额也是高的,这是毫不奇怪的。但令人感兴趣的是,这些国家,除日本以外,当时的人均产值至少已达到200美元(按1958年价格)[②]。

应该特别提出这一结论的两个含义。第一点来自如下的似乎合理的论证:在任何规模的国民经济的总产值中,不论其经济发展水平如何,A部门份额的上限远远低于100%。某些服务(政府的、专业的、个人的、分配领域的)必然要作为社会基础结构的形式来提供。同时,某些城市人口也必然存在。以当前最欠发达的人均产值最低的国家来判断,对A部门份额的这一极限可以合理地定在70%——没有理由去设想在19世纪甚至18世纪的世界A

① 在迪恩及科尔:《英国经济增长,1688～1959年》第二版(剑桥:剑桥大学出版社,1967年出版)表37,第166页中,大不列颠国民收入中的A部门份额在1801年估计为32.5%。根据英格兰和威尔士的农业及其他分支的实际产值指数(每10年的,见表19,第78页)往回推算到18世纪,就得出:1700年的A部门份额为52%,1740/1750年为48%,1800年为32.5%。

② 参见表2,它显示了发达国家在19世纪初叶和中叶的人均国内生产总值(按1965年价格)。为了换算到1958年的价格基础,这些人均估算数应除以1.109(美国国民生产总值中内含的1965年价格指数与1958年价格指数的比率)。经过这样的调整后,英国在1776～1785年的人均国内生产总值(按1958年价格)超过200美元,最低的是瑞典,其1861～1869年的人均国内生产总值为194美元(日本始终除外)。

部门的份额比这更要高得多①。从而,A 部门在总产值中的份额,其国际变动幅度可以定为大约从 25%至 70%之间,而当时某些高产值的国家则具有 40%或更多些。现在,国际变动幅度就宽广得多:在某些欠发达的大国中,A 部门份额在 60%—70%之间,在另一端,在大多数发达国家中,则远低于 10%。这意味着:生产结构的国际差别、至少在 A 部门份额方面,在过去一个世纪至一个世纪半的时期中,已显著地拉大了,这是和人均产值的逐渐增长的国际差别同时发生的。

第二个含义涉及三个部门份额的移动速度,特别是 A 部门份额的下降。如果说,过去一又四分之一世纪以来的典型趋势是 A 部门份额从 40%或以上下降到 10%或以下。这种下降速率,对老牌的发达国家来说,必然是在现代经济增长以前几个世纪内所观测到的速度的好多倍。如果从 1950 年代后期和 1960 年代初期的非洲和亚洲国家的比率来推断,现在的发达国家在中世纪相应于今天的疆界内的 A 部门份额,在中世纪城市出现和发展以前,在 9 世纪和 10 世纪,必然要在 50%—60%之间。如果嗣后的移动可以被视为从农业部门向别的部门的长期转移的话,那么,在 11 世纪到 19 世纪前半期之间的趋势,在把像荷兰和大不列颠这些例外的早期先驱者除外以后,将是从最高点的 60%,下降至最低点的

① 在 1950 年代末期和 1960 年代初期,A 部门在国内生产总值中所占份额最高的是某些位于撒哈拉以南的非洲国家:埃塞俄比亚,1963 年为 66%;莱索托,1964 年为 69%;尼日利亚,1958 年为 69%;乌干达,1958 年为 64%(参见联合国:《国民账户统计年鉴,1967 年》,纽约,1968 年出版,表 3,第 790 页)。在非洲以外的唯一的国家是尼泊尔,1958 年为 66%。在亚洲较大的国家中,其幅度从印度 1960 年的 51%到印度尼西亚 1963 年的 55%。

40%。在大约八个多世纪的年代中的这一20个百分点的下降,可以与在一个至一个半世纪内的下降30个百分点进行对比。类似的、更能说明问题的对比则将在以后对三个主要部门间劳动力分布的变动中作出。重要的结论是:作为现代经济增长特征的人均产值的加速增长,是随着生产结构的同等显著的加速变动一同发生的,这里所举的A部门在总产值中的份额变动的加速,就是个很好的例证。而且,即使对创造总产值的生产部门分类得更细些,这种生产结构的加速变动,大概也是适用的。

(三)在所有发达国家,A部门在总产值中的份额在表中所包括的长时期内都显著地下降了。在大多数国家,这种下降达到20—30个百分点。当然,那些在开初时期A部门的份额就已相当低的国家除外(例如:参见联合王国第11行,比利时第19行,荷兰第26行)。其结果是,到1960年代初和中期,大多数发达国家的A部门份额已远低于10%;在少数几个国家(丹麦、意大利和澳大利亚)则略高于10%。第1栏和第4栏的有关各行内的负符号就说明了这种下降的普遍性。人们对联合王国、德国、美国和加拿大的份额下降到如此低的水平会深感惊异,而且后两国的农产品却仍然还有剩余。

澳大利亚是发达国家中A部门份额这种普遍下降的唯一例外。1948年的份额(表内未列入)和1935～1938年大致相同,只是比1860年代的份额(第83—85行)略为低一些。这种形式也许是欧洲的其他小的海外后裔的特征,它们从具有高生产率的农业企业和大城市化国家的现成市场的结合中获益,离开A部门的发展,在一定的长时期内看不到有什么好处。

（四）表21中关于欠发达国家的少数数列暗示了更为令人感兴趣的形式。在发达国家中，普遍地看到的A部门份额的下降是和人均产值的同等的普遍的长期上升同时发生的——虽然后者的上升速度在各国间有所不同，而且，它和A部门份额下降间的关系仍有待探索。但是，在这里被选来用以证实这一论点的几个欠发达国家中，尽管人均产值并没有显著上升，可是A部门份额下降得相当显著。洪都拉斯、菲律宾和埃及都是这样。这几个国家的记录包括了40年至60年的时期（第96—104行）。在所列时期中，A部门在总产值中的份额在洪都拉斯下降了三分之一，在菲律宾和埃及下降了五分之二或更多。但在这三个国家中，在同样长的时期内，人均产值几乎没有什么变动①。印度在1920年代中期和1950年代初的材料显示出同样的联系，但是缺乏能提供A部门和其他部门间份额分布的连贯一致的估算数这样的经得起检验的国民产值数列②。

诚然，构成这一发现的基础的样本是太小了。但是，在近来的

① 菲律宾和埃及的增加价值或总产值估算数见表3及其注释。洪都拉斯的按1960年要素价格估算的国内生产总值是由拉丁美洲经济委员会统计处作出的，它是由洛布先生友好地提供的。我利用联合国：《人口统计年鉴》1960年及1963年中的人口估算数，算出1925～1929年的人均产值为363伦皮拉，1960～1964年的为365伦皮拉。

② 最适当的资料见穆克奇：《印度的经济活动水平和公共支出》（孟买：亚洲出版社，1965年）。穆克奇先生介绍的印度联邦国民收入的两个估算数，在分配给农业和工业产值趋势的权数上有所不同。在变式Ⅰ中，农业指数不仅用来代表农业，而且包括“小企业和‘其他商业及运输业’，使用的是国民收入委员会的分类法”；在变式Ⅱ中，划归农业产值指数的权数是“农业、畜牧业和副业活动”的贡献，它在1948～1949年占国民收入的49.1%（第56页）。工业活动趋势被假设为代表国民收入的其余部分。

几十年内,人均产值显得停滞的国家为数也是不多的。然而,这个结果并不奇怪。在许多欠发达国家中,人口在增长而农业部门则陷于停滞,某些现代工业和服务业已经出现,从而,即使全面的人均的产值没有上升,A 部门的份额也会缩减。再者,在有些欠发达的小国,过去曾把其农产品的相当大的部分用于出口,由于国外市场可能已经缩小,这样,尽管 I 部门和 S 部门的份额可能有所提高,而农产品市场的衰退又可能阻挡了总的人均产值的显著上升。因此,虽然我们只是在少数国家内发现人均产值的停滞和 A 部门份额的显著下降结合在一起,但这个结论及其含义是重要的。如果总的人均产值没有上升,按每个工人平均的产值就很少能显著上升。鉴于通常看到的在 A 部门的低的工人平均产值和 I 部门+S部门的较高的工人平均产值之间的悬殊差别(特别在欠发达

同这里的问题有关的结果可以概括如下:

	变　式　Ⅰ		变　式　Ⅱ	
	人均国民收入(1948~1949,卢比)	A 部门份额(%)	人均国民收入(1948~1949,卢比)	A 部门份额(%)
	(1)	(2)	(3)	(4)
1900~1904(F)	262	67.7(原有的)	222	81.2(原有的)
1925~1929(F)	293	58.3(原有的)	273	63.5(原有的)
1950~1952(F)	268	48.7(观测的)	272	48.7(观测的)

第 1 栏和第 3 栏引自穆克奇一书表 G,第 57—58 页。第 2 栏和第 4 栏的1950~1952 年数字引自联合国:《国民账户统计年鉴,1957 年》(纽约,1958 年出版)。对较早的年份,份额是根据农业产值指数(穆克奇,表 1,第 83—84 页)对有关的国民收入变式的比率推算的。

穆克奇先生喜爱变式Ⅱ,但它包含着 1900~1904 年 A 部门的难以置信的高份额。在两个变式中,这个份额从 1925~1929 年至 1950~1952 年间下降了,而人均国民收入则或者下降,或者停滞不变。

国家中更易看到，见第五章），A部门份额的下降和工人平均的总产值的经久不变相结合在一起，这可能意味着几种情况。如果自A部门向其他部门转移的劳动力没有能促使A部门劳动力份额相应缩减的话，它就可能意味着A部门的工人平均产值的绝对下降。另一种情况是，如果由于农业的劳动力转移，从而引起I部门+S部门的劳动力份额的上升，它就意味着I部门+S部门中的工人平均产值可能下降了。再一种情况是，它也可能意味着A部门的工人平均产值的绝对下降和I部门+S部门的工人平均产值的经久不变或下降结合在一起。还能够容易地作出其他的结合公式。看来，真实的最有可能的结合是：由于在农业技术相对停滞条件下人口对土地压力的增加导致A部门工人平均产值的绝对下降，以及由于在工业和服务业中的现代成分的增长而导致I部门+S部门工人平均产值的某些上升。

不论对停滞的传统的A部门和较现代化的I部门+S部门间这种潜在的两重性假设是否确凿（这将在第五章中进行探讨），事实是：不变（或下降中）的人均产值与A部门份额的显著下降相结合在一起的情况，对在最近的截面中发现的人均产值的明确差异和A部门份额的下降之间的紧密联系来说，它代表着一种显然的例外。

还可以提出另一种显然的例外——不变的或上升的人均产值与A部门在总产值中的增长着的份额结合在一起，虽然我未能取得资料来证实它。欠发达的小国在其进入国际贸易网的早期，如其出口盈余主要来自A部门，很可能就是这种情况。如果在这些较早的年代，农产品的出口是在没有削减农民的农业产值下出现的，在此同时，I 部门＋S 部门又没有通过较大的贸易活动或在很少的情况下通过国内制造业较大的发展使他们的产值获得很大的增长，在这种情况下，从新开辟的出口市场所引起的农业总产值的急剧增长，将会导致人均产值的上升和 A 部门份额的上升相结合的情况①。

（五）在表 21 中，分开列示其 I 部门和 S 部门份额的大多数发达国家的 I 部门份额上升显著——大部分地或全部地抵消了 A 部门份额的下降，而 S 部门的份额则或稍有上升或稍有下降。例外的情况是，如法国在 20 世纪（第 14 行）、美国（第 75 行），还可能有 20 世纪的加拿大（第 82 行），如与 A 部门的下降相对比，S 部门的份额的确显著上升。在大不列颠，加入运输及通讯这一细分部分份额的 5 个百分点上升后，按原来定义的 I 部门的份额在 1801/1811 年和 1907 年间，上升约 22 个百分点，在 1907 年和 1963～1967 年间，上升约 27 个百分点，这使得按原来定义的 S 部门的份额只有微弱的上升。

① 有人提出斯里兰卡在 1881～1911 年间 A 部门在总产值中的份额有所上升。根据斯诺德格拉斯：《锡兰：一个转变中的出口经济》、耶鲁大学经济增长研究中心（霍姆伍德，伊利诺伊：理查德·欧文出版公司，1966 年），A 部门的劳动力份额几乎保持不变：1881 年为 68.2%，1911 年为 68.9%。然而，在同期内，具有比农民经济中的工人高得多的按工人平均产值的种植园工人在农业劳动力中的份额明显地上升——从 1881 年的低于全部劳动力的 25%上升到 1911 年的略超过 34%；而农民人口对土地的比率则保持不变。这说明了在农民经济中对土地的压力并没有增加（引自斯诺德格拉斯一书表 A—26，第 322—323 页；表 2—8，第 48 页）。A 部门内部的这些趋势，与 A 部门在全部劳动力中的不变份额结合在一起，势必同时导致人均产值的上升以及 A 部门在总产值中的份额的增加，除非在 I 部门＋S 部门的工人平均产值具有抵消的趋势。我没有取得 1950 年以前的工人平均产值的资料。

I部门份额的典型趋势是，从进入现代经济增长前的22%—25%上升到47%—60%左右。这种上升25到30个百分点以上的幅度，正与A部门份额的典型的下降相同。根据从截面分析中考察到的已知联系，I部门份额这样的上升与S部门份额缺乏任何明显趋势的情况，是可以预料到的。然而，我们必须进一步探索，借以明确由截面提出的联系参数对长期趋势是否适用(或仅仅是符号或移动方向上的符合)。

关于I部门和S部门份额的趋势和水平，有一些困惑费解的方面。美国和加拿大的S部门份额的确显著上升，而在最终日期则显然高出于那些在人均产值上最接近的欧洲国家。I部门的份额则存在着相反的情况。在人均产值最高和具有最使人瞩目的长期增长记录的欧洲国家——瑞典，S部门的份额，如果说它确有变动，则是在长时期内下降了，到1960年代中期，它约占国内生产总值的五分之二，而美国则超过50%；同时，I部门的份额在瑞典差不多是55%，而美国则低于45%。总的说来，所有的欧洲国家，除20世纪的法国以外，显得更多地集中在I部门份额的增长，而S部门则增长甚微。直到最近的年份，欧洲国家总产值中I部门产值占的份额仍然明显地较美国和加拿大的为大，而S部门的份额则比后者的小得多。这是否是生产结构的真实差别，抑或仅仅是统计处理程序中的某些差别的结果，是一项需要对比这里所用的更为详细的资料加以更为周密研究的问题。但是，差别的来源也可能就在于内部的价格结构，因为美国的服务业价格相对来说是高得多的。[①] 在第六章中对劳动力的分析将为这一猜想提供部分的验证。

二、份额变动:I部门和S部门的细分部分

区别细分部分,首先是I部门的各细分部分(表22)时,几乎全部局限于发达国家的记录,只包括一个欠发达国家阿根廷。正如所预料的,I部门的主要组成部分制造业,支配着观测到的部门份额的上升,虽然表23的更为详细的资料告诉我们,法国的制造业份额(从19世纪末开始)并没有上升,而且其他一些国家(英国和挪威)在后期也上升不多。然而,表22显示出,在整个时期,这七个国家的制造业份额(有时包括采矿业或电力、煤气、水)都显著上升。制造业在总产值中所占的份额最初一般为11%—15%,而后增长到30%—40%。而且,制造业份额的上升至少占I部门整个份额上升的一半,在某些国家甚至更多。但这是完全可以预料到的,因为按初期的水平,制造业份额已大约占I部门份额的一半。

① 我利用作为表20的基础的欧洲经济合作组织的资料,试算了欧洲国家的S部门价格对I部门价格的比率。计算中以对这个问题开始研究的那一年——1950年美国的价格结构为基期。

对八个欧洲国家来说,其S/I价格的比率,与美国的比率(取作1)相对比,其平均值约为0.55(个别国家的未加权的等比中项)。这一对比对其他年份(因1950年,仍同大战结束的年份很靠近;并且也还受到房地租管制的影响)的有效性,或者对某部门生产的净产值(而不是用作价格对比的终结产品的价值)的对比来说,是值得进一步仔细研究的问题。但是,这些资料的确指明:价格结构是一项重大的因素。

其他细分部分份额的移动形式各不相同。采矿业的份额，像任何其他自然资源部门的份额一样，对于那些在现代经济增长的早期因享有某种有利条件从而有相当高的采矿业份额（譬如，远远超过总产值的2%）的国家来说，都下降了——例如联合王国（第3行）和澳大利亚（第39、42行）。这种下降也在意料之中。因为增长进程本身势将使那些不依靠自然资源的生产分支的份额有较大程度的上升。对照之下，如果一个国家开始其增长时只有相当低的采矿业份额，它就会上升，因为技术进步意味着开发自然财富的新技术，从而将使自然资源的储存增加。这样，在某些国家内，我们看到采矿业份额的上升（德国第6行，美国第26和29行，阿根廷第45行），不过它始终没有达到可观的比例，甚至在初期上升后随即又下降了。

表22 国内生产总值中I部门各细分部分份额的长期变动趋势(%)

国别和时期	采矿 (1)	制造 (2)	建筑 (3)	电力、煤气、水 (4)	运输和通讯 (5)	I部门总计 (6)
联合王国						
当年价格						
1.1907	6.3	27.1	3.9	1.6	10.0	48.9
2.1963～1967	2.3	33.8	7.0	3.2	8.3	54.6
3.变动，1907至1963～1967	−4.0	+6.7	+3.1	+1.6	−1.7	+5.7
	(−4.2)	(+6.1)	(+3.0)	(+1.6)	(−2.0)	(+4.5)
德　国						
1913年价格						
4.1850～1859	1.0	18.5	2.5	0	0.8	22.8
5.1935～1938	3.1	39.9	5.0	2.3	6.0	56.3
6.变动，1850～1859至1935～1938	+2.1	+21.4	+2.5	+2.3	+5.2	+33.5

（续表）

国别和时期	采 矿 (1)	制 造 (2)	建 筑 (3)	电力、煤气、水 (4)	运输和通讯 (5)	I部门总计 (6)
瑞　典						
当年价格						
7. 1861～1870	13.8[a]		5.8	a	3.0	22.6
8. 1951～1955	44.1[a]		7.9	a	6.3	58.3
9. 变动,1861～1870 至	+30.3[a]		+2.1	a	+3.3	+35.7
1951～1955	+30.3[a]		+2.1	a	+3.3	+35.7
意大利						
当年价格						
10. 1861～1870	0.5	15.9	2.1	0.1	1.7	20.3
11. 1891～1900	0.8	14.6	2.2	0.5	3.9	22.0
12. 1950～1952	1.1	32.3	3.5	2.6	6.0	45.5
13. 变动,1891～1900 至 1950～1952	+0.3	+17.7	+1.3	+2.1	+2.1	+23.5
1938 年价格						
14. 1861～1870	1.1	15.9	1.3	0	1.3	19.6
15. 1891～1900	1.2	17.9	1.4	0.1	2.8	23.4
16. 1950～1952	0.9	27.5	2.2	3.6	9.4	43.6
17. 变动,1891～1900 至 1950～1952	−0.3	+9.6	+0.8	+3.5	+6.6	+20.2
当年价格						
18. 1951～1952	1.0	29.2	4.7	2.2	6.3	43.4
19. 1963～1967	0.8	28.3	8.2	2.7	7.1	47.1
20. 变动,1951～1952 至 1963～1967	−0.2	−0.9	+3.5	+0.5	+0.8	+3.7
1963 年价格						
21. 1951～1952	0.7	21.2	6.0	2.2	5.9	36.0
22. 1963～1967	0.8	29.4	7.4	2.9	7.1	47.9
23. 变动,1951～1952 至 1963～1967	+0.1	+8.5	+1.4	+0.7	+1.2	+11.9

（续表）

国别和时期	采矿(1)	制造(2)	建筑(3)	电力、煤气、水(4)	运输和通讯(5)	I部门总计(6)
美国						
当年价格						
24.1839	0.6	14.3	4.5	6.4		25.8
25.1889/1899	2.2	25.4	7.0	9.5		44.1
26.变动，1839至1889/1899	+1.6	+11.1	+2.5	+3.1		+18.3
1859年价格						
27.1839	0.4	10.7	6.3	6.8		24.2
28.1889/1899	2.1	24.2	4.7	21.6		52.6
29.变动，1839至1889/1899	+1.7	+13.5	−1.6	+14.8		+28.4
1929年价格						
30.1889/1899	2.1	21.2	6.3	8.2		37.7
31.1919/1929	2.4	23.8	4.1	11.0		41.3
32.1953	1.6	29.6	3.7	13.5		48.4
33.变动，1889/1899至1953	−0.5	+8.5	−2.6	+5.3		+10.7
国民收入，当年价格						
34.1953	2.9	30.8	4.5	2.0	7.0	47.2
35.1963～1967	2.0	28.3	4.5	2.4	6.3	43.5
36.变动，1953至1963～1967	−0.9	−2.5	0	+0.4	−0.7	−3.7
澳大利亚						
当年价格						
37.1861～1880	9.7	7.6	10.3	3.4		31.0
38.1935～1938(F)	3.0	17.0	6.3	6.5		32.8
39.变动，1861～1880至1935～1938(F)	−6.7	+9.4	−4.0	+3.1		+1.8
1910/1911年价格						
40.1861～1880	9.1	8.7	11.3	1.6		30.7
41.1935～1938(F)	2.3	15.4	5.9	6.0		29.6
42.变动，1861～1880至1935～1938(F)	−6.8	+6.7	−5.4	+4.4		−1.1

（续表）

国别和时期	采矿 (1)	制造 (2)	建筑 (3)	电力、煤气、水 (4)	运输和通讯 (5)	I部门总计 (6)
阿根廷						
1960年价格						
43. 1935～1939	0.5	27.1	3.3	0.7	6.3	37.9
44. 1963～1967	1.5	34.1	3.5	1.9	7.4	48.4
45. 变动，1935～1939至1963～1967	+1.0	+7.0	+0.2	+1.2	+1.1	+10.5

(F)：财政年度，从7月1日开始。

a：电力、煤气、水包括在第1栏。

当连缀的年份用斜号(/)连接时，资料是指某个年份的，当用波纹线(～)连接时，是指该时期内的所有年份的。

基础资料的来源见表21注。

第3行括号中的数字，是1907～1924年、1924～1955年、1963～1967年的变动之和。

建筑业的份额在大多数国家内都上升了，鉴于城市化对房屋及有关建筑的影响，以及在发展初期资本形成中的建筑份额的可能上升，这种趋势是可以预料到的。这些估算数还可能反映了由农场或其他企业的自营自建转向更专业化的承包建筑业务的情况，在发展的早期阶段，前者往往没有作为建筑业计入该行业的估算数内的。值得注意的是，在美国和澳大利亚，那里的人口增长情况在20世纪比19世纪明显地放慢了，发展初期较高的建筑业份额在20世纪下降了(第29、33、42行)。可以推想到，在初期几乎是"白板"的其他国家，如加拿大和新西兰，人口增长率的下降和基础结构建筑的下降，也会意味着建筑业份额的下降。但是，在表22的小样本中，主要的趋势则是上升。

现代经济增长中最富有生气的成分之一的运输及通讯部门，

其份额显然连续一贯地上升。在大多数国家，它们是从相当低的初期水平上显著上升的。联合王国在20世纪的下降可能反映了相对价格的变动和海运重要性的衰落。但这在显著上升的总图景中——特别是以不变价格为基础的份额量来看（意大利第13、17行；美国第26、29行），只是一个次要的例外。在相对的基础上，这些上升甚至比制造业份额的上升更为显著。

因为制造业对I部门份额的上升和产值的增长起的作用最大，我们又收集了制造业各分支的若干长期记录。这些记录通常提供了它们在制造业增加价值中的份额，有时则仅仅是在总产值中的份额。我们以之与制造业在总产值中的份额相联系而求出制造业各分支在国内生产总值中的份额（表23）。从各个国家的长期记录中引出的份额不同于以近年的数列为基础的份额（例如，意大利第18—19行；瑞典第27—28行；美国第33—34行）；同时，分支的分类也不像第三章中应用的近年资料那么明确。但是，这种不一致是有限度的，所做的分类还是适当的。

表23　国内生产总值中制造业各分支份额的长期变动趋势(%)

国别和时期	制造业总计 (1)	食品、饮料、烟草 (2)	纺织及服装 (3)	木材制品 (4)	造纸及印刷 (5)	化学及石油产品 (6)	非金属矿 (7)	金属加工产品 (8)	皮革、橡胶、其他 (9)
大不列颠—联合王国									
大不列颠，国内总收入，按当年价格									
1. 1907	27.1	4.5	8.4	1.1	1.7	1.2	—	8.6	1.6
2. 1924	30.4	6.8	7.7	0.9	2.3	1.9	—	8.3	2.5
联合王国，国内生产总值，按当年价格									
3. 1924	31.5	7.1	8.1	—	2.4	2.0	—	8.5	3.4

（续表）

国别和时期	制造业总计 (1)	食品、饮料、烟草 (2)	纺织及服装 (3)	木材制品 (4)	造纸及印刷 (5)	化学及石油产品 (6)	非金属矿 (7)	金属加工产品 (8)	皮革、橡胶、其他 (9)
4. 1955	36.8	3.9	5.2	—	2.8	3.1	—	17.9	3.9
5. 1953	35.2	3.9	5.1	1.1	2.3	2.9	1.4	16.8	1.7
6. 1963	33.6	3.9	3.6	1.0	2.7	3.5	1.3	15.7	1.9
7. 变动,1907至1963[a]	+7.3	−0.9	−4.8	—	+1.3	+2.3	—	+8.2	+1.2
法　国									
国内生产总值,按不变价格									
8. 1896	35.2	5.6	16.3	—	—	0.8	1.7	6.4	4.4
9. 1929	34.8	5.2	10.6	—	—	2.0	1.7	11.0	4.3
10. 1963	34.8	5.1	5.0	—	—	4.2	1.5	15.1	3.9
11. 变动,1896至1963	−0.4	−0.5	−11.3	—	—	+3.4	−0.2	+8.7	−0.5
德　国									
国内生产净值,按不变价格									
12. 1875	28.0	6.2	10.2	2.9	0.4	0.9	2.5	4.9	—
13. 1911～1913	34.6	6.9	7.8	2.9	1.2	2.8	2.5	10.5	—
14. 1936～1938	40.4	8.3	6.5	2.2	1.0	4.5	2.1	15.8	—
15. 变动,1875至1936～1938	+12.4	+2.1	−3.7	−0.7	+0.6	+3.6	−0.4	+10.9	—
意大利									
国民总收入,按当年价格									
16. 1861～1870	15.9	5.7	7.7 (3)+(4)		0.5	0.1	0.3	1.6	b
17. 1901～1910	17.0	4.3	6.7 (3)+(4)		1.0	0.3	0.6	0.6	b
18. 1952～1954	29.8	5.7	6.2 (3)+(4)		2.7	4.0	1.2	10.0	b
19. 1953	27.4	5.3	5.4 (3)+(4)		2.3	4.1	1.2	9.1	b
20. 1963	29.2	3.2	6.5 (3)+(4)		2.8	3.3	2.0	11.4	b
21. 变动,1901～1910至1963	+14.6	−0.7	+0.6 (3)+(4)		+2.2	+2.9	+1.4	+8.2	b

（续表）

国别和时期	制造业总计 (1)	食品、饮料、烟草 (2)	纺织及服装 (3)	木材制品 (4)	造纸及印刷 (5)	化学及石油产品 (6)	非金属矿 (7)	金属加工产品 (8)	皮革、橡胶、其他 (9)
挪　　威									
国民生产总值，按当年价格									
22. 1930	23.0	7.5	2.8	1.2	3.9	2.0	0.8	4.4	0.4
23. 1960	24.2	3.9	2.4	1.6	3.5	2.3	1.0	9.2	0.3
24. 变动，1930至1960	+1.2	−3.6	−0.4	+0.4	−0.4	+0.3	+0.2	+4.8	−0.1
瑞　　典									
国内生产总值，按当年价格									
25. 1861～1870	13.8	5.0	1.4	2.5	0.3	0.6	0.2	3.4	0.4
26. 1901～1910	25.8	8.4	2.9	3.1	1.9	1.0	1.2	6.0	1.3
27. 1951～1955	42.6	7.6	4.0	3.4	5.5	2.7	1.4	16.5	1.5
28. 1953	30.9	3.6	3.5	2.2	4.6	1.8	1.4	12.7	1.1
29. 1963	33.2	3.4	2.8	2.4	4.5	1.8	1.4	16.0	1.2
30. 变动，1861～1870至1963	+31.1	+2.4	+1.9	+0.8	+5.1	+2.1	+1.2	+16.4	+1.2
美　　国									
国民收入，按当年价格									
31. 1839	14.3	2.1	2.6	1.7	1.0	0.7	0.7	3.1	2.4
32. 1879	21.1	3.2	4.3	2.3	1.8	1.1	0.8	5.3	2.3
33. 1929	30.5	3.1	4.8	1.1	4.1	3.1	1.1	10.8	2.4
34. 1929	25.5	2.8	3.5	1.8	2.5	2.4	0.9	9.8	1.8
35. 1965	30.7	2.8	2.2	1.3	2.6	3.1	1.0	16.1	1.6
36. 变动，1839至1965	+21.4	+1.0	+0.9	−1.1	+3.2	+3.1	+0.5	+14.0	−0.2
加 拿 大									
国内生产总值，按当年价格									
37. 1870	19.5	3.4	2.0	4.1	0.7	0.9	0.6	4.8	3.0
38. 1910	22.8	4.4	2.8	3.7	1.5	1.0	1.0	6.6	1.8
39. 1953	29.1	4.3	2.6	2.1	4.1	2.4	0.9	11.1	1.6

（续表）

国别和时期	制造业总计 (1)	食品、饮料、烟草 (2)	纺织及服装 (3)	木材制品 (4)	造纸及印刷 (5)	化学及石油产品 (6)	非金属矿 (7)	金属加工产品 (8)	皮革、橡胶、其他 (9)
40.1953	29.1	4.5	2.9	2.1	4.0	2.5	0.8	10.9	1.4
41.1963	25.9	4.1	2.3	1.5	3.4	2.4	0.9	10.0	1.3
42.变动,1870至1963	+6.4	+0.5	0	−2.6	+2.8	+1.4	+0.4	+5.4	−1.5
澳大利亚									
国内生产总值,按当年价格									
43.1911～1913(F)	14.1	2.8	2.5	2.7	0.9	0.8	c	3.7	0.7
44.1953(F)	27.3	4.1	4.1	3.1	1.8	2.1	c	10.8	1.3
45.1953(F)	27.1	4.1	4.0	3.1	1.8	2.1	c	10.7	1.3
46.1963(F)	27.8	3.9	3.1	2.9	2.1	2.5	c	12.1	1.2
47.变动,1911～1913至1963(F)	+13.9	+1.1	+0.7	+0.2	+1.2	+1.7	c	+8.5	+0.5
阿根廷									
国内生产总值,按1950年价格(第48—49行),按当年价格(第50—51行)									
48.1900～1904	13.0	4.5	2.5	1.5	0.5	0.9	1.8	0.4	0.9
49.1955	22.0	4.8	3.8	0.8	1.2	2.9	1.2	5.8	1.5
50.1953	26.7	6.3	5.7	1.3	1.3	3.1	1.2	6.5	1.3
51.1963	31.1	7.0	3.1	0.5	1.7	5.1	1.3	9.1	3.3
52.变动,1900～1904至1963[d]	+12.5	+0.8	−0.8	−1.3	+1.0	+3.6	−0.5	+7.5	+2.2

(F):财政年度,从7月1日开始。

—:表示资料未能取得。

a:第5—6行用0.8将其变更。

b:包括在第5栏。

c:包括在第4栏。

d:第50—51行用0.8将其变更。

大不列颠——联合王国

第1—4行:引自迪恩及科尔:《英国经济增长》表40、41,第175、178页。

第5—6行:第1栏引自联合国:《国民账户统计年鉴,1967年》(纽约,1968年版)。第2—9栏根据联合国未公开发布的资料。

第7行：累计总额，对第2—3行的重叠作了调整。第4栏及第7栏包括在第9栏。

法　国

第8—11行：引自马兰沃等：《法国经济增长的根源》表8，第29页。即4栏包括在第7栏，第5栏包括在第9栏，皮革包括在第3栏。

德　国

第12—14行：第1栏引自霍夫曼：《德国经济的增长》表103，第454—455页，根据表76，第390—395页列示的权数进行调整，以排除电力、煤气、水以及建筑业。第2—9栏是根据表76列示的权数和年度指数（纸制品的指数缺，用插入法粗略算出）得出的。因为对印刷和其他产品没有提及，第5栏只包括造纸，第9栏缺。

意大利

第16—18行：第1栏引自中央统计局：《统计年鉴》第8辑第9卷，表15、36，第249—250页，按照目前的疆界。第2—9栏根据改变了的疆界的估算数，出处同上、表12—14，第212—215页。第3—4栏包括皮革，第5栏包括橡胶及其他。

第19—20行：第1栏引自《国民账户统计年鉴，1967年》，第2—9栏根据联合国未公开发布的资料。所划分的组别与第16—18行可以对比。

挪　威

第22—23行：引自挪威中央统计局：《国民账户，1865～1960年》（奥斯陆，1965年版）表2，第68—69页。第8栏包括其他产品，第9栏包括皮革和橡胶。

瑞　典

第25—27行：第1栏根据约翰逊：《瑞典的国内生产总值》表55、第150—151页。间接税和关税从总额中扣除以求得近似的国内生产总值。采矿业包括在金属这一组内（第8栏）。约翰逊把电站、煤气、水包括在制造业中，现根据他在该书表15—16，第66—69页列示的总产值加以剔除。第2—9栏根据约翰逊在该书表7—14，第50—65、68—69页列示的制造业总产值中的分组份额。

第28—29行：第1栏根据《国民账户统计年鉴，1967年》。第2—9栏根据联合国未公开发布的资料，采矿业被剔除。

美　国

第31—32行：第1栏从高尔曼及韦斯：《服务业》表2、第291页以及高尔曼：《商品产出量》表A—1，第43页变式A算出。第2—9栏根据高尔曼教授未公开发表的估算数专业工具及军用器材包括在第8栏。

第33行：第1栏是根据从人口普查局：《长期经济增长》组C111至C121数列、第224—227页得出的份额变动，从第32行外推而得。第2—9栏是根据克里默、杜勃洛夫斯基及博伦斯坦：《制造业和采矿业的资本，它的形成和筹措》（普林斯顿：普林斯顿大学出版社为国家经济研究局出版，1960年）表A—10，第252—258页得出的份额变动，从第32行外推而得。

第 34—35 行:引自商务部,《美国的国民收入和产值账户,1929～1965 年》,《商业概览》增刊(华盛顿,1966 年版)表 1.12,第 18—21 页。总额中剔除了来自世界其他各地的收入。

加 拿 大

第 37—39 行:第 1 栏引自厄克特及巴克利:《加拿大的历史统计》组 E 214—244、E46—65 数列。第 2—9 栏引自同上出处的组 Q1—11、Q30—137 数列(增加价值)。

第 40—41 行:第 1 栏引自《国民账户统计年鉴,1967 年》,第 2—9 栏根据联合国未公开发布的资料。

澳大利亚

第 43—44 行:第 1 栏第 44 行引自澳大利亚国立大学黑格提供的未公开发表的资料。第 43 行是参照巴特林:《澳大利亚的国内产值》表 2、第 10—11 页的 1935～1938 年资料(及未公开发表的修订资料)外推出来的。第 2—9 栏引自梅泽尔斯:《澳大利亚制造业的生产趋势和劳动生产率》、载《经济记录》第 33 卷第 65 号(1957 年 8 月)表 1,第 66 页,它提供了以 1947/1948～1949/1950 年为基础的指数。我把这些指数应用到以第 45 行为基础的 1953/1954 年的制造业分布资料上。

第 45—46 行:第 1 栏引自《国民账户统计年鉴,1967 年》。第 2—9 栏根据联合国未公开发布的资料。为了与第 43—44 行有可比性,对之重新加以分组:皮革包括在第 3 栏而不包括在第 9 栏,石料、瓷土及玻璃与木材合在第 4 栏。

阿 根 廷

第 48—49 行:第 1 栏引自联合国:《经济发展的分析和计划,阿根廷经济发展》Ⅱ,"生产部门"(墨西哥,1959 年)第 1 部分、表 15,第 116—117 页。第 2—9 栏引自同样题目的油印初稿表ⅩⅤ,第 147 页。

第 50—51 行:第 1 栏引自《国民账户统计年鉴,1967 年》。第 2—9 栏根据联合国未公开发布的资料。

在表 23 中观测到的最一致的结果是:化学及石油产品和金属加工产品(金属加工产品包括基本金属和金属加工业)这两个分支份额的上升。在 10 个国家中,这些份额都上升了。而金属加工产品组的上升实际上支配着整个制造业在总产值中的上升份额。诚然,在法国和挪威,前者大于后者。在大多数其他国家,它占了整个制造业在总产值中的上升份额的四分之三。

在总产值中其份额几乎始终一致地上升的第三个组是造纸及

印刷。在已把这一组区别分类的九个国家中，只有挪威稍许有所下降(第24行)。在所有其他国家，相对地来说，上升是显著的，在某些国家甚至是绝对地显著的。

其他分支份额的长期变动显得相当多种多样。食品、饮料及烟草的份额在英国、法国、挪威和意大利下降了，但在其他国家则上升了。纺织及服装的份额在有将其区别分类的大多数国家中都下降了，但在瑞典、美国和澳大利亚则有所上升，在加拿大是长期不变。木材产品和非金属矿这两个组的份额也显示出多种多样的趋势，在尾数上前者趋于下降，后者则趋向上升。还可能提供进一步的细节，但表23中的概括已足以说明，制造业在总产值中的份额的明显上升主要是由金属加工产品、化学及石油产品以及造纸及印刷分支带来的。其他分支在总产值中的份额的趋势则多是变化不定的。在第六章中，当我们讨论制造业各分支在全国劳动力中所占份额的长期趋势时，将作出更多的论证。

S部门各细分部分的份额(表24)所包括的只局限于六个发达国家和一个欠发达国家，而且它受到各细分部分差异的定义的限制，并因困难的估价问题而烦恼。有些趋势是能够识别的，但它们难免将有一定程度的误差。

表24　国内生产总值中S部门各细分部分份额的长期变动趋势(%)

国别和时期	商业 (1)	金融及住房 (2)	其他民营服务业 (3)	政府及国防 (4)	S部门总计 (5)
联合王国					
按当年价格					
1.1907	18.9[a]	7.9[a]	14.7	3.2	44.7

（续表）

国别和时期	商　业 (1)	金融及住房 (2)	其他民营服务业 (3)	政府及国防 (4)	S部门总计 (5)
2. 1963～1967	13.9[a]	4.4[a]	17.0	6.7	42.0
3. 变动，1907至	−5.0[a]	−3.5[a]	+2.3	+3.5	−2.7
1963～1967	(−4.6)	(−3.9)	(+1.1)	(+6.1)	(−1.3)
德　国					
按1913年价格					
4. 1850～1859	7.1[b]	2.9[b]	22.4		32.4
5. 1935～1938	9.4[b]	4.5[b]	13.6		27.5
6. 变动，1850～1859至					
1935～1938	+2.3[b]	+1.6[b]	−8.8		−4.9
瑞　典					
按当年价格					
7. 1861～1870	21.8[c]	13.7[c]	c	3.6	39.1
8. 1951～1955	20.3[c]	3.7[c]	c	7.9	31.9
9. 变动，1861～1870至					
1951～1955	−1.5[c]	−10.0[c]	c	+4.3	−7.2
意大利					
按当年价格					
10. 1861～1870	6.4	5.5	7.8	5.7	25.4
11. 1891～1900	8.7	8.3	7.5	6.1	30.6
12. 1950～1952	8.9	5.7	4.2	9.9	28.7
13. 变动，1891～1900至					
1950～1952	+0.2	−2.6	−3.3	+3.8	−1.9
按1938年价格					
14. 1861～1870	10.8	11.0	6.7	5.8	34.3
15. 1891～1900	10.9	12.6	6.3	5.1	34.9
16. 1950～1952	11.0	9.2	3.9	9.9	34.0
17. 变动，1891～1900至					
1950～1952	+0.1	−3.4	−2.4	+4.8	−0.9

（续表）

国别和时期	商业 (1)	金融及住房 (2)	其他民营服务业 (3)	政府及国防 (4)	S 部门总计 (5)
按当年价格					
18. 1951～1952	10.4	6.4	7.2	9.9	33.9
19. 1963～1967	9.8	9.7	7.9	12.4	39.8
20. 变动，1951～1952 至 1963～1967	−0.6	+3.3	+0.7	+2.5	+5.9
按 1963 年价格					
21. 1951～1952	9.6	9.6	9.3	15.3	43.8
22. 1963～1967	9.7	9.5	7.5	11.7	38.4
23. 变动，1951～1952 至 1963～1967	+0.1	−0.1	−1.8	−3.6	−5.4
美　国					
按当年价格					
24. 1839	11.5	11.6	8.5		31.6
25. 1889/1899	14.1	10.5	13.4		38.0
26. 变动，1839 至 1889/1899	+2.6	−1.1	+4.9		+6.4
27. 1929	15.7	14.9	10.3	5.9	46.8
28. 1963～1967	16.2	13.6	10.4	13.0	53.2
29. 变动，1929 至 1963～1967	+0.5	−1.3	+0.1	+7.1	+6.4
澳大利亚					
按当年价格					
30. 1861～1880	13.0	15.6	10.1	5.2	43.9
31. 1935～1938(F)	18.5	11.1	10.4	4.6	44.6
32. 变动，1861～1880 至 1935～1938(F)	+5.5	−4.5	+0.3	−0.6	+0.7
按 1910/1911 年价格					
33. 1861～1880	13.5	13.9	12.8	6.6	46.8
34. 1935～1938(F)	19.7	12.1	10.1	4.5	46.4
35. 变动，1861～1880 至 1935～1938(F)	+6.2	−1.8	−2.7	−2.1	−0.4

(续表)

国别和时期	商业 (1)	金融及住房 (2)	其他民营服务业 (3)	政府及国防 (4)	S部门总计 (5)
阿根廷					
按1960年价格					
36.1935～1939	20.0	3.7	6.9	5.3	35.9
37.1963～1967	16.7	4.1	7.1	6.8	34.7
38.变动,1935～1939至1963～1967	−3.3	+0.4	+0.2	+1.5	−1.2

(F):财政年度,从7月1日开始。

a:金融业包括在商业内。

b:金融业和旅馆业包括在商业内。

c:金融业和民营服务业包括在商业内。

当连缀的年份用斜号(/)连接时,资料是指某个年份的;当用波纹线(～)连接时,是指该时期内的所有年份的。

基础资料的来源见表21注。

第3行括号内的数字,是1907～1924年、1924～1955年、1955至1963～1967年的变动之和。

第10—12行按当年价格计算的商业和其他服务业总额的分配,是根据富亚:《论意大利经济增长》表1、5,第56—58、65—67页的不变价格数列及所包含的物价指数进行的。

第27和28行的基础资料是官方估算数。1929年的资料引自人口普查局:《长期经济增长》组C132至C209数列,第228—235页;1963～1967年的资料引自联合国:《国民账户统计年鉴,1968年》第1卷《国别资料》(纽约,1969年版)。

在联合王国、德国、瑞典、意大利(长期的)和阿根廷,S部门在总产值中的份额下降了;在美国它上升了;在澳大利亚,按当年价格计算的数量稍有上升,而按不变价格计算的数量则稍有下降。与这种背景对照,唯一具有某种普遍性的趋势是政府服务(政府及国防)份额的上升,其中只有澳大利亚是一个例外。但鉴于发达国家中政府服务的日益增长的重要性,这一结论看来是有理由的。

另一个具有类似的一致性的则是金融和住房类目份额的下降(阿根廷除外)。这种下降可能部分地是由于近年来对房租的管制,或者是,这样一个几乎纯属资产收入的类目对总产值的比重的下降趋势,可能别有原因。

其他细分部分的份额没有显示出明确的趋势。商业的份额,在德国(它与其他国家相比通常是低的)、意大利(直到1950年代的长时期内)、美国和澳大利亚上升了,但在英国(包括金融)、瑞典和阿根廷则下降了。民营服务业份额,在英国是上升了,美国在20世纪有轻微的上升,在澳大利亚,按当年价格计算的数量上升了,按不变价格计算的数量则表现为下降,而在其他国家则明显下降。与政府这一类目不同,商业和服务业份额趋势的如此多种多样,可能是符合实际的,而并不是由于划分范围不当和估算数的准确性可疑所造成的。但这里的样本是过小的,估算数也会有一定程度的误差。因此,把判断推迟到研究劳动力份额的时候去,将是妥善的。

三、长期趋势与截面:总评论

在以上讨论中得出的若干结论,展示出长期变动与某一近年截面上的变动的某些方面的一致性。一方面,在某些欠发达国家,其人均产值长期内没有上升,而A部门的份额则显然下降——而1958年截面(或现代时期的任何其他年份的截面)则显示出,对固定的人均产值来说,A部门的份额就没有变动(由于国家大小这一因素,假设把人均产值停滞的国家按相对的大小降低其重要性,事实上,在这类国家,A 部门份额会略有上升)。另一方面,在人均产值在长期内显著上升的所有发达国家,部门及其细分部分份额的变动在人均产值的相应变动范围内与 1958 年截面十分一致——亦即,从约 150 美元至 1 000 美元以上(1958 年价格)的范围内,A 部门份额显著下降,I 部门份额,特别是其中的制造业和运输业这两个细分部分的份额显著上升;而 S 部门份额很少变动,而且是不规则的。在制造业内部,金属加工产品、化学品和造纸及印刷这些分支在总产值中的份额的一致而显著的上升,正是我们在截面上所指望的。在 S 部门内部,政府及国防的份额的上升也是我们在截面上所预期的。但是,以这种广泛的一致性为背景,人均产值的增长及份额变动之间的数量关系,如何与截面上的人均产值的差异及份额差异相对比,则尚待探讨。

在开始探讨之前,最好对"为什么要和在那些条件下可望发现时间数列和截面数列的一致性"这一问题予以更明确的考虑。在这一讨论中,假设人均产值和部门份额的变动都是用美元单位计量的,同时是用与截面中所包含的价格结构可以相比的价格结构来计量的——从而,计量的货币单位和价格结构两者,特别是价格结构在时间关系上的变动,都不会影响一致性(事实上,不论估价基础如何,截面和时间数列的相同估价问题,一直要讨论到本节结束)。截面与长期移动的联系也应按国家组类来考察,因为截面中的国家组类间的联系是不应该与个别国家的长期趋势关系相对比的。

在以上假设的基础上,我们可以认为:如果把人均产值及部门份额的截面差异看作为过去增长的累积结果,那么,当从时间数列来考察这种增长时,正像某一最近年份的人均产值及部门份额的累积差异的对比所显露的那样,它应当显示出人均产值变动和部门份额变动间的同样联系。但是,某一截面,因为它是过去增长的累积结果,它应提供对过去趋势的正确估计这个观点,只有在某种条件下有效。这些条件使人联想到,为什么在那么多的案例中,截面没有能引向正确的向后推算。

一个显然的条件是,对截面所包括的样本的整个范围来说,为了与截面相对比,对时间过程中变动的过去增长的计量,必须是能支配整个局面的;同时,人均产值的期初水平以及与之相联系的份额的期初差异,必须降低到无关紧要的地步。如果我们是从这样一种无足轻重的期初阶段状况(某种“白板”)开始的,就可以假设,截面必然是过去增长累积的结果。从而,对过去的增长过程的度量,应该产生与假定我们所涉及的整个增长时期是从最初的零点开始的截面上所发现的同一的平均参数。

不容说,这一情况是不实际的。包括欠发达国家的任何截面样本,都不能被解释为:它作为在任何一定的历史时期内的过去增长的一个样本,能大到足以使期初水平和结构处于无关轻重的地步。欠发达国家的一个重要特点恰恰是,它们在过去的长时期内未能保持高速度的增长和结构转变。甚至在发达国家,在距今一个世纪至一个半世纪这样长的时期前开始时,其人均产值水平,在大多数情况下也在当前水平的五分之一至六分之一之间——很难说这是一个可以忽略的部分。然而这种不实际的条件立即产生了两个有启发性的含义:首先,假使其余情况均相同,具有高增长率的国家组类的当前截面,较之在考察的这段过去时期内增长率低的国家组类的当前截面，就可能产生对过去的发展过程的变动的较好估计。其次，假设经过更长的时期就会有更大的增长累积，那么，所考察的时期越长，当前截面就越能用来说明时间过程上的变动——除非时期的延伸带来趋势的变化。

关于截面及时间过程上的变动间的一致性的第二个更为重要的条件，直接涉及用什么方法和要怎样来对比的问题。如果初始水平相当高，足以影响到长期变动的任何观察期间结束时的截面，那么，只有当份额的大小和变动的幅度与期初一致的条件下，这一终结截面才能正确地透露这段时期内的收入—份额关系。初始和终结截面间的任何变动，必然意味着收入和部门份额间的关系的不一致，意味着时间过程上的变动与期初截面和期末截面的变动间的关系的不一致。期初和期末这两个截面构成的期间，也就是对时间过程上的变动进行考察的时期。

举例来说明：假设样本只包括五个国家，在期初截面中，我们沿用的人均产值各基准点价值上的A部门份额如下：

	70美元	150美元	300美元	500美元	1 000美元
	期初截面（Ⅰ）				
A部门份额（%）	50	40	30	20	10

并假定，时期结束时，这五个国家在按可比美元价格的同样的基准点价值上，产生了同样的A部门份额，只有在300美元这一水平上有一个例外。

	70美元	150美元	300美元	500美元	1 000美元
	期末截面（Ⅱ）				
A部门份额（%）	50	40	25	20	10

时间过程中，即截面Ⅰ和截面Ⅱ（包括每一个国家保持在相同

水平上的截面）之间的可能移动的总数和每一截面内相互关联的一对，包括每一国家对其本身的配对，人均产值和A部门份额间的关系的数目，在本例内两者都将等于(n×n)，或25。只有当这两个截面间所有的25个可能移动，都能和每一截面（Ⅰ或Ⅱ的任何一个）内的25个移动相配称，才能保证截面和时间过程上的变动间的严格的一致性——因为，只有在这些条件下，单独的截面才能预测或追溯人均产值变动和份额变动间的正确关系。本例内的单一变动引进了某些不一致性。25个可能的长期变动中有5个将使收入与份额间的关系不能和期初截面中的收入与份额关系（从Ⅰ—70、Ⅰ—150、Ⅰ—300等等向Ⅱ—300的移动）相配称，同时，其他5个移动的结果将不能和期末截面中的关系（从Ⅰ—300向Ⅱ—70、Ⅱ—150、Ⅱ—300等等的移动）相配称。如果期初和期末截面中的人均产值的变动范围是相同的，如果在连接两个截面的整个时期中列示的是同一国家，那么，后者的一致性就是截面和时间过程上的变动间的完全的一致性的必要条件，也就是说，不仅仅在人均产值和部门份额间的关系的符号方面，而且在幅度方面都是一致的。

在实际研究中，本例中的严格条件和论证可能放松，但其结论虽然不是否定的，却是有局限性的。例如，对两个截面和时间过程中的变动来说，所包括的国家，不一定完全相同。但对三个不同的样本——一个关于期初截面，第二个关于长期变动，第三个关于期末截面——上述论点仍是有效的。只要在研究中的这三个方面的样本都具有普遍的代表性，同时，对限制它们的抽样误差（或某些其他公认的误差）又能作出恰当的评价。

最后,我再次强调,截面或许是复杂程度不同的各种因素共同作用的平均数,或许是人均产值和部门份额间用数学定义的回归公式所形容的关系;因此,它们必须与国家组类时间过程中变动的(或适合于一组国家时间关系变动的某些公式的)平均数相对比。诚然,如果截面关系是有限制的,各个国家围绕平均数(或回归线)的关系的差异是不大的,单个国家的变动和截面关系间的对比误差也就是有限的。但是,截面和时间过程变动间的不一致是存在着的,在验证两者的关系和使用截面联系来估计时间过程的变动时都必须记住这一点。如果是对个别国家进行对比(如表 25),则必须强调组类的平均结果,而不是各个国家的结果。

在承认了期初和期末截面间的差别对在这一时期内人均产值和总份额的变动间的关系以及人均产值差异和任何一个截面中的部门份额间的关系会产生某些不一致以后,是否就能预测连续时期上的截面变动了呢? 首先,其答案有赖于连续截面中的这种差别的意义。这一意义可以更直接地用以下的说法来阐明,即从某一截面到次一截面的变动表明了:在这段时期内,人均产值和部门份额的变动间的关系不同于期初截面已存在的人均产值和部门份额变动的累积效果。后者代表以前的变动的累积结果,它显然已决定了这一期初截面中的关系。这样,如以 O 表示初始日期,这一日期上的价值(产值和部门份额两者)完全被在年份 O 至 Ⅰ(在这一日期出现了期初截面 Ⅰ)这段时期内所发生的变动所遮蔽的。截面 Ⅰ 和 Ⅱ 之间的差别意味着:在 Ⅰ 至 Ⅱ 这段时期内人均产值和部门份额变动间的关系不同于 O 至 Ⅰ 这段时期内的变动关系——因为,Ⅰ 至 Ⅱ 这段期间的变动不同于期初截面 Ⅰ 中的联系。

当然,Ⅰ至Ⅱ这段期间人均产值和部门份额间变动的形式和关系,也可能与O至Ⅰ这段期间中的一部分时期,譬如说从(O+X)至Ⅰ这段期间相类似。但这仅仅意味着,时间过程中的运动形式的变动是在O至(O+X)这段时期和(O+X)至Ⅱ这段时期之间,而不是在O至Ⅰ这段时期和Ⅰ至Ⅱ这段时期之间。论点仍然是:连续截面间的差异显示了长期增长过程中人均产值和部门份额在时间过程中的变动间的关系中的长期延续的变化,假定这些截面在长期连续中是能够相对比的。

这一结论在一开始时可能已是显而易见的,亦即:当利用近年的截面来估量过去发展过程中部门份额的变动对人均产值变动的反应时,其有效性有赖于这些关系在时间过程中的稳定性。如果在与经济增长相联系的长时期内,A部门份额在以不变购买力计的70美元基准点价值上始终是50%,而在150美元基准点价值上始终是40%,那么,连续截面上的这一部分应该都显示出这些相同的数值,并将正确地反映人均产值的特定范围内的份额动态的历史关系。但是,如果在某些时期,A部门对人均产值从70美元到150美元的上升的反应加快了,其份额从50%下降到35%而非40%,没有一个截面能得出对与人均产值这一范围(自变数)内的上升相应的部门份额(因变数)的过去变动的恰当度量。这样,对截面关系作为过去变动和联系的指南(不仅在符号上而且在规模大小上)的可靠性的判断,就有赖于对这些关系在时间过程中的稳定性的判断——在本例中是人均产值和部门份额在时间过程中变动间的关系,在其他例子中是另一些成对的复变数。

这个判断可以根据关于连续人均产值水平以及与之相关联的经济增长的经济结构情况和生产部门份额的各种因素的知识来进行探讨——来看看在时间过程中这些关系能够预期到多大稳定性。在第三章后一部分关于截面联系的某些讨论同这里是直接有关的,但是对那些讨论进一步地向前推进不一定会得到很多收获。因为,人均产值和各部门份额或是通过最终需求(对人均产值的反应)结构而联系,或是通过工业的投入—产出结构(对依靠不同技术成就的相对利益的反应)而联系;又因为,对人均产值和部门份额间所有水平上的联系都是如此重要的技术变动,却很少是事先能知道的;同时,可以用来分析所探讨的这些关系的时间形式的资料又很难取得。鉴于物质和社会技术中的巨大而迅速变动着的革新的大量涌出,我们可以作出如下的结论:在人均产值和总产值中的部门份额之间的数量关系中,在时间过程中的稳定性机会并不多。从而,截面关系不大可能是推断时间过程中变动的可靠基础。但这仅仅是一种拟想,不能再做更远的推断。就目前来说,转向统计资料并把当前截面内的关系和观测到的长期变动中的关系相对比,可能是更有效的。

在这一点上,我们必须回到如在表 12 和表 14 的截面中所用的换算人均产值和部门价格结构的基础的问题;并问我们在把截面参数与长期趋势所展示的参数相对比时是否需要对这些参数作出调整。借助于固有的部门的价格结构,就易于对这一问题作出答复。如表 20 所显示的,I/A 价格比率在人均产值低的发达国家中是较高的。可以设想,若在一定的发展期间经济增长会使 I 部门产品的价格比 A 部门产品相对地降低,则这一关系在时间过程中也将保持。如果是这样，那么，经过长时期发展后的A部门份额在其产量按不变价格计算时就将比按当年价格计算时降低得更多，在此同时，I部门份额的上升其结果正好相反，在其产量按不变价格计算时就上升得较多而在其产量按当年价格计算时则上升得较少。然而，在显示某些国家按不变价格和当年价格计算的部门份额总量的表21内，却没有显示出这种差别。这一失败或许能归咎于部门价格指数，更灵敏的调整有可能显示出部门价格结构在时间过程中预期的转移，即I部门价格对A部门价格的比率趋向于降低。但由于现有的记录没有显示出这种趋势，时间数列应与用未经调整的部门价格结构所度量的截面差异相对比，在表12和表14中对它们就是这样处理的。

当所考虑的是人均产值的国际截面差异与时间过程中的人均产值的趋势的可比性时，对这个问题的答案就更成问题了。长期的产值估算数通常是用尽可能多的组成部分的指数来调整价格变动的，并且是建立在连续时期的相同的或可比的商品的价格基础上的。在这种意义上，换算成的共同基础多半是购买力等价的近似值而不是用汇率换算的。因而，我们可以论证说，为了与时间过程中的变动相对比，部门份额和人均产值间的截面联系应从用某种近似于直接的价格等价换算的人均产值中得出，而不是依靠汇率。

但这种推断是值得怀疑的。首先，如上所述，现有的按照价格变动调整过的及与按不变价格计算的产值有关的历史数列，没有反映出预期的表现在A部门价格对I部门价格或对I部门＋S部门价格比率上的部门价格结构转移。因此，我们可以消除汇率和直接价格对比换算间的差别的一个可能来源。如果使用后者，A部门的价格对I部门＋S部门的价格的较高比率行将缩小欠发达国家的人均产值和较发达国家的人均产值间的差距(特别是当使用后者的价格作为权数时)。其次，从汇率转为购买力换算(以美国的物价为基础)，正如第三章中所指出的，至少将使低水平上的人均产值加倍，将其与目前的发达国家在19世纪的(如表2按1965年价格所显示的)人均产值对比时，就将产生不真实的结果。例如，印度的人均国民生产总值，1958年定为73美元，相当于按1965年价格计算时的81美元，将被调整为162美元，只比1861～1869年瑞典的人均国民生产总值低约五分之一[①]。鉴于瑞典的全面的一般趋势和其他必要条件及其在19世纪中叶的经济地位，这一估算数是很值得怀疑的。同样地，埃及的人均国民生产总值，1958年定为124美元，相当于按1965年价格计算时的138美元，将被调整为276美元——约比瑞典在1860年代的人均国民生产总值高出三分之一。即使对印度和埃及所建设的主要现代工业都作出适当的考虑后，这个结果仍然是难以置信的。

按照当前发达国家在19世纪中叶人均产值的已知水平来看，

① 按1958年美元价格计算的人均的国民生产总值引自联合国：《国民账户统计年鉴，1968年》第Ⅱ卷《国际表格》(纽约，1969年版)表2C。从1958年价格转为1965年价格(按照1.109的比值)是根据美国国民生产总值中内含的指数(参见《总统经济报告》〔华盛顿，1968年2月〕表B—3第212页)。

可以举出许多因调整结果而具有类似的不合理估算数的其他欠发达国家(例如，印度尼西亚1958年人均国民生产总值为89美元，按1965年价格换算为99美元，调整后就为198美元，韩国1958年人均的国民生产总值为141美元，按1965年价格为156美元，调整后高达312美元)。

对欠发达国家(特别是亚洲和撒哈拉以南的非洲国家)的人均产值的任何显著的向上调整都将产生值得怀疑的结果。这很可能是由于发达国家的增长率被估计过高,结果是,它们在19世纪的人均产值水平被低估了。但是,在我们现有的长期记录和对质量变动的不充分的调整情况下,又难以接受这样一个推断。困难更多的是在对购买力等价调整的尝试。无论如何,就当前的目的来说,看来最好不要对表14中的人均产值估算数进行调整,但当截面与长期趋势的对比结果变得显而易见时,需要进行调整这个可能性是值得记住的。

四、长期变动与截面差异的对比

表25中列示了第一轮对比。如若是截面和时间数列中的估价基础是假设为可比的,长期变动应如截面所使用的同一年份的价格来计价。从而,如果1958年这一截面用来估计一定时期内应该出现的与观测到的人均产值变动相联系的部门份额变动,那么,产值的长期变动估算数就应按1958年的美元价格计价,份额水平和百分比变动的估算数也应该反映1958年的部门价格结构。而且,截面和长期变动都应该是具有世界性的代表样本。预期和观测的变动的计算应该是对国家组类,这是由于,截面中的组类关系所产生的预期的份额变动,仅仅是对国家组类的(对于个别国家,就必须进一步估计其误差幅度)。

表 25　A 部门份额和 I 部门+S 部门份额的观测的和估算的长期比例的变动(按不变价格计算)

国别和时期	期初的人均国内生产总值(1958 年美元价格)	人均国内生产总值的%上升	份额比例的变动						
			A 部门的下降		(4)/(3)	I+S 部门的上升		(7)/(6)	等比中项,(5)及(8)
			观测的	估算的		观测的	估算的		
	(1)	(2)	(3)	(4)	(5)	(6)	(7)	(8)	(9)
大不列颠,1865 年及 1885 年价格									
1. 1801/1811 至 1907	183	303	0.80	0.56	0.70	0.40	0.29	0.72	0.70
法国,连接着的有变动的基础									
2. 1896 至 1963	442	200	0.66	0.54	0.81	0.22	0.14	0.63	0.71
德国,1913 年价格									
3. 1850～1859 至 1910～1913	190	136	0.48	0.39	0.81	0.39	0.19	0.50	0.64
丹麦,1870～1879 年至 1958 年									
4. 1929 年价格	274	298	0.59	0.60	1.02	0.42	0.23	0.56	0.76
5. 转换到 1958 年价格	274	298	0.59	0.60	1.02	0.39	0.23	0.61	0.79
瑞典,1913 年价格									
6. 1861～1870 至 1951～1955	137	728	0.80	0.72	0.90	0.43	0.44	1.04	0.97
意大利,1861～1869 年至 1960～1964 年									
7. 1938 年价格	193	242	0.68	0.52	0.77	0.58	0.25	0.44	0.58
8. 转换到 1958 年价格	193	242	0.68	0.52	0.77	0.58	0.25	0.44	0.58

（续表）

国别和时期	期初的人均国内生产总值（1958年美元价格）	人均国内生产总值的%上升	份额比例的变动						
			A部门的下降		(4)/(3)	I+S部门的上升		(7)/(6)	等比中项,(5)及(8)
			观测的	估算的		观测的	估算的		
	(1)	(2)	(3)	(4)	(5)	(6)	(7)	(8)	(9)
美国									
9. 1834～1843至1894～1903									
1859年价格	372	142	0.65	0.45	0.69	0.52	0.14	0.26	0.42
10. 1869/1879至1919/1929									
1929年价格	581	142	0.69	0.47	0.69	0.40	0.10	0.24	0.41
日本,1934～1936年价格									
11. 1879～1883至									
1959～1961	69	598	0.81	0.60	0.74	1.56	0.57	0.36	0.52
阿根廷,1960年价格									
12. 1900～1904至									
1960～1964	376	77	0.53	0.31	0.60	0.30	0.09	0.32	0.44

当连缀的年份用斜号(/)连接时,资料是指某个年份的,当用波纹线(～)连接时,是指该时期内的所有年份的。

关于份额比例的变动观测数的来源见表21的注释。关于份额估算数见正文说明。丹麦和美国的终止期(见第4—5行、第10行)比所能取得的最近资料日期定得更早,这是因为,较后的日期将产生过高的人均产值,以致不能从1958年截面中作出恰当的估算。

第1栏中的估算数是根据联合国:《国民账户统计年鉴,1966年》表7A中的按1958年的美元当年价格计算的国内生产总值、并联系从表1的基础资料来源中得出的按不变价格计算的人均产值数列外推出来的。后者并提供了第2栏中人均产值的%上升估算数。总之,任何个别年份的数字是用对持续五年或十年的平均数的对数间的线性插值法来估算的。

第5行和第8行的份额估算数是通过按不变价格的数量表示的份额移动往回外推到按1958年价格的数列(表12及表14也采用过)的方法得出的。

关于产值和部门份额长期变动的现有资料并不能完全满足这些要求。表 25 仅包括 9 个国家,与 1958 年截面所包括的 50 个以上的国家相对比,几乎不是一个有代表性的样本。在对比时,只局限于其 A 部门的份额变动能按不变价格数量观测到的那些国家,但这种不变价格并不一定需要按 1958 年价格和 1958 年的价格结构。然而,能够作出两个核对,某些启示性的结果将从更充分的资料中得出,而不论它们在其他检验中采用了怎样的价格。

根据表内所包括的每一个国家在第 1 栏和第 2 栏所显示的已知的人均产值水平及变动(按 1958 年价格),1958 年截面被用来估算 A 部门的和 I 部门+S 部门的份额的预期的比例变动。这些预期的比例变动列在第 4 栏和第 7 栏。然而,观测到的变动(第 3 栏、第 6 栏)原来应该是按 1958 年价格计算的份额数量,却是根据按所列示的各个基期的不变价格表现的份额数量计算的。丹麦和意大利的分别按 1929 年和 1938 年价格表现的观测到的份额数量变动,可以对照 1958 年价格表现的份额数量的变动进行核对,后者是从表 12 和表 14 使用的 1958 年份额(见第 4—5 行、第 7—8 行)中外推得来的。从核对中可以看出,其差别是轻微的,绝不会影响主要的结果,部门份额的长期比例的变动并不会因基期的不同而有很大的差别。其次,表 25 中对 9 个国家的 1958 年截面的粗略计算,可以与表 12 和表 14 中根据 50 个以上国家所进行的计算相对比,在基准点价值水平 500 美元和 1 382 美元上的 A 部门的份额分别是 18.0%和 8.3%,而在表 12 和表 14 中则分别为 18.7%和 9.2%。这两个核对说明,由于未能使用 1958 年价格结构和因表 25 中的样本规模过小而形成的误差,并不会大到足以使从表 25 中得出的一般结论无效的程度。

现在，可以来阐述从 9 个国家中得出的结论。首先，第 9 栏预期的比例变动对观测到的比例变动的比值，对九国来说，最大的数字都低于 1。这一在代数上并非必然性的结论意味着，这些国家的 A 部门份额的下降与 I 部门＋S 部门份额的上升合在一起，比从 1958 年截面中所预期的大。这些国家的等比中项比值对有些国家来说（丹麦用第 5 行、意大利用第 8 行、美国用第 10 行）约为 0.6。但这一平均数会产生误解，因为三个较大的国家（美国、日本、阿根廷）的比值是 0.5 或更低。即使这样，对如表 25 所包括的那样长的时期内观测到的变动的低估是显著的，这暗示着对这些国家中的某些国家的更短时期的变动将会有更大的低估。例如，瑞典在整个时期的比值是 0.97，但在 1861～1870 至 1911～1915 年则为 1.43，而在 1911～1915 至 1951～1955 年则为 0.59。德国在整个时期的比值是 0.64，在 1850～1859 至 1880～1889 年是 0.78，而 1880～1889 至 1910～1913 年则为 0.54①。

其次，以截面为基础，在大多数国家，对 I 部门＋S 部门的份额的上升的低估，比对 A 部门份额降低的低估更为显著。除大不列颠和瑞典外的所有国家，第 8 栏中的比值远远低于第 5 栏。因为在大多数国家中，从 1958 年截面估算的 A 部门份额比在最初

① 切纳里和泰勒在《发展形势：国家间的和长期内的》，载《经济学及统计学评论》卷 L 第 4 号（1968 年 11 月）中引证“可以用每个国家当前的衰减来说明初级部门份额历史的下降比例”如下：美国 80％，联合王国 66％，法国 80％，德国 74％，意大利 86％，瑞典 86％，挪威 80％，加拿大 67％，日本 86％。瑞典和联合王国的比例低于表 25 中的那些数字，但美国、法国、德国、意大利和日本则高于表 25 中的那些数字。这些差别的原因还不明确。

日期观测到的份额低，I 部门＋S 部门的初期份额的情况则与此相反。同时，这些差额则由 A 部门的观测到的份额比估算数的更大下降和 I 部门＋S 部门的观测到的份额比估算数的更大上升所弥补，就估算数对观测数的比值来说，I 部门＋S 部门的份额的比值必然更低于 A 部门份额的比值[①]。因此，就 I 部门＋S 部门的份额，特别是它的迅速增长的分支而言，其估算数对实际上升数的比值很可能是最低的。

再者，观测到的变动的这种连贯的和相当大的低估包含着以下的意思：作为对人均产值上升的反应，A 部门的和 I 部门＋S 部门的份额发生的变动，在表 25 所包括的时期内要比能影响 1958 年截面的其他时期（在大多数国家中假定为前于 1958 年的时期）有着更高的速度。当然，作为对人均产值增长的反应，A 部门和 I 部门＋S 部门之间的转移所包含的加速，仅仅适用于所包括的时期终止于或接近于 1958 年的那些国家——对表 25 样本内的大部分国家来说，1958 年这一年都有包括在内。这种结构转移的加速是可能预料到的，因为，技术变动的速度在最近几十年内可能比早先的时期更快些。

由于表 25 样本中的国家太少，也由于某些国家的时间跨距过长，我们又使用了一个国家较多的样本，其历史变动的时距也较短

① 可以这样来证明这一情况。以 d 代表 A 部门份额的预期的（估算的）降低额，(d＋a)代表观测到的降低额，其中 a 是最初日期上观测到的 A 部门份额超过估算的 A 部门份额的数量。估算的比例下降是 d/A，其中 A 表示 A 部门估算的期初份额。而观测到的比例变动则是(d＋a)/(A＋a)。I 部门＋S 部门的观测到的比例变动是(d＋a)/(100－A－a)，而估算的比例变动则是 d/(100－A)。第 5 栏中的比值（对 A 部门份额说）将是(d/A)：[(d＋a)/(A＋d)]或[d/(d＋a)]·[(A＋a)/A]；而第 8 栏中的比值则将是[d/(d＋a)]·[(100－A－a)/(100－A)]。显然地，第二个比值必然比第一个比值低。

并且是更近年的。截面关系(1953 年)与时间过程中的变动(1953～1965 年)的这一对比结果总括在表 26 中。

表 26　国内生产总值中(1953～1965 年)主要部门和制造业份额的变动——观测的变动及估算的变动(32 国按 1953 年和 1965 年的人均国内生产总值的递增次序分组)

一、国家分组及平均份额(%)

	组类别					
	Ⅰ (1)	Ⅱ (2)	Ⅲ (3)	Ⅳ (4)	Ⅴ (5)	Ⅵ (6)
1. 国家数	5	5	5	6	6	5
1953 年的人均产值分组						
2. 人均国内生产总值(1953 年美元)在产值中的份额(%)	53.3	120	165	281	551	959
3. A 部门	52.5	43.5	40.3	24.6	16.0	12.0
4. I 部门	16.5	21.2	25.5	33.1	48.2	50.8
5. S 部门	31.0	35.3	34.2	42.3	35.8	37.2
6. 制造业	7.5	11.3	14.3	17.9	31.7	29.4
1965 年的人均产值分组						
7. 人均国内生产总值(1953 年美元)在产值中的份额(%)	65.2	140	198	405	903	1 378
8. A 部门	46.7	42.4	30.2	16.1	10.4	8.9
9. I 部门	21.4	24.8	29.1	42.4	54.4	55.2
10. S 部门	31.9	32.8	40.7	41.5	35.2	35.9
11. 制造业	11.0	13.3	16.1	23.6	36.4	32.9

二、1953～1965 年观测的和从 1953 年截面估算的份额的比例变动

	人均国内生产总值的上升(%)	份额的比例变动				
		A 部门	I+S 部门	I 部门	S 部门	制造业
	(1)	(2)	(3)	(4)	(5)	(6)
组类 I						
12. 观测的	22.3	−0.111	0.123	0.295	0.031	0.457

二、1953～1965 年观测的和从 1953 年截面估算的份额的比例变动

	人均国内生产总值的上升(%)	份额的比例变动				
		A部门	I+S部门	I部门	S部门	制造业
	(1)	(2)	(3)	(4)	(5)	(6)
13.估算的	22.3	−0.042	0.047	0.087	0.025	0.146
组类Ⅱ						
14.观测的	20.9	−0.113	0.087	0.227	0.003	0.245
15.估算的	20.9	−0.075	0.055	0.083	0.037	0.098
组类Ⅲ						
16.观测的	22.9	−0.222	0.150	0.225	0.094	0.327
17.估算的	22.9	−0.097	0.058	0.119	0.014	0.159
平均数,组类Ⅰ至Ⅲ(等比中项)						
18.观测的	22.0	−0.150	0.120	0.249	0.042	0.340
19.估算的	22.0	−0.072	0.053	0.096	0.025	0.134
20.比值,第19行对第18行		0.48	0.44	0.39	0.60	0.39
组类Ⅳ						
21.观测的	57.2	−0.294	0.096	0.241	−0.017	0.201
22.估算的	57.2	−0.266	0.102	0.192	0.019	0.199
组类Ⅴ						
23.观测的	45.2	−0.271	0.052	0.091	−0.002	0.124
24.估算的	45.2	−0.204	0.042	0.096	−0.020	0.073
组类Ⅵ						
25.观测的	39.9	−0.293	0.040	0.091	−0.030	0.115
26.估算的	39.9	−0.263	0.036	0.076	−0.019	0.060
平均数,组类Ⅳ至Ⅵ(等比中项)						
27.观测的	47.3	−0.286	0.062	0.139	−0.016	0.146
28.估算的	47.3	−0.245	0.060	0.120	−0.007	0.109
29.比值,第28行对第27行		0.86	0.97	0.86	0.44	0.75
30.平均数,第20行对第29行(等比中项)		0.64	0.65	0.58	0.51	0.54

三、1953 和 1965 年截面(%)在人均国内生产总值基准点价值(1953 年美元)上的份额

	A 部门	I+S 部门	I 部门	S 部门	制造业
	(1)	(2)	(3)	(4)	(5)
65 美元					
31.1953	50.3	49.7	17.9	31.8	8.6
32.1965	46.7	53.3	21.4	31.9	11.0
135 美元					
33.1953	40.7	59.3	23.9	35.4	12.8
34.1965	38.0	62.0	26.3	35.7	14.2
270 美元					
35.1953	28.5	71.5	34.1	37.4	20.1
36.1965	26.3	73.7	35.1	38.6	20.0
450 美元					
37.1953	20.2	79.8	41.7	38.1	24.9
38.1965	18.1	81.9	43.0	38.9	26.0
900 美元					
39.1953	12.6	87.4	50.1	37.3	29.1
40.1965	11.1	88.9	51.7	37.2	31.4

产值中的份额的基础资料是根据联合国:《国民账户统计年鉴,1966 年》并辅以较早几期的数字计算而得的。按 1953 年价格计算的人均产值是通过按不变价格计算的人均国内生产总值的动态对 1958 年的人均国内生产总值外推而得的。计算时总产值取自《国民账户统计年鉴》,人口取自《人口统计年鉴》;或取自经济合作与发展组织发展中心:《欠发达国家的国民账户》(巴黎,1967 年 2 月);或取自拉丁美洲经济委员会未公开发布的大多数拉丁美洲国家的按不变要素费用计算的国民生产总值表。然后,按 1958 年美元价格的估算数再通过国民生产总值所包含的价格指数(见《总统经济报告》〔华盛顿,1968 年 2 月〕表 B—3,第 212 页)调低转换为 1953 年的美元价格。

所选取的只是在整个时期或仅比 10 年期略短些的时期中能取得其按当年价格和不变价格计算的部门份额的那些国家。不变价格数列的基期是 1960 年或 1960 年前后,只有少数国家的基期是在 1950 年代中期。第 3—6 行中的等差中项是根据最初年份(绝大多数国家是 1953 年,只有少数国家不是)的当年价格份额。每一国家的 1965 年份额的估算,是通过对 1953 年份额加上按不变价格计算的份额相对变动并调整到总加为 100(相当次要的差异)。求得 1965 年的这些估算份额(按最初年份价格)后,再算出组类平均数（按 1953 年序次），而后求出第 12、14、16、21、23 行中观测的百分比变动。按 1965 年序次分组的 1965 年份额列示在第 8—11 行。

包括在这一计算中的国家，按照其 1953 年的人均国内生产总值序次（当其所包括的时期不同于 1953～1965 年时另予说明）为：缅甸（1953～1964）、尼日利亚（1953～1963）、乌干达（1955～1965）、巴基斯坦（1953～1964）、泰国、韩国、锡兰（1956～1965）、巴拉圭、厄瓜多尔、秘鲁（1953～1963）、菲律宾、土耳其、洪都拉斯、多米尼加共和国（1953～1964）、葡萄牙、哥伦比亚、牙买加、希腊、智利、意大利、波多黎各、奥地利、阿根廷、乌拉圭、德意志联邦共和国、芬兰、法国、比利时、挪威、丹麦、联合王国、加拿大。

与每一组类的人均产值等比中项相对应的期初和期末估算份额，是从 1953 年的分组平均数（遵循表 14 的方式计算的）中算出的，并包括上节所列的 32 个国家。从这些平均数中，我们还计算出按 1953 年价格的 1953 年人均国内生产总值各基准点价值上的份额，采用同样的程序再计算出 1965 年的基准点价值上的份额。

其人均产值具有相当宽广变动范围的这 32 个国家，我们都取得了按不变价格和当年价格计算的最初和最终年份的份额以及按不变价格计算的人均国内生产总值的资料。我们计算了按 1953 年价格计的截面关系；以这一截面（或作为其基础的移动平均数）为基础，估算了 1953 至 1965 年间份额的预期变动，并按不变价格计算的份额数量向前推算，求得按 1953 年价格的观测的份额变动，而后把观测的和预期的比例变动进行对比——对比不是按个别国家而是按确立截面关系的那些组类。

在阐述结论时，必须弄清表 26 演算中的某些特点和有关的计算。首先，截面关系以及时间过程中人均产值和份额水平及变动间的关系，是按照相同的国家样本计算的。从而，对截面和时间数列的变动和关系来说，其经验的基础是相同的。其次，在表 26 中，1953 年截面被向前推算至 1965 年，如果用类似的计算把按 1965 年价格的 1965 年截面往回推算至 1953 年（表内未予列示），也会产生类似的结果。因此，无论是向前或往回推算，概括性的结论都是站得住脚的。再者，尽管最初和最终价值只是单个年份的，这对组类平均数不会有多大影响。因为，整个时期(1953～1965 年)已是第二次世界大战结束以后多年，对代表长期变动也足够长了。

所提出的结论如下：

(一) 对所有六个组类的国家，从截面估算的份额变动对观测的变动的比例，其范围从约二分之一至三分之二，反映了值得注意的不足。这样的结果与表 25 没有多大差别。在表 25 中，与 1958 年截面对比的是九个国家的更长得多的过去时期的变动。但在这里，我们还不能证明：截面日期与长期变动的最初日期间的时距可能对截面之不能“预测”时间过程中变的整个幅度有所影响。

(二) 即使第三部分中的两个截面(一个是期初，另一个是期末)相差甚微，对时间过程中变动的这一显著的低估也出现了。诚然，如与各基准点价值水平上的份额的绝对大小相对比，这些差别看来只是较小的。但在做专门的对比时，它们就十分突出了。例如，在从 65 美元至 135 美元的一定时期间的移动中，A 部门份额从 50.3 变动到 38.0(第 1 栏，第 31、34 行)，或比期初价值下降了 24%——而不是从 50.3 到 40.7(在 1953 年截面中)或从 46.7 到 38.0(在 1965 年截面中)，这两者比期初价值的下降都不到 20%。

(三) 第三部分中的两个截面可以用来分别代表 1953 年和 1965 年观测到的关系。这样，我们就可以提问：以 1953 年截面为基础的 1965 年估算价值在与 1965 年真实价值(由该年按 1953 年价格计算的截面来表示)相对比时，将显得怎样？对假设人均产值在这一期间内上升三分之一(从 1953 年基准水平 65、135、270、450 和 675 美元分别上升到 86.7、180、360、600 和 900 美元)来说，用这种方式估算的变动将低于观测到的变动：估算的变动对观测到的变动的比值A部门份额平均为0.64，I部门平均为0.67，S部门平均为0.50。同样地，也可以从所给的1965年截面往后推测，在假设人均产值较每一基准水平小四分之一时，看看在1953年的估算的份额又将是怎样？由于1965年的基准水平为86.7、180、360、600、900和1 200美元（而1953年的水平分别是65、135、270、450、675和900美元），估算的变动对观测到的变动的平均比值，在A部门的份额是0.59，在I部门的份额是0.63，而S部门的份额是0.19。其结果与表26第二部分中得出的结果相类似。但由于假设人均产值的增加在所有组类中都是同一速度的，对低收入组类分别评价的理由就不够充分，这是一个值得注意的结论，而在表26中则未能显示出来。

（四）这一结论就是：三个人均产值低的国家组类的截面与时间过程中变动间的关系与三个人均产值高的国家组类的截面与时间过程中变动间的关系对比的差别。欠发达国家在这一期间的人均产值增长中显示出显然较低的速度（第二部分第1栏）——其范围在21%和23%之间，平均为22%；而发达国家的速度的范围则在40%和57%之间，平均为47%。但是，在人均产值低的欠发达国家中，A部门份额的降低以及I部门和制造业份额的上升，要比从截面（1953年或1965年的）预期的大得多。对三个人均产值低的国家组类来说，所有主要部门除S部门外的预期的变动对观测的变动的比值都小于二分之一，而S部门则为0.6（第20行）。与此相对照，对三个人均产值高的国家组类来说，A部门份额的下降和I部门份额的上升，都与从截面预期的接近得多：预期的变动对观测的变动的比值范围都远远高于0.7。就S部门份额来说，这个比值只是0.44(第29行)。如果估算的对观测的比例变动的低比值意味着结构变动对人均产值的上升的反应速度的加快，那么，在所探讨的这段时期内，这种加速看来(与过去相对而言)在欠发达国家之间要比在发达国家之间大得多。

由于表26显示了制造业份额的截面和时间数列动态间的显著差别，我对制造业内部的主要分支再一次进行对比(表27)。这里使用了表15中关于1953年和1963年样本的基础资料。表27显示了1953年和1963年这两个截面(其平均数列示在表15中)，从中可以观测到：对总产值中的整个制造业份额来说，从1953年到1963年的水平和移动(第7a—7b行)，与表26中的较小的样本是颇为相像的(第三部分第5栏，估计了基准点价值中的差别)。

表27　国内生产总值(按当年价格)中制造业主要分支部门份额的观测的变动和估算的变动，1953～1963年(以1953年和1963年截面为基础)

一、在人均的国内生产总值各基准点价值上的在制造业增加价值中的份额和国内生产总值中的份额

	基准点价值(按1953年美元)					
	81 (1)	135 (2)	270 (3)	450 (4)	900 (5)	1 200 (6)
在制造业增加价值中的份额(%)						
1.食品、饮料和烟草						
(1)1953年截面	36.1	37.5	34.8	26.4	17.9	—
(2)1963年截面	31.6	37.4	34.8	28.1	17.2	15.5
2.纺织及服装						
(1)1953年截面	23.1	22.4	19.2	17.1	13.7	—

一、在人均的国内生产总值各基准点价值上的在制造业增加价值中的份额和国内生产总值中的份额

	基准点价值(按1953年美元)					
	81 (1)	135 (2)	270 (3)	450 (4)	900 (5)	1 200 (6)
(2) 1963年截面	23.1	18.5	17.4	16.8	13.2	11.1
3.木材、造纸、印刷及皮革						
(1) 1953年截面	13.1	10.9	11.5	13.3	15.7	—
(2) 1963年截面	9.7	10.2	10.4	11.7	14.5	15.7
4.橡胶、化学品及石油产品						
(1) 1953年截面	9.0	9.3	9.7	10.2	9.5	—
(2) 1963年截面	10.7	12.1	12.1	11.6	11.3	10.7
5.工业原料						
(1) 1953年截面	7.2	8.8	9.3	10.4	10.1	—
(2) 1963年截面	11.6	9.3	9.0	9.6	10.6	10.5
6.金属加工产品						
(1) 1953年截面	11.5	11.1	15.5	22.6	33.1	—
(2) 1963年截面	13.3	12.5	16.3	22.2	33.2	36.5
在国内生产总值中的份额(%)						
7.整个制造业						
(1) 1953年截面	9.7	12.9	19.8	25.5	29.7	—
(2) 1963年截面	13.6	15.3	20.0	24.9	29.3	30.0
8.食品、饮料及烟草						
(1) 1953年截面	3.5	4.8	6.9	6.7	5.3	—
(2) 1963年截面	4.3	5.7	7.0	7.0	5.0	4.6
9.纺织及服装						
(1) 1953年截面	2.2	2.9	3.8	4.4	4.1	—
(2) 1963年截面	3.1	2.8	3.5	4.2	3.9	3.3
10.木材、造纸、印刷及皮革						
(1) 1953年截面	1.3	1.4	2.3	3.4	4.7	—
(2) 1963年截面	1.3	1.6	2.1	2.9	4.2	4.7
11.橡胶、化学品及石油产品						
(1) 1953年截面	0.9	1.2	1.9	2.6	2.8	—

一、在人均的国内生产总值各基准点价值上的在制造业增加价值中的份额和国内生产总值中的份额

	基准点价值(按 1953 年美元)					
	81 (1)	135 (2)	270 (3)	450 (4)	900 (5)	1 200 (6)
(2) 1963 年截面	1.5	1.9	2.4	2.9	3.3	3.2
12. 工业原料						
(1) 1953 年截面	0.7	1.1	1.8	2.6	3.0	—
(2) 1963 年截面	1.6	1.4	1.8	2.4	3.1	3.2
13. 金属加工产品						
(1) 1953 年截面	1.1	1.5	3.1	5.8	9.8	—
(2) 1963 年截面	1.8	1.9	3.2	5.5	9.8	11.0

二、国内生产总值中份额的观测的变动与估算的变动,1953～1963 年
(%,在人均国内生产总值标准上升三分之一时的变动)

	整个制造业 (1)	食品、饮料及烟草 (2)	纺织及服装 (3)	木材、造纸、印刷及皮革产品 (4)	橡胶、化学品及石油产品 (5)	工业原料 (6)	金属加工产品 (7)
1953 年的 81 美元至 1963 年的 108 美元观测的份额及变动							
14. 份额,1953 年	9.7	3.5	2.2	1.3	0.9	0.7	1.1
15. 份额,1963 年	14.6	5.1	2.9	1.5	1.7	1.5	1.9
16. 变动	+4.9	+1.6	+0.7	+0.2	+0.8	+0.8	+0.8
估算的变动							
17. 向前(用 1953 年截面)	+1.8	+0.7	+0.4	+0.1	+0.2	+0.2	+0.2
18. 往后(用 1963 年截面)	+1.0	+0.8	−0.2	+0.2	+0.2	−0.1	+0.1
1953 年的 135 美元至 1963 年的 180 美元观测的份额及变动							
19. 份额,1953 年	12.9	4.8	2.9	1.4	1.2	1.1	1.5
20. 份额,1963 年	17.3	6.2	3.1	1.8	2.1	1.6	2.5
21. 变动	+4.4	+1.4	+0.2	+0.4	+0.9	+0.5	+1.0

二、国内生产总值中份额的观测的变动与估算的变动，1953～1963 年
（%，在人均国内生产总值标准上升三分之一时的变动）

	整个制造业 (1)	食品、饮料及烟草 (2)	纺织及服装 (3)	木材、造纸、印刷及皮革 (4)	橡胶、化学品及石油产品 (5)	工业原料 (6)	金属加工产品 (7)
估算的变动							
22. 向前	+2.9	+0.8	+0.4	+0.4	+0.3	+0.3	+0.7
23. 往后	+1.9	+0.5	+0.3	+0.2	+0.2	+0.1	+0.6
1953 年的 270 美元至 1963 年的 360 美元观测的份额及变动							
24. 份额，1953 年	19.8	6.9	3.8	2.3	1.9	1.8	3.1
25. 份额，1963 年	22.8	7.0	3.9	2.6	2.7	2.1	4.5
26. 变动	+3.0	+0.1	+0.1	+0.3	+0.8	+0.3	+1.4
估算的变动							
27. 向前	+3.2	—0.1	+0.3	+0.6	+0.4	+0.5	+1.5
28. 往后	+2.8	0	+0.4	+0.5	+0.3	+0.3	+1.3
1953 年的 450 美元至 1963 年的 600 美元观测的份额及变动							
29. 份额，1953 年	25.5	6.7	4.4	3.4	2.6	2.6	5.8
30. 份额，1963 年	26.7	6.2	4.0	3.5	3.0	2.7	7.3
31. 变动	+1.2	−0.5	−0.4	+0.1	+0.4	+0.1	+1.5
估算的变动							
32. 向前	+1.7	−0.6	−0.1	+0.5	+0.1	+0.1	+1.7
33. 往后	+1.8	−0.8	−0.1	+0.5	+0.2	+0.3	+1.7
1953 年的 675 美元至 1963 年的 900 美元观测的份额及变动							
34. 份额，1953 年	28.0	5.9	4.2	4.1	2.7	2.9	8.2
35. 份额，1963 年	29.3	5.0	3.9	4.2	3.3	3.1	9.8
36. 变动	+1.3	−0.9	−0.3	+0.1	+0.6	+0.2	+1.6
估算的变动							
37. 向前	+1.7	−0.6	−0.1	+0.5	+0.1	+0.1	+1.7
38. 往后	+1.8	−0.8	−0.1	+0.5	+0.2	+0.3	+1.7

二、国内生产总值中份额的观测的变动与估算的变动，1953～1963年
(%，在人均国内生产总值标准上升三分之一时的变动)

	整个制造业	食品、饮料及烟草	纺织及服装	木材、造纸、印刷及皮革	橡胶、化学品及石油产品	工业原料	金属加工产品
	(1)	(2)	(3)	(4)	(5)	(6)	(7)
1953年的900美元至1963年的1 200美元观测的份额及变动							
39. 份额，1953年	29.7	5.3	4.1	4.7	2.8	3.0	9.8
40. 份额，1963年	30.0	4.6	3.3	4.7	3.2	3.2	11.0
41. 变动	+0.3	−0.7	−0.8	0	+0.4	+0.2	+1.2
估算的变动							
42. 往后	+0.7	−0.4	−0.5	+0.5	−0.1	0	+1.2
平均变动							
两个人均产值较低的组类(第14—23行)							
43. 观测的	+4.65	+1.5	+0.45	+0.3	+0.85	+0.65	+0.9
44. 估算的(向前及往后预测的平均数)	+1.9	+0.7	+0.2	+0.2	+0.2	+0.2	+0.4
三个人均产值较高的组类(第29—42行)							
45. 观测的	+0.9	−0.7	−0.5	+0.1	+0.5	+0.2	+1.4
46. 估算的(向前及往后预测的平均数)	+1.4	−0.6	−0.2	+0.5	+0.1	+0.1	+1.5

—：资料未能取得。

样本中所包括的国家、资料来源及第1—13行中用来计算截面价值的程序，见表15注释。

关于用向前和往后预测计算“估算的”变动的方法以及计算“观测的”变动的方法，无论是根据1953年和1963年的演算，都见于正文的阐述。

为得到第44和46行的数值，在平均估算变动时，向前及往后预测的结果对每一人均产值的组类都同等地加权，然后再一次平均。

像在表26中那样，表27中的估算变动低于观测到的变动。

但是在这里，估算变动小的局限于人均产值的较低组别（从 81 美元至 108 美元以及从 135 美元至 180 美元）。而在人均产值的较高组别中，份额的估算变动显然大于观测到的。在人均产值的较低和较高水平上的结论所形成的对照，和表 26 中也是相同的。

这里主要关心的是近便地总括在第 43—46 行的关于分支的结论。在人均产值较低的组别中，对所区分的六个主要分支来说，估算变动都低于观测到的（后者全部都上升）。在人均产值较高的组别（450 美元至 600 美元以及更高的）中，总产值中整个制造业份额的上升，其估算数值大于观测到的数值，但并不太多，这是因为在制造业的各分支中，既有估算的变动上升较大的分支（如木材、造纸及皮革组），也有估算的变动下降较小的分支（如食物产品组，特别是纺织及服装组）。

我们还能观察到：关于估算的和观测的变动间的不同，在主要分支间有着持久的差别。例如，化学品分支的估算的上升一贯低于观测到的，前者比后者要低四分之一多。在食物产品分支，在净差额上，估算变动低于观测到的。但在纺织及服装以及木材分支就不是这样。但是，这些资料本身还不能提供更详细的研究：主要的一点就是，在战后年代，明确地显示了制造业主要分支的截面变动估算数，在不同的人均水平上的不同方式中，低于观测到的数列，至于整个制造业就更不用说了。[①]

① 梅泽尔斯在《工业增长和世界贸易》（剑桥：剑桥大学出版社，1963 年）表 25，第 53 页中，同等地揭示了与制造业主要分支的人均收入和增长率相联系的截面和时间趋势参数间的主要差别，截面指 1955 年，时间趋势指 1899～1957 年。所采用的双重对数形式的回归公式，使之适合于以制造业的人均增加价值（按不变价格）为因变数、以

在表 25、26、27 所包括的有限样本的基础上，不可能要求作出一般性的结论。在对劳动力的部门份额的截面和时间过程中的变动间的关系作出考察（第六章）以前，在任何情况下都必须把推断推迟。然而，以上的讨论指明了：虽然截面能揭示出人均产值（以及类似的关键的综合性的变量）的上升与部门及其细分部分份额变动（以及增长着的经济结构的另一些方面）之间在时间过程中的联系的方向，它们不大可能对估算恰当的参变数提供坚实的基础。

在这个时候，人们可能回到前节末的估价问题的讨论，并且论辩说，假设截面中的人均产值变动范围相对于时间过程中的人均产值的变动是被夸大了，就可能使截面和时间过程中的变动的参变数一致。从而，如果截面中的人均产值变动范围缩小了，那么，与同样的人均产值差异相应的部门份额的移动就比较大，截面估算数就不致低于时间过程中观测到的份额的变动。但是，如果要利用这样的程序来有效地消除截面估算数和时间过程中的变动间的显著差别，截面中的人均差异的调整势必与人均产值的那几个变动范围大不相同。例如，就表 26 来说，人们就能看到，对截面的必要调整势必假定：人均产值（时间过程中的）每增加 20%—25%，在人均产值的低水平（从53美元至163美元，1953年价格）

人均的实际产值和人口规模（后者只用于截面）为自变数。人均产值的回归系数（它支配着回归）只是在金属和金属加工产品的截面和时间趋势上大致相同。对食品、饮料及烟草来说，这两组回归系数（把截面排列在先）是 1.10 和 0.78，时间趋势高估了约 40%；对化学工业，它们是 1.31 和 2.44，时间趋势的低估约为二分之一；对纺织工业，它们是 0.93 和 0.59，时间趋势的高估几乎是五分之三；对其他制造工业（主要是木材、造纸及印刷组），它们是 1.50 和 1.16，时间趋势的高估约是十分之三。所有这些差异都是标准误差的巨大倍数。其中有一些（特别是化学工业和其他制造工业组）与表 27 中显示的差别是类似的。

上的人均产值变动范围就要足足缩小二分之一；但是，在大约300美元或更多的水平上，对将近50%的增长来说，调整就会仅限于十分之一。目前，我们看不出对截面中的这种差异调整有什么理论基础，它们只是为了使截面参变数与长期变动的参变数相一致而作出的一种特定修订。在为消除表27中的估算的变动与观测的变动间的差别而对截面中人均产值的差异调整提供根据时，也面临着类似的问题。

很可能是，这种差别在分析上是具有重大意义的。它反映了人均收入和部门份额间的关系形式在时间过程中的确变动了——这一推断是从近代经济增长借以产生的持续变动着的技术和组织结构中得到启示的。因此，应该研究这些差别而不是消除它们。以看来似乎是自相矛盾的语句来说，截面的价值可能并不在于它能否正确地预测时间过程中变动的幅度的能力，而是在于它揭露了其内含的变动与观测到的历史变动间的差别——这种差异指明了时间过程上的变动在各种经济变量的关系上必然已经发生。但是，这种时间过程上的变动的正确鉴定，则需要有长期记录的验证。

第五章　劳动力的各部门份额:截面考察

一、人均产值和部门份额的联系

产值的部门份额的差异,并不含有生产资源的部门份额也会有相似的差异的意思。因此,在1958年人均国内生产总值为70美元基准点价值时,国内生产总值中A部门的份额为48.4%;而在基准点价值为1 000美元(参阅表14)时,A部门份额是11.7%。这种发现,并不意味着在上述两个人均国内生产总值的基准水平时,劳动力的A部门份额也是48.4%和11.7%;或两者的差异是相同的。另一个不难想象到的关系,特别是由于劳动力对总人口的比例,在整个人均产值由低到高的范围内大致相同。因此,在人均国内生产总值70美元和1 000美元基准水平间比例的差异,在可比的水平上也应该和按每个工人平均国内生产总值的比例的差异相同。举个例子来说明:假设在70美元水平时,劳动力的A部门份额为48.4%,与其在国内生产总值中的份额相同,那么,这就意味着A部门每个工人的产出和全国范围的每个工人的产出是同样的。再假设:在转变到1 000美元基准水平时,A部门的每个工人产出只升高到始点水平时的四倍;而全国范围的人均和每

表 28　依据 1958 年人均国内生产总值分组的 59 个国家 1960 年劳动力的生产部门份额

	8 组国家(依据 1958 年人均国内生产总值递增次序排列)								
	Ⅰ (1)	Ⅱ (2)	Ⅲ (3)	Ⅳ (4)		Ⅴ (5)	Ⅵ (6)	Ⅶ (7)	Ⅷ (8)
1. 国家数	5	6	6	18		6	6	6	6
人均国内生产总值(美元)	72.3	107	147	218		382	588	999	1 501
3. 国家的地区分布	A－3 F－2	A－3 F－2 L－1	A－1 F－4 L－1	A－4 F－2 L－10 E－2		A－1 F－4 E－1	A－1 L－2 E－3	E－6	E－2 S－4
主要部门的份额(%)									
4. A	79.7	63.9	66.2	59.6		37.8	21.8	18.9	11.6
5. I	9.9	15.2	16.0	20.1		30.2	40.9	47.2	48.1
6. S	10.4	20.9	17.8	20.3		32.0	37.3	33.9	40.3
I 部门的细分部分									
7. 矿业和采掘业	1.2	1.2	0.9	1.1		1.2	0.8	1.5	1.0
8. 制造业	5.7	7.5	9.0	11.6		17.4	24.2	29.3	29.7
9. 建筑业	1.4	2.9	2.8	3.9		6.0	8.5	8.3	8.5
10. 电、煤气和水	0.2	0.5	0.6	0.4		0.9	1.4	0.8	1.4
11. 运输、仓储和通讯	1.4	3.1	2.7	3.1		4.7	6.0	7.3	7.3
S 部门的细分部分									
12. 商业	4.7	6.9	8.4	7.4		11.8	14.5	13.7	17.8
13. 服务业	5.7	14.0	9.4	12.9		20.2	22.8	20.2	22.5

关于 A、I、S 部门内涵范围，关于国家地区代号以及关于资料来源和计算 1958 年按人口平均国内生产总值步骤(参阅表 12)的脚注。本表中，S 部门的细分部分仅限于商业和服务业。

本表所指的 59 个国家和地区(人均国内生产总值低高顺序排列)是：巴基斯坦、塞拉利昂、印度、泰国、苏丹、印度尼西亚、海地、埃及(阿拉伯联合共和国)、利比亚、韩国、中国台湾、巴拉圭、叙利亚、突尼斯、象牙海岸、加纳、摩洛哥、利比里亚、厄瓜多尔、洪都拉斯、土耳其、秘鲁、沙巴和沙捞越、菲律宾、毛里求斯、多米尼加共和国、马来亚、萨尔瓦多、哥伦比亚、葡萄牙、危地马拉、尼加拉瓜、巴西、墨西哥、西班牙、希腊、牙买加、哥斯达黎加、智利、日本、乌拉圭、爱尔兰、意大利、以色列、波多黎各、阿根廷、荷兰、芬兰、德意志联邦共和国、比利时、挪威、丹麦、法国、澳大利亚、瑞士、新西兰、瑞典、加拿大和美国。

本表的劳动力部门份额(不包括未划归到产业部门的人员),系各个被计算国家(哥伦比亚和海地除外)劳动力的部门份额的等差中项。各国劳动力部门份额的绝对数字,来自联合国:《人口统计年鉴,1964 年》(纽约,1965 年),表 12,同书增刊,表 9 和国际劳工局:《劳动统计年鉴》1966 年,(日内瓦,没有出版日期)表 2A。实情的大多数资料是 1960 年的数字。哥伦比亚和海地的材料,来自拉丁美洲经济委员会的资料,是 1 962 年的。

至于巴西,这是个未提供详细资料的国家。其电、煤气和水,是和金融结合在一起的。我们假设,电、煤气和水分支的劳动力在总劳动力中占的份额为 1%,而把其余数则转入商业分支。

个工人的产值升高到 14.29 倍(1 000÷70)。在 1 000 美元水平时,劳动力的 A 部门应有的份额,将是 41.8%——比在 70 美元水平时的份额低得不很多。人均(或者按每个工人平均)产值高的国家和低的国家,总产值中 A 部门的份额,其差别将会很大的;而在劳动力的 A 部门份额上,则其差别甚小。因此,在产出"工业化"时,就会没有同时出现劳动力的"工业化"。

这里的讨论,集中在劳动力的部门份额,而不是资本的部门份额。一个明显的理由是,劳动力的部门分配的现有资料,足够让人们进行分析;而资本的情况则不是这样(虽然现行资本构成部门分配的数字,其资料提供还是齐备的)。但是,还有一个使劳动力份额显得重要而更为本质的理由,这个理由正好可以用来说明为什么劳动力分配的数据极为丰富:生产的部门结构是使人关心的,因为在特定部门就业,就会把特定形式强加在该部门从业人员(及其家属)的生活上,既影响着参与者所负的那一份事业心和职业地位,又决定参与者所从事的活动。由于在经济领域中的职业活动对从事这项职业活动的人员(及其家属)的生活已起着支配的作用,由于加在从业人员身上的生活和工作形式在各部门中的差异又是很大的;所以,要是说生产结构对从业人员(及其家属)生活的这些影响,是生产结构的极其重要的方面,从而各国间生产结构上差别的影响也显得重要,那是一点也不夸张的。难怪,经济活动和附着于主要部门经济中积极活动的人口资料,是属于最古老而又最常收集的资料的类型——不管以某种富有意义的方式来应用这种资料还会有种种的困难。

表28是有关依据1958年人均国内生产总值分组的59个国家在1960年的劳动力的主要部门及其细分部分的份额。该表中部门及其细分部分的定义,是和在总产值中所用的相同。在分析产值时,那些由其外生来源份额太高或者由于政治干扰条件所引起的失真效应而省略掉的国家,本表也未予收载。劳动力,或者有收益的工人,或者在经济上积极活动的人口(这三个术语是交替使用的,因为三者之间的微小差异在这里是不大考虑的。)定义是:"为生产经济财货和劳务提供有用劳动的所有男人和女人。"①像所有这类定义一样,它隐藏着许多困难,而这许多困难正是该定义在国际应用上具有同样众多的不可比性的来源。产生这些困难的原因是:各国用来限定劳动力范围而设定的年龄下限的不同,各国处理不支付工薪的家庭劳动者,在处理只是参加部分时间工作的劳动者以及武装人员的统计方法的不同,等等。有些具体的与分析特别有关的问题,在本章讨论各种调整时再加以说明。现在,我

① 联合国:《人口统计年鉴》1964年,(纽约,1965年)第9表的脚注,第28页。

们将在上述定义下使用劳动力这一术语，以便描绘出在不同的经济成就或按人口平均国内生产总值下劳动力的部门份额的总概图。

表28表明，在本章开初举例说明中所用的假设是不现实的。当我们从人均产值低的国家向人均产值高的国家移动时，要是总产值中的A部门份额显著地下降，那么，劳动力的A部门份额的下降甚至还会更大。一般说来，表28给我们的印象是：随着人均产值的不同，劳动力的各部门及细分部分份额的变化（比起产值中各部门及细分部分份额的变化），会更为显著。

对劳动力的部门份额和产值的部门份额的更有效的比较，要求把两者归并为同一的基准水平。表29显示了在转移到同一的基准水平上劳动力的部门份额。同时，也对1950年的劳动力的部门份额做出了估算，以供和1958年人均国内生产总值基准点水平进行比较。

我们之所以要对1950年份额和1960年份额进行比较的一个原因是：我们要看看在应用依据1958年人均国内生产总值对59个国家分组的1960年劳动力份额数字时，其中包含的误差到底有多大。我选用1958年人均国内生产总值对59个国家进行分组，是由被观察国家的大多数在该年都具有用美元计算的总产值和人均产值的材料这件事决定的。另一方面，劳动力的部门份额，是根据人口普查的资料估算的，对大多数国家来说，最新的是1960年资料；而每年的劳动力的部门分配资料，只有很少数几个国家有这种材料。

表 29　根据 1958 年人均国内生产总值基准水平计算的劳动力的生产部门份额,1960 年、1950 年和对 1958 年估算的份额(%)

	1958 年国内生产总值基准水平(美元)				
	70 (1)	150 (2)	300 (3)	500 (4)	1 000 (5)
一、1960 年的份额					
主要部门					
1. A	80.5	63.3	46.1	31.4	17.0
2. I	9.6	17.0	26.8	36.0	45.6
3. S	9.9	19.7	27.1	32.6	37.4
I 部门的细分部分					
4. 矿业和采掘业	1.2	1.0	1.0	1.1	1.1
5. 制造业	5.5	9.3	15.5	21.4	27.9
6. 建筑业	1.3	3.2	5.4	7.1	8.4
7. 电、煤气、水	0.2	0.5	0.8	1.0	1.2
8. 运输、仓储和通讯	1.4	3.0	4.1	5.4	7.0
S 部门的细分部分					
9. 商业	4.5	7.6	10.3	12.5	15.5
10. 服务业	5.4	12.1	16.8	20.1	21.9
二、1950 年的份额					
11. A	79.3	65.0	45.7	31.5	20.8
12. I	7.8	16.9	27.2	37.0	44.1
13. 商业	5.6	5.7	8.8	11.3	13.9
14. 服务业	7.3	12.4	18.3	20.2	21.2
三、1958 年的份额					
15. A	80.3	63.7	46.0	31.4	17.7
16. I	9.2	17.0	26.9	36.2	45.3
17. 商业	4.7	7.2	10.0	12.2	15.2
18. 服务业	5.8	12.1	17.1	20.2	21.8

第1—10行:数据的基础来自表28,计算步骤如表14脚注所述。

第11—14行:各国的份额数据的基础,来自库兹涅茨:《各国经济增长的数量Ⅱ、国民产值和劳动力的产业分配》,《经济发展和文化动态》,第5卷,第4期(1957年7月)增刊,附表3,第75—81页;但斯里兰卡和希腊除外。斯里兰卡数据,是来自斯诺德格拉斯:《锡兰:一个转变中的出口经济》,耶鲁大学经济增长研究中心(依利诺州霍姆伍德,理查德欧文,1966年),表A—26,第322—323页,(1946年和1953年的份额平均值);希腊数据(1951年的)来自联合国:《人口统计年鉴》1956年;(纽约,1956年)。该年鉴跨越的年份从1947年至1953年,材料的绝大多数是关于1950年的。

各国的1950年人均国内生产总值的估算,是用表示1958年水平的不同指数中的一种外推到1950年的。上述指数(以不变要素费用或者以不变市场价格为基础计算的国内生产总值指数。)的主要资料来源是:(1)联合国:《国民账户统计年鉴》1964年和1966年,分国别的统计表;(2)经济合作和发展组织的开发中心:《欠发达国家的国民账户》(巴黎,1967年2月),尤其是表B,第9—12页;(3)拉丁美洲经济委员会研究处提供的拉丁美洲国家按1960年不变要素费用专门估算的国内生产总值。本表所用的、与(1)和(3)资料来源相关联的人口数字,均取自联合国:《人口统计年鉴》1965年(纽约,1967年),表4。

在每个国家的份额及其依据1958年价格计算的人均国民生产总值已有了之后,如表内A部分的依据1958年价格计算的人均国内生产总值基准点价值的份额,都是用表14所采用的计算步骤估算的。

第15—18行:根据1950年数值和1960年数值,用直线内插法估算的。

表29表明:在1950年代的10年中,在相同的1958年按人口平均国内生产总值水平下,劳动力的部门份额每一年的变动率只有1%的几分之几。如果我们在1950年至1960年间用简单线性内插法估算劳动力的1958年部门份额,那么,估算的结果和1960年的部门份额相差甚微。因此,在很多场合,我们可用劳动力的1960年部门份额来代表劳动力的1958年部门份额;或者选择另一种,使用表内C部分由内插法推算的劳动力的1958年部门份额。在相同的1958年人均国内生产总值水平下,劳动力的部门份额和国内生产总值的部门份额的比较(表29和表14),显示出下

述的差异和相似之处。

（一）劳动力的A部门份额，一般地高于产值中的A部门份额。前者的变动范围为80%至18%；后者的变动范围为48%至12%。相反地，劳动力的I部门份额和S部门份额，却明显地低于产值中的I部门份额和S部门份额。关于每个工人产出对这些差异的影响，将在后面与表31相联系起来加以讨论。

（二）如果我们从人均产值低的国家向人均产值高的国家移动，我们就可发现劳动力的A部门份额的下降，和产值的A部门份额的下降是一样地显著。前者的绝对下降约为63个百分点，当然大于后者的约为37个百分点；而以下降率来说，则两者的差异还会大些。

（三）与人均产值的变动相联系的，劳动力的部门份额变动是高于产值的部门份额变动，就I部门来说甚至更为显著（由人均产值较低的初始水平移动到较高水平时，劳动力的部门份额上升了36个百分点，而产值的部门份额却只上升了28个百分点）。两者在制造业部门份额的变动的差异，则没有那样大：就劳动力来说，上升了22个百分点；而就产值来说，上升了20个百分点。但在建筑业、运输业和公用事业，差异则要大些：劳动力在建筑业部门的份额上升7.1个百分点，产值在建筑业部门份额只上升2.5个百分点；而劳动力在运输和公用事业部门份额上升6.6个百分点，产值在运输和公用事业部门份额只上升4.3个百分点。

（四）但是，最显著的差异是两者在S部门的份额。特别是在我们把金融和房地产分支从S部门中除外后，那差异就更显著了。因为就金融和房地产来说，把它们的产值和劳动力相比较是不适宜的。在第三章，当我们从低收入国家观察到高收入国家时，我们碰到总产值中的商业部门份额没有上升这一个令人困惑的问题；而且，鉴于由人均产值和都市化的增长而引起的对服务业需求巨大的相对增长，即使服务业部门份额大约只上升三分之一，也是令人惊讶的。在我们从最低的人均产值基准水平观察到最高的人均产值基准水平的时候，我们就发现劳动力的商业部门份额升高两倍多，而劳动力的服务业部门份额也升高了三倍。

（五）劳动力在S部门及其细分部分的份额，对人均产值差别的反应更为敏感的一个明显结果，就是从农业移转出的劳动力比起从A部门移转出的产值更均匀地分布到I部门和S部门。因此，在表29中，在70美元至1 000美元的基准点价值全距内，劳动力的A部门份额下降62.6个百分点，I部门份额上升36.1个百分点，而S部门份额上升26.3个百分点——或者说，为A部门份额下降量的十分之四略多一些（表29，第15—18行）。就产值来说，S部门份额只上升8.9个百分点——或者说，还不到A部门份额总下降量（36.7个百分点）的四分之一（参阅表14，第1—5行）。

虽然一般说来劳动力的部门份额对人均产值差别的反应比国内生产总值的部门份额对它的反应更敏感，但就制造业来说，两者的敏感度几乎相等。劳动力在制造业部门的份额上升了22.4个百分点（表29，第5行）；总产值中制造业部门的份额上升了20.3个百分点（参阅表14）。从制造业各个行业取样检验，所得的结果是相似的：劳动力在制造业总份额上升20.6个百分点（表30，第20行），而国内生产总值中制造业总份额上升18.4个百分点（表

15,第20行)。

表30　根据人均国内生产总值基准水平计算的(1953年和1963年的截面平均值)制造业各行业在整个制造业劳动力中和在总劳动力中所占的份额

	人均国内生产总值基准点价值					
1953年(美元)	81	135	270	450	900	1 200[a]
1958年(美元)	91.7	153	306	510	1 019	1 350
	(1)	(2)	(3)	(4)	(5)	(6)
一、在整个制造业劳动力中的份额						
1.食品、饮料和烟草	28.4	29.5	28.5	22.8	15.2	14.0
2.纺织品	20.3	17.5	11.9	10.5	8.4	6.6
3.服装和鞋类	8.0	12.2	15.3	13.9	11.2	10.0
4.木制品和家具	12.2	9.4	8.4	8.0	7.9	7.4
5.纸和纸制品	0.5	0.8	1.4	2.2	3.1	3.3
6.印刷及出版	1.9	2.2	2.7	3.3	4.3	4.8
7.皮革制品(不包括鞋类)	1.3	1.4	1.4	1.3	1.0	0.9
8.橡胶制品	1.0	1.0	0.9	1.0	1.2	1.3
9.化学及石油产品	4.4	4.6	4.4	4.8	4.9	5.0
10.非金属矿产品	6.1	6.1	4.8	4.7	4.3	4.1
11.基本金属	3.0	2.3	2.4	3.5	4.6	4.8
12.金属加工产品	10.8	11.0	15.6	21.2	30.2	33.7
13.其他	2.1	2.0	2.3	2.8	3.7	4.1
主要组类						
14.食品、饮料与烟草	28.4	29.5	28.5	22.8	15.2	14.0
15.纺织品和服装(第2—3行)	28.3	29.7	27.2	24.4	19.6	16.6
16.木制品、纸、印刷和皮革(第4—7行)	15.9	13.8	13.9	14.8	16.3	16.4
17.橡胶、化学和石油产品(第8—9行)	5.4	5.6	5.3	5.8	6.1	6.3
18.工业原材料(第10—11行)	9.1	8.4	7.2	8.2	8.9	8.9
19.金属加工产品(第12—13行)	12.9	13.0	17.9	24.0	33.9	37.8

	人均国内生产总值基准点价值					
1953 年(美元)	81	135	270	450	900	1 200[a]
1958 年(美元)	91.7	153	306	510	1 019	1 350
	(1)	(2)	(3)	(4)	(5)	(6)
二、在总劳动力中的份额						
20. 整个制造业	8.3	10.5	16.3	21.9	28.1	28.9
21. 食品、饮料与烟草	2.4	3.1	4.7	5.0	4.3	4.0
22. 纺织品	1.7	1.8	1.9	2.3	2.4	1.9
23. 服装与鞋类	0.7	1.3	2.5	3.0	3.1	2.9
24. 木制品和家具	1.0	1.0	1.4	1.8	2.2	2.1
25. 纸及纸制品	b	0.1	0.2	0.5	0.9	1.0
26. 印刷及出版	0.2	0.2	0.4	0.7	1.2	1.4
27. 皮革(不包括鞋类)	0.1	0.2	0.2	0.3	0.3	0.2
28. 橡胶制品	0.1	0.1	0.2	0.2	0.3	0.4
29. 化学制品和石油产品	0.3	0.5	0.7	1.1	1.4	1.5
30. 非金属矿产品	0.5	0.6	0.8	1.0	1.2	1.2
31. 基本金属	0.2	0.2	0.4	0.8	1.3	1.4
32. 金属加工产品	0.9	1.2	2.5	4.6	8.5	9.7
33. 其他	0.2	0.2	0.4	0.6	1.0	1.2
主要组类						
34. 食品、饮料和烟草	2.4	3.1	4.7	5.0	4.3	4.0
35. 纺织品和服装(第 24—27 行)	2.4	3.1	4.4	5.3	5.5	4.8
36. 木制品、纸、印刷和皮革(第 24—27 行)	1.3	1.5	2.2	3.3	4.6	4.7
37. 橡胶、化学和石油产品(第 28—29 行)	0.4	0.6	0.9	1.3	1.7	1.9
38. 工业原材料(第 30—31 行)	0.7	0.8	1.2	1.8	2.5	2.6
39. 金属加工产品(第 32—33 行)	1.1	1.4	2.9	5.2	9.5	10.9

a. 根据 1963 年的美元数，但在 900 美元(按 1953 年价格计算)基准水平下的 1953 年结构和 1963 年结构是非常类似的。

第 1—13、21—23 行：样本内所包括的国家、资料来源和计算步骤详情，请参阅表 15 的脚注。

第 20 行：所包括的国家是(依据 1953 年的人均国内生产总值低高顺序)指印度、巴基斯坦、泰国、海地、埃及、巴拉圭、秘鲁、菲律宾、摩洛哥、洪都拉斯、土耳其、多米尼加共和国、葡萄牙、萨尔瓦多、哥伦比亚、尼加拉瓜、墨西哥、西班牙、牙买加、希腊、日本、哥斯达黎加、智利、意大利、波多黎各、阿根廷、爱尔兰、奥地利、以色列、荷兰、芬兰、德意志联邦共和国、法国、比利时、挪威、丹麦、联合王国、澳大利亚、瑞士、新西兰、瑞典、加拿大和美国。关于得出1953年和1963年人均国内生产总值的两种方法,请参阅表15的总注。对于海地,这一个在表15未包括在内的国家,其人均国内生产总值系根据表15引用的经济合作和发展组织出版物计算的。

制造业的份额,是制造业劳动力在总劳动力中的百分比,总劳动力内不包括未归入某个产业部门的劳动力。两个调查年(或考察年)的份额,是按照1953年和1963年直线计算或利用内插法或者外推法求出的。资料来源,即联合国的《人口统计年鉴》1955年和1956年(用来计算较早的人口普查资料);《人口统计年鉴》1964年,(用来计算最近的人口普查资料);国际劳工局的《劳动统计年鉴》(用来计算1956年起至1968年的统计资料);至于1962年海地统计数值,其资料来源是拉丁美洲经济委员会。

在人均产值基准点价值的全部范围内,劳动力和产值在制造业各行业之间的份额变动形式非常类似,这是令人感兴趣的。和表15相同,表30表明:在较低的人均产值范围(即从按1958年价格计算的大约92美元至300美元的范围——从1至3栏的范围)内,制造业内部各行业间的结构,和在较高的人均产值范围内更为显著的结构相比,变动有限。在造纸、印刷和出版、橡胶制品、化学产品和石油、基本金属和金属加工产品等行业从业的劳动者在全国总劳动力中所占的份额,在这里则是显著且持续地上升着的。但是,在食品、纺织品、服装、木制品和皮革产品等行业从业的劳动者,他们在全国总劳动力中所占的份额,却显现出不同的动向——在提高到500美元或者1 000美元水平时是上升的,而后就变为下降了。当然,制造业内各行业在总产值中和在全国总劳动力中所占份额的变动和水平之间,是有一些差异的;但突出的是相似性。不过,当讨论到每个工人的产值时,差异就会显露出来了。

二、不同部门的每个工人的产值

劳动力和国内生产总值的部门份额水平和运动的差异，意味着每个工人产值的部门差异。根据表29和表14的资料，计算的结果已列示在表31内。

把某一给定部门在总产值中的份额，用该部门在总劳动力中占的份额来除，我们就得到每个工人的部门产出，它用对全国范围的每个工人产值的比率来表示。设 O_i 和 O_t 分别为i部门的产值和整个经济的总产值，设 L_i 和 L_t 分别为i部门的劳动力和整个经

表31 根据人均国内生产总值基准水平计算的1960年每个工人的部门产值及其当量

一、每个工人的部门产值(全国范围每个工人的产值，不包括银行、保险和房地产以及住房收入，等于1.00)

	1958年人均国内生产总值基准点价值(美元)				
	70 (1)	150 (2)	300 (3)	500 (4)	1 000 (5)
主要部门					
1. A	0.63	0.63	0.63	0.65	0.75
2. I+S	2.53	1.64	1.32	1.16	1.05
3. I	2.25	1.67	1.35	1.24	1.15
4. S	2.80	1.61	1.29	1.06	0.93
I部门的细分部分					
5. 制造业	1.75	1.58	1.28	1.20	1.15
6. 建筑业	3.23	1.42	1.04	0.95	0.85
7. 运输、仓储、通讯和电、煤、水	4.18	2.15	1.75	1.60	1.38

一、每个工人的部门产值(全国范围每个工人的产值,不包括银行、保险和房地产以及住房收入,等于 1.00)

	1958年人均国内生产总值基准点价值(美元)				
	70 (1)	150 (2)	300 (3)	500 (4)	1 000 (5)
S 部门的细分部分					
8. 商业	2.97	1.96	1.55	1.19	0.94
9. 服务业	2.65	1.39	1.13	0.99	0.92
部门间的比率					
10. (I+S)/A(行 2∶行 1)	4.02	2.60	2.10	1.78	1.40
11. S/I(行 4∶行 3)	1.24	0.96	0.96	0.85	0.81
12. 商业/服务业(行 8∶行 9)	1.12	1.41	1.37	1.20	1.02
不同部门每个工人产值不等量的度量					
13. 三个主要部门	59.4	47.1	34.5	21.8	13.9
14. 所有细分部分	59.4	47.1	34.5	23.2	16.4

二、每个工人产值部门内变动和部门间移转对每个工人国内生产总值差异的作用

	基准点价值连续相继的组距(美元)				
	70 至 150 (1)	150 至 300 (2)	300 至 500 (3)	500 至 1 000 (4)	70 至 1 000 (5)
期末值对期初值的比率					
15. 人均国内生产总值(与每个工人国内生产总值相同)	2.14	2.00	1.67	2.00	14.28
16. 每个工人国内生产总值,不包括银行、保险、房地产和住房收入	2.08	1.97	1.67	2.02	13.79
17. A 部门每个工人产出	2.08	1.97	1.72	2.33	16.41
18. I 部门每个工人产出	1.54	1.59	1.53	1.87	7.05
19. S 部门每个工人产出	1.20	1.58	1.37	1.77	4.58

二、每个工人产值部门内变动和部门间移转对每个工人国内生产总值差异的作用

	基准点价值连续相继的组距(美元)				
	70 至 150 (1)	150 至 300 (2)	300 至 500 (3)	500 至 1 000 (4)	70 至 1 000 (5)
20. 制造业每个工人产出	1.88	1.60	1.56	1.93	9.06
三个主要部门份额的部门内变动和部门间移转					
21. 部门内变动的	0.68	0.79	0.82	0.92	
22. 部门间移转的	0.32	0.21	0.18	0.08	

第 1—9 行:表 14 的国内生产总值(业经调整到不包括银行、保险、房地产和住房收入)的份额÷表 29 的劳动力份额的商数。

第 13—14 行:产值(不包括银行、保险、房地产和住房收入)和劳动力的份额间差量的和(无论正值还是负值)。

第 15—20 行:根据在各连续相继的基准点价值下的劳动力对总人口的比率是相同的这一假设下进行计算的。由国内生产总值(不包括银行、保险、房地产和住房收入)部门份额的产值(取自表 14)和人均国内生产总值的基准点价值,就可得出 16 行条目的数值;由(A 部分,第 1、3、4 和 5 行)相关的数值和每个工人的国内生产总值(不包括银行、保险、房地产等)(第 16 行),则可得出第 17—20 行条目的数值。

第 21—22 行:部门内变动的总作用等于三个主要部门各自在每一组距内每个工人产值的差额,用该组距内劳动力在各个部门份额平均值加权后的总和。部门间移转的总作用等于:每一组距内劳动力在各个主要部门的变动量(正负值不可不计),用每个工人产值的平均值的绝对偏差数加权后的总和。每个工人产值的平均值,系从每一组距始点与终点每个工人产值的等差中项求得的。这样求得的组成部分内部变动的总和与组成部分间变动的总和,都非常接近每一组距的全国范围的每个工人产值的总变动量。因此,本表所列的数字,正是总变动量中部门的份额。

济的总劳动力,则 i 部门在产值中的份额为 O_i/O_t;劳动力的 i 部门份额为 L_i/L_t。用劳动力的 i 部门份额除产出的 i 部门份额,就得出 $O_iL_t : O_tL_i = (O_i/L_i) : (O_t/L_t)$。据此,在 70 美元基准点价值时,A 部门每个工人产值为全国范围的每个工人产值的 63%(第 1 行,第 1 栏)。

无论如何,在计算该比率以前,应该先适当地将整个国内生产总值的部门份额加以调整,使之不把银行、保险、房地产和住房收入包括在内。相对地说,房地产和住房收入,都是纯财产收入,而银行和保险的收入可以设想为几乎来自任何一个部门或其细分部分。总之,在计算每个工人总产值时,把这些项目包括在产出内看来是不合理的。[①]

这种计算所包含的意义,应予详述清楚。我们假设:表 14 和表 29 中列入各个在基准点价值下的部门份额,对全世界所有非共产主义国家——除若干具有因非常高的外生收入来源或者因政治骚乱(战争、革命等等)而畸变的结构的特殊国家外——是都能接受的估算。因此,尽管表 14 和表 29 这两个样本,在规模和组成成分上有所差异,但是,我们假定这两套部门份额是可以比较的。事实上,这种假定可用相同国家的样本的计算来予以验证。因为在这些国家中,每一个国家的产值和劳动力的部门份额,经多方调整后,都是可以得到的(参阅下节)。

现在,我们可以对表 31 中有关每个工人产值的部门差异的迹象作个总结。第一,A 部门每个工人相对产值,都是大大低于全国范围的每个工人产值,在所有的基准点价值下都是这样(第 1 行)。与此相对照,在 I 部门,在制造业和公用事业(电、煤气、水、运输和通讯),在所有的基准水平下相应的每个工人的产值,都大于全国范围的每个工人的产值(第 3、5、7 行)。对于 S 部门和商业及服务

① 在进行这种扣除时,我对库兹涅茨在《各国经济增长的数量:Ⅱ、国民产值和劳动力的产业分配》中所用的程序,已作了某些修改。(见《经济发展和文化动态》,第 6 卷,第 4 期,1957 年 7 月附刊,第 32—50 页。)

业(第 4、8、9 行)也是如此,只是商业和服务业在基准点价值 1 000 美元时的情况除外。

第二,因此,在每一基准水平,每个工人产值的部门间差量的变动范围很宽。最重要的部门之间的比率(即 A 部门与整个经济中所有别的部门之间的比率)表明,非 A 部门的每个工人产值比 A 部门的每个工人产值,要高出 4 至 1.5 倍(第 10 行)。

第三,也许是最重要的:在我们从人均产值低的国家观察到人均产值高的国家时,A 部门与其他部门每个工人产值的部门间差量是在逐渐缩小。在 I/A 和 S/A 这两个比率方面,这种下降趋势是明显的。此外,对 I 部门和 S 部门的细分部分来说,这种比率也是趋于下降的。

第四,在我们由人均收入低的国家移向人均收入高的国家时,由于具有支配地位的(I+S)/A 比率的急剧下降和各种各样细分部分的比率的逐渐下降,所以,每个工人产值的不等量性,在高基准水平下,比之在低基准水平下的差距就要更小些(第 13—14 行)。这里所使用的不等量的度量是,总产值的部门份额和总劳动力的部门份额间的各自差量(无论正值、负值)的和。它等于每个工人部门的相对产值对 1 的平均偏差数(无论正值、负值)的平均数。这些偏差数应该用总劳动力的部门份额(这些偏差数的正常权数)来加权[①]。第 13 行(以三个主要部门为基础)和第 14

① 采用以前用过的符号,我们可将产值在给定的 i 部门的份额和劳动力的该 i 部门的份额的差量表达为$(O_i/O_t)-(L_i/L_t)$,或者说,$(O_iL_t-O_tL_i)/O_tL_t$。i 部门相对的每个工人产值对 1 的偏差是$[(O_i/O_t):(L_i/L_t)]-1$。用 L_i/L_t 对其加权,则得出$(O_iL_t-O_tL_i)/O_tL_t$。

行(已把细分部分间的差别估计在内)中的度量,表明了每个工人产值的部门间差量的幅度在明确地逐渐缩小——这一特点,对高基准水平(即:300 美元至 1 000 美元的基准水平)来说,显得非常突出。

在表 31 的第一部分中,每个工人产值的部门间差量的逐渐缩小,并不是一种代数的必然性。在该部分,度量的正式结构未必一定产生收缩。人们可以这样来论证,在我们从低基准水平移向高基准水平时,部门间差量不一定必要变化。让我们来考察最重要的部门间的比率(I+S)/A。在国内生产总值(不包括上述两个资产收入成分)中的 A 部门份额,从 70 美元水平时的 50.8%下降到 1 000 美元水平时的 12.7%(参阅表 14),我们可以限定劳动力的 A 部门份额的变动和(I+S)/A 这一比率在 1 000 美元水平时与在 70 美元水平时所发生的变动是同样的,即 4.02(第 10 行,第 1 栏)。从方程式 $4.02=\frac{(1-0.127)x}{(1-x)0.127}$,解方程式后则得出在 1 000 美元时劳动力的 A 部门份额(x)等于 0.369。因此,这样得出的份额将是 36.9%,而不是如表 29 第 1 行,第 5 栏所示的 17.0%。在劳动力的 A 部门份额 36.9%的条件下,A 部门相对的每个工人产值变为 0.344(而不是现在表 31 第 1 行,第 5 栏给出的 0.75);I 部门+S 部门相对的每个工人产值变为 1.384(而不是现在表 31 第 2 行,第 5 栏所给出的 1.05);这样,(I+S)/A 比率是 1.384/0.344,或4.02,与在 70 美元水平时相同(而不是目下在第 10 行,第 5 栏所给出的 1.40)。不管怎样,请注意,尽管把高的部门间比率 4.02 维持住,劳动力的 A 部门份额仍然会显著地下降,从在 70 美元水平时的 80.5%降为 1 000 美元水平时的 36.9%。[①]

如果我们再一次比较现实地假设所有人均产值基准点价值的劳动力对人口的比率大致相等;那么,表 14、表 29 和表 31 第一部分中的产值和劳动力的部门份额差异的运动所包含的若干饶有趣味的意义,就能显露出来。在这种假设下,人均国内生产总值和每个工人国内生产总值的每一连续相继的基准点价值间的变动量都会相等(表 31 第二部分,第 15 行)。把在比较产值和劳动力的部门份额时所省略的两种资产收入成分排除后,我们就可计算经稍微修改的每个工人产值的组区变化量(第 16 行)。

因为表 31 第一部分所列每个工人的部门产值条目,是与第 16 行所示全国范围的每个工人的产值相对说的。所以,每一部门或者每一细分部分在相同的基准点组区的每个工人产值的变动就可以进行计算。我们已经对三个主要部门和制造业作了这种计算(第 17—20 行)。而且,从表 31 第一部分的部门间比率的下降运动,必然会得出这个结果来的。最突出的结果是:在我们从人均和

① 如果我们用 W_N 表示在低基准水平时 I 部门+S 部门相对的每个工人的产值,用 W_A 表示在低基准水平时 A 部门相对的每个工人的产值;如果我们用 W'_N 和 W'_A 表示在人均产值高水平时 S 部门+I 部门和 A 部门相对的每个工人的产值,则我们可以列出下式:$W'_N/W'_A=(W_N/W_A)[(a_{ON}/a_{LN}):(a_{OA}/a_{LA})]$。此处,右侧括弧号内的各个 a 项分别为在人均产值从低到高的整个范围内产出和劳动力在 I 部门+S 部门和 A 部门的期末份额对期初份额的比率。

为使部门间的(I+S)/A 比率保持常数值,右侧括号的比率必须表现等于 1。这意味着就(I+S)部门和 A 部门来说,产值和劳动力的部门份额变化量之间的相对差量必须相等。

上述各分数显然是不相等的,在从 70 美元至 1 000 美元的基准水平范围都进行上述计算时,尤其是如此。就 A 部门来说,劳动力的份额的下降,要比产出的份额下降来得大;而就(I+S)部门来说,劳动力的份额上升,要比产出的份额上升更为明显。

每个工人国内生产总值低的国家观察到人均和每个工人国内生产总值高的国家时,我们就可以发现,A部门的每个工人产值的增长比率,是持续而显著地大于I部门和S部门;甚至比S部门和I部门结合起来还要大。在基准点价值全距内,A部门每个工人产值增长了16.4倍(即比I部门的7.1倍要大一倍多;而约为S部门的4.6倍的四倍)(第17—19行,第5栏)。事实上,在基准点价值全距内,A部门的每个工人产值的增长比任何其他一个部门或其细分部分(甚至是制造业,它增长为9.1倍——第20行,第5栏)每个工人产值的增长都大。换另一种方式来表达,在人均产值或者每个工人产值不同的水平下,各国间的总的劳动生产率差异程度在A部门最大;而且,就劳动生产率而论,欠发达国家的A部门比国民经济的其他部门更为落后。

这一分析的第二方面和重要性较次一些的含义,是由第21—22行显示出来的。既然全国范围的人均产值或者每个工人产值在连续相继的基准点价值上,各部门的每个工人产值的水平有所不同,既然劳动力的部门份额有了改变,那么,全国范围每个工人产值在一个基准点价值与下一个基准点价值间的变动,不只是由每个工人产值的部门内的变动所引起,而且也可以由部门间的移动,即劳动力在每个工人产值不同的部门间移动所引起的。既然部门间移转总是由A部门向每个工人产值高的部门移转,则这种移转必定是对各基准水平间的每个工人产值的总增长具有作用。

这个部门间的因素,是由第17—19行的部门内的变动倍数间接地显示出来的。第17—19行的变动倍数,绝大多数又都是比第16行的总变动倍数小。但是,部门间移转的因素,也可用这样的办法，即把每个工人产值部门内变化起的作用、同部门间移转的作用区分开来计算，使其部门间移转的作用直接地表现出来。除了从 500 美元至 1 000 美元这个组区外，部门间移动对每个工人产值总变动量所起的作用，大约是五分之一或略多一些。要是计算的基础不是三个主要部门，而是把它们分解为更细分的部门并在此基础上进行计算的话，则部门间的移转对基准点价值连续相继组区每个工人产值变动所起的作用，可能就会大得多。

表 15 和表 30 中概述的有关制造业分支部门的样本，借此可算出制造业内部每个工人的产值。因为用来表示各分支部门特性的每个工人的产值水平不同，估算时应对制造业 8 个分支部门有所区别，这种估算汇集在表 32 中。

表 32　制造业几个分支部门(以 1953 年和 1963 年的截面平均值为计算基础)在人均国内生产总值基准点价值上的每个工人的相对产值

	人均国内生产总值基准点价值(1958 年，美元)					
	91.7 (1)	153 (2)	306 (3)	510 (4)	1 019 (5)	1 359 (6)
一、每个工人的附加价值(制造业每个工人的附加价值=1.00)						
1. 食品、饮料和烟草	1.19	1.27	1.22	1.19	1.15	1.11
2. 纺织品	0.90	0.81	0.88	0.89	0.85	0.85
3. 服装和鞋类	0.60	0.51	0.51	0.54	0.57	0.55
4. 木制品和皮革	0.59	0.62	0.62	0.66	0.73	0.74
5. 造纸和印刷	1.39	1.27	1.20	1.17	1.17	1.17
6. 橡胶、化学制品和石油产品	1.84	1.90	2.06	1.87	1.70	1.69
7. 工业原材料	1.03	1.09	1.27	1.22	1.17	1.18
8. 金属加工产品	0.96	0.91	0.89	0.93	0.98	0.97

	人均国内生产总值基准点价值(1958年,美元)					
	91.7 (1)	153 (2)	306 (3)	510 (4)	1 019 (5)	1 359 (6)
每个工人增加价值不等量性的度量						
9.上述8组	22.5	29.2	29.3	24.5	18.7	17.7
10.13个分支部门	23.9	30.4	29.3	24.5	18.7	17.7
二、每个工人的相对产值(全国范围每个工人产值,不包括银行、保险、房地产和住房收入=1.00)						
11.整个制造业	1.49	1.45	1.34	1.26	1.14	1.13
12.食品、饮料和烟草	1.77	1.84	1.63	1.50	1.31	1.25
13.纺织品	1.34	1.17	1.18	1.12	0.97	0.96
14.服装和鞋业	0.89	0.74	0.68	0.68	0.65	0.62
15.木制品和皮革	0.88	0.90	0.83	0.83	0.83	0.84
16.造纸和印刷	2.07	1.84	1.61	1.47	1.33	1.32
17.橡胶、化学产品和石油产品	2.74	2.76	2.76	2.36	1.94	1.91
18.工业原材料	1.53	1.58	1.70	1.54	1.33	1.33
19.金属加工产品	1.43	1.32	1.19	1.17	1.12	1.10
20.第12—19行:对1.00的偏差的未加权过的总和	5.11	4.87	4.56	3.65	2.58	2.49

第1—8行:用表30第一部分劳动力的部门份额除表15第一部分每个工人增加价值份额(两者都是指在制造业中占的份额)求得的。

第9—10行:在制造业增加价值中的份额和在制造业劳动力中的份额间差量(正、负号不究)的和。

第11行:用表15的第20行和表30的第20行的数字求得的。前者业已调整到不包括在表14,1958年截面基础上计算的金融和房产成分的份额。

第12—19行:由1—8行乘上第11行求得。

每个工人增加价值的度量(第1—8行)揭示了在制造业各分支部门间的差异和表31所示的范围一样宽阔。附加价值低的分支部门(纺织品、服装和鞋类以及木制品)的特点是:这些部门中劳动力的女性比例大,或者具有经济活动的农村特性(例如,木材业);资本集约度也(即每个工人的资本供给)都不很高。资本集约度较高和由各种间接税引起的附加价值的提高可以说明,为什么食品、饮料和烟草这些部门,虽然其女工比例也超过各部门的平均比例,但其每个工人附加价值却超过整个制造业部门的平均数。每个工人附加价值高的分支部门(造纸和印刷、化学产品和石油产品等),其显著的特色是资本集约度很高和女工的比例有限(基本金属部门的情况,也是这样)。

在我们从人均产值低的国家观察到人均产值高的国家时,我们可以发现:和整个经济领域内每个工人产值的部门间的差量一样,制造业内部每个工人附加价值的分支间差量也有明显地趋于缩小的倾向。这种缩小,反映在第 9 行和第 10 行的不等量的度量上。但是,在这个样本中,这种明显缩小只在人均产值超过 300 美元基准点价值时,才开始出现。

就表 32 的样本看,要是我们从人均产值低的国家观察到人均产值高的国家的话(第 11 行),整个制造业的每个工人相对产值,则是持续地下降。在制造业的 8 个细分部分中,只有服装和木材制品部门的每个工人产值相对全国范围的每个工人产值来说,是低于 1;而且,在我们从人均产值较低水平观察到人均产值较高水平时,我们就可发现:这两个部门是两个唯一的、其相对产值不朝向 1 缩小差距的制造业部门。只有其每个工人产值超过整个制造业每个工人产值平均值的细分部分,才会出现这种缩小。这个发现,有助于解释这一点,即在我们从人均产值低的区域观察到人均产值高的区域时,为什么我们会发现整个制造业的每个工人相对产值是逐渐下降趋向于1。

三、劳动力数据所包括的范围的调整

三个主要部门及其细分部分劳动力的基本数据,是取自人口和职业普查材料。这里所关切的,是最初的普查所采用的劳动力定义的两个方面。第一个方面,是劳动力包括的范围——尤其是未支付工资的家庭劳动者、支付工资的劳动力中的女工与未到劳动年龄和已超过劳动年龄上限的支付工资的男性劳动力的处理问题。问题是这样产生的,就是怎样把这些特殊劳动力群体的工作时间、经验及别的素质等,同全年就业拿工资的男劳动力在其壮年期(从20周岁至65周岁)的工作时间、经验及别的素质等相比,并换算为他们的当量。要完满的回答这些问题,就要求有关于工作小时的资料和作为工作经验以及劳动质量差异反映的小时劳动报酬率的资料。不过,纵使没有这样的资料,这类资料又缺乏广泛的可比基础,对许多国家劳动人口的性别、年龄和劳动状况的人口普查资料,加上粗略的等价加权,也能对就业强度差异和劳动力主要组成部分的质量差异提供有益的调整。第二个方面,是关于劳动力的部门分类问题。究竟人口普查资料中所示的劳动力的产业归类,是否是典型的呢?在这种产业归类中,在非A部门的工作中是否隐藏着可能使用A部门的劳动力,或在A部门工作中是否隐藏着可能使用非A部门的劳动力,甚至是否隐藏着在农业与非农业部门流来流去的劳动力?关于劳动力所包括的范围这类问题,还可以在相当丰富的人口普查资料的基础上加以解答，但关于劳动力部门归类交错重叠的资料，就难以搞到了。所以，对这方面问题的评述，就将更是推测性的了。

（一）对劳动力所包括的范围的调整

表33提供了1960年劳动力所包括范围的种种不同情况。该表概要地收集了48个国家关于总劳动力中被归类为不支付工资的家庭劳动者所占的比例和支付工资的劳动力中女工在全国工资劳动者中和三个主要部门的工资劳动者中所占的比例的资料。该表也概括了一个较小样本（大约26个国家）的关于全国和三个主要部门的全部男工（包括不支付工资的家庭劳动者，因为无法把这些劳动者区分出来，但却可以假设他们所占的比例是小的）中15—19周龄男工与65周龄及超过65周龄以上的男工所占比例的资料，把上述这些比例对全部支付工资的男工进行调整，就可以求得全国和三个主要部门的20—64周龄组支付工资的男工的估算数。

表33所列这些国家，系按总劳动力中A部门占的份额来进行分组。我也曾经试图依据人均产值来进行分组，但发现在表33所区分的特殊组别间比例的联系，和A部门在总劳动力（未经调整的）中所占的份额的关系更为密切。而如从第3行和第25行可以看到的，后者和人均产值又是相联系的。因此，表33连接的各栏，在分组上不仅可以看出A部门在总劳动力中所占比例下降的顺序，而且也可以看到人均产值大体逐步上升的顺序。

表 33　部门劳动力内部不支付工资的家庭劳动者、女工和幼、老龄组男工的份额和总劳动力的主要部门份额间的联系,1960 年

一、48 个国家(按总劳动力的 A 部门份额高低顺序分组)不支付工资的家庭劳动者份额和女工份额

	国家分组					
	Ⅰ (1)	Ⅱ (2)	Ⅲ (3)	Ⅳ (4)	Ⅴ (5)	Ⅵ (6)
1. 国家数	8	8	8	8	8	8
2. 国家的地区分布	A－5 F－2 L－1	A－3 F－2 L－3	A－2 F－1 L－4 E－1	A－1 F－2 L－1 E－4	A－1 L－2 E－4 S－1	E－5 S－3
3. 人均国内生产总值(1958 年,美元)	113	189	200	318	718	1 267
4. 劳动力(占人口的%)	41.1	31.9	32.3	37.4	37.9	40.8
5. 未归入某个部门或者工作岗位的劳动力(%)	4.6	5.8	4.6	3.8	3.7	3.5
总劳动力的部门份额,不包括未归入某个部门者(%)						
6. A 部门	78.2	63.2	55.3	37.8	21.1	10.6
7. I 部门	10.3	16.3	21.2	32.8	42.3	49.9
8. S 部门	11.5	20.5	23.5	29.4	36.6	39.5
不支付工资的家庭劳动者占劳动力的(%),不包括未归入某个部门者						
9. 全国总计	34.7	15.9	16.5	11.3	5.0	3.6
每一部门内部:						
10. A 部门	42.3	23.6	27.3	24.2	16.9	20.5
11. I 部门	6.0	3.0	2.8	3.2	1.0	0.8
12. S 部门	8.2	2.7	3.4	3.7	2.7	2.8
劳动力的部门份额(%),不包括未归入某个部门者和不支付工资的家庭劳动者						
13. A 部门	69.0	57.4	48.1	32.3	18.4	8.7
14. I 部门	14.8	18.9	24.7	35.8	44.1	51.3
15. S 部门	16.2	23.7	27.2	31.9	37.5	40.0
女工占劳动力的份额(%),不包括未归入某个部门者和不支付工资的家庭劳动者						

一、48 个国家(按总劳动力的 A 部门份额高低顺序分组)不支付工资的家庭劳动者份额和女工份额

	国家分组					
	Ⅰ	Ⅱ	Ⅲ	Ⅳ	Ⅴ	Ⅵ
	(1)	(2)	(3)	(4)	(5)	(6)
16. 全国总计	14.3	19.8	14.8	23.2	26.7	27.8
每个部门内部：						
17. A 部门	13.3	11.2	7.8	11.8	11.9	7.9
18. I 部门	9.7	18.8	12.4	17.6	19.5	17.5
19. S 部门	22.7	41.6	29.5	40.9	42.5	45.4
男劳动力的部门份额(%)，不包括未归入某个部门者和不支付工资的家庭劳动者						
20. A 部门	69.8	63.6	52.1	37.1	22.1	11.1
21. I 部门	15.6	19.1	25.4	38.4	48.5	58.6
22. S 部门	14.6	17.3	22.5	24.5	29.4	30.3

二、男劳动力中幼、老龄组所占的份额，26 个国家按总劳动力的 A 部门份额高低顺序分组

	国家分组				
	Ⅰ	Ⅱ	Ⅲ	Ⅳ	Ⅴ
	(1)	(2)	(3)	(4)	(5)
23. 国家数	4	5	6	6	5
24. 国家的地区分布	A-2 F-1 L-1	A-2 F-1 L-1	A-1 F-1 L-1	L-2 E-3 S-1	E-2 S-3
25. 人均国内生产总值(1958 年，美元)	180	191	337	695	1 398
26. A 部门劳动力在已分配总劳动力中的份额(%)	69.3	58.4	39.7	22.7	11.0
男劳动力的部门份额，不包括未支付工资的家庭劳动者(%)					
27. A 部门	65.4	51.5	37.8	22.9	12.7
28. I 部门	19.7	24.3	38.5	48.1	54.7
29. S 部门	14.9	24.2	23.7	29.0	32.6

二、男劳动力中幼、老龄组所占的份额，26 个国家按总劳动力的 A 部门份额高低顺序分组

	国家分组				
	Ⅰ	Ⅱ	Ⅲ	Ⅳ	Ⅴ
	(1)	(2)	(3)	(4)	(5)
15—19 周龄男工占男劳动力总额的份额(%)					
30. 全国总计	12.5	11.0	9.6	9.1	7.5
每个部门内部：					
31. A 部门	14.0	12.7	10.2	10.5	9.1
32. I 部门	10.6	11.0	9.8	9.9	6.8
33. S 部门	8.1	7.2	8.5	6.7	7.9
65 周龄及超过 65 周龄男工占男劳动力总额的份额(%)					
34. 全国总计	4.1	4.5	5.1	3.5	3.9
每个部门内部：					
35. A 部门	5.0	6.0	8.7	6.6	8.7
36. I 部门	2.0	2.3	2.3	1.9	2.4
37. S 部门	2.8	3.6	3.8	3.6	4.4
20—64 周龄男劳动力的部门份额(%)，不包括不支付工资的家庭劳动者					
38. A 部门	63.5	49.5	36.0	21.7	11.7
39. I 部门	20.6	24.9	39.7	48.5	56.0
40. S 部门	15.9	25.9	24.3	29.8	32.3

参阅表 12 的关于 A、I 和 S 三部门的内涵范围的脚注，关于国家的地区分布的脚注和 1958 年人均国内生产总值资料来源及其计算步骤的脚注。

第 1—22 行所列的 48 个国家和地区（按劳动力的 A 部门份额高低的顺序排列）是：泰国、利比里亚、沙巴和沙捞越、土耳其、塞拉利昂、印度、巴基斯坦、洪都拉斯、韩国、菲律宾、多米尼加共和国、摩洛哥、加纳、萨尔瓦多、尼加拉瓜、马来亚、厄瓜多尔、埃及（阿联）、叙利亚、中国台湾、希腊、墨西哥、秘鲁、哥斯达黎加、葡萄牙、利比亚、牙买加、毛里求斯、爱尔兰、芬兰、西班牙、日本、智利、意大利、波多黎各、奥地利、法国、丹麦、新西兰、以色列、瑞典、加拿大、瑞士、澳大利亚、德意志联邦共和国、荷兰、比利时和美国。

第 3 行和第 25 行：系各个国家人均国内生产总值的等比中项。

第 4—8、10—12、17—19 行：各个国家的百分比的等差中项。这些等差中项，系据联合国：《人口统计年鉴》1964 年（1965 年，纽约）；表 12 的资料，并以国际劳工局《劳动统计年鉴》1960 年，表 A 的资料补充后计算得出的。

第 9 行和第 16 行分别为第 10—12 行和第 17—19 行份额的加权平均数，其权数分别为第 6—8 行和第 13—15 行的份额数。

第 13—15 行:由第 6—8 行和第 10—12 行算出。这样,就将劳动力中(不包括未归入某个部门者)不支付工资的家庭劳动者的不同部门比率也计算在内了。

第 20—22 行:由第 13—15 行和第 16—19 行算出。

第 23—40 行包括的 26 个国家是:土耳其、洪都拉斯、菲律宾、加纳、萨尔瓦多、马来亚、埃及、叙利亚、希腊、秘鲁、葡萄牙、毛里求斯、爱尔兰、芬兰、日本、智利、意大利、波多黎各、奥地利、法国、新西兰、瑞典、加拿大、澳大利亚、荷兰和美国。

第 26—29、31—33、35—37 行:各个国家的百分比的等差中项。这些等差中项,系据联合国:《人口统计年鉴》1964 年,表 12(第 26—29 行)和表 9(第 31—33、35—37 行)的资料求得。

第 30 行和第 34 行分别是第 31—33 行和第 35—37 行份额的加权平均数。其权数是第 27—29 行的份额。

第 38—40 行:在考虑了 15—19 周龄组男工与 65 周龄和超过 65 周龄组男工对总男性劳动力(不包括未归入某个部门者)的不同的部门比率的条件下,由第 27—37 行求出。我们已经假设过,这些不同部门的比率,是适用于男性劳动者的(即第 27—29 行),不包括未归入某个部门者和不支付工资的家庭劳动者。

表 33 所启示的各种发现,现在可以总括如下:

(一) 在所有各组国家中,即使 A 部门份额小和人均产值高的国家,不支付工资的家庭劳动者在 A 部门总劳动力中,都构成相当大的比例(第 10 行)。这个比例在 A 部门总劳动力中占 17%—42%的范围内变动着,使那些农业显得突出而其人均产值又低的国家,拥有一个相当大的不支付工资的家庭劳动者成分,从而,它也影响全国劳动力的结构。在 I 部门中,不支付工资的家庭劳动者所占的比例,其变动范围为 1%—6%;在 S 部门中,不支付工资的家庭劳动者所占的比例,其变动范围为 3%—8%,显然是低得多(第 11—12 行)。因此,排除了不支付工资的家庭劳动者,劳动力的 A 部门份额就会明显下降,而劳动力的 I 部门份额和 S 部门份额就会上升。第 6—8 行和第 13—15 行相比较表明:对所有各组国家来说,在把不支付工资的家庭劳动者排除在外之后,A 部门的份额就大大下降，而I部门份额和S部门份额就会大大上升，只有6栏的情况有些不同，在该栏，由于A部门份额小，这个调整只起着微小的作用。

（二）在把不支付工资的家庭劳动者（大部分是女性）排除在外之后，在支付工资的劳动者中，女性劳动者所占的比例则逐渐上升——要是我们从A部门份额高和人均产值低的国家观察到A部门份额低和人均产值高的国家的话（第16行）。一般说来，在我们将不支付工资的家庭劳动者排除后，A部门支付工资的劳动者中的妇女占的比例是低的（第17行）。与之相对照，在S部门支付工资的劳动者中的女性所占的比例，却大大高于其他部门；而在高收入国家中，这一差异则显得更为突出（第19行）。在I部门支付工资的劳动者中妇女占的比例，处在A部门的低比例和S部门的高比例之间（第18行）。因此，如果我们舍掉女工，并且将我们的观察范围局限在支付工资的男性劳动者的话，那么，A部门的份额就会增大，S部门的份额就会缩小；而I部门份额大概仍旧等于其在原来支付工资的劳动力中的份额——只有人均产值较高的国家组有所不同，因为在这些国家组中，I部门的份额是较大的（比较第13—15行与第20—22行）。

（三）在我们考察支付工资的男性劳动力中的幼龄组和老龄组时，我们可以发现：一般说来，幼龄工人（15—19周龄）和老龄（65周龄和超过65周龄）工人占的比例在A部门最高——这两个部分合计占的比例的变动范围，是17%—19%（第31行+第35行）。这个比例（也是合计占的）变动范围，如就I部门而言，是9%—13%（第32行+第36行），如就S部门而言，是10%—12%（第33行+第37行）。这样，在我们由支付工资的总男性劳动力转而考察20—64周龄的支付工资的男性劳动力,A部门占的比例便缩减,而I部门和S部门占的比例则增高——增高很少的百分比点(请对照第27—29行与第38—40行)。

在把表33的结果应用到尚未调整的劳动力部门差量的估算之前,我们应该强调若干由这些结果传达的一般印象。首先,总劳动力内部的特定的各个组,其差别的存在是显然感觉得到的:在不同的部门,他们的分量是颇不相同的;而且,要是我们从A部门的份额大于人均产值低的国家观察到A部门份额小同时人均产值高的国家的话,由此引起的劳动力结构的改变,也是十分不同的。所以,如果我们考察表33第一部分的两端的国家组(在这两端国家组中,未调整的总劳动力大约是总人口的41%〔第4行〕;在把未归口的劳动力除外后,大约是39%〔第5行〕)。如舍掉了不支付工资的家庭劳动者后,总劳动力为总人口的比例,大约就降低到25%(1栏)和38%(6栏)。要是再把女工从劳动力中舍掉,支付工资的男性劳动力对总人口的比例,就将等于21.5%(1栏)和27.5%(6栏)。最后,要是再扣除了幼龄的和老龄的劳动力,则20—64周龄的、支付工资的男性劳动者对总人口的比例,在人均产值最低的国家组里大约将等于18.0%,而在人均产值最高的国家组里就将为24.5%。被舍减的各类劳动力,其总数则在占总劳动力的十分之四和一半多一点之间。这些舍减数,对于人均产值低的农业国和人均产值高的工业化国家的影响,也是不同的。可以明显地看到,在我们从人均产值最低的国家转向人均产值最高的国家时,他们之间总劳动力占总人口的比例大体差不多,前者为39%,后者为41%;而支付工资的壮年男劳动力(20—64周龄)占总人口的比例就差异较大,后者要比前者大三分之一多一些。

其次,在不同的工业化程度和人均产值水平下,这些分组在不同部门劳动力中所占的不同比例,反映出生活形式和参与经济活动的重大差异。这些差异,部分地是由各部门的技术特殊性所赋予的。A 部门的小规模生产组织与家庭生活和职业劳动的紧密联系,就在不支付工资的家庭劳动者和幼、老龄期劳动力的较高比例上可以反映出来。就幼、老龄劳动力而言,即使在支付工资的男劳动力内,在其他部门占的比例也是有限的。这可能是反映了这些部门对要付以工资的就业者在年龄上有较为严格的限制和有较高的教育要求。S 部门中,许多职业的特点和随着人均产值高的国家都市化而产生的社会习俗的变化,就在 S 部门支付工资的劳动力中的女性的比例较高得到反映——尤其是在人均产值高的国家,情况更是如此。要是我们能够在更明细的部门分配中对劳动力的各个分组做更加细致的分析,那么,我们还可能进一步揭示在不同经济发展水平与各个部门不同的生活和工作条件有联系的劳动力的调整得更为详情的细节。

第三,在舍除表 33 所区别分类的劳动力内部若干组列的基础上的那些调整,不管其程度如何,并不会使劳动力的部门份额改变到足以使其差异模糊不清;或者说,还不致贬低这些差异的意义。与未调整的总劳动力的结构相比较,在未调整过的结构中,A 部门的份额的变动范围是从人均产值水平 70 美元时的 80%到人均产值水平 1 500 美元时的 12%;而 I 部门份额和 S 部门份额的变动范围,则分别是 10%—48%和 10%—40%(参阅表 28,第 4—6 行),表 33 所示的那些调整,看来确实是不大的。因此,在对不支付工资的家庭劳动者和女工做了调整以后，A 部门的份额变动范围，在人均产值 113 美元到 1 267 美元这样的全距内，仍然是占 11%—70%；而 I 部门和 S 部门份额的变动范围，则分别为 16%—59%和 15%—30%（第 20—22 行）。在对支付工资的男性劳动者中的幼、老龄男性劳动力进行调整后，A 部门份额的变动范围，大约为占 68%到占 9%；而 I 部门和 S 部门份额的变动范围，则分别占 17%—60%和占 15%—31%。这样，即使更狭义的劳动力定义并将其限定在 20—64 周龄支付工资的男性劳动者的范围内，与人均产值不同水平相联系的部门份额差异的变动范围，仍然是和总劳动力的部门份额差异的变动范围一样宽。

我们必须把这些调整应用于熟悉的 1958 年人均国内生产总值（用基准点价值分类）劳动力的部门份额原先的估计，将上述这些印象加以校正。从表 33 中总劳动力中，依据 A 部门份额一定水平上各个部门中各种组别的不同比例引申出由此产生的差异的粗略估算，然后，把这些估算应用到和表 29 的人均国内生产总值基准点价值相应的份额上，这样，就可完成这项校正工作。校正的结果如表 34。

表 34　在 1958 年人均国内生产总值(按基准点价值分类)的劳动力的主要部门份额，对不支付工资的家庭劳动者、女工和幼、老龄组男工区分为调整过的和未经调整的，1960 年(%)

	1958 年人均国内生产总值基准点价值					
	70 (1)	150 (2)	300 (3)	500 (4)	1 000 (5)	等差中项 1—5 栏 (6)
一、特定项目完全扣除						
A 部门份额						
1. 未调整过的	80.5	63.3	46.1	31.4	17.0	47.7

	1958年人均国内生产总值基准点价值					
	70 (1)	150 (2)	300 (3)	500 (4)	1 000 (5)	等差中项 1—5栏 (6)
2.调整过U的	73.3	56.4	39.6	26.6	14.5	42.1
3.调整过UF的	75.7	60.2	43.6	30.3	17.6	45.5
4.调整过UFA的	74.1	58.3	41.7	28.7	16.6	43.9
I部门份额						
5.未调整过的	9.6	17.0	26.8	36.0	45.6	27.0
6.调整过U的	13.3	20.4	30.0	38.5	47.2	29.9
7.调整过UF的	13.6	21.2	31.9	41.5	51.8	32.0
8.调整过UFA的	14.4	22.1	32.9	42.6	52.8	32.9
S部门份额						
9.未调整过的	9.9	19.7	27.1	32.6	37.4	25.3
10.调整过U的	13.4	23.2	30.4	34.9	38.3	28.0
11.调整过UF的	10.7	18.6	24.5	28.2	30.6	22.5
12.调整过UFA的	11.5	19.6	25.4	28.7	30.6	23.2
二、特定项目部分扣除						
A部门份额						
13.调整过U的	74.7	57.8	40.9	27.5	15.0	43.2
14.调整过UF的	75.6	59.3	42.5	29.0	16.3	44.6
15.调整过UFA的	74.9	58.3	41.5	28.3	15.8	43.7
I部门份额						
16.调整过U的	12.6	19.7	29.4	38.0	46.9	29.3
17.调整过UF的	12.7	20.0	30.1	39.2	48.7	30.1
18.调整过UFA的	13.0	20.4	30.6	39.7	49.1	30.6
S部门份额						
19.调整过U的	12.7	22.5	29.7	34.5	38.1	27.5
20.调整过UF的	11.7	20.7	27.4	31.8	35.0	25.3
21.调整过UFA的	12.1	21.3	27.9	32.0	35.1	25.7

调整过U的:把不支付工资的家庭劳动者(全部或者部分)除外。

调整过UF的:把不支付工资的家庭劳动者和女工(部分或者全部)除外。

调整过UFA的:把不支付工资的家庭劳动者、女工和幼、老龄组男工(部分或者全部)除外。

第1、5、9行：由表29，第1—3行引来。

第2、6、10行：分别用表33第13—15行对表33第6—8行的各比率的系数对第1、5、9行进行调整后得出的。

第3、7、11行：分别用表33第20—22行对表33第13—15行各比率的系数对第2、6、10行进行调整后得出的。

第4、8、12行：是分别用表33第38—40行对表33第26—28行各比率的系数对第3、7、11行进行调整后求得的。

第13—21行：计算步骤与第2—4、6—8、10—12行等相同，只是不支付工资的家庭劳动者用的是调整系数的十分之八；有支付工资的女工用的是调整系数的十分之四和幼、老龄组男工用的是调整系数的十分之五，后由1、5、9行求得。这样，便于考虑这几类劳动力对国内生产总值的贡献。0.2的权数（不支付工资的家庭劳动者用），0.6权数（有支付工资的女工用的）和0.5权数（幼、老龄组男工用的，其中，15—19周龄组男工大约采用0.6权数，而65周龄和超过65周龄组男工采用0.4权数），系取自丹尼森著《为什么增长率不同：战后九个西方国家的经验》（华盛顿，布鲁金斯研究所，1967年）表7—3，第72页和表7—4，第73页。

表34第一部分，展示了以特定劳动力项目全部扣除（即扣除全部不支付工资的家庭劳动者、支付工资的女工和20—64周龄范围以外的支付工资的男工）为基础的调整。当我们将其和未经调整的总劳动力份额相比较时，其结果大概表明了在对劳动力的定义这种修订后人们可以预期到的总变动量。这一总变动量在计算每个工人调整的相对部门产值时是个极重要的变量。

显然，这种特定劳动力项目的全部扣除是不现实的。因为这样就意味着不支付工资的家庭劳动者、支付工资的女工、支付工资的15—19周龄男工，或者65周龄和超过65周龄的支付工资的男工对部门产值都没有做出任何贡献；即使假定它所包含的误差对三个主要部门说都是按比例相同的，也不会比在没有这种假定下变得较现实些。无疑地，一个不支付工资的家庭劳动者确实是做出了贡献，纵然可能比一个支付工资的工人少得多；一个女工，特别是付给工资的女工,也是做出贡献的;未成年的男工和年老的男工,也的确是做出贡献的。问题是要找出其恰当的换算当量。这里所用的(和在表14用的)换算当量,是我们手头现成可用的仅有的一种;它们是从发达国家的经验中推导出来的,每个不支付工资的家庭劳动者对产值的贡献约等于有支付工资的壮年男工贡献的0.2,每个支付工资的女工为0.6,每个15—19周龄的支付工资的男工为0.4与每个65周龄和超过65周龄的支付工资的男工为0.6——所有这些数值,都是以20—64周龄支付工资的男工等于1与之相对比说的。根据这些粗略换算比率的调整,列示在表34第二部分内。

由于这些调整是从表33引申出来的,除了使A部门在总劳动力中的份额大体适合于人均国内生产总值五个基准点价值这行外——表34进一步证实了我们对表33的联想与印象。

由于有了未调整的总劳动力的部门份额(第1、5、9行),我们就能够看出这些调整的效果。在特定劳动力项目全部扣除后,A部门的平均份额,只降低了约4个百分点,I部门的平均份额,上升6个百分点,而S部门的平均份额,则下降2个百分点(第1、4、5、8、9、12行,第6栏)。如果只是部分调整,这些平均份额水平的变动,则会更加和缓些。

更加关键的是,在从一个人均产值基准水平到下一个基准水平时,份额差异只受到轻微的影响——尽管有我们业已提到过的特定劳动力项目约占总劳动力的十分之四到一半多一些这种实情。现在,让我们来考察最低和最高基准水平间的份额差异。未调整的总劳动力的A部门份额,下降63.5个百分点,而I部门份额和S部门份额，却分别上升36.0个百分点和27.5个百分点。经过部分调整后，A部门份额下降59.1个百分点，而I份额和S部门份额却分别上升36.1个百分点和23.0个百分点。A部门份额的下降量，减少不到十分之一，S部门份额的下降量，减少不到六分之一；而I部门份额的上升量，实际上并没有什么改变。如果采用不现实的全部扣除，则A部门份额下降57.5个百分点，而I部门份额和S部门份额却分别上升38.4个百分点和19.1个百分点。在这里，主要的影响是对S部门份额的上升量——它从上升27.5个百分点缩减到只上升19.1个百分点，即其上升量几乎下降三分之一。劳动力包括范围的更大调整，对A部门和I部门份额变化的影响要小得多。

运用调整过的三个部门在总劳动力中的份额和在国内生产总值(不包括银行、保险、房地产和住房收入)中的份额，我们就可导出调整过的每个工人相对的部门产值和有关的度量(表35)。表35和表31是相平行的。两表的唯一不同是：在表31中，我用的是未调整过的总劳动力的部门份额；而在表35中，我用的是对特定劳动力项目调整过的总劳动力的部门份额。因此，把表35和表31相比较，就揭示出劳动力包括范围的调整对每个工人产值部门间不等量的影响，对部门内部每个工人产值变动的影响，以及对部门间移转对全国范围的每个工人产值在各种基准水平下的差量的贡献的影响。

表 35　在 1958 年人均国内生产总值基准点价值上，劳动力已用不支付工资的家庭劳动者、女工和幼、老龄组男工比例调整过后的每个工人部门产值及其当量，1960 年

一、每个工人部门产值（全国范围的每个工人产值，不包括银行、保险、房地产和住房收入，等于 1.00）

	1958 年人均国内生产总值基准点价值（美元）				
	70	150	300	500	1 000
	(1)	(2)	(3)	(4)	(5)
特定劳动力项目全部扣除					
每个工人部门产值					
1. A 部门	0.69	0.68	0.69	0.71	0.77
2. I+S 部门	1.90	1.44	1.22	1.11	1.05
3. I 部门	1.51	1.29	1.10	1.05	1.00
4. S 部门	2.39	1.62	1.37	1.21	1.14
部门间的比率					
5. (I+S)/A(2 行：1 行)	2.75	2.12	1.77	1.56	1.36
6. S/I(4 行：3 行)	1.58	1.26	1.25	1.15	1.14
每个工人部门产值不等量的度量					
7. 三个部门	46.5	37.0	25.6	16.4	8.3
总劳动力中特定劳动力项目部分扣除					
每个工人部门产值					
8. A 部门	0.68	0.68	0.70	0.73	0.80
9. I+S 部门	1.96	1.44	1.22	1.11	1.04
10. I 部门	1.66	1.40	1.19	1.13	1.07
11. S 部门	2.27	1.49	1.25	1.08	0.99
部门间的比率					
12. (I+S)/A(9 行：8 行)	2.88	2.12	1.74	1.52	1.30
13. S/I(11 行：10 行)	1.37	1.06	1.05	0.96	0.93
每个工人部门产值不等量的度量					
14. 三个部门	48.0	37.1	25.3	15.5	9.6

二、每个工人产值部门内变动和部门间移转对每个工人国内生产总值差异的贡献

	基准点价值连续的组区(美元)				
	70 至 150	150 至 300	300 至 500	500 至 1 000	70 至 1 000
	(1)	(2)	(3)	(4)	(5)
总劳动力中特定劳动力项目全部扣除					
每一组区末端价值对初始价值的比率					
15. 每个工人国内生产总值(不包括银行、保险、房地产和住房收入)	1.98	1.79	1.57	1.84	10.24
16. A 部门每个工人产出	1.95	1.81	1.62	1.99	11.40
17. I 部门每个工人产出	1.69	1.52	1.50	1.75	6.76
18. S 部门每个工人产出	1.34	1.51	1.39	1.73	4.87
部门内变动和部门间移转的份额					
19. 部门内变动	0.77	0.83	0.88	0.94	
20. 部门间移转	0.23	0.17	0.12	0.06	
总劳动力中特定劳动力项目部分扣除					
每一组区末端价值对初始价值的比率					
21. 每个工人国内生产总值(不包括银行、保险、房地产和住房收入)	2.08	1.69	1.57	1.85	10.21
22. A 部门每个工人产出	2.08	1.74	1.64	2.03	12.02
23. I 部门每个工人产出	1.75	1.43	1.49	1.75	6.58
24. S 部门每个工人产出	1.36	1.41	1.36	1.70	4.45
部门内变动和部门间移转的份额					
25. 部门内变动	0.78	0.80	0.87	0.94	
26. 部门间移转	0.22	0.20	0.13	0.06	

第1—4行：用表34，第4、8、12行劳动力份额除表14的国内生产总值的份额（不包括银行、保险、房地产和住房收入）。

第7、14行：产值份额和劳动力份额（二者已经过调整，以适应第1—4行的需要）间的差量的和（无论正值、负值）。

第8—11行：参阅第1—4行的脚注，劳动力份额，则由表34，第15、18、21行中得到。

第15—21行：参阅表31，第15—20行的脚注。变动量由国内生产总值（不包括银行、保险、房地产和住房收入〔见表14〕）指数，和劳动力对总人口的比率指数（在特定项目劳动力全部扣除或者部分扣除的条件下）求得的。劳动力对总人口的比率指数，由表33，第4、9、16、30、34行导出。国内生产总值指数和劳动力对总人口比率指数的结合，得出每个工人（不包括特定劳动力项目）国内生产总值（不包括上述二个资产收入成分）。

第16—18、22—24行：分别将第1行和第34行以及第8行和第10—11行的有关项目应用到第15和21行求得。

第19—20、25—26行：参阅表31，第21—22行的脚注。

表35和表31的比较，可得出如下四个结果。

（一）这种调整，使部门间的不等量缩小了（至少使A部门和I部门＋S部门间的不等量缩小了）。表31中，(I＋S)/A的比率，是由在70美元基准水平时的4.02变动到在1 000美元基准水平时的1.40（第10行）；而在表35中，该比率的变动范围，则为2.75到1.36或者是从2.88到1.30（第5、12行）。但是，变动范围的这种缩小，是比较和缓的；但就人均基准点价值的全距来看，仍然较2∶1还大一些。S/I比率受到的影响稍微大些；在表31中，S/I比率是由1.24变动到0.81（第11行），而在表35中，S/I比率则由1.58变动到1.14或者由1.37变动到0.93（第6、13行）。S部门在对高的女工比例以及高的一定程度上在较低收入水平下不支付工资的家庭劳动者比例进行调整后，就会使其每个工人产值升高；从而也使其每个工人产值对I部门每个工人产值的比率升高。

（二）在我们从人均产值低的国家观察到人均产值高的国家时，如在表35中我们可以发现：(I+S)/A的比率明显的缩小和S/I的比率持续下降。这种持续性，不仅意味着部门间的不等量在缩小（反映在第7、14行中），而且也意味着在我们从人均产值低的国家观察到人均产值高的国家时，每个工人产值的增长在A部门要明显地大于I部门+S部门，而在I部门的增长又大于在S部门的。A部门每个工人产值增长了11.4或者12.0倍，这个倍数几乎为I部门增长倍数的两倍，甚至为S部门增长倍数的两倍以上。而I部门每个工人产值，其增长倍数是6.8或者6.6，比S部门增长倍数4.9或者4.4要大（第16—18、22—24行，第5栏）。

（三）全国范围的每个工人产值在不同基准点价值间的增长在表35中（第15、21行）比之在表31中的（第16行）明显地较小。其理由是：在表31中，我们假设劳动力对总人口的比例是一个常数；在表35中，当我们从人均产值低的国家观察到人均产值高的国家时，鉴于对特定劳动力项目作了扣除，从而使调整过的劳动力对总人口的比率升高了。因此，这是值得注意的，发达国家的人均产值高于欠发达国家，其中部分是由于劳动力（业已换算为等价的计算单位）对总人口的比率较高，人均劳动力单位对总人口的比率较高，人均劳动力单位供给较大的结果。要是我们按照表35的增长10.2倍和表31的增长13.8倍来推断的话，劳动力对总人口比率的不同这个因素对人均产值高低的贡献大约是四分之一。

（四）在劳动力调整后，部门间转移对每个工人产值总差量的影响只占很小的比例，从最低的基准点组区的降低五分之一多一些到最高基准点组区的下降大约二十分之一。正如前面已经指出的，要是更细致地把部门加以细分，该贡献可能还会大些，而且在人均产值差别的全距中的不同的分段间，这种部门间转移的重要性也会变化。

这种对劳动力所包括范围的调整的考察，可用一个总结性评论加以概括。这样的分析，就能使从不同国家的样本中求得的产值份额和劳动力（调整过的与未调整的劳动力）份额结合起来。虽然没有很大的理由假设这些样本不代表同一总体，因为这是对产值份额和劳动力份额（后者要用不支付工资的家庭劳动者和支付工资的女工进行较大的调整），两者都能取得资料的一群国家为样本进行反复分析。这个样本，只包括 35 个国家和地区，但它却允许我们对其中每个国家分别计算其各个份额和各个部门比率。从而，它也容许我们不仅能够观察平均水平，而且也可以去观察各个国家的比率分布（表 36）。我们按照 1958 年人均国内生产总值低高顺序，把这些国家归纳为四组，其全距是 113 美元至 1 163 美元。虽然这个变动范围较之本书内别的样本，明显地要窄一些，但所有在这两个不相同样本基础上调查得来的结果，都是得到肯定的。

另外的两个细节也应给予注意。第一，关于 S 部门的商业和服务业的细节。对于这两个细分部门在调整后的劳动力中的份额在前面还没有被列示出来。商业/服务业比率，在从人均产值低的国家移向人均产值高的国家时（第 22、25 行），先是从 1.4 上升到 1.8，而后降落到 1.0；在以未调整过的劳动力的份额为基础时，其相应的比率，则是先从 1.1 上升到中间的基准水平时的 1.4，而后又降落到 1.0（参阅表 31，第 12 行）。这种调整（尤其是用女工来调整后）容易使商业部门相对的每个工人产值比服务业相对的每个工人产值有更大的增高。

表36　35个在国内生产总值和劳动力(该劳动力已用扣除不支付工资的家庭劳动者和女工调整过)两者资料都具备的国家的每个工人部门产值及有关的度量(1960年)

	按1958年人均产值低高顺序分组			
	Ⅰ (1)	Ⅱ (2)	Ⅲ (3)	Ⅳ (4)
1.国家数	9	8	9	9
2.人均国内生产总值(美元)	113	215	446	1 163
3.国家的地区分布	A－6 F－1 L－2	A－2 F－1 L－4 E－1	A－2 L－3 E－4	E－6 S－3
在国内生产总值(不包括银行、保险、房地产和住房收入)中的份额,按要素费用(%)				
4.A部门	41.3	38.8	19.0	11.6
5.I部门	27.9	30.2	45.0	54.3
6.S部门	30.8	31.0	36.0	34.1
7.商业	13.7	15.6	15.3	14.6
8.服务业	17.1	15.4	20.7	19.5
在总劳动力(已调整过,部分扣除了不支付工资的家庭劳动者和女工)中的份额(%)				
9.A部门	59.4	57.3	27.8	13.6
10.I部门	18.7	22.3	40.9	50.1
11.S部门	21.9	20.4	31.3	36.3
12.商业	8.1	7.5	12.3	15.5
13.其他服务行业	13.8	12.9	19.0	20.8
每个工人相对的部门产值(每个工人国内生产总值〔不包括银行、保险、房地产和住房收入〕=1.00)				
14.A部门(第4行÷第9行)	0.70	0.68	0.68	0.85
15.I部门+S部门(第[5+6]行÷第[10+11]行)	1.45	1.44	1.12	1.02
16.I部门(第5行÷第10行)	1.49	1.35	1.10	1.08
17.S部门(第6行÷第11行)	1.41	1.52	1.15	0.94
18.商业(第7行÷第12行)	1.70	2.09	1.24	0.94
19.服务业(第8行÷第13行)	1.24	1.19	1.09	0.94

	按1958年人均产值低高顺序分组			
	Ⅰ (1)	Ⅱ (2)	Ⅲ (3)	Ⅳ (4)
部门间的比率				
20.(I+S)/A(第15行÷第14行)	2.07	2.12	1.65	1.20
21.S/I(第17行÷第16行)	0.95	1.13	1.05	0.87
22.商业/服务业(第19行÷第18行)	1.37	1.76	1.14	1.00
部门间的比率(各个国家比率的等比中项)				
23.(I+S)/A	2.14	2.18	1.62	1.19
24.S/I	0.94	1.10	1.03	0.87
25.商业/服务业	1.37	1.73	1.10	1.01
比率大小的分布				

	比率大小的分类				
	2.50和超过2.5	1.67—2.49	1.25—1.66	1.00—1.24	不到1.00
(I+S)/A					
26.组Ⅰ	2	6	1	0	0
27.组Ⅱ	2	5	0	1	0
28.组Ⅲ	2	2	0	5	0
29.组Ⅳ	0	1	3	2	3

	比率大小的分类				
	1.25和超过1.25	1.00—1.24	0.85—0.99	0.71—0.84	不到0.71
S/I	(1)	(2)	(3)	(4)	(5)
30.组Ⅰ	0	5	2	1	1
31.组Ⅱ	3	1	3	1	0
32.组Ⅲ	1	4	3	1	0
33.组Ⅳ	0	1	4	3	1

	按 1958 年人均产值低高顺序分组					
	Ⅰ (1)	Ⅱ (2)	Ⅲ (3)	Ⅳ (4)		
	比率大小的分类					
	2.00 和超过 2.00	1.60—1.99	1.30—1.59	1.00—1.29	0.80—0.99	不到 0.80
	(1)	(2)	(3)	(4)	(5)	(6)
商业/服务业						
34. 组Ⅰ	0	3	2	3	1	0
35. 组Ⅱ	3	1	1	3	0	0
36. 组Ⅲ	1	1	0	3	3	1
37. 组Ⅳ	0	0	1	3	5	0

具有产值和劳动力两者资料的 35 个国家和地区是(按 1958 年人均国内生产总值低高顺序排列):巴基斯坦、印度、泰国、埃及(阿联)、韩国、中国台湾、叙利亚、厄瓜多尔、洪都拉斯、秘鲁、土耳其、毛里求斯、多米尼加共和国、马来亚、萨尔瓦多、葡萄牙、尼加拉瓜、西班牙、希腊、牙买加、智利、日本、意大利、以色列、波多黎各、奥地利、荷兰、芬兰、德意志联邦共和国、比利时、丹麦、法国、澳大利亚、加拿大和美国。

第 2—8 行:参阅表 12 和 28 关于资料来源和计算步骤的脚注。

第 9—13 行:关于资料来源,参阅表 28 脚注;关于扣除不支付工资的家庭劳动者和女工的百分比,参阅表 33 的脚注。

第 23—25 行:按国别分别计算的比率的等比中项。

第 26—27 行:根据第 23—25 行求得的比率的分布。

第二,三个部门间比率的分布,使我们能够来观察超过 1 或者不足 1 的相对频率。虽然这个样本较小和该分布频率不很详细;但是,它们却表明:人均产值低的国家和人均产值高的国家间的部门间不等量的差异,并不是由于包含了一两个非常高或非常低的比率引起的。据此,在 17 个低收入国家中,15 个国家的(I+S)/A 比率,是 1.67 或者超过 1.67;而 9 个高收入国家中,却只有一个国家其(I+S)/A 的比率,是超过 1.67(第 26、27、29 行)。在 17

个低收入国家中，9 个国家的 S/I 比率超过 1.0，而在 9 个高收入国家中的 8 个国家，其 S/I 比率都小于 1.0（第 30、31、33 行）。在 17 个每人产值低的国家中，只有一个国家例外，其余 16 国的商业/服务业比率，全部等于或者超过 1.00，而且其中的 10 个国家，该比率是等于或者超过 1.30，而在 9 个高收入国家中，8 个国家的商业/服务业的比率，却都小于 1.30（第 34、35、37 行）。尽管有例外的情况（由于能够影响产值和劳动力的部门和细分部分份额的种种特定因素，例外的情况是免不了的），这里的证据表明：早先分析中所发现的部门间比率，代表了主要倾向。

（二）分类问题

即使在劳动力所包括的范围做了调整以后，或将其换算为等价的单位以后，在分类时被归入 A 部门的劳动力，仍然可以包括有部分时间花在 A 部门以外的生产活动的这样的劳动者。对于在分类时归入非 A 部门及其细分部分的劳动者，同样也会在别的部门及其细分部分从事部分时间的活动，这也是确实的。就劳动者周期地或临时地从一个生产部门移转到另一个生产部门，或者劳动者同时从事跨越几个部门或者几个细分部分界限这种情况来说，劳动力的现有分类并不能使劳动力归属的部门同其从事生产的部门恰当地相互啮合。

一些劳动者季节性的或临时性的从 A 部门迁移到其他部门的现象，或者在乡间的非 A 部门从事生产活动，毫无疑问是会发生的。尤其是在欠发达的国家，即使在农村劳动力最终向城市迁移之前，也还是如此。毫无疑问，在所有国家中，存在着有些劳动者同时从事几种职业，有的是跨越部门界限或者跨越细分部分界限。因之，相应的问题是：劳动力分类不当所造成的偏差，对每个工人部门产值的影响程度如何，特别是该偏差对于在全国范围的人均产值不同的水平下的部门间不等量的影响程度如何。

正如上面已经提到的，关于劳动力分类问题的资料很贫乏，要得到一个似乎有理的答案，就需要长时期的研究和估价，这在本文是办不到的。不过，上述讨论可引出这样的结论，即劳动力分类不当所造成的偏差，未必会（确实不可能）大到能对我们已经确立的部门间的不等量给予显著的影响。

表 37 的例证，支持了这个结论。该表给下述问题提供了回答。为了使 A 部门每个工人产值和 I 部门＋S 部门每个工人产值相等，归属于 A 部门的劳动力所生产的非 A 部门产值，应该有多大？我有意用最重要的部门间比率（I＋S）/A 来提出这个问题，但也可以用任何一种部门间比率来复演这个问题。表 37 对 1958 年人均产值五个基准点价值给出了回答。

关于这个需要区分开来的附加产值，要做出两个假设。首先，我们可以假设这个附加的产值，已经被包括在国内生产总值的 I＋S成分中，在这种情况下，在将这个附加产值派分给 A 部门劳动力时，我们应该先把这个附加产值从 I 部门＋S 部门份额中减掉，因为现在是把它归因于 I 部门＋S 部门劳动力的。这个假设是第 5—7 行的计算基础。其次，我们可以假设：由 A 部门劳动力创造的非 A 部门产值，并没有包括在产值的 I＋S 成分中，因而全然没有包括在国内生产总值中。在这种情况下，不应该将该附加产出从 I＋S 劳动力的 I＋S 产出中扣减出来。这一假设是第 8—

10 行的计算基础。

表 37　为使 A 部门和 I+S 部门每个工人的部门产值达到相等需要的转移或附加

	1958 年人均国内生产总值基准点价值(美元)				
	70 (1)	150 (2)	300 (3)	500 (4)	1 000 (5)
在国内生产总值(不包括银行、保险等)中的份额,%(以表 14 为计算基础)					
1. A 部门	50.8	39.8	28.9	20.5	12.7
2. I 部门+S 部门	49.2	60.2	71.1	79.5	87.3
在总劳动力中的(经部分调整)份额,%(引自表 34)					
3. A 部门	74.9	58.3	41.5	28.3	15.8
4. I 部门+S 部门	25.1	41.7	58.5	71.7	84.2
需要的移转(假设产值由 I 部门+S 部门移转到 A 部门)					
5. 转到 A 的附加量或由 I+S 中扣减的数量;为国内生产总值的%(3 行−1 行或者 2 行−4 行)	24.1	18.5	12.6	7.8	3.1
6. 移转量为 A 部门初始产值的比率(5 行:1 行)	0.47	0.47	0.44	0.38	0.24
7. 移转量为 I 部门+S 部门始初产值的比率计(5 行:2 行)	0.49	0.31	0.18	0.10	0.04
需要的附加量,假设并无来自 I 部门+S 部门的移转量					
8. A 的附加量为初始国内生产总值[a] 的%计	95.5	44.5	21.6	10.8	3.7
9. 附加量为 A 部门初始产值的比率(8 行:1 行)	1.88	1.12	0.75	0.53	0.29
10. 附加量为 I 部门+S 部门初始产值的比率(8 行:2 行)	1.94	0.74	0.30	0.14	0.04

a　由下述方程式求得:(国内生产总值的 A 部门份额+X)÷(1+X)=(劳动力的 A 部门份额)。这里,X 是用对初始国内生产总值的比率表示需要的附加量。第 8 行的数值是 X×100。

第一个假设，可能不如第二个假设合理。通用的统计方法，是利用劳动力数量来估算一些生产部门的产出（尤其是在欠发达国家中更是如此）。因此，可能的情况是这样：归属于A部门劳动力的非A部门产出，往往是被遗漏掉而没有将其计入I部门+S部门的产出中。我觉得，真实的情况可能是在这两个假设之间的某处，但它更靠近第二个假设。

表37的解说性计算的主要含义是：对人均产值基准水平较低的国家也许还包括500美元水平的国家来说，为要使A部门和I部门+S部门的每个工人产值等同起来，由A部门劳动力所创造的非A部门产出的移转量或者附加量是太大了，大到令人难以置信。这样，在第一个假设下，在人均产值70美元水平时，为使每个工人部门产值相等，就需要把现在归因于I+S劳动力所生产的I+S的产值约一半左右给移转出去，这样，就将使A部门劳动力的产值比其初始的产出增长约一半左右。在用附加量而不是用移转量这样较为有理的假设下，只有A部门劳动力的非A部门产出约为其A部门产出的二倍大的条件下，相等性才能达到；而且，这个非A部门产出的附加量，由于按照事先的假设并不包括在现有的估算之中，因而也几乎应该等于已估算的I+S的产值的二倍大，这样，就将使全国的产值扩大约一倍。

当然，我们并不需要坚持A和I+S的每个工人产值完全相等。但是，这种计算表明：任何一种关于由A部门劳动力所创造的非A部门产出一定比例的附加量的似乎有理的猜测，对于同一部门间不等量的度量只有很微小的影响。这些话是就那些人均产值从70美元至500美元范围的国家来说的。这样，要是我们假设由 A 部门劳动力所创造的非 A 部门产出,约为 A 部门劳动力初始产出的 10%左右似乎是有理的;那么,1 栏的(I+S)/A 比率——此处是 2.88(参阅表 35,第 12 行)——就将下降到 2.33(根据第 5—7 行的假设)和 2.62(根据第 8—10 行),而 5 栏的(I+S)/A 比率,将分别是 1.15 或者 1.17。因此,根据相当数量附加的非 A 产出是附加量,而不是移转量的这样的假设,部门间比率的变动范围是 2.62—1.17,只比初始的部门间比率变动范围 2.88—1.30 稍微窄一点。

四、每个工人产值的部门间不等量

由我们的讨论从中可以启发得到与劳动力份额和每个工人部门产值有关的五个主要结论。

第一,在把劳动力中的特定集群(不支付工资的家庭劳动者、支付工资的女工,等等)最合理地换算为等价单位后,总劳动力中的 A 部门份额的变动范围为由 70 美元基准水平时的 75%到在 1 000美元基准水平时的大约 16%,与此同时,I 部门和 S 部门的份额明显上升(参阅表 34,第 15、18、21 行)。

第二,A 部门在劳动力中的份额,通常高于其在产值中的份额。这种差异在人均产值低的国家比在人均产值高的国家大。因此,A 部门的每个工人产值,明显地低于 I 部门+S 部门的每个工人产值(而且,也分别地、明显地低于 I 部门的每个工人产值和 S 部门的每个工人产值);并且,每个工人产值的部门间的不等量在人均产值低水平时最大,而在人均产值高水平时最小。相应的

(I+S)/A 比率在 70 美元基准水平时是 2.88，而在 1 000 美元基准水平时下降到 1.30(参阅表 35，第 12 行)。这个结论由对 1950 年材料较粗略的计算和从国际劳工局的材料中进一步得到肯定。国际劳工局在分析 1950 年劳工统计资料时评述了这个事实："几乎所有国家都共有的一个特征是，农业在国内净产值中的份额大大小于其在劳动中的份额。这种差距，在欠发达的国家中看得特别明显。"①

第三，(I+S)/A 比率的水平以及该比率随着人均产值基准水平由低到高而下降，两者的情况，在考虑了由 A 部门劳动力所创造的非 A 部门产值可能没有充分地表达出来，和欠发达国家与发达国家间在部门价格结构上可能存在着差异后，都会有某种程度的缩小。如果我们考虑到非 A 部门产值的遗漏可能相当于 A 部门劳动力的总产出的 10%，再考虑到把部门的价格结构调整到可以比较后会使 A 部门在产值中的份额另外再添加十分之一，两者都是在 70 美元，而不是在 1 000 美元基准水平时考虑的，那么，(I+S)/A 的比率在 70 美元基准水平时，就会下降到 2.4，而在 1 000美元基准水平时，仍然是 1.3。尽管所有这些修正都是粗糙的，但是我们有理由这样来设想，(I+S)/A 比率会从在 70 美元基准水平时的略高于 2.0 下降到在 1 000 美元和超过 1 000 美元基准水平时的略高于 1.0。

第四，S 部门每个工人产值对 I 部门每个工人产值的比率在

① 1950 年的计算，见库兹涅茨：《各国经济增长的数量，Ⅱ、国民产值和劳动力的产业分配》，第 33—39 页。引文摘自《世界劳动的人口及其产业分布》，载于《国际劳工评论》第 83 卷，第 5 期(1965 年 5 月)，第 520 页。

70 美元基准水平时为 1.4，该比率在 1 000 美元基准水平的下降到小于 1.0（参阅表 35，第 13 行）。S 部门每个工人产值较高，反映了商业部门每个工人产值比服务业部门要高得多。前者对后者的比率，在人均产值低水平时为 1.4—1.7，然后，下降到约为 1（参阅表 36，第 22、25 行）。商业部门每个工人产值比较高，商业部门每个工人产值对服务业部门每个工人产值的比率在人均产值较高水平时缩小到大约等于 1。

第五，在本书所用的部门和细分部分的分类下，每个工人产值的部门间的不等量，是由 I 部门＋S 部门和 A 部门间的差异所支配的，但是也受到 I 部门和 S 部门间差异以及 S 部门内部差异的影响，在我们从人均产值低的国家观察到人均产值高的国家时，这种不等量的情况呈现出显著的收缩，一种趋向于相等的迅速的缩小。每个工人产值部门间不等量的加权度量（以三个主要部门为基础），由在 70 美元基准水平时的 48 点降低到在 1 000 美元基准水平时的 7 点（参阅表 35，第 14 行）。

对每个工人产值部门间的差异，可以提出几种解释。但要对这些解释予以辨别，目前还缺乏所需要的资料和分析。我们只能列出较显而易见的解释，提出这些解释中看来似乎可靠的权数，然后再考虑恰当检验的各项要求。我们的讨论只局限在主要的（I＋S）/A 的差异。虽然如此，但是该讨论的许多部分，对于其他部门间的差异，也是适用的。

（一）由于作为计算每个工人产值基础的产值数字是总的资本消耗和资本收益，I 部门＋S 部门每个工人产值较高，可能是由于每个工人的物质资本供给较大，或者由于每单位资本的收益较大，或者是这两个因素联合造成的。为使这种解释能够有效，每个工人资本供给或者每单位资本收益（或者两者）的I部门+S部门和A部门之间的差异，在欠发达的人均产值低的国家，要比在发达国家大得多。在这种情况下，从每个工人产值扣除（每个工人）资本收益就意味着：在总产值中I部门+S部门所扣除的数额，应比A部门扣除的数额大得多；而且，这种由总产值移转到服务收入成分的差异，在欠发达国家也比在发达国家来得大。其结果是A部门和I部门+S部门间的每个工人劳动收入差异，比之每个工人总产值的差异要小得多；在欠发达的国家中，由于这个差异的这种较大收缩度，每个工人部门劳动收入的不等量，在所有人均产值水平上可能几乎都是相同的。

我们确实有少数几个国家近年来的可再生产的物质资本和总物质资本储存的不完整的资料。从这些资料中，我们能够把住房扣除出来（因为在计算每一部门产值时，住房收入已经被扣掉了）。在这些资料内部，我们能够（如果不是对存货盘存）至少对农业部门和其他部门间固定资本加以区别。[①] 这些资料表明：A部门在总资本（包括不能再生产的资本成分，但不包括住房）中的份额，并不比其在总劳动力中的份额低。因此，就1950年的印度来说，农业在这种总物质资本储存中的份额大约是72%，其在劳动力中的份额大约为71%，对具有这类估算的四个发达国家（1950年的荷兰，1953年的挪威，1950年的联邦德国和1955年的美国）来说，农

① 参阅戈德史密斯和桑德斯合编：《国民财富估算概述》，《收入和财富》，丛书第8本（1959年，伦敦，鲍斯和鲍斯出版社）表1，第8—11页。

业在总固定资本储存中的平均份额为22%略多一些,比其在劳动力中的份额约19%为高。这意味着:每个工人总资本(不包括住房的供给),在A部门和I部门+S部门一样高。可以肯定,每个工人可再生产的固定资本的供给在A部门会比较低。这样,印度在1950年农业在可再生产的资本中的份额大约为39%,1950年墨西哥的该份额为12.5%,1953年哥伦比亚的该份额为31%;而在五个发达国家(前例四个国家,加上1955年的加拿大)其平均份额略小于10%。在发达国家中,A部门每个工人固定的可再生产的资本供给可能还达不到I部门+S部门每个工人固定的可再生产的资本供给的一半;或许还会略低于欠发达国家。不过,这种差别,只会影响到资本消耗的分派,而不会影响到从资本来的总收入——一个远为大得多的数额——的分派。虽然,证据并不充分,但是,它没有显示出A部门每个工人的总资本供给(即产生资本收益的资本供给),比之在I部门+S部门的要低很多。这在欠发达国家是这样,在发达国家更会是这样。

因此,如果资本收益对解释每个工人产值(I+S)/A部门间的比率,和在我们从欠发达国家观察到发达国家的所发现的比率下降情况会有帮助,那一定是因为每单位物质资本收益有差异(即使资本存货的分配会使A部门的资本份额有适当的提高——甚至假定A部门每个工人的资本份额比其他部门还要大)。在欠发达国家中,每种每单位物质资本收益在I部门+S部门必然比在A部门高得多;在我们从欠发达国家观察到较发达国家的话,这种收益的差异必定是在迅速地减少。

根据我们目前了解的情况,要说明在欠发达国家中每单位物质资本收益的部门差异是否存在；如果存在，这些差异该有多大，这是不可能的。在另一篇与此有关的文章中，我论证过欠发达国家 A 部门各个企业家的资本的这种收益，必然大大地低于 I 部门＋S 部门总资本外观上的收益。[①]

但是，这个总结是在假设每个企业主的劳动报偿等于全国范围的每一雇员的报酬的前提下得到的。在这里，要作同样的假设，我们就应该根据定义将每个工人产值所有的部门差异分配到每单位物质资本收益的差异上——但这是一个只有用第一手资料才能验证的前提。

即使没有第一手资料，我们还是能够对欠发达国家的每单位物质资本收益的部门差异问题，提出以下两点看法。第一，设欠发达国家和发达国家总产值中，来自资产的收益的比例是已知的，则每单位物质资本收益的差异的后果，就能够予以近似地估算出来。在人均产值高的和低的国家中，来自资产的收益，大约都是国民收入的 20％左右。[②] 由于资本消耗的变动范围是国民生产总值的 6.6％—8％；从而大约是国民收入 7％—9％，国内生产总值总额中的资本收益加资本消耗份额的变动范围，就将是 27/107 或 25％至 29/109 或 27％。这时，我们应该从该资本收益加资本消耗份额中扣除银行、保险、房地产和住房收入，以便得到用于计算

① 参阅库兹涅茨：《各国经济增长的数量：Ⅳ、按要素份额的国民收入分配》，《经济发展和文化动态》，第 7 卷，第 3 期，第二部分（1958 年 4 月），第 23—28 页。

② 库兹涅茨：《现代经济增长：比率、结构及扩展》（纽黑文，耶鲁大学出版社，1966 年），表 8.1，第 68 行，第 405 页。下一句中所引的资本消耗数字系取自第 85—86 行，第 406 页。

每个工人部门产值的国内生产总值总额中来自资产（包括资本消耗）的收入的最终比例。因此，人均产值梯阶两端的比例，将分别为$\frac{(25-4.7)}{95}$，（或 21.3%），和$\frac{(27-8.0)}{92.0}$，（或 20.7%）。如果我们假设，在发达国家中，A 部门和 I 部门＋S 部门的每单位资本收益相等；这就意味着当结合起来使每个工人物质资本储存相等后，A 部门和 I 部门＋S 部门的每个工人劳动报酬就相等；或者有相差时则与每个工人总产量的比例相同。从而，如果我们假设，在人均产值最低基准水平时每单位资本收益在 I 部门＋S 部门比 A 部门要高四倍，那么，A 部门和 I 部门＋S 部门在劳动报酬（即不包括加上资本消耗的来自资本收益的总产值）中的份额，将是（如果用表 37 的总产值中的份额数值来计算）：就 A 部门来说，等于$(50.8-\frac{1}{6}\times 21.3)\div 78.7$；就 I 部门＋S 部门来说，等于$(49.2-\frac{5}{6}\times 21.3)\div 78.7$，亦即分别等于总劳动报酬（或者劳务收入）中的 60.0%和 40.0%。运用这些份额和表 37 的劳动力的各部门份额（它反映了对特定劳动力集群的调整），就得到（1＋S）/A 部门间每个工人劳动报酬比率为 1.99，而不是份额未调整前的 2.88——这是一个相当大的缩减。但与发达国家的部门间比率接近于 1 相比，在欠发达国家的部门间比率，仍然停留在接近 2。顺便提一提，即使在假定 A 部门**毫无**资本收益这一个最极端的假设下，A 部门和 I 部门＋S 部门在劳务收入中的份额，也将分别为 64.5%和 35.5%，并且（I＋S）/A 部门间的比率将为 1.6 以上。

第二，这是更重要的，欠发达国家每单位物质资本收益部门间的差异很大的假设，意指它是一个二元的结构。可以预想，如果每单位物质资本收益这种巨大差异保持着的话，那么，在资本由低收益场所向高收益场所的运动中，必然存在着一些障碍，而这些障碍可能同别的生产要素和别的制度上的特色的运动障碍有关联，以致造成一种二元的结构。这样，就阻挠了国民经济内两个或更多的部门间在生产率和收益上的有效的均等化。可以肯定，I部门+S部门和A部门之间每单位物质资本收益这种设想的悬殊不等，无论如何，是每一劳动者总产值的(I+S)/A差异的部分的大致准确的原因及其解释。但是，这些收益率的悬殊不等，必然支持结构的二元性，至少在某种程度上存在着两种彼此孤立的两个资本市场——其中一个在A部门占支配地位，另一个是在I部门+S部门占支配地位。

(二) 当我们考虑另一个对(I+S)/A差异的可能解释时，出现了多少有些类似的结论。这时，必须处理的是在劳动质量上可能的差异，不论这种差异是否由每个工人投入到生活、保健和教育(换句话说，投入造就人的资本)的劳动量不同的结果。即使在劳动力中的份额的估算，已用把不支付工资的家庭劳动者、支付工资的女工与幼龄组和老龄组支付工资的男工换算为可比较的等价单位调整过，劳动力在质量上的明显的差异，必然依旧存在。由劳动力质量的这些差异所引起的可能的部门差异，会有利于I部门+S部门，这在欠发达国家比之在发达国家更甚。如果情况是这样，那么，每个工人劳动收入的部门差异中的一大部分，要用这种劳动质量差异来加以说明。这在一定意义上说，如果使这类收入和标准质量单位关联起来，(I+S)/A比率的差异就会显著降低，而这种下降在欠发达国家也就会比在发达国家急剧得多。

劳动质量上的这种差异,除了和从业情况有联系的不支付工资的家庭劳动者、性别和年龄之外,可能来自两个迥然不同的来源。第一个来源,是和用较好的保健条件和较好教育条件来提高作为劳动者的个人一般能力方面的对人力资源的较大投资相联系的。这个前提的含义是:I 部门+S 部门雇用的工人用于提高每个工人生产率的投资比 A 部门大得多——这两种情况在欠发达国家要比发达国家更甚。第二个来源,是内在的生就的智能。它也会造成劳动力质量上的差异,不管在保健和教育的投资怎样(或者说得更精确些,在一般的生存和活动所需要的适当的、最小的、一定的保健和教育投资量下)。这一前提的含义,是 I 部门+S 部门招用的工人其生就的能力比 A 部门的工人高——这种情况在欠发达国家比在发达国家更是如此。当然,劳动质量差异的这两个来源,也像每单位物质资本收益部门差异的两个假设一样,是互为补充的而不是相互竞争的。

不论我们是否能够证实,I 部门和 S 部门,对比 A 部门来说,是因更好的保健和更高的教育,或者是因更高的生就的能力,或者兼有两者,保证了更高质量的劳动,以致这种挑选在欠发达国家产生更大的劳动质量差异,都是争论未决的问题。骤然一看,这种前提看来似乎是有理的。因为如果确实像估算清楚地表明的那样,I 部门和 S 部门的每个工人的平均劳务收入比 A 部门要高得多;那么,在挑选追加的或替换的工人时,其报酬的差额同样也要较高,这样就能够推测,I 部门和 S 部门一定拥有较高质量的劳动。但是,即使人们接受 I 部门和 S 部门劳动质量比 A 部门高(在欠发达国家中，情况更是如此）的论断，关于这些国家结构上所包含的意思，也必须明确而仔细地加以考虑。

应该用对劳动的边际报酬来进行这种考察，可是，这种考察不容易和我们对较广泛的概念每个工人平均劳务收入的估算接合起来。虽然如此，我们可以先假设，每个工人边际的报酬和每个工人平均劳务收入是成比例的。这样，我们就可把估算的每个工人平均劳务收入的部门差异应用于每个工人边际的劳务收入（即在一定的最低质量水平下，劳动队伍中追加一名新劳动力给予的报酬）。如果情况是这样，那么，为什么在报酬上要有这么大的（I+S）/A 差异，大概在欠发达和发达国家，在最低劳动质量水平下，进入 I 部门+S 部门和 A 部门的劳动力有很大的质量差异，而在欠发达国家比在发达国家则更是这样。可以假定，存在着大量潜在的质量较低的后备劳动力在较低的报酬率下可供 I 部门+S 部门使用。因此，合理的计算，将表明（除非另外还存在着一些本文迄今没有提及的抑制因素），在每个工人（W－X）的报酬下，人们可雇用（a+d）新工人，并且，这些追加的工人有可能比在每个工人 W 的报酬下提供稍微多一些的产出。在这种计算形式中，没有关于用资本代替劳动所必不可少的值得注意的技术约束条件，I 部门+S 部门每个工人的边际报酬同 A 部门每个工人的边际报酬相比，应该不超过劳动力由 A 向 I+S 移动时的移动成本——如果移动成本是包括在边际报酬内的话（这种移动成本，可以假定为是对在 I 部门+S 部门就业捉摸不定的前途的摊还）。像估算所表明的，如果 I 部门+S 部门每个工人边际（平均）报酬对 A 部门差异的比例，大大超过任何合理的对移动成本的估算，那么，I 部门+S部门的某些抑制因素,就一定会妨碍把更多的劳动素质稍低的劳动力使其与别的生产要素结合起来。这些抑制因素,可能是与可供欠发达国家的I部门+S部门用的现代技术在挑选时有很大的局限性相联系的。[①] 因此,在一个现代的轧钢厂中超出一定限度过多增加雇用的工人数量,将不会对增加出产量有多少帮助。因为这个有限的劳动力数量的有效使用,是同大量固定资本投资相结合的。必须确保劳动者相当高的最低质量,以免发生疏忽、误用,或者其他会妨碍资本设备有效使用的问题。在本例中,在质量稍微差些的大劳动队伍和质量高的小劳动队伍之间,是没有选择余地的:因为后者是唯一可行的形式。这个例证暗示了,在欠发达国家I+S和A部门间在边际劳动质量和报酬上的很大差异,是由I部门+S部门的现代成分的技术抑制因素所强加的——把这些技术抑制因素应用于欠发达国家A部门的劳动力时,比之应用于任何别的部门时其影响显而易见地远为巨大。在发达国家中,这种质量差异,可能并不那样大,因为把现代技术应用在A部门也要对劳动力加上最低质量要求这种强加的约束条件;而这种情况,对于欠发达国家A部门传统的技术来说,就不是严格的了。

如果我们抛弃边际的解释方法,并假设即使在欠发达国家中,I部门+S部门和A部门在临界线的劳动者在质量和报酬上是相等的;那么,辩论就将移转到劳动的结构及其超出最低进入水平的质量。如果每个工人的平均报酬和质量,在I部门和S部门都大

① 关于本问题的讨论,请参阅埃卡乌斯著:《欠发达地区生产要素的比例问题》,《美国经济评论》第44卷,第3期(1955年9月)。本文业经收载在阿格雷瓦拉和辛格合编的:《欠发达经济学》(伦敦,牛津大学出版社1958年版),第349—380页。

大地高于A部门，与此同时，边际报酬和质量则相等，这也就意味着超出边际最低质量（和报酬）的分布在接近更高水平时在I部门和S部门产生的偏差，比A部门要大得多。这时，有人可能会问，是什么东西阻止I部门+S部门劳动质量的差别缩小和平均报酬的下降？上述技术的限制因素，在现代技术下，对于超过最低进入水平的劳动等级制度来说是否同样适用呢？对此，要有给予肯定答复的根据与理由。现代工业中许多工厂的劳工花名册表明：顶端的少数高质量人员，是不能用任何数量的低质量工人来替换的。因此，在假设了(I+S)/A在边际劳动的质量及其报酬上的差异是同结构的二元性相联系的同时，还要假设(I+S)/A在劳动的平均质量和报酬上的差异，也是与结构的二元性相联系的。即使我们事先已经假定I部门+S部门和A部门的边际劳动者在质量和报酬上是相等的。

本假设的两种说法（这两种说法是相互补充的，每一说法都对何以会有差异，提供了部分解释）——导源于对人力资本较大投资的高质量的劳动，或作为对生就的才能的评价反映的高质量的劳动——中的任何一种说法，都使其可以获得比某些基本的劳动有较高的相对报偿，这种情况，在欠发达国家内较之在发达国家内更甚。举例来说，I部门+S部门的劳动质量，在正规教育上近乎实际的差异，在欠发达国家是110，而在发达国家是125。这两个数字，是相对于欠发达国家和发达国家组的基本质量标准（设为100）的比值。但是，在欠发达国家中，正规教育投资的收益率，可能比发达国家高得多；与A部门劳动的收益100相比较，欠发达国家I部门+S部门较高质量劳动的收益，可能是150，而在发达国家中,相应的指数可能只是 100 : 125。这些差异,与上面已经讨论过的每单位物质资本收益率的差异一样,部分地是由于部门的价格结构,至少在欠发达国家和发达国家间 A 部门价格对 I 部门价格的关系上,是有差异的。目前,在这个问题上,这种价格构成因素是值得特别提出的。因为它将加重人的资本,或者在天赋才能上的等价物的追加投入量间的差别,和加重不同的国家分组间由追加投入引起的相对价格的可能差别,从而加重内含的收益率的可能差异。换句话说,这将使欠发达国家 I 部门+S 部门和 A 部门之间每个工人劳务收入较高的差异同质量差异的联系徒有虚名。而在发达国家劳动质量差异,同 I 部门+S 部门和 A 部门每个工人劳务收入差异的联系,是与价格结构同等地明显体现出来的。

(三)在此处即将考虑的最后的解释,业已在和"移动成本"有关的段落中做了暗示。如果在 I 部门和 S 部门工作,包含了生活条件的变化,以致在这些部门工作比之在 A 部门工作需要更大的费用,而这种费用又是在与不同的质量要求相联系的费用以外的,因而对同样质量的劳动的报酬率,在 I 部门和 S 部门就应该比较高。这将意味着每个工人较高的产值,而这种费用差异在欠发达国家比之发达国家相对地更大些。这也确实是可能的。

下面的两点评论是中肯恰当的。第一点评论,如果生活费用差异是反映了为获得同样的货财,或者为保障同样水平(不论城乡)需要的满足所要求的资源投入方面的差异的话,在城市的劳动还会提供较高的每个工人实际产值的;而这个较高的实际产值在欠发达国家相对地更大些,是必须加以解释的。关于生活费用差异和移动成本的关联，只表明除非这类较高的费用由较高生产率得到补偿，I部门和S部门是不可能在城市出现的，而应该在农村中发展起来。这并不解释I部门和S部门劳动的较高生产率是如何获得的，它仅仅表明这种较高的生产率的一部分已并入较高的生活费用中，而且不能加到I部门+S部门劳动的实际收入中去。

第二点评论：我们能否假设，在相对基础上，欠发达国家A部门和I部门+S部门之间生活费用的差异比起发达国家要大些？如就这些差异和运输与分配投入量的关联这一点来说（比如说，食品从农村到城市的运动），欠发达国家的效率较差的运输与分配系统，很可能会引起对成本的更大比例的追加。然而，在另一方面，发达国家的由从农村到城市的人口迁移所引起的都市人口密度和生活条件的变化，看来会更大。这种情况，我们已在第二章用美国都市生活额外费用粗略的近似值给予证实过。这些近似数值表明：在经济增长的过程中，生活费用的相对差异不是下降，而是上升。暂时的结论是，这只是一种研究工作的猜测，同在I部门+S部门就业与在A部门就业有联系的在生活费用上的相对差异，在欠发达国家中，比之在发达国家中可能并不一定更大，因为在前者，I部门+S部门的许多产值都是在农村生产的。因此，虽然费用差异暗示I部门和S部门每个工人实际产值应高于A部门，但是，它们对于解释在欠发达国家I部门+S部门和A部门每个工人实际产值悬殊不等何以更大的这一问题，也做不了什么贡献。

在对欠发达国家每个工人产值(I+S)/A比率较高这个可能的解释的简短的讨论中，对于它同“剩余”生产率或者同全体生产要素的生产率的关联，我们还没有谈到。如果可以这样假设，即同质的资本和劳动的投入,在所有部门是在同一比率下估价的,在把它们的估价从部门产出中扣除之后,A 部门剩余生产率,可能比 I 部门+S 部门低些。这种情况,在欠发达国家尤为显著。但是,这样的一种估测,只有在该基本假设能够用劳动和资本质量特定资料与劳动和资本报酬的特定资料来验证时,才是有意义的;不过,即使能够验证,也还是会产生这样的问题,如果劳动和资本质量等价的单位产生了不同的产出并由此而获得不同的报偿,又没有出现趋向等同化的运动,那么这又是为什么? 正如我们的讨论所表明的:没有这类现成的资料;而实际上,前面讨论中的许多命题也可以用"剩余"产物生产率的部门差异这种措辞来复述。但是,如果没有详细的资料,部门投入质量的差异就不能区分出哪些是从"剩余产物"生产率来的,或者哪些是从生产要素流动性和生产要素报偿均等化受到制度的阻挠来的。

不管采用哪一种方法来阐述,我们的讨论却有助于证明强调欠发达国家结构二元性种种方面的影响是有理的,并且它还暗示了如果发达国家存在这种结构的二元性的话,所起的作用的重要性则要小得多。两个显然相孤立的资本市场;I 部门+S 部门在使用劳动方面的现代技术的约束因素和相比较来说 A 部门并不存在这种约束因素;和现代部门相联系的从事较高级经济工作的最低生活要求和 A 部门每个工人劳务收入的较低水平间的大不相同,这一切过去都被声称为欠发达国家的特征,但这和发达国家的关联则要小得多。但是,体制结构上的种种别的差异,都与上述明确讨论过的二元结构的各方面有关。这样,欠发达国家 A 部门低的资本收益,应是这个农场主的极低的资本收益率与由个别地主兼高利贷者(或甚至是法人信贷机构)所提供的流动资金可能很高的收益率两者的结合。因此,还可能有一个第三种收益率和第三个资本市场,在这个资本市场内使各个农场主的财产牵连在内,这是一个具有典押财物性质的资本市场。同样,由I部门+S部门的现代成分所使用的劳动,也可能要求一些制度上的惯例,以便保证这些劳动力的稳定性。这些惯例,可能成了阻碍劳动力有效地移入这些先进的特殊领域的长期障碍。这也暗示I部门内部(或S部门内部)结构上的不平等,也可能像I部门+S部门和A部门间结构上的不平等一样宽广。我们做出这些评论,是为了强调在造成产生种种每个工人产值和劳务收入的部门之间不等量的问题上,若干部门和细分部分在市场和工艺技术方面结构上的差异作用是和劳动队伍不同成分的就业和报酬的制度上的条件的作用相互交织在一起的。此外,更彻底的分析,就涉及需要比现在已收集到的更加细分的详细的资料。如关于劳动市场和资本市场制度上的特征的额外资料,关于不同部门的生活条件和工作条件的额外资料——特别是有关欠发达国家在这些方面的资料,因为欠发达国家在所有这些方面同更发达国家相比其差异是很大的。关于这些问题的研究,只是最近才刚刚开始。

最后,虽然本文讨论中的许多篇幅是和论述每个工人劳务收入或总产值(I+S)/A比率有关;但是,它对于别的部门之间的比率也是适用的。因此,在欠发达国家S部门每个工人产值高于I部门,尤其是每个工人产值商业高于服务业,或商业高于I部门,这很可能是同商业的资本收益比I部门更高(尽管在I部门中存在着一些现代化成分)相联系的。然而,I部门本身的各细分部分之间的每个工人产值差异，也确实不是偶然发生的。实际上，几乎任何一种每个工人产值部门之间的比率，都反映了极其复杂的技术要求和制度上的种种反应。各表所提供的统计资料的证据，只是涉及和人均产值的特定水平（从而也是和总体上的经济业绩）有联系的最明显最概括的类似和差异。因此，就问题的性质而言，本章对各个有关假设的思辨性讨论，就得更加概略了。

第六章　劳动力的部门份额：长期趋势

一、份额的变化：三个主要部门

表 38 提供了发达国家和少数欠发达国家中三个主要部门劳动力份额长期变化的简要情况。除了表明全部劳动力(不归各产业部门分配者不计)的各部门份额以外，该表还尽可能地表现了经过加权调整后的劳动力份额，也就是农业部门妇女人数以 0.2 加权，而其他部门女工则以 0.6 加权计算。经过这一番调整，应该说是考虑到了不付工资的家庭劳动力所占比例的变动和男女劳动力由于技术和报酬参差不一而造成的大部分影响，但是它对于份额的水平和趋势并没有产生什么影响。仅在一两个例证中，特别是日本，该项调整的确显著改变了份额的水平，反映出妇女在一切部门中都占很大比重。如果像第 55 行那样对 1920 年的数字进行折算，则会使 A 部门在 1872 年的份额降到 75%以下。但是大体说来，调整没有使我们得到的结论发生很大变化。因此，我们可以把注意力集中在第 1—3 栏。

表 38　主要部门劳动力份额的长期变化

国别和时期	全部劳动力的份额（百分比）A (1)	I (2)	S (3)	妇女占全部劳动力的百分比 (4)	经调整计算后的劳动力份额 A (5)	I (6)	S (7)
英　国							
1. 1801/1811	34.4	30.0[a]	35.6[a]	—	—	—	—
2. 1851/1861	20.2	43.2[a]	36.6[a]	—	—	—	—
3. 1851/1861	21.6	56.9	21.5	30.5	23.0	58.9	18.1
4. 1921	9.1	58.8	32.1	29.4	9.8	61.8	28.4
5. 1921	7.2	56.9	35.9	29.5	7.7	59.2	33.1
6. 1961	3.7	55.0	41.3	30.8	3.9	58.8	37.3
7. 1851/1861 至 1961 的变化	−16.0	0	+16.0	+0.2	−17.0	+2.5	+14.5
法　国							
8. 1856	51.7	28.5	19.8	31.2	48.2	31.5	20.3
9. 1962	20.0	43.6	36.4	33.4	17.6	47.1	35.3
10. 1856 至 1962 的变化	−31.7	+15.1	+16.6	+2.2	−30.6	+15.6	+15.0
比利时							
11. 1846	50.9	37.1	12.0	36.7	47.5	39.2	13.3
12. 1964	5.9	52.4	41.7	30.8	5.6	55.8	38.6
13. 1846 至 1964 的变化	−45.0	+15.3	+29.7	−5.9	−41.9	+16.6	+25.3
荷　兰							
14. 1849	45.4	29.4	25.2	29.5	41.8	33.3	24.9
15. 1960	11.0	50.5	38.5	22.3	11.2	53.3	35.5
16. 1849 至 1960 的变化	−34.4	+21.1	+13.3	−7.2	−30.6	+20.0	+10.6
德　国							
17. 1852/1855/1858	54.1	26.8	19.1	—	—	—	—

（续表）

国别和时期	全部劳动力的份额（百分比）			妇女占全部劳动力的百分比	经调整计算后的劳动力份额		
	A (1)	I (2)	S (3)	(4)	A (5)	I (6)	S (7)
18. 1882	48.4	31.7	19.9	—	—	—	—
19. 1882	47.3	38.5	14.2	24.2	42.2	42.7	15.1
20. 1907	37.1	45.0	17.9	30.7	28.8	52.1	19.1
两次大战间的国土范围							
21. 1925	30.7	46.5	22.8	35.9	23.0	53.7	23.3
22. 1939	26.0	47.7	26.3	37.1	18.3	54.7	27.0
联邦共和国							
23. 1946	29.3	44.5	26.2	36.7	21.7	51.8	26.5
24. 1964	11.3	54.6	34.1	36.4	7.9	59.3	32.8
25. 自 1882 至上列期间的变化	−32.9	+17.8	+15.1	+7.4	−31.9	+17.9	+14.0
瑞　士							
26. 1880	42.4	45.5	12.1	32.2	40.4	47.1	12.5
27. 1960	11.2	55.9	32.9	30.1	11.9	58.5	29.6
28. 1880 至 1960 的变化	−31.2	+10.4	+20.8	−2.1	−28.5	+11.4	+17.1
丹　麦							
29. 1874～1875	51.1	48.9		—	—	—	—
30. 1912	39.2	60.8		—	—	—	—
31. 1911	43.1	29.4	27.5	31.3	42.5	32.1	25.4
32. 1960	17.8	44.5	37.7	30.9	19.0	47.1	33.9
33. 1911 至 1960 的变化	−25.3	+15.1	+10.2	−0.4	−23.5	+15.0	+8.5
挪　威							
34. 1865	63.7	19.9	16.4	—	—	—	—
35. 1890	49.9	29.5	20.6	—	—	—	—
36. 1891	50.1	23.2[a]	26.7[a]	31.6	49.5	24.8[a]	25.7[a]
37. 1920	37.0	37.6 (29.0[a])	25.4 (34.0[a])	27.8	37.7	40.4 (30.8[a])	21.9 (31.5[a])

（续表）

国别和时期	全部劳动力的份额（百分比）			妇女占全部劳动力的百分比	经调整计算后的劳动力份额		
	A	I	S		A	I	S
	(1)	(2)	(3)	(4)	(5)	(6)	(7)
38.1960	19.6	48.6	31.8	22.9	20.8	50.9	28.3
39.1891 至 1960 的变化	−30.5	+16.8	+13.7	−8.7	−28.7	+16.5	+12.2
瑞　典							
40.1860	64.0	18.8	17.2	24.0	61.7	21.8	16.5
		(16.8[a])	(19.2[a])			(19.4[a])	(18.9[a])
41.1870	75.7	9.5[a]	14.8[a]	31.9	72.5	11.7[a]	15.8[a]
42.1910	48.3	32.2	19.5	27.8	45.6	36.1	18.3
43.1960	13.8	52.7	33.5	30.7	14.7	55.9	29.4
44.1860 至 1960 的变化	−50.2	+33.9	+16.3	+6.7	−47.0	+34.1	+12.9
芬　兰							
45.1880	71.2	13.3	15.5	28.6	68.8	15.4	15.8
46.1960	35.6	37.8	26.6	39.4	32.2	42.8	25.0
47.1880 至 1960 的变化	−35.6	+24.5	+11.1	+10.8	−36.6	+27.4	+9.2
意大利							
48.1861/1871	57.5	25.8	16.7	—	—	—	—
49.1881/1901	56.4	28.1	15.5	—	—	—	—
50.1881/1901	58.4	28.7	12.9	35.8	54.2	31.5	14.3
51.1964	25.2	46.4	28.4	28.0	21.7	49.9	28.4
52.1881/1901 至 1964 的变化	−33.2	+17.7	+15.5	−7.8	−32.5	+18.4	+14.1
日　本							
53.1872	85.8	5.6	8.6	—	—	—	—
54.1900	71.1	15.7	13.2	—	—	—	—
55.1920	54.6	25.4	20.0	37.6	47.0	30.3	22.7
56.1964	27.6	37.4	35.0	40.3	20.4	42.7	36.9

（续表）

国别和时期	全部劳动力的份额（百分比）			妇女占全部劳动力的百分比	经调整计算后的劳动力份额		
	A	I	S		A	I	S
	(1)	(2)	(3)	(4)	(5)	(6)	(7)
57. 1872 至 1920 的变化	−31.2	+19.8	+11.4	—	—	—	—
58. 1920 至 1964 的变化	−27.0	+12.0	+15.0	+2.7	−26.6	+12.4	+14.2
加拿大							
59. 1871	52.9	47.1（I 与 S 合计）		—	—	—	—
60. 1911	37.2	62.8（I 与 S 合计）		—	—	—	—
61. 1911	37.1	37.4	25.5	13.4	38.8	37.9	23.3
62. 1965	9.5	41.1	49.4	29.0	10.1	43.8	46.1
63. 1911 至 1965 的变化	−27.6	+3.7	+23.9	+15.6	−28.7	+5.9	+22.8
美国							
64. 1810	83.7	16.3（I 与 S 合计）		—	—	—	—
65. 1840	63.4	36.6（I 与 S 合计）		—	—	—	—
66. 1839	64.3	16.2	19.5	—	—	—	—
67. 1869/1879	50.0	29.0	21.0	—	—	—	—
68. 1869/1879	48.6	29.0	22.4	14.9（1870/1880）	—	—	—
69. 1929	21.2	38.0	40.8	21.9（1930）	—	—	—
70. 1929	19.9	38.8	41.3	21.9（1930）	—	—	—
71. 1965	5.7	38.0	56.3	32.8（1962）	—	—	—
72. 1839 至 1965 的变化	−55.9	+21.0	+34.9	+17.9（1870/1880 至 1962）	—	—	—

（续表）

国别和时期	全部劳动力的份额（百分比） A (1)	I (2)	S (3)	妇女占全部劳动力的百分比 (4)	经调整计算后的劳动力份额 A (5)	I (6)	S (7)
澳大利亚							
73.1861	29.5	70.5		—	—	—	—
74.1901	25.1	74.9		—	—	—	—
75.1901	33.0	33.9	33.1	21.7	34.3	35.3	30.4
76.1961	11.1	48.9	40.0	25.1	11.5	51.3	37.2
77.1901 至 1961 的变化	−21.9	+15.0	+6.9	+3.4	−22.8	+16.0	+6.8
新西兰							
78.1896	37.0	34.5	28.5	18.1	39.1	35.2	25.7
79.1961	14.5	46.8	38.7	25.1	15.1	49.0	35.9
80.1896 至 1961 的变化	−22.5	+12.3	+10.2	+7.0	−24.0	+13.8	+10.2
西班牙							
81.1877	70.5	15.5	14.0	20.4	69.3	17.0	13.7
82.1964	34.9	40.1	25.0	23.3	33.5	42.4	24.1
83.1877 至 1964 的变化	−35.6	+24.6	+11.0	+2.9	−35.8	+25.4	+10.4
阿根廷							
84.1895	39.6	28.0	32.4	—	—	—	—
85.1960	21.4	43.1	35.5	22.6	22.2	44.8	33.0
86.1895 至 1960 的变化	−18.2	+15.1	+3.1	—	—	—	—
智利							
87.1920	38.9	35.3	25.8	26.1	40.8	34.8	24.4
88.1960	29.6	35.4	35.0	22.4	31.7	36.9	31.4
89.1920 至 1960 的变化	−9.3	+0.1	+9.2	−3.7	−9.1	+2.1	+7.0
哥伦比亚							
90.1925	68.5	16.0	15.5	—	—	—	—
91.1962	44.6	26.8	28.6	—	—	—	—

（续表）

国别和时期	全部劳动力的份额（百分比）			妇女占全部劳动力的百分比	经调整计算后的劳动力份额		
	A (1)	I (2)	S (3)	(4)	A (5)	I (6)	S (7)
92. 1925 至 1962 的变化	−23.9	+10.8	+13.1	—	—	—	—
墨西哥							
93. 1910	64.7	14.4	20.9	16.9	68.6	13.8	17.6
94. 1960	54.6	22.3	23.1	18.0	55.1	23.5	21.4
95. 1910 至 1960 的变化	−10.1	+7.9	+2.2	+1.1	−13.5	+9.7	+3.8
埃及							
96. 1907	71.2	14.1	14.7	4.8	71.0	14.3	14.7
97. 1960	58.3	15.6	26.1	7.9	58.0	16.1	25.9
98. 1907 至 1960 的变化	−12.9	+1.5	+11.4	+3.1	−13.0	+1.8	+11.2
菲律宾							
99. 1939	72.9	13.9	13.2	30.9	70.9	15.4	13.7
100. 1962	61.6	17.2	21.2	36.4	60.9	18.5	20.6
101. 1939 至 1962 的变化	−11.3	+3.3	+8.0	+5.5	−10.0	+3.1	+6.9
印度							
102. 1881	74.4	14.6	11.0	30.9	74.4[b]	13.8[b]	11.8[b]
103. 1951	76.1	12.0	11.9	23.4	72.9[b]	13.6[b]	13.5[b]
104. 1951	77.4	9.9	12.7	29.2	72.7[b]	12.2[b]	15.1[b]
105. 1961	73.5	13.1	13.4	31.5	69.1[b]	14.9[b]	16.0[b]
106. 1881 至 1961 的变化	−2.2	+0.6	+1.6	−5.2	−5.1[b]	+2.5[b]	+2.6[b]
斯里兰卡							
107. 1881	68.2	14.0	17.8	—	—	—	—
108. 1953	56.7	17.2	26.1	24.2	52.6	18.9	28.5
109. 1881 至 1953 的变化	−11.5	+3.2	+8.3	—	—	—	—

—:指无法获得资料。

a.运输、仓储、通讯三项不包括在I部门内而是包括在S部门内。

b.只指男劳动力。

凡年份与年份间用/号连接者是指某个年份的;用～连接者,指该两年间的所有年份。

第5—7栏调整份额的数字按以下方法计算而得:A部门妇女数乘以0.2,其他部门妇女数乘以0.6(参看第34表注释及第五章的文字讨论部分)。

除另有指明外,本表所根据的数据来自贝洛荻等人的《国际历史统计》第1卷《劳动人口及其结构》(布鲁塞尔:布鲁塞尔自由大学社会学研究所,1968年)。该书则取材于各国人口统计及其他辅助原始资料。每当所得数列有重要的中断,即给出交叉年份的份额(如英国,第2—3行;第4—5行);变化总值是两个(或两个以上)间隔的变化之和。下面的注解,举出本表资料的其他原始来源。

第1—2行:迪恩和科尔:《英国经济增长,1688～1959》,第二版(剑桥:剑桥大学出版社,1967年),表30,第142页。

第17—18行:霍夫曼:《19世纪中叶以来德国经济的增长》(柏林:斯普林格出版社,1965年),表20,第204—206页。

第29—30行:布杰克和乌辛:《丹麦国民产值的研究,1870～1950》(哥本哈根:G. E. C.加迪出版社,1958年),表1,第142—143页。

第34—35行:中央统计局:《挪威经济的趋势,1865～1960》,见《社会经济研究》第16期(奥斯陆,1966年),表21,第54页。

第48—49行:南部工业发展协会刊行的:《意大利南部统计,1861～1953》内总括的人口普查资料(罗马,1954年),表45—46,第39—41页。

第59—60行:费尔斯通:《加拿大的经济发展,1867～1953》(伦敦:鲍斯和鲍斯出版公司,1958年),表65—66,第184—185页。关于1871年的数字,我们假定捕鱼、狩猎、林业等活动对于农业的比例与1881年同。

第64—65行:戴维:《1840年以前美国实际产值的增长》,《经济史杂志》第27卷第2期(1967年6月),表4,第166页。

第66—67行:对S部门份额所作估计的根据来自高尔曼和韦斯:《19世纪的服务业》,该文载于《收入和财富研究》第34卷由富克斯编的《服务业的总产量和生产率》一书内(纽约:哥伦比亚大学为国家经济研究局出版,1969年),表6、9,第299、303页。其余部门,即I部门与A部门按照莱伯戈特:《劳动力与就业,1800～1960》的估计按细分部分分配的。该文载于《收入和财富研究》第30卷由布雷迪编的《1800年以后美国的产出、就业与生产率》一书内(纽约:哥伦比亚大学为国家经济研究局出版,1966年),表1,第118页。

第68—69行:第1—3栏系根据肯德里克,《美国生产率的趋势》(普林斯顿:普林斯顿大学为国家经济研究局出版,1961年),表A—Ⅶ,第308页。此处第4栏及第70—71行,其数据来自人口普查局,《美国的历史统计,殖民地时期至1957年》(华盛顿,1961年)及《美国的历史统计,从殖民地时期至1957年,延续至1962年和修订本》(华盛顿,1965年),组D13—25,D36—45。劳动力的份额是用工薪收入者各行业的份额外推回去的。

第70—71行:商务部:《美国国民收入及国民产值账户,1929～1965》,《商业现况增刊》(华盛顿,1966年),表6.6,第110—113页。

第73—74行:对于1861至1891年维多利亚、南澳大利亚、新南威尔斯、昆斯仑等地估计之和取自巴特林:《澳大利亚经济发展的投资,1861～1900》(剑桥:剑桥大学出版社,1964年),表40,第194页。转入1901年时,对劳动力的估计(不包括农业部门的妇女人数)来自克拉克,《经济进展的条件》第3版(伦敦:麦克米伦,1957年),表3,第510页及其后页码。

第84行:联合国拉丁美洲经济委员会:《拉丁美洲劳动力研究》,为1957年5月在拉巴斯召开的委员会准备的油印报告,表A—Ⅷ—1,第236页;表A—Ⅸ—2,第312页和表Ⅻ—4,第342页。这个估算数字与第85行的数字是可比的。

第90—91行:1925年的数字来自拉丁美洲经济委员会的《经济发展的分析和计划,Ⅲ,哥伦比亚的经济发展》(圣地亚哥,1956年),表4,第17页。1962年的数字同国际劳工局的《劳动统计年鉴,1965年》(日内瓦,出版日期不详)。

第102—103行:索纳:《印度经济的长期趋势,1881～1951》,《经济周报》(孟买,1962年6月),表8,第1164页和表9,第1165页。1881年的估计是将四个主要邦的(非A部门)数字分解后得来的;一般劳动包括在A部门内。

第107行:斯诺德格拉斯:《斯里兰卡——一个转变中的出口经济》,耶鲁大学研究中心(霍姆伍德,伊利诺伊州,R.欧文出版社,1966年),表A—26,第322—323页。这个估算数字与第108行的数字是可比的。

(一)目前发达国家在进入现代经济增长以前,其A部门的初始份额是相当高的。大部分的情况(如法国、比利时、德国、丹麦、挪威、意大利、美国、加拿大)都在50%到65%之间。英国、荷兰和澳大利亚则显然比这要低。瑞典、芬兰、日本则比这要高。第29表的截面各栏既然表明A部门份额,在最低基准点水平时高达80%,而且只有在基准点水平是150美元时,才会下降到65%,我们不妨得出结论,大部分发达国家在其进入现代经济增长时的劳动力的A部门初始份额已经比今天许多欠发达国家还要略微低些。这个结论和它们开始时人均产值一般较高这一事实是一致

的。这不同于产值方面的结论,即当今发达国家在工业化前夕的A部门份额同今天人均产值较低的那些国家一样高。(参看第四章)

许多发达国家劳动力的A部门份额,在它们进入现代经济增长以前,很可能就已下降。就18世纪的英国与荷兰来说,大概就的确如此。对美国在1810～1840年这段期间的情况进行推测估计,也会使人产生这种想法。资本主义发展得较早的一些欧洲国家(英国、荷兰、意大利,也许还有法国、德国),在开始时候这种中等的劳动力的A部门份额,正像这些国家在开始阶段人均产值较高一样,可能是由于现代"工业化"以前的累积结果,也就是利用非农业活动的能力(制造业、船舶运输、外贸等)的累积结果,从而即使未必提高非A部门的产值份额,却至少增加了人均总产值。

(二)所有国家劳动力的A部门份额都在下降,大多数国家中其下降比例都相当大。表中各相应行次大量出现负数这一点表明这种运动方向有普遍性,甚至延入欠发达的国家。我们还应当看到,澳大利亚A部门在总产值中的份额,直到最近这几十年才降低;而人口调查数字表明,劳动力的A部门份额在20世纪初,就已开始急剧下降。

但也有一些有趣的例外情况。从原始资料可以看到,意大利只是在1921年以后,劳动力的A部门份额才大量下降。可是以不变价格计算的A部门在总产值中的份额,却自1861～1870年的46%下降至1891～1900年的42%。更重要的是,在几个欠发达国家中,劳动力的A部门份额,如果确有下降的话,也只是近年来的事。介乎表上跨越年份之间的年份(表上未列出)的数字表明，印度在1881～1961年间，斯里兰卡在1881～1921年间，只微微下降。埃及在1907～1937年这一段期间，甚至稍有上升。在这样长的期间内劳动力份额稳定不变，尤其值得注意，因为在有些欠发达国家中，A部门在总产值中的份额却下降了。

（三）所有发达国家以及劳动力的A部门份额显著降低的那些欠发达国家中，劳动力的I部门和S部门份额都上升了。劳动力的I部门份额的升高是持续的，而且无论从绝对数字或相对数字来看，数量都颇为可观。鉴于总产值中的I部门份额同样普遍上升而且幅度也很大，劳动力份额的这种变动格局，其实应该是意料中事。比较难以预料的倒是，劳动力的I部门份额的上升，比起劳动力的A部门份额的下降来说，其幅度显得有限。英国（可回溯到19世纪中叶）、比利时、瑞士、加拿大和美国的I部门的份额，其上升幅度远不如S部门。而法国、丹麦、挪威、新西兰，两个部门份额的上升则相当接近。因此，在产值份额中所看到的I部门所占的优势，在劳动力份额方面却难以看到。它还不够抵消A部门份额下降的大部分。

（四）劳动力的S部门份额上升的情况十分普遍，这与总产值中S部门份额没有持续上升适成对照。这种上升也许值得存疑。也可能是由于对早期的份额估计得偏低了一些的结果。不过如果真的有低估的情况，那也会影响到产值中的份额。因此，我们可以认为调查数字相当可靠。有几个发达国家——法国、比利时、瑞士、芬兰、意大利、美国、加拿大和新西兰——份额的上升，尤其突出。甚至在某些欠发达国家，如哥伦比亚、埃及、菲律宾和斯里兰卡，S部门份额的上升幅度也大于I部门。很明显，有一些重要因素在促使许多发达国家和欠发达国家中劳动力大量移向S部门。就发达国家来说,可能是因为在S部门用资本来代替劳动力比较不易;而在欠发达国家,则S部门正好解决了劳动力就业不足的出路问题。

表38的调查研究结果有两个方面值得强调。第一个方面与已发生的结构变动的速度有关,特别是与劳动力的A部门份额的下降和劳动力的其他部门份额的相应上升有关。典型的升降趋势是,在一个世纪到一又四分之一个世纪的时间内,A部门的份额自50%至65%之间降为10%甚至更低。这种趋势比之以往几个世纪所发生的趋势肯定更为引人注意。如果我们把劳动力在A部门的最大份额定为80%——这在古老的欧洲国家是合乎实际的——那么,在进入现代经济增长的前夕,下降到50%至65%,就意味着为下降15—30个百分点已经历了好几个世纪,而后只经历了一个多世纪就又下降了40—50个百分点。随着现代经济增长,结构的变化也随之加速的这一形势,劳动力和产值是一致的。

第二个方面尤其和劳动力的各部门份额有关。在一个世纪中,A部门的份额,譬如说自60%降到10%,意味着如果全部劳动力每年增长1%(即与全部人口增长率大体相同),亦即一个世纪增长2.71倍,劳动力的A部门份额自(0.60×100)即60降至(0.1×271)即27.1,而非A部门的劳动力则自40上升到244左右,即六倍多一些。当然,这些差异和A部门与非A部门间产值增长率的差异有其相似之处。但是,劳动力是全人口中最重要而又相对稳定的一部分,有其自然增长率,而产值则否。而且决定劳动力自然增长率的力量,未必都对由经济增长造成的差异的机会迅速发生反应。例如,尽管对农村劳动力的需求不如城市劳动力,但农村人口的自然增长率,并由此导致 A 部门劳动力的自然增长率,并不低于城市人口增长率。现代经济增长中不同产业、职业等等,彼此间的增长差别既然远远超过主要人口集群中自然增长率的差别,则后者不能对前者充分迅速反应,显然可见。

事实上,在现代经济增长的这几十年中,农村人口的自然增长率(即出生人数与死亡人数的差额)一直比城市人口自然增长率为高。这大部分是因为农村出生率高,也有一部分是因为(在更早些时期)降低了死亡率。[①] 因此,与不同部门有联系的人口集群中自然增长率的差异和这些部门就业机会增加的差别,两者之间就发生冲突。农村出生率所以迟迟不下降,这点是和现代经济增长迟迟才发展到农村有一定联系的,因而,这种冲突,并非偶然。它对经济增长的许多方面有着重大的影响。它造成了移居的长流,不但在发达国家内部自乡村移居城市,而且甚至移居到海外的发达国家。它导致在经济制度内部家庭出身和就业机会的脱节。它鼓励同一代人变更行业和职业,而这一代与另一代间的职业变动则尤其突出。影响所及,两代人间的隔阂渐渐增加,即使未必有地区性流动,却有经济性和社会性的流动,而新老两代人之间意见的不协调,最终会削弱老一辈在现代社会中的权威地位。劳动力部门结构的这种变动,加上人口统计的趋势和自然增长率的差异,对于发达国家中人民的生活条件、制度和流行见解,给予了巨大影响,

① 参阅库兹涅茨:《现代经济增长:比率、结构及扩展》(纽黑文:耶鲁大学出版社,1966 年),第 120—127 页,可作为例证性的证据和含义的简短论述。

而这在改变消费结构、社会结构,甚至社会的意识形态上都是支配因素。

上述两项一般性评论强调了劳动力份额在A部门下降而在其他部门份额上升的情况。显然,它们也适用于I部门和S部门两部门间的移动,以及每一部门内部各细分部分间的移动。I部门和S部门份额显著地加速上升,肯定也是这两部门中至少某些细分部分份额变动的特性。如果做出更详细的产业分类,就会看到生产上一些全新的分支部门异峰突起,而为革新所淘汰的某些古老的分支部门则同样引人注目地衰落不振。自然增长率的差异不但存在于城乡人口之间,而且存在于大小不同的各种城市之间,甚至也存在于大规模的职业集团之间。这些人口统计上的差别和近代经济增长过程中所造成的就业机会增长的差别,并无密切联系,也没有后者那么大。人口增长的差别和经济增长的差别间所发生的不一致意味着国内移居,而且甚至在非A部门内部也有同代之间和不同世代之间的移动。在观察劳动力在I部门和S部门各细分部分份额的变动时,我们必须记住这种变动对于劳动力和人口的国内流动性以及其他生产要素移动等方面所具有的含义。

二、份额的变化:I部门和S部门的细分部分

表39可以使我们对劳动力的I部门份额相对地有限上升的根源看得更清楚。就像它的产值份额一样,采矿业的劳动力份额并不大,而其运动方向则决定于早年该部门所占的比重。如果采

矿业在一国进入现代经济增长的开始时是比较重要的，譬如占2%或更多些，其份额势必下降；如果开始的时候很小，则份额可能上升。无论如何，即使采矿业所占份额过小，对整个I部门份额的趋势也不会有什么影响。

I部门份额上升不很大的关键主要在于制造业，而运输、通讯、公用事业部门也起部分作用。九个国家中，英国(1921～1961年)、法国、比利时、挪威、意大利五国制造业份额的上升占不到I部门上升总额的一半。由于制造业一开始就在I部门居主导地位，至少占六成，很明显，在这些国家中，制造业尽管增长迅速，其相对就业机会增长并不多。即使在制造业份额上升给人较深印象的某些国家(例如荷兰、日本)，其上升程度，相对来说，也不像建筑业、运输业和公用事业的份额那么大。

表39　发达国家I部门各细分部分劳动力份额的长期变化，A部门及其他部门的妇女已经调整折算(%)

国别和时期	矿业 (1)	制造业 (2)	建筑业 (3)	运输、通讯、电、煤气及水 (4)	I部门合计 (5)
英　国					
1. 1851/1861	5.2	40.6	6.7	6.4	58.9
2. 1921	8.7	35.9	6.2	11.0	61.8
3. 1921	8.4	35.8	4.7	10.3	59.2
4. 1961	3.6	37.3	8.1	9.8	58.8
5. 1851/1861～1961的变化	−1.3	−3.2	+2.9	+4.1	+2.5
法　国					
6. 1856	1.6[a]	23.0	5.0	1.9	31.5
7. 1962	3.0[a]	28.4	9.7	6.0	47.1

（续表）

国别和时期	矿业 (1)	制造业 (2)	建筑业 (3)	运输、通讯、电、煤气及水 (4)	I部门合计 (5)
8.1856～1962的变化	+1.4	+5.4	+4.7	+4.1	+15.6
比利时					
9.1846	3.0	32.6[b]	2.6	1.0	39.2
10.1964	3.2	36.3[b]	8.7	7.6	55.8
11.1846～1964的变化	+0.2	+3.7	+6.1	+6.6	+16.6
荷　兰					
12.1849	0.2	21.5	5.9	5.7	33.3
13.1960	1.6	32.5	10.2	9.0	53.3
14.1849～1960的变化	+1.4	+11.0	+4.3	+3.3	+20.0
德　国(疆界有改变)					
15.1882	4.0	29.4	6.4	2.9	42.7
16.1907	5.7	32.9	8.8	4.7	52.1
17.1925	5.0	35.4	6.7	6.6	53.7
18.1939	2.6	36.9	8.5	6.7	54.7
19.1946	4.2	31.9	7.6	8.1	51.8
20.1961	3.4	39.6	9.2	7.3	59.5
21.自1882至上述阶段的变化	−1.5	+12.7	+5.8	+1.1	+18.1
挪　威					
22.1920	1.7	23.9[c]	5.2[c]	9.6	40.4
23.1960	0.7	26.2	10.4	13.6	50.9
24.1920～1960的变化	−1.0	+2.3	+5.2	+4.0	+10.5
意大利					
25.1936	0.8	22.9	6.5	5.0	35.2
26.1964	0.8	29.4	12.9	6.8	49.9
27.1936～1964的变化	0	+6.5	+6.4	+1.8	+14.7

（续表）

国别和时期	矿业 (1)	制造业 (2)	建筑业 (3)	运输、通讯、电、煤气及水 (4)	I部门合计 (5)
日　本					
28. 1920	1.9	19.2	3.6	5.6	30.3
29. 1964	0.8	27.0	7.5	7.4	42.7
30. 1920～1964 的变化	−1.1	+7.8	+3.9	+1.8	+12.4
美　国（劳动力未经调整）					
31. 1839	0.6	8.9	5.2	1.5	16.2
32. 1869/1879	1.5	18.2	5.3	4.0	29.0
33. 1869/1879	1.6	17.8	4.5	5.1	29.0
34. 1929	2.2	22.2	5.0	8.6	38.0
35. 1929	2.2	22.8	5.0	8.8	38.8
36. 1965	0.9	25.9	5.6	5.6	38.0
37. 1839～1965 的变化	+0.2	+16.8	+1.2	+2.8	+21.0

a. 电、煤气与水包括于矿业中。

b. 电、煤气与水包括于制造业中。

c. 根据 1930 年比例将 1920 年数字分摊于制造业与建筑业。

凡年份与年份间用/连接者系指某个年份的，用～连接者指两个年份中间的所有年份。

有关原始资料及计算程序，参看表 38 的注释部分。

在 1921 年到 1961 年这段期间，英国的运输、通讯、公用事业部门的份额下降，而德国、意大利和美国的这些部门的份额则微微上升。但在有些国家则上升得很多。人们可能会想到，就像制造业的情况那样，运输及公用事业部门生产率的显著上升将意味着在产值份额大幅度上升的同时劳动力份额将徐缓上升。但记录上形形色色，并不一样。

建筑业部门的劳动力份额大量上升，且最为持久。这可能是该部门生产率提高不及其他细分部分的反映。由于生产率不能像其他细分部分那样提高,因此产值份额大量增加的同时,劳动力份额必然也大量增加。在我们这有限的样本中唯一的例外是美国。由于人口增长率显著减缓,该国建筑业的劳动力份额微有上升而产值份额则微有下降,参看表 22。

在我们记住制造业劳动力份额以中等幅度上升的理由后,让我们看一下制造业各分支份额的趋势(表 40)。这里在对全部劳动力和制造业劳动力的估算中,我们只对某几个国家的 A 部门及其他部门的妇女人数加以调整计算,但大体结果不受调整的影响。

纺织、服装、木材及其制品等分支部门劳动力份额相当普遍地下降,而金属、化学产品及食品等分支部门的份额则相当普遍地上升——像这种各分支部门在劳动力份额变动趋向上的差异是可以预料得到的。这些对比较之第 23 表中产值份额的对比明显得多。但该表取样国家的数量少,而且少得太多,不易比较。第 40 表的另一特色,即在某些老牌的欧洲国家,纺织、服装业分支部门份额下降幅度之大,引人注目。以英国言,即使妇女按较低系数加权调整(按服装业中妇女实占主要数量),仍下降 17.3 个百分点(第 10 行,第 3 栏);法国则为 6.5 个百分点,由于整个制造业的份额在开始时候,只不过 24%左右(第 16 行,第 3 栏;第 14 行,第 1 栏),因此,下降幅度已经相当大。比利时是 14.7 个百分点(第 22 行,第 3 栏);荷兰是 4.1 个百分点,该国整个制造业开始阶段的份额只有 22.6%(第 30 行,第 3 栏;第 28 行,第 1 栏);挪威是 4.1 个百分点,其整个制造业开始时份额只有 21.4%(第 47 行,第 3 栏和第 43 行,第 1 栏)。至于日本下降 2.4 个百分点已经十分可观,因为在所考察的这段期间开始时整个制造业的份额只有 15.8%(第 60

行，第3栏和第58行，第1栏）。很明显，在某几个国家里，特别那些较老的欧洲国家中，在经济增长的初期，制造业中的就业情况以纺织、服装分支部门为主，这些部门甚至在全部劳动力中所占份额也很大（在英国和比利时，它占全国劳动力五分之一以上）。然后，随着经济增长和制造业内部结构的变动，这个主要分支的就业人数下降，且其下降幅度远远超过产值份额的下降。而该分支就业下降又成为整个制造业劳动力份额上升不很大的主要原因。同时，那些得到大量就业的制造业分支部门的份额的上升，特别是金属制品类的上升，相当可观，有5—12或13个百分点之多。但和A部门的劳动力下降将近50—60个百分点比起来，就不算大了。

表40　发达国家制造业各部门劳动力份额的长期变化，A部门及其他部门中的妇女经调整或未经调整（%）

国别和时期	整个制造业 (1)	食品饮料与烟草 (2)	纺织和服装 (3)	木材制品 (4)	纸张与印刷 (5)	化学制品与石油产品 (6)	非金属矿产品 (7)	金属制品 (8)	皮革橡胶与其他 (9)
英　国									
劳动力未经调整									
1.1851	40.9	4.5	25.0	1.8	0.9	0.5	1.0	6.5	0.7
2.1921	35.9	2.1	12.3	3.3	1.9	0.8	0.9	14.0	0.6
3.1921	36.1	3.3	11.5	1.6	2.1	1.1	1.3	13.3	1.9
4.1961	36.1	3.1	5.8	1.3	2.6	2.1	1.4	18.3	1.5
5.1851～1961的变化	−5.0	−2.6	−18.4	+1.2	+1.5	+1.3	0	+12.5	−0.5
劳动力未经调整									
6.1851	40.6	5.0	22.9	2.0	0.9	0.6	1.1	7.3	0.8

（续表）

国别和时期	整个制造业 (1)	食品饮料与烟草 (2)	纺织和服装 (3)	木材制品 (4)	纸张与印刷 (5)	化学制品与石油产品 (6)	非金属矿产品 (7)	金属制品 (8)	皮革橡胶与其他 (9)
7. 1921	35.9	2.1	10.4	3.7	1.9	0.8	0.9	15.5	0.6
8. 1921	35.8	3.2	9.9	1.8	2.1	1.2	1.3	15.8	0.5
9. 1961	37.3	3.0	5.1	1.4	2.6	2.2	1.5	21.2	0.3
10. 1851～1961 的变化	−3.2	−3.1	−17.3	+1.3	+1.5	+1.2	0	+13.6	−0.4
法　国									
劳动力未经调整									
11. 1866	23.1	2.0	11.3	3.9	0.4	0.2	—	3.1	2.2
12. 1962	27.3	2.8	4.7	1.2	1.7	2.1	1.0	12.0	1.8
13. 1866～1962 的变化	+4.2	+0.8	−6.6	−2.7	+1.3	+1.9	—	+8.9	+0.6[a]
劳动力未经调整									
14. 1866	24.4	2.3	10.6	4.5	0.5	0.2	—	3.7	2.6
15. 1962	28.4	2.9	4.1	1.3	1.7	2.2	1.2	13.3	1.7
16. 1866 至 1962 的变化	+4.0	+0.6	−6.5	−3.2	+1.2	+2.0	—	+9.6	+0.3[a]
比 利 时									
劳动力未经调整									
17. 1846	31.8	1.8	23.5	2.3	0.3	0.1	0.4	2.9	0.5
18. 1961	36.5 (35.7)	4.1	8.3	1.8	1.8	3.1	2.2	13.6	1.6
19. 1846～1961 的变化	+4.7	+2.3	−15.2	−0.5	+1.5	+3.0	+1.8	+10.7	+1.1
劳动力未经调整									
20. 1846	32.6	2.3	22.1	2.9	0.4	0.2	0.5	3.6	0.6
21. 1961	37.3	4.2	7.4	2.0	1.9	3.3	2.3	14.6	1.6
22. 1846～1961 的变化	+4.7	+1.9	−14.7	−0.9	+1.5	+3.1	+1.8	+11.0	+1.0

（续表）

国别和时期	整个制造业 (1)	食品饮料与烟草 (2)	纺织和服装 (3)	木材制品 (4)	纸张与印刷 (5)	化学制品与石油产品 (6)	非金属矿产品 (7)	金属制品 (8)	皮革橡胶与其他 (9)
荷　兰									
劳动力未经调整									
23. 1849	21.0	1.9	10.5	1.8	0.5	0.2	0.4	3.2	2.5
24. 1947	28.2	4.9	6.5	1.8	1.6	1.1	1.0	9.7	1.6
25. 1953	27.1	5.1	6.1	1.3	1.8	1.5	1.2	9.0	1.1
26. 1963	31.1	5.1	5.6	1.5	2.5	2.3	1.3	11.6	1.4
27. 上述期间的变化	+11.4	+3.0	−4.5	+0.2	+1.8	+1.7	+0.7	+9.1	−0.6
劳动力未经调整									
28. 1849	22.6	2.3	10.1	2.1	0.6	0.3	0.5	3.7	3.0
29. 1947	29.8	5.3	6.0	2.0	1.7	1.2	1.1	10.8	1.7
30. 1849～1947 的变化	+7.2	+3.0	−4.1	−0.1	+1.1	+0.9	+0.6	+7.1	−1.3
德　国（疆界有变动）									
31. 1849/1852/1855	21.5	3.4	11.0	2.5	0.3	0.2	1.1	2.5	0.5
32. 1882	25.3	3.8	11.0	2.7	0.8	0.4	1.9	4.0	0.7
33. 1882	27.2	3.9	11.7	3.0	0.9	0.3	0.4	6.2	0.8
34. 1907	29.4	4.2	9.3	3.0	1.5	0.9	0.7	8.1	1.7
35. 1946	28.3	3.4	6.0	3.0	1.0	1.2	—	9.9	3.8
36. 1961	37.1	4.0	5.7	2.3	1.8	2.5	1.4	15.8	3.6
37. 上述期间的变化变化	+14.8	+1.3	−2.7	−0.5	+1.9	+2.1	—	+9.3	+3.4[a]
丹　麦									
劳动力未经调整									
38. 1911	79.7	4.1	7.0	1.8	0.9	0.5	0.9	3.9	0.6
39. 1950	26.4	4.9	5.4	2.2	1.7	0.9	1.3	7.5	2.5
40. 1953	26.4	5.0	5.7	2.2	1.9	1.2	1.3	7.8	1.3

（续表）

国别和时期	整个制造业 (1)	食品饮料与烟草 (2)	纺织和服装 (3)	木材制品 (4)	纸张与印刷 (5)	化学制品与石油产品 (6)	非金属矿产品 (7)	金属制品 (8)	皮革橡胶与其他 (9)
41.1963	30.6	6.2	4.0	3.0	2.8	1.2	1.5	10.5	1.4
42.上述期间的变化	+10.9	+2.0	−3.3	+1.2	+1.7	+0.4	+0.6	+6.3	+2.0
挪　威									
劳动力未经调整									
43.1900	21.4	1.8	8.4	3.9	1.5	0.3	0.8	3.8	0.9
44.1930	20.4	2.9	5.1	3.1	2.4	1.0	0.5	5.0	0.4
45.1930	16.3	2.4	4.3	1.7	2.2	0.8	0.9	3.7	0.3
46.1960	23.9	3.5	3.5	2.2	3.2	1.6	0.9	8.2	0.8
47.1900～1960 的变化	+6.6	+2.2	−4.1	−0.3	+1.9	+1.5	−0.3	+5.7	0
瑞　典									
劳动力未经调整									
48.1910	24.0	2.1	4.8	4.1	1.5	0.5	1.9	5.6	3.5
49.1950	34.3	3.3	5.7	3.3	3.2	1.2	1.7	13.7	2.2
50.1953	32.4	3.4	6.0	3.1	3.7	1.2	1.5	12.3	1.2
51.1963	33.0	2.8	3.8	2.7	3.7	1.2	1.3	15.8	1.7
52.上述期间的变化	+10.9	+0.6	−1.3	−1.2	+1.7	+0.7	−0.4	+11.6	−0.8
芬　兰									
劳动力未经调整									
53.1920	12.4	0.8	2.8	3.8	1.7	0.1	0.4	1.6	1.2
54.1950	21.0	2.4	4.3	3.5	2.9	0.6	1.1	5.3	0.9
55.1953	21.2	2.4	4.4	3.3	3.0	0.6	1.0	5.6	0.9
56.1963	21.8	2.7	3.6	3.0	3.3	0.8	1.0	6.5	0.9
57.上述期间的变化	+9.2	+1.9	+0.7	−0.6	+1.5	+0.7	+0.7	+4.6	−0.3

（续表）

国别和时期	整个制造业 (1)	食品饮料与烟草 (2)	纺织和服装 (3)	木材制品 (4)	纸张与印刷 (5)	化学制品与石油产品 (6)	非金属矿产品 (7)	金属制品 (8)	皮革橡胶与其他 (9)
日　本									
劳动力未经调整									
58. 1920	15.8	1.3	6.5	2.4	0.8	0.5	0.8	3.2	0.2
59. 1960	21.7	2.1	4.1	1.9	1.6	1.6	1.1	7.8	1.4
60. 1920～1960 的变化	+5.9	+0.8	−2.4	−0.5	+0.8	+1.1	+0.3	+4.6	+1.2
加拿大									
劳动力未经调整									
61. 1871	13.2	1.1	1.8	3.7	0.4	0.3	0.6	3.2	2.1
62. 1911	20.0	2.9	3.3	4.6	1.3	0.6	0.8	5.1	1.4
63. 1951	26.4	3.8	4.1	2.7	3.1	1.3	0.7	9.0	1.7
64. 1953	25.6	3.6	4.2	2.6	2.9	1.3	0.6	9.1	1.3
65. 1963	25.7	3.9	3.7	2.2	3.0	1.4	0.8	9.1	1.6
66. 上述期间的变化	+13.3	+3.0	+1.8	−1.4	+2.8	+1.1	+0.3	+5.8	−0.1
美　国									
劳动力未经调整									
67. 1849	14.7	1.0	4.9	1.7	0.4	0.3	0.5	2.9	3.0
68. 1879	18.8	2.2	5.4	2.3	0.9	0.5	1.0	4.4	2.1
69. 1899	20.0	2.2	4.5	3.1	1.5	0.7	1.1	5.2	1.7
70. 1929	22.2	2.3	4.3	2.2	2.0	1.1	0.9	7.6	1.8
71. 1929	22.8	2.6	4.4	2.3	2.0	1.1	0.9	7.7	1.8
72. 1965	25.9	2.6	3.2	1.6	2.4	1.5	0.9	11.9	1.8
73. 上述期间的变化	+9.4	+1.3	−0.9	−1.0	+1.4	+1.0	+0.3	+8.1	−0.8
澳大利亚									
劳动力未经调整									
74. 1911～1913	19.6	3.1	5.3	3.4	1.5	0.5	b	5.1	0.7

（续表）

国别和时期	整个制造业 (1)	食品饮料与烟草 (2)	纺织和服装 (3)	木材制品 (4)	纸张与印刷 (5)	化学制品与石油产品 (6)	非金属矿产品 (7)	金属制品 (8)	皮革橡胶与其他 (9)
75.1953(F)	28.1	3.6	5.4	3.4	1.6	1.2	b	11.6	1.3
76.1963(F)	27.6	3.2	4.4	3.0	1.8	1.2	b	12.8	1.2
77.1911～1913 至 1963 (F)的变化	+8.0	+0.1	−0.9	−0.4	+0.3	+0.7	b	+7.7	+0.5

(F):财政年度自 7 月 1 日开始。

—:无法获得资料

a:包括非金属矿产。

b:包括于第 4 栏内。

劳动力不包括没有归入某一产业部门的劳动力。劳动力调整时,A 部门妇女乘 0.2,其他部门妇女乘 0.6(参看第 38 表注解)。

凡年份与年份用/号连接者指该某个年份;用～连接者指两年份间的所有年份。

除非另有声明,其他部门包括皮革与橡胶。

英　国

第 1—4、6—9 行:数据来自贝洛茨:《国际历史统计》。在第 1—2 行及 6—7 行,橡胶归入化学制品类,其他产品归入金属类,第 9 栏只包括皮革。

法　国

第 11—12、14—15 行:数据来自贝洛茨:《国际历史统计》。第 11 行和第 14 行中,第 5 栏只包括纸张。第 9 栏包括鞋类。第 12 行和第 15 行烟草归入化学制品类。

比 利 时

第 17—18、20—21 行:数据来自贝洛茨。除第 18 行括号内数字外,整个制造业中包括电、煤气和水。第 6 栏化学制品类始终包括橡胶,其 18、21 两行并包括电、煤气和水。第 17、20 两行电、煤气和水归于第 7 栏非金属矿类内。

荷　兰

第 23—24、28—29 行:数据来自第 1 表注释所引的博斯备忘录。其他类包括皮革、橡胶、金刚钻及应用艺术。

第 25—26 行:1947 年制造业合计数(第 1 栏)来自《人口统计年鉴,1955 年》(纽约,1955),1960 年的数字来自 1964 年年鉴。制造业对劳动力的比率按直线用内插法和外推法计算。第 2—9 栏数字根据联合国未公布的资料。

德　国

第31—32行：数据来自霍夫曼：《德国经济的增长》，制造业数字见表15，第196—199页，全部劳动力数字见表20，第204—206页。

第33—36行：数据来自贝洛茨。第33行的金属类包括其他类产品，第9栏只包括皮革和橡胶。第35行不包括非金属矿产，因它已被列入采矿业。

丹　麦

第38—39行：1911年全部制造业及其分支和1950年制造业分支的数据均来自国家人口调查局：《职业性移居》（巴黎：法兰西大学出版社，1957年），表Ⅻ，第214页和表ⅩⅩ，第214页。1911年制造业占全部劳动力的份额是根据国家人口调查局的关于制造业的数字和贝洛茨的全部劳动力的数字计算得出的。至于1950年的份额，则两项数字都引自贝洛茨。

第40—41行：第1栏数据来自联合国：《人口统计年鉴》，1950年数字引自1955年年鉴，1960年则引自1964年年鉴。至于1955年数字则引自国际劳工局出版的《劳动统计年鉴，1960年》，均按直线用内插法和外推法计算。第2—9栏根据未发表的联合国资料。

挪　威

第43—44行：第43行第1栏的制造业数字来自国家人口调查局出版的《移居》，而全部劳动力数字则来自贝洛茨前引书。第44行两项数字均来自贝洛茨前引书。第2—9栏所根据的来源是国家人口调查局：《移居》，表ⅪⅩ，第214页。

第45—46行：数据来自中央统计局出版的《国民账户，1865～1960年》，第Ⅻ期163（奥斯陆，1965），表47，第328—331页。第45行第2栏不包括饮料与烟草，第8栏包括其他类，第9栏只包括皮革和橡胶。

瑞　典

第48—49行：数据来自约翰逊：《瑞典的国内生产总值及其构成，1861～1955年》（斯德哥尔摩：阿尔姆格费斯特与威克塞尔出版公司，1967年），表58，第156—157页。1910年的全部劳动力经调整后将建筑业劳动力包括在内，其每个工人所提供的国内生产总值假定为制造业的0.7（一如同书表59，第156—157页二者间的关系所示）。制造业包括电站和采矿。第2—9栏则根据国家人口调查局的《移居》一书表ⅩⅦ，第213页。

第50—51行：制造业劳动力对于全部劳动力的比例来自《人口统计年鉴》，其1950年数字见1955年年鉴，1960年数字见1964年年鉴，而1965年数字则见《劳动统计年鉴，1968年》，皆按直线内插法计算。第2—9栏根据未公布的联合国资料。矿业没有包括在内。

芬　兰

第53—54行：第53行第1栏制造业数字来自国家人口调查局的《移居》一书的表ⅩⅪ，第215页。全部劳动力数字则来自贝洛茨前引书，第54行两个数字都来自贝洛茨的书。第2—9栏根据国家人口调查局的数据，把1952年的分配情况用于1950年。

第55—56行：第1栏来自《人口统计年鉴》，1950年数字见1955年年鉴，1960年数字见1964年年鉴，均按直线用内插法和外推法计算。第2—9栏根据联合国未公布的资料。

日　本

第58—59行：数据来自贝洛茨前引书。橡胶包括于化学产品中。

加拿大

第61—63行：第1栏中1951年的数字引自厄克特和巴克利编：《加拿大的历史统计》（剑桥：剑桥大学出版社，1965年），组C130—151页，根据费尔斯通：《加拿大的经济发展》的表65，第184页，外推至1871年。第2—9栏根据厄克特和巴克利同书组Q1—11及Q30—137，其分配情况指1870年、1910年及1951年。

第64—65行：第1栏来自《人口统计年鉴》，1951年数字见1955年年鉴，1961年数字见1964年年鉴，而1962年数字则见《劳动统计年鉴》的1963年号，1964年数字见该年鉴1964年号，按直线内插法计算。第2—9栏根据未公布的联合国资料。

美　国

第67—68行：第1栏参看表38第66—67行的注解。第2—9栏根据未发表的高尔曼估计。

第69—70行：第1栏参看表38第68—69行的注解。第2—9栏根据肯德里克：《生产率的趋势》，1929年的绝对数字见表D—Ⅶ，第488页，回溯至1899年的指数见表D—Ⅳ，第468—475页。

第71—72行：参看表38第70—71行的注解。

澳大利亚

第74行：1911年的第1栏来自克拉克：《经济进展的条件》，表Ⅲ，第510页，农业部门不包括妇女。第2—9栏根据第75行的份额，用梅泽尔斯的《澳大利亚制造业的生产和劳动生产率的趋势》中所给指数用外推法得出。该文载《经济记录》第ⅩⅩⅩⅢ卷第65号（1957年8月），表Ⅲ，第168页，皮革包括于第3栏。

第75—76行：第1栏根据《人口统计年鉴》，其1947年数字见1955年年鉴，1961年数字见1964年年鉴；而1954年数字则见1959年《劳动统计年鉴》，1966年数字见1968年《劳动统计年鉴》。按直线内插法计算。第2—9栏根据未发表的联合国资料。

从表40可以看到制造业各分支之间劳动力分配上明显的内部变动。如果分类更为详尽，该表就会透露出更多情况。纺织业份额的变动形式将与服装业不同，这是十分可能的。而在金属制品类内不同分支间份额的变动也会多种多样。总的说来，进一步的分解在制造业内部很可能呈现出更多的变化情况，而某个分支部门内越是进一步区别细分，额外的移动也可能越大。表40把简单木制品和家具，基本金属和高度加工的金属制品，饮料、烟草和食品混在一起归在一类，这样就把许多现象掩盖起来了。

鉴于表38所观察的许多国家中，劳动力的S部门份额大量上升，由于该部门的组成成分又如此类别庞杂，我们如果将数据作适当分类，则将大有裨益。该部门所包括的范围，自不熟练的劳务，直至高度专业化的活动；自从事分配与金融的劳务直到国防；自商业性劳务直到教育、文娱等。但也许由于明显的理由，关于这一类广泛活动的资料从未被组织起来供专门的分析之用。能够普遍收集到的只是商业和其他劳务部门的材料（表41第一部分）。商业包括贸易、金融和房地产交易；而在就业方面，贸易（特别是零售贸易）占这一细分部分的主要地位。其他劳务项下包括了所有其他的服务活动，正如上面已指出的，其内容是极其多样化的。

表41内第一部分反映了15个国家的情况，它已把大部分发达国家都包括在内，尽管对某些国家来说，期间过于短促。最突出的发现正是在这些国家中，不但劳动力的S部门份额而且劳动力的S部门两个细分部分份额也都上升。有些国家，商业份额的上升超过服务业，而在另外一些国家，情况则相反。不过这些情节都值得怀疑。重要的发现是上升的普遍性。上文已经指出，这种估算可能受早期份额估计偏低的影响。但由于上升倾向是如此一贯地能够看到，但对各个国家说受这种上升倾向影响的程度又不一律。尽管有些国家只是在进入20世纪后才持续上升，我们也得接受表41的材料对于劳动力的（无论调整折算与否）S部门及其两个细分部分商业

和服务业份额的有目共睹地明显上升的现象是一个有力的证据。

表 41　发达国家 S 部门各行业劳动力份额的长期变化(%)

一、商业及其他服务业在全部劳动中的份额 (A 部门及其他部门妇女人数已经调整)	商　业 (1)	其他服务业 (2)	S 部门合计 (3)
英　　国			
1.1921	13.3	19.8	33.1
2.1961	15.4	21.9	37.3
3.1921～1961 的变化	+2.1	+2.1	+4.2
法　　国			
4.1856	5.6	14.7	20.3
5.1962	13.3	22.0	35.3
6.1856～1962 的变化	+7.7	+7.3	+15.0
比 利 时			
7.1846	3.7	9.6	13.3
8.1964	14.3	24.3	38.6
9.1846～1964 的变化	+10.6	+14.7	+25.3
荷　　兰			
10.1849	7.2	17.7	24.9
11.1960	15.8	19.7	35.5
12.1849～1960 的变化	+8.6	+2.0	+10.6
德　　国(疆界有变动)			
13.1882	5.3	9.8	15.1
14.1907	7.3	11.8	19.1
15.1925	10.5	12.8	23.3
16.1939	10.6	16.4	27.0
17.1946	8.3	18.2	26.5
18.1961	13.2	18.0	31.2
19.上述期间的变化	+7.0	+5.4	+12.4

（续表）

一、商业及其他服务业在全部劳动中的份额
（A 部门及其他部门妇女人数已经调整）

	商　业 (1)	其他服务业 (2)	S 部门合计 (3)
瑞　士			
20. 1880	7.4	5.1	12.5
21. 1960	13.0	16.6	29.6
22. 1880～1960 的变化	+5.6	+11.5	+17.1
丹　麦			
23. 1911	11.3	14.1	25.4
24. 1960	14.8	19.1	33.9
25. 1911～1960 的变化	+3.5	+5.0	+8.5
挪　威			
26. 1920	10.6	11.3	21.9
27. 1960	12.4	15.9	28.3
28. 1920～1960	+1.8	+4.6	+6.4
瑞　典			
29. 1910	5.9	12.4	18.3
30. 1960	12.5	16.9	29.4
31. 1910～1960 的变化	+6.6	+4.5	+11.1
意大利			
32. 1881/1901	3.4	10.9	14.3
33. 1964	14.3	14.1	28.4
34. 1881/1901～1964 的变化	+10.9	+3.2	+14.1
日　本			
35. 1920	12.3	10.4	22.7
36. 1964	20.7	16.2	36.9
37. 1920～1964 的变化	+8.4	+5.8	+14.2
加拿大			
38. 1911	10.4	10.4	23.3

（续表）

一、商业及其他服务业在全部劳动中的份额
(A 部门及其他部门妇女人数已经调整)

	商　业 (1)	其他服务业 (2)	S 部门合计 (3)
39.1965	20.7	25.4	46.1
40.1911～1965 的变化	+10.3	+12.5	+22.8
美　　国(劳动力未经调整)			
41.1839	4.2	15.3	19.5
42.1869/1879	6.6	14.4	21.0
43.1869/1879	8.2	14.2	22.4
44.1929	20.2	20.6	40.8
45.1929	20.4	20.9	41.3
46.1965	22.8	33.5	56.3
47.1839 至 1965 的变化	+16.8	+18.1	+34.9
澳大利亚			
48.1901	14.3	16.1	30.4
49.1961	19.2	18.0	37.2
50.1901 至 1961 的变化	+4.9	+1.9	+6.8
新 西 兰			
51.1896	12.1	13.6	25.7
52.1961	17.6	18.3	35.9
53.1896 至 1961 的变化	+5.5	+4.7	+10.2

二、几个国家 S 部门更详尽的分类(在全部劳动中的份额,未经调整)

	贸易 (1)	银行保险 (2)	旅馆 (3)	个人整饰性服务 (4)	家庭服务 (5)	专业性劳务 (6)	政府 (7)	合计 (8)
法　　国								
54.1906	6.6	1.1	2.8	1.5	4.2	2.1	4.6	22.9
55.1954	9.4	2.1	2.7	0.9	2.8	3.3	8.0	29.2

（续表）

二、几个国家S部门更详尽的分类(在全部劳动中的份额,未经调整)

	贸易	银行保险	旅馆	个人整饰性服务	家庭服务	专业性劳务	政府	合计
	(1)	(2)	(3)	(4)	(5)	(6)	(7)	(8)
荷　　兰								
56.1899	10.9	0.5	1.3	1.1	10.5	3.6	2.6	30.5
57.1947	13.4	1.8	2.0	1.3	5.0	7.5	4.7	35.7
								(36.8)
挪　　威								
58.1910	7.7	0.3	1.4	1.1	12.6	3.0	1.6	27.7
59.1930	9.4	1.4	1.7	0.7	10.4	4.1	1.6	29.3
60.1930	8.6	1.2	1.6	0.8	8.3	5.1	1.3	26.9
61.1960	11.4	1.7	1.8	1.1	2.6	8.9	5.6	33.1

	贸易与金融	家庭服务	其他个人及营业性服务	教育	其他专业性活动	政府（教育除外）	合计
	(1)	(2)	(3)	(4)	(5)	(6)	(7)
美　　国[a]							
62.1839	4.2		10.7	0.8	1.3	0.6	17.6
63.1869	6.2		9.2	1.3	1.5	1.0	19.2
64.1870	6.5	7.4	2.0	1.5	1.1	0.8	19.3
65.1930	15.7	4.9	5.2	3.5	3.7	2.2	35.2
66.1929	20.3	5.1	5.3	3.0	3.0	4.5	41.2
			(1.1)			(0.6)	
67.1965	23.4	2.1	5.9	6.0	6.5	12.4	56.3
			(2.0)			(3.8)	

a.第62—65行不包括手工行业。

第1—53行:关于数据来源及妇女加权调整等,可参看表38注解。

第54—59行:根据国家人口调查局:《职业性移居》,法国部分见表Ⅶ,第152页;表Ⅺ,第158页;表Ⅻ,第159页;表ⅩⅢ,第160页。荷兰部分见表Ⅹ,第116页;表ⅩⅫ,第128页和表ⅩⅩⅤ,第130页。挪威部分见表Ⅻ,第208页,表ⅩⅩⅧ,第220页,表ⅩⅩⅩ,第222页和表ⅩⅩⅪ,第224页。全部劳动力不包括没有划归到某个行业的和未就业部分。第4栏的个人服务限于洗衣坊、洗染店、理发店、美容院等。第57行括号内数字包括不能归入第 6 及第 7 栏的人。

第 60—61 行：根据中央统计局：《国民账户，1865～1960》，表 47，第 328 — 337 页。估算指“按全日工作折合的人年”。社团劳务和营业性劳务此处都归在专业内。

第 62—63 行：来自高尔曼与韦斯：《19 世纪的服务业》，表 6，第 299 页和表 9，第 303 页。

第 64—65 行：来自《美国的历史统计》，组 D57—71，第 74 页。各条目都是全部劳动力的份额不包括未归属于各行业的部分。

第 66—67 行：根据《美国的国民收入和产值账户，1929～1965》，表 6.6，第 110—113 页。估算系按全日工作时间雇用人员（部分时间就业者折合为全日工作时间计算）和所有自我雇用人员计算。汽车服务包括在贸易业内。修理及手工行业包括在第 3 栏内，但在 1929 年仅占全部劳动力的 0.6%；1965 年约占 0.4%。第 3 栏括号内数字指营业性劳务，在第 6 栏括号内数字则指防务方面的就业，已分别包括在各项的合计数内。

第二部分虽限于四个国家却展示了其他服务业细分部分的重要趋向。正如人们可以预料得到的，早期本为相当重要的家庭服务的份额（法国份额低也许反映了基本数据的独特性）急剧下降，最近几十年，尤其如此。但是，这一方面下降的幅度，在美国则由公私方面以医疗行业为主的专业性劳务份额和教育劳务份额的迅速上升的幅度以及政府份额同样迅速上升的幅度抵消掉了。政府服务份额的增加，只有一部分是由防务力量增加，例如美国国防部门以外的政府就业自 1929 年的 3.9%升至 1965 年的 8.6%。旅馆、餐厅的就业份额和个人服务（商业性的个人服务除外）的份额趋于稳定不变，可能下降也可能微升——不管怎样，它们在其他服务这一类当中数量上无足轻重。

表内四个国家在家庭和个人服务上份额的下降以及教育、专业性劳务和政府服务上份额的上升是有目共睹且很明显的。我们很有理由假定如果我们对更多国家搜集更长一些时间的材料，会更证实这些趋势，也可以证实我们在对美国（及挪威）估计中所得到的印象，那就是自 1920 年代以来，这种趋势加快了。

三、时间趋势和截面

表 38 至表 41 概括了发达国家劳动力部门份额的许多长期趋势:如 A 部门份额的下降,I 部门和 S 部门份额的上升,I 部门各细分部分以及制造业中各分支的份额又各有不同的升降动向等等,都与人均产值的差异和表 28—30 中 1958 年截面中劳动力的部门份额的差异两者间的关系大体相符合。可是,我们现在得提出这样的一个问题,就像我们对产值的部门份额也曾提过一样,这个截面能否是劳动力的部门份额对于时间过程中人均产值增加所起的反应良好的指示器?下面对此做检验,其中所指劳动力,未按女工所占比例加以折合调整。

第一个检验方法追溯到第一次世界大战以前阶段,它被概括在表 42 中。由于劳动力的部门份额比起以不变价格计算的产值份额有更多的长期记录,而且所包括的时期长短相似,我们就可以把它们归类起来,但是我们得有某种专门的估算以填补空白,把某一两国的份额拼补齐全,例如把丹麦在最近几十年以前好长一段时间的 I+S 的份额在两部门中加以分配。利用现有的 18 个国家的数据,我们就能够把 1910～1911 年和 1960～1961 年期间的截面关系确立起来,并在这两个截面期间的平均数的基础上,估算部门份额理应发生的比例变化,并把它和从本抽样中观察到的在人均产值的水平和变化下的份额变化加以比较。观察到的和估计的比例变化并不是按一个一个国家来计算的,而是依照开始阶段的人均产值递增次序排列的国家分组计算,而且根据人均产值的等比中项和部门份额的等差中项加以计算。

表 42　18 个国家观察到的和估算的总劳动力的主要部门份额的变化,1910～1911 年和 1960～1961 年

一、依照人均国内生产总值递增次序排列的各组国家的份额

	每三个国家为一组						1—6 栏平均数
	Ⅰ	Ⅱ	Ⅲ	Ⅳ	Ⅴ	Ⅵ	
	(1)	(2)	(3)	(4)	(5)	(6)	(7)
1910～1911							
1. 人均国内生产总值(1958 年美元)	155	283	446	641	737	1 009	459
各部门所占份额(%)							
2. A	55.9	54.1	51.8	35.8	20.1	31.2	41.5
3. I	23.4	27.9	29.0	39.0	51.3	39.4	35.0
4. S	20.7	18.0	19.2	25.2	28.6	29.4	23.5
1960～1961							
5. 人均国内生产总值(1958 年美元)	361	663	1 092	1 231	1 435	1 882	977
各部门所占份额(%)							
6. A	42.0	24.2	20.9	13.8	12.3	11.0	20.7
7. I	31.3	43.5	46.8	47.7	50.5	45.6	44.2
8. S	26.7	32.3	32.3	38.5	37.2	43.4	35.1

二、人均国内生产总值基准点价值的截面份额

	基准点价值(1958 年美元)						
	(1)	(2)	(3)	(4)	(5)	(6)	(7)
1910～1911	200	300	400	500	600	800	1 000
各部门所占份额(%)							
9. A	55.0	52.5	48.4	42.1	35.7	28.2	30.9
10. I	25.0	28.0	31.1	35.5	39.9	43.7	39.7
11. S	20.0	19.5	20.5	22.4	24.4	28.1	29.4
1960～1961	400	500	600	800	1 000	1 200	1 600

（续表）

二、人均国内生产总值基准点价值的截面份额

	基准点价值(1958年美元)						
	(1)	(2)	(3)	(4)	(5)	(6)	(7)
各部门所占份额(%)							
12. A	39.0	32.8	30.0	23.8	19.0	16.2	11.8
13. I	33.4	37.6	39.8	43.5	46.3	48.0	48.1
14. S	27.6	29.6	30.2	32.7	34.7	35.8	40.1

三、估算的和观察到的份额的绝对变化，自1910～1911年截面向前推算(%)

	基准点价值间距(1958年美元)				1—4栏总和
	200—400	300—600	400—800	500—1 000	
	(1)	(2)	(3)	(4)	(5)
A部门份额的变化					
15. 估算的	−6.6	−16.8	−20.2	−11.2	−54.9
16. 观察到的	−16.0	−22.5	−24.6	−23.1	−86.3
17. 第15行对第16行的比	0.41	0.75	0.82	0.48	0.64 (0.59)
I部门份额的变化					
18. 估算的	+6.1	+11.9	+12.6	+4.2	+34.8
19. 观察到的	+8.4	+11.8	+12.4	+10.8	+43.4
20. 第18行对第19行的比	0.73	1.01	1.02	0.39	0.80 (0.74)
S部门份额的变化					
21. 估算的	+0.5	+4.9	+7.6	+7.0	+20.1
22. 观察到的	+7.6	+10.7	+12.2	+12.3	+42.9
23. 第21行对第22行的变化	0.07	0.46	0.62	0.57	0.47 (0.33)

（续表）

四、估算的和观察到的份额的绝对变化，自 1960～1961 年截面往后推算(%)

	基准点价值间距(1958 年美元)				1—4 栏
	800—400	1 000—500	1 200—600	1 600—800	总　和
	(1)	(2)	(3)	(4)	(5)
A 部门份额的变化					
24. 估算的	＋15.2	＋13.8	＋13.8	＋12.0	＋54.8
25. 观察到的	＋24.6	＋23.1	＋19.5	＋16.4	＋83.6
26. 第 24 行对第 25 行的比	0.62	0.60	0.71	0.73	0.66 (0.66)
I 部门份额的变化					
27. 估算的	－10.1	－8.7	－8.2	－4.6	－31.6
28. 观察到的	－12.4	－10.8	－8.1	－4.4	－35.7
29. 第 27 行对第 28 行的比	0.81	0.81	1.01	1.05	0.89 (0.9)
S 部门份额的变化					
30. 估算的	－5.1	－5.1	－5.6	－7.4	－23.2
31. 观察到的	－12.2	－12.3	－11.4	－12.0	－47.9
32. 第 30 行对第 31 行的比	0.42	0.41	0.49	0.62	0.48 (0.48)

第 5 栏括号内条目数字是 1—4 栏比率的未加权的等比中项。

表内所包括的 18 个国家是：墨西哥、日本、智利、西班牙、意大利、挪威、瑞典、荷兰、芬兰、比利时、丹麦、法国、新西兰、瑞士、英国、加拿大、澳大利亚、美国。1910 年或 1911 年(荷兰则为 1909 年、智利为 1920 年)和 1960 年或 1961 年的劳动力数据皆来自贝洛茨：《国际历史统计》。

以 1958 年价格计算的 1960～1961 年人均国内生产总值是等比中项，系根据联合国：《国民账户统计年鉴，1966》(纽约，1967 年)，表 7B 所载 1958 及 1963 年以当年价格计算的数字估算后，再依照《总统经济报告》(华盛顿，1969 年 2 月)，表 B—3 内国内生产总值中内含的物价指数将 1963 年数字转为按 1958 年美元计算的数字，然后再用不变价格的人均产值的指数外推至第一次世界大战前最靠近 1910～1911 年的阶段(1910～1914 年，1911～1913 年或 1911 年)。

18 国中有 14 国资料来源已见表 1 或表 3 注释。其他 4 国的资料来源如下：

智利：根据总产值(回溯到 1908～1909 年)和国内生产总值(回溯到 1925 年)的指数；人口数字引自联合国：《人口统计年鉴》和拉丁美洲经济委员会：《拉丁美洲经济概览，1949》(纽约，1951)，表 2A，第 271—272 页。

总产值指数包括农业、矿业、制造业、煤气与电力和政府，或以实物产出量为基础或以把物价变动消除后的价值计算为基础。以 1929 年为基期，自 1908～1957 年，每年都载于巴雷斯脱洛斯和达维斯合写的《智利经济基本部门的产出和就业的增长，1908～1957》，载于《经济发展和文化动态》第 11 卷第 2 号第 1 部分，表 1，第 160—161 页。用简单除法转换到 1925～1929 年基期。(另一种表达方法见美国 87 届国会第二次会议联合经济委员会印刷：《南美的经济发展》，华盛顿，1962，第 97—114 页。)

国内生产总值根据拉丁美洲经济委员会的估算，见甘兹：《拉丁美洲国民财富估算数的存在问题与应用》，载于戈德史密斯和桑德斯编的《收入和财富》丛书第 8 本(伦敦：鲍斯和鲍斯出版社，1959 年)，表Ⅱ，第 225 页。这个数列及巴雷斯脱洛斯—达维斯书内提供的生产发展公司的估算，表 6，第 170—171 页，在 1940 至 1954 年这一期间有相似的运动走势。以后各年的国内生产总值来自通常的联合国的资料。

西班牙：1935 年以前直到 1935 年的以当年价格计算的及以 1929 年价格计算的国民收入都取自国民经济委员会：《西班牙的国民收入》第 1 卷(马德里，1945 年)，第 110、112、116 页，人口数字(1906 至 1942 年逐年列出)取自第 220 页。以当年价格及以 1929 年价格计算的 1939～1945 年的国民收入来自国民经济委员会：《西班牙的国民收入，1952》(马德里，1953)，第 28 页；人口数字取自联合国的资料。

1945 年和近年(联合国资料所包括的年份)之间的产值，见国家统计局：《西班牙统计年鉴》(马德里，各年度)，1960 年见第 567 页；1963 年见第 272 页。

芬兰：1913 至 1938 年人口及产值数字都来自克拉克：《经济进展的条件》，表ⅩⅩ，第 121—122 页(国民收入包括原始来源并根据行业变动加以调整过的)。以后各年的产值指数来自联合国：《统计专论》H 辑第 9 号(纽约，1956 年)表 2；1950 年以后的数据来自通常的联合国的资料。

新西兰：1901 年(1910 至 1925～1929 年之间的人均产值按直线内插法计算)至 1946～1949 年实际产值及人口的数据来自克拉克：《经济进展的条件》，第 171—172 页。自 1946～1949 年开始，以当年价格计算的国内生产总值来自人口普查与统计局出版的《新西兰官方年鉴，1966》(威灵顿，1966 年)，第 711 页，按同书第 703 页各种货物零售价格的运动情况所引起的物价变动加以调整。人口数字来自通常的联合国资料。

第 1、5 行：依照人均产值自低到高分为六组国家，每三国一组，数字系每组中三个国家估算数字的等比中项。

第 2—4、6—8 行：每组三国份额的等差中项。第 6 栏的平均值是六组平均值的等差中项。

第 9—14 行：按照标准程序自各组平均数计算出来而又对应于截面各基准点价值的份额。

第 15、18、21 行:得自 1900～1911 年截面(第 9—11 行)。

第 16、19、22、25、28、31 行:分别为第 9 行与第 12 行间,第 10 行与第 13 行间,第 11 行与第 14 行间的差额。

第 24、27、30 行:得自 1960～1961 年截面(第 12—14 行)。

虽然这个样本比之产值的部门份额的样本更大些,表 42 仍只包括人均产值较高层的领域。1910～1911 年人均产值的最低平均数超过 150 美元(按 1958 年美元计算,第 1 行),而能够定下来的最低基准点价值是 200 美元。因此,从数据上看不出以 1958 年美元计的人均产值从不到 100 美元上升至 200 美元时其部门份额在这段期间的运动情况。但就较高层的领域来说,这个样本所显示的结果和表 29 截面的十分接近。该表在 1960 年当基准点价值为 500 美元时 A 部门的份额是 31.4%,而当基准点价值为 1 000 美元时则为 17%。本表第 12 行的份额是 32.8%和 19%,较表 29 略高,但其降落趋势相同。I 部门与 S 部门份额的差异情况同样不是很大。

从表的第二部分可以明显看到截面对劳动力的部门份额的估算总是达不到观察到的实际变化。例如在 1910～1911 年和 1960～1961 年这两个截面所出现的自 400 美元到 1 000 美元的各基准点价值的每一情况下,1960～1961 年截面的 A 部门份额一直比 1910～1911 年截面要低得多,而 I 部门和 S 部门则一直高得多。换句话说,在人均产值相同,从而反映出发展水平相同的情况下,A 部门的份额明显趋于向下而 I 部门与 S 部门的份额则明显趋于向上。

因此表的第三部分的结论是事先决定了的。由于在半个世纪之中，大部分国家的人均产值都翻了一番，这是从这两个截面在人均产值标准上升100%来估算下，无论向前或向后推算时，可以预期到的变化。在这种向前和向后估算结果的基础上，A部门的下降被低估了大约四成，低估的幅度和表25为较少数国家计算出的A部门的产值份额的平均数相似。相对地看，S部门份额的上升被低估得更厉害，竟超过一半。至于I部门的份额变化，估计所得的数字多少还接近于观察到的数字，低估程度平均约为五分之一。一般说来，人均产值跨距中最低的间距（也就是第1栏）低估得最严重。本样本太小，不可能对人均产值全距内在不同的间距中做出有用的区分。

我们可以再做一次检验。样本包括40个国家，其人均产值的全距更为宽广，但限于1950～1960年这10年（表43，以时间略有出入的各国人口普查资料为根据），结果显然不同。不但不同于表42（其观察时间计50年且主要只包括发达国家）的长期情况，而且也不同于表26反映1953～1965年三个主要部门所占总产值的份额的结果。

从表43各截面可得出两条主要结论。第一，对于同等的人均产值水平，在1950年和1960年之间，A部门的份额有上升趋势，而不像表42的在更长的时期中那样有下降趋势，也不像A部门的产值份额那样，在1953～1965年这段较短期间中趋于下降（参看表26，第9—14行）。与此相对应，I部门和S部门的劳动力份额的趋向在1960年低于1950年。第二，自1950到1960年截面上较明显的移动只限于人均产值低于675美元基准点以下的那些国家（按1953年价格计算。如要换算为按1958年价格计算，则基准水平应乘以 1.13)。当基准点价值为 900 美元和 1 200 美元时，则 1960 年的 A 部门份额显然较 1950 年为低，而 I 部门和 S 部门的份额，特别是 I 部门份额则明显地更高。

表 43　40 个国家观察到的和估算的主要部门劳动力份额的变化，1950 年和 1960 年

一、依照人均国内生产总值的递增次序排列的各组国家的份额

	每五个国家为一组							
	Ⅰ	Ⅱ	Ⅲ	Ⅳ	Ⅴ	Ⅵ	Ⅶ	Ⅷ
	(1)	(2)	(3)	(4)	(5)	(6)	(7)	(8)
1950								
1. 人均国内生产总值(1953 年美元)	56.8	118	164	190	296	489	795	1 204
各部门所占份额(%)								
2. A 部门	72.9	68.6	62.7	58.2	42.6	31.1	22.4	17.2
3. I 部门	9.7	17.0	19.2	20.3	27.4	38.0	46.7	44.7
4. S 部门	17.4	14.4	18.1	21.5	30.0	30.9	30.9	38.1
1960								
5. 人均国内生产总值(1953 年美元)	74.5	149	201	277	426	748	1 079	1 469
各部门所占份额(%)								
6. A 部门	76.0	65.4	56.1	47.4	39.0	21.8	15.2	11.7
7. I 部门	9.8	16.8	22.0	26.7	31.0	44.4	47.9	47.9
8. S 部门	14.2	17.8	21.9	25.9	30.0	33.8	36.9	40.4

二、人均国内生产总值基准点价值的截面份额

	基准点价值(1953 年美元)							
	65	80	135	270	450	675	900	1 200
	(1)	(2)	(3)	(4)	(5)	(6)	(7)	(8)
1950								
9. A 部门	71.8	70.1	64.8	47.2	34.0	26.1	21.4	17.2

二、人均国内生产总值基准点价值的截面份额

	基准点价值(1953年美元)							
	65	80	135	270	450	675	900	1 200
	(1)	(2)	(3)	(4)	(5)	(6)	(7)	(8)
10. I部门	11.0	12.9	17.6	26.6	36.0	41.4	43.7	44.7
11. S部门	17.2	17.0	17.6	26.2	30.0	32.5	34.9	38.1
1960								
12. A部门	—	74.9	65.2	49.0	35.8	26.2	19.8	14.5
13. I部门	—	10.5	16.6	25.8	34.2	40.5	44.5	47.2
14. S部门	—	14.6	18.2	25.2	30.0	33.3	35.7	38.3

三、自两个截面得出的估算份额和观察份额的绝对变化，人均产值标准上升三分之一

	自1950年向前估算		自1960年向后估算	
	起始价值	起始价值	终结价值	终结价值
	$80、135、270	$450、675、900	$107、180、360	$600、900、1 200
	(1)	(2)	(3)	(4)
A部门份额变化				
15. 观察到的	−12.06	−18.14	−12.06	−18.14
16. 估算的	−16.08	−14.67	−19.10	−18.48
17. 第16行对第15行的比	1.33	0.81	1.58	1.02
I部门份额的变化				
18. 观察到的	+7.41	+9.31	+7.41	+9.31
19. 估算的	+10.97	+7.32	+11.76	+11.12
20. 第19行对第18行的比	1.46	0.79	1.59	1.19
S部门份额的变化				
21. 观察到的	+4.65	+8.83	+4.65	+8.83
22. 估算的	+5.29	+7.35	+7.34	+7.36
23. 第22行对第21行的比	1.14	0.83	1.58	0.83

四、1950 年至 1960 年各组份额比例变化,观察到的情况与 1950 年截面估算的情况的对比(分组如 1—4 行)

	人均国内生产总值增长(%) (1)	A (2)	I+S (3)	I (4)	S (5)
观察到的,Ⅰ—Ⅴ组					
24.第Ⅰ组	60.4	−0.02	+0.06	+0.26	−0.05
25.第Ⅱ组	6.5	+0.01	−0.02	−0.11	+0.08
26.第Ⅲ组	28.1	−0.10	+0.17	+0.20	+0.13
27.第Ⅳ组	44.9	−0.17	+0.23	+0.22	+0.24
28.第Ⅴ组	37.2	−0.09	+0.07	+0.07	+0.06
第Ⅰ—Ⅴ组平均数(等比中项)					
29.观察到的	34.2	−0.07	+0.10	+0.12	+0.09
30.估算的(自 1950 年截面估算)	34.2	−0.11	+0.15	+0.22	+0.10
31.第 30 行对第 29 行的比		1.5	1.5	1.8	1.1
观察到的,Ⅵ—Ⅷ组					
32.第Ⅵ组	50.6	−0.31	+0.14	+0.21	+0.05
33.第Ⅶ组	37.9	−0.32	+0.09	+0.06	+0.15
34.第Ⅷ组	20.0	−0.32	+0.07	+0.04	+0.10
第Ⅵ—Ⅷ组平均数(等比中项)					
35.观察到的	35.6	−0.32	+0.10	+0.10	+0.10
36.估算的(自 1950 年截面估算)	35.6	−0.20	+0.07	+0.06	+0.08
37.第 36 行对第 35 行的比		0.6	0.7	0.6	0.8

—:资料无从获得。

本样本内所列国家均具备在 1950 年及 1960 年前后的劳动力份额以及此期间起始和终结年份的及 1958 年的以不变价格计算的人均产值。关于利用不变价格的人均产值指数外推 1958 年人均国内生产总值以及后者的原始资料,见表 26 的注释。

依照 1950 年前后的人均国内生产总值递增次序排列所包括的国家是:泰国、印度、巴基斯坦、菲律宾、埃及、海地、巴拉圭、土耳其、厄瓜多尔、摩洛哥、洪都拉斯、多米尼加共和国、西班牙、葡萄牙、萨尔瓦多、哥伦比亚、尼加拉瓜、巴西、日本、墨西哥、希腊、哥斯达黎加、智利、波多黎各、爱尔兰、意大利、荷兰、德意志联邦共和国、阿根廷、芬兰、比利时、法国、挪威、丹麦、瑞士、澳大利亚、瑞典、新西兰、加拿大、美国。

关于本表第一部分中劳动力的各部门份额的原始资料(以及人均国内生产总值的数据)见表 28 和表 29 的注释。为求得本表第二部分中人均国内生产总值的各种基准点价值上的截面份额所应用的步骤,可参看表 14 的注释。

在本表第三部分中,先设定初始基准点价值(例如为了向前推算先设定 1950 年的),我计算了 1950 年截面的份额,将其作为观察到的份额;然后自 1950 年截面根据人均国内生产总值的增长估算 1960 年的价值。这样就得出估算的变化,并以之和观察到的变化对比(后者是根据 1950 年截面计算出的 1950 年份额及根据 1960 年截面计算出的 1960 年份额二者之差)。第 15—16、18—19、21—22 各行的条目是这些份额变化的总和。

本表第四部分系对各组逐一计算,不像第三部分那样以标准增长三分之一计算而系按各组的人均国内生产总值的具体增长数计算。此外,采用了(以 1950 年分组为根据的)1950 年及 1960 年实际份额作为观察到的价值,而不用依照人均国内生产总值的对应水平自 1950 年及 1960 年截面计算出的份额。

截面的这种转换所造成的观察到的与估算的变化间的不一致,它们在人均产值高的那些国家中和较低的那些国家中的表现又并不一样(第三、四两部分)。在人均产值较低的那些国家中,在 A 部门份额的下降和 I 部门及 S 部门份额的上升两方面,其观察到的情况都不如估算情况那么大(第 15—23 行,第 1、3 栏)。自截面推求出来的估算的变化,其在第一部门的份额下降和 I 部门及 S 部门的份额上升都大过实际观察所得,这一点和产值份额的情况不同。观察到的变化小于估算的情况在 I 部门特别明显,这在第三部分(第 18—20 行,第 1、3 栏)和第四部分(第 31 行,第 4 栏)都可清楚地看到。但在人均产值较高的领域中,自第三部分中基准点价值为 450 美元和第四部分第 Ⅵ 组(人均产值的平均数是 489 美元)开始的那一部分,如将第三部分的向前推算和向后推算的数值加以平均,估算的变化不会超过观察到的变化,而估算中的低估现象是大体始终如一的。在人均产值较高的国家中，与人均产值的上升相联系的 A 部门份额的下降和 I 部门与 S 部门份额的上升，实际观察所得比自截面预计的为大，而不像人均产值低的国家那样前者明显地小于后者。主要的结论是：尽管 A 部门产值份额急剧下降和 I 部门和 S 部门产值份额急剧上升，在欠发达国家中，A 部门劳动力份额的下降和 I 部门和 S 部门，特别是 I 部门劳动力份额的上升，其实际情况远比预期的为小。这个结论值得进一步研究，看看劳动力移动之所以少于预计，是否是个具有普遍意义的发现，是否和人口及劳动力对增长得不够充足的就业市场所加的压力有联系。对人均产值较高和较低的不同国家间的对比使第二次世界大战后 10 年间的这个发现更显得引人玩味。由于欠发达国家的基本资料不够健全，而且对劳动力所下定义也存在问题，因此这个结论只能作为尝试性的。但是它对于应用截面以估算长期趋势的意义是很清楚的。

表 43 所提示的战后 10 年间在截面上表现出来的转变，在所反映的时间及样本都多少有些不同，在包括了制造业部门各分支的份额的表 44 中，部分地得到证实。第 7a 行和第 7b 行表明，在 1953～1963 年之间，在基准点价值相同的前提下，制造业在全部劳动力中占的份额微有下降。在这方面，它和 I 部门份额的下降相一致。但就制造业而言，在人均产值的全距内，其劳动力份额都在下降。

表44　制造业主要行业在全部劳动力中观察到的和估算的所占份额的变化，1953～1963年(以1953年和1963年截面为基础)

一、根据人均国内生产总值各基准点价值计算的制造业主要行业在制造业劳动力中占的份额及在全部劳动力中占的份额

	基准点价值(1953年美元)					
	81 (1)	135 (2)	270 (3)	450 (4)	900 (5)	1 200 (6)
在制造业劳动力中占的份额(%)						
1. 食品、饮料和烟草						
(a) 1953截面	30.2	30.6	29.1	22.2	15.3	—
(b) 1963截面	26.6	28.3	28.0	23.5	15.1	14.0
2. 纺织和服装						
(a) 1953截面	26.8	29.6	27.1	24.4	20.1	—
(b) 1963截面	29.9	29.8	27.2	24.4	19.1	16.6
3. 木材、纸张、印刷和皮革						
(a)1953截面	18.3	13.8	14.0	15.3	16.6	—
(b) 1963截面	13.5	14.0	13.7	14.2	15.9	16.4
4. 橡胶、化学产品和石油产品						
(a) 1953截面	5.9	5.9	5.4	5.8	5.9	—
(b) 1963截面	4.8	5.3	5.2	5.7	6.3	6.3
5. 工业原料						
(a) 1953截面	7.1	8.6	7.6	8.6	8.6	—
(b) 1963截面	11.1	8.0	6.8	7.8	9.1	8.9
6. 金属加工产品						
(a) 1953截面	11.7	11.5	16.8	23.7	33.5	—
(b) 1963截面	14.1	14.6	19.1	24.4	34.5	37.8
在全部劳动力中占的份额						
7. 整个制造业						
(a) 1953截面	8.4	10.7	17.2	22.6	28.6	—
(b) 1963截面	8.1	10.4	15.3	21.1	27.6	28.9
8. 食品、饮料和烟草						
(a) 1953截面	2.6	3.3	5.0	5.0	4.4	—
(b) 1963截面	2.2	3.0	4.3	5.0	4.2	4.0
9. 纺织和服装						

一、根据人均国内生产总值各基准点价值计算的制造业主要行业在制造业劳动力中占的份额及在全部劳动力中占的份额

	基准点价值(1953 年美元)					
	81	135	270	450	900	1 200
	(1)	(2)	(3)	(4)	(5)	(6)
(a) 1953 截面	2.2	3.2	4.7	5.5	5.8	—
(b) 1963 截面	2.4	3.1	4.2	5.2	5.3	4.8
10. 木材、纸张、印刷和皮革						
(a) 1953 截面	1.5	1.5	2.4	3.5	4.7	—
(b) 1963 截面	1.1	1.5	2.1	3.0	4.4	4.8
11. 橡胶、化学产品和石油产品						
(a) 1953 截面	0.5	0.6	0.9	1.3	1.7	—
(b) 1963 截面	0.4	0.6	0.8	1.2	1.7	1.8
12. 工业原料						
(a) 1953 截面	0.6	0.9	1.3	1.9	2.5	—
(b) 1963 截面	0.9	0.8	1.0	1.6	2.5	2.6
13. 金属加工产品						
(a) 1953 截面	1.0	1.2	2.9	5.4	9.5	—
(b) 1963 截面	1.1	1.5	2.9	5.1	9.5	10.9

二、1953～1963 年在全部劳动力中观察到的与估算的份额的变化,人均国内生产总值标准上升三分之一的变化计算(百分比)

	整个制造业	食品、饮食和烟草	纺织和服装	木材、纸张、印刷和皮革	橡胶、化学产品和石油产品	工业原料	金属加工产品
	(1)	(2)	(3)	(4)	(5)	(6)	(7)
1953 年 81 美元到 1963 年 108 美元观察到的份额及其变化							
14. 1953 份额	8.4	2.6	2.2	1.5	0.5	0.6	1.0
15. 1963 份额	9.4	2.6	2.8	1.3	0.5	0.9	1.3
16. 变化	+1.0	0	+0.6	−0.2	0	+0.3	+0.3
估算的变化							
17. 向前	+1.3	+0.4	+0.5	0	+0.1	+0.2	+0.1
18. 向后	+1.3	+0.4	+0.4	+0.2	+0.1	0	+0.2
1953 年 135 美元到 1963 年 180 美元观察到的份额及变化							

	整个制造业	食品、饮食和烟草	纺织和服装	木材、纸张、印刷和皮革	橡胶、化学产品和石油产品	工业原料	金属加工产品
	(1)	(2)	(3)	(4)	(5)	(6)	(7)
19. 1953 份额	10.7	3.3	3.2	1.5	0.6	0.9	1.2
20. 1963 份额	12.4	3.5	3.6	1.7	0.6	0.9	2.1
21. 变化	+1.7	+0.2	+0.4	+0.2	0	0	+0.9
估算的变化							
22. 向前	+2.7	+0.7	+0.6	+0.4	+0.1	+0.2	+0.7
23. 向后	+2.0	+0.5	+0.4	+0.3	+0.1	+0.1	+0.6
1953 年 270 美元到 1963 年 360 美元观察到的份额及变化							
24. 1953 份额	17.2	5.0	4.7	2.4	0.9	1.3	2.9
25. 1963 份额	18.5	4.6	4.7	2.6	1.0	1.4	4.2
26. 变化	+1.3	−0.4	0	+0.2	+0.1	+0.1	+1.3
估算的变化							
27. 向前	+3.0	0	+0.5	+0.6	+0.2	+0.3	+1.4
28. 向后	+3.3	+0.4	+0.6	+0.5	+0.2	+0.4	+1.2
1953 年 450 美元到 1963 年 600 美元观察到的份额及变化							
29. 1953 份额	22.6	5.0	5.5	3.5	1.3	1.9	5.4
30. 1963 份额	23.8	4.6	5.2	3.6	1.4	2.0	7.0
31. 变化	+1.2	−0.4	−0.3	+0.1	+0.1	+0.1	+1.6
估算的变化							
32. 向前	+2.5	−0.3	+0.1	+0.5	+0.2	+0.2	+1.8
33. 向后	+2.7	−0.3	0	+0.6	+0.2	+0.4	+1.8
1953 年 675 美元到 1963 年 900 美元观察到的份额及变化							
34. 1953 份额	26.1	4.6	5.7	4.2	1.5	2.3	7.8
35. 1963 份额	27.6	4.2	5.3	4.4	1.7	2.5	9.5
36. 变化	+1.5	−0.4	−0.4	+0.2	+0.2	+0.2	+1.7
估算的变化							
37. 向前	+2.5	−0.3	+0.1	+0.5	+0.2	+0.2	+1.8
38. 向后	+2.7	−0.3	0	+0.6	+0.2	+0.4	+1.8
1953 年 900 美元到 1963 年 1 200 美元观察到的份额及变化							
39. 1953 份额	28.6	4.4	5.7	4.7	1.7	1.5	9.0
40. 1963 份额	28.9	4.1	4.8	4.7	1.8	1.6	10.9

	整个制造业	食品、饮食和烟草	纺织和服装	木材、纸张、印刷和皮革	橡胶、化学产品和石油产品	工业原料	金属加工产品
	(1)	(2)	(3)	(4)	(5)	(6)	(7)
41.变化	+0.3	−0.3	−0.9	0	+0.1	+0.1	+1.3
估算的变化							
42.向后	+1.3	−0.1	−0.5	+0.4	+0.1	0	+1.4
平均变化							
人均产值较低的两组国家(第14—23行)							
43.观察到的	+1.35	+0.1	+0.5	0	0	+0.15	+0.6
44.估算的	+1.8	+0.5	+0.5	+0.2	+0.1	+0.1	+0.4
人均产值较高的四组国家(第24—42行)							
45.观察到的	+1.1	−0.4	−0.4	+0.1	+0.1	+0.1	+1.5
46.估算的	+2.4	−0.1	0	+0.5	+0.2	+0.2	+1.6

—：指无从获得资料。

第1—13行：参看表30的注解。

第14—42行：步骤方面见表43的注解。

第44、46行：参看表27的注解。

表44把注意力专门放在各分支部门的份额上。就整个制造业的份额来说，观察到的上升幅度明显地低于按照向前或向后推算理应会发生的上升幅度。这从第43—46行第1栏的各项总结性平均数上可以看到。而这种差距在人均产值较高的水平时，比在平均产值较低的水平时，甚至更大。但在某一方面看来，这种差异是一种假象。就人均产值较低的国家，即就欠发达国家来说，对制造业份额所观察到的上升幅度，比估算的上升幅度为小，这是由于有几个分支部门，特别是食品、木材、皮革、纸张及化学产品这几个分支部门实际观察到的上升幅度较小而形成的。就人均产值较高的国家来说，在木材纸张类、化学产品类和工业原料类，观察到

的上升幅度同样低于估算的上升幅度。但是整个制造业观察到的与估算的份额的变化所以出现不一致,在更大程度上是因为食品类和纺织与服装类观察到的份额比估算的份额下降来得大。重要的是,在人均产值的各种不同基准水平上,食品类的份额,其观察到的上升幅度总是不如从截面所看到的大,而下降幅度则又超过截面上所表现的;而纺织和服装类的观察到的份额在相当大程度内,也是同样情况。这就是整个制造业观察到的变化所以较小的主要原因。例如,在第43—44行,第1栏差异数0.45百分比点几乎全部由于食品类单项的差异(0.4个百分比点)而来。而在第45—46行,观察数值较估算数值少1.3个百分比点,其中半数以上是食品类及纺织服装类的观察数较估算数少0.7个百分比点的结果。很明显,依赖截面来推算食品、纺织与服装及木材、皮革、纸张与印刷三大分支部门份额的变化不可靠,但在推算金属产品分支部门的份额时,相对来说比较成功。由此可以推断:至少在战后期间,大量需要的消费品分支部门的就业和人均产值间的关系确有明显的变化。

四、每个工人部门产值的变化

表45总结了在总产值尽可能扣除了金融与住房收入情况下相对于全国范围内每个工人平均产值的三个主要部门中每个工人平均产值的长期变化。一切项目既然以相对值计算,凡小于1.0的情况,表示每个工人的平均部门产值低于全国范围内每个工人平均的产值,而相对值的升(或降)表示某一部门每个工人平均产

值的增长数大于（或小于）全国每个工人平均产值的增长（至于因为扣除金融与住房收入而引起的次要影响则除外不计）。

表 45　主要部门每个工人相对产值的长期趋势

国别和时期	相对于调整后的全国每个工人产值的每个工人部门产值				部门间比率		加权计算的不等量
	A	I+S	I	S	(I+S)/A	S/I	
	(1)	(2)	(3)	(4)	(5)	(6)	(7)
英　国							
当年价格（住房收入除外）							
1. 1801/1811	1.16	0.93	0.63[a]	1.28[a]	0.80	2.03[a]	27.6
2. 1907(1901/1911)	0.93	1.01	0.81[a]	1.26[a]	1.09	1.56[a]	21.0
3. 1907(1901/1911)	0.96	1.00	0.87	1.27	1.04	1.46	16.6
4. 1963～1967(1961)	0.95	1.00	1.02	0.98	1.05	0.96	2.0
法　国							
1954 年价格（住房收入除外）							
5. 1896	0.59	1.33	1.51	1.07	2.25	0.71	36.6
6. 1963(1962)	0.44	1.14	1.22	1.05	2.59	0.86	22.6
比利时							
1963 年价格（不扣除任何项目）							
7. 1910	0.40	1.18	0.84	1.86	2.95	2.21	44.2
8. 1963～1967(1964)	1.05	1.00	0.95	1.06	0.95	1.12	5.2
荷　兰							
当年价格（不扣除任何项目）							
9. 1913(1909)	0.66	1.14	0.92	1.43	1.73	1.55	26.6
10. 1950(1947)	0.76	1.06	1.07	1.05	1.39	0.98	9.4
当年价格（扣除金融及住房收入）							
11. 1950(1947)	0.77	1.06	1.16	0.93	1.38	0.80	14.2
12. 1965(1960)	0.80	1.02	1.06	0.98	1.28	0.92	6.0

（续表）

国别和时期	相对于调整后的全国每个工人产值的每个工人部门产值 A (1)	I+S (2)	I (3)	S (4)	部门间比率 (I+S)/A (5)	S/I (6)	加权计算的不等量 (7)
德　国							
1913年价格(住房收入除外)							
13.1850～1859 (1852/1855/1858)	0.87	1.15	0.71	2.20	1.32	3.10	33.2
14.1935～1938(1939)	0.65	1.12	1.24	0.91	1.72	0.73	22.6
联邦共和国，1954年价格(扣除金融及住房收入)							
15.1950(1946)	0.35	1.27	1.29	1.23	3.63	0.95	38.2
16.1963～1967(1964)	0.50	1.06	1.21	0.83	2.12	0.69	23.0
丹　麦							
当年价格(不扣除任何项目)							
17.1870～1879(1870/1880)	0.80	1.27	—	—	1.59	—	23.2
18.1950～1951(1950)	0.77	1.08	—	—	1.40	—	11.4
当年价格(扣除金融及住房收入)							
19.1950～1951(1950)	0.86	1.05	1.19	0.88	1.22	0.74	15.2
20.1963～1967(1960)	0.66	1.07	1.21	0.91	1.62	0.75	18.6
1929年价格(不扣除任何项目)							
21.1870～1879(1870/1880)	0.73	1.35	—	—	1.85	—	30.4
22.1950～1951(1950)	0.74	1.09	—	—	1.47	—	13.2
1955年价格(扣除金融及住房收入)							
23.1950～1951(1950)	0.83	1.06	1.20	0.89	1.28	0.74	16.4
24.1963～1967(1960)	0.85	1.03	1.21	0.82	1.21	0.68	19.0
挪　威							
当年价格(住房收入除外)							
25.1865	0.61	1.66	1.78	1.50	2.72	0.84	48.6
26.1950	0.55	1.16	1.18	1.12	2.11	0.95	23.2
当年价格(扣除金融及住房收入)							
27.1950	0.60	1.14	1.24	0.97	1.90	0.78	22.6
28.1963～1967(1960)	0.45	1.13	1.22	1.00	2.51	0.82	21.6

（续表）

国别和时期	相对于调整后的全国每个工人产值的每个工人部门产值				部门间比率		加权计算的不等量
	A	I+S	I	S	(I+S)/A	S/I	
	(1)	(2)	(3)	(4)	(5)	(6)	(7)
1963 年价格(扣除金融及住房收入)							
29. 1950	0.62	1.13	1.15	1.10	1.82	0.96	19.8
30. 1963～1967(1960)	0.43	1.14	1.25	0.97	2.65	0.78	24.0
瑞　典							
当年价格(扣除金融及住房收入)							
31. 1861～1870(1860/1870)	0.75	1.58	1.48	1.68	2.11	1.14	35.0
32. 1963～1967(1960)	0.52	1.08	1.14	0.98	2.08	0.86	14.6
1959 年价格(扣除金融及住房收入)							
33. 1861～1870(1860/1870)	0.71	1.67	1.28	2.05	2.35	1.60	40.2
34. 1963～1967(1960)	0.44	1.09	1.14	1.01	2.48	0.89	15.4
意大利							
当年价格(扣除金融及住房收入)							
35. 1861～1870(1861/1871)	0.88	1.18	0.81	1.89	1.34	2.33	24.8
36. 1881～1900(1881/1901)	0.80	1.28	0.83	2.26	1.60	2.72	32.6
37. 1963～1967(1964)	0.58	1.14	1.13	1.17	1.97	1.04	21.4
1963 年价格(扣除金融及住房收入)							
38. 1861～1870(1861/1871)	0.77	1.34	0.68	2.58	1.74	3.79	44.0
39. 1881～1900(1881/1901)	0.74	1.37	0.77	2.69	1.85	3.49	43.6
40. 1963～1967(1964)	0.60	1.14	1.14	1.13	1.90	0.99	20.2
日　本							
当年价格(不扣除任何项目)							
41. 1879～1883(1880)	0.75	2.25	—	—	3.00	—	41.6
42. 1959～1961(1960)	0.42	1.28	—	—	3.05	—	38.0
1934～1936 年价格(不扣除任何项目)							
43. 1879～1883(1880)	0.79	2.06	—	—	2.61	—	35.4

（续表）

国别和时期	相对于调整后的全国每个工人产值的每个工人部门产值				部门间比率		加权计算的不等量
	A	I+S	I	S	(I+S)/A	S/I	
	(1)	(2)	(3)	(4)	(5)	(6)	(7)
44. 1959～1961(1960)	0.37	1.31	—	—	3.54	—	41.4
加拿大							
当年价格(住房收入除外)							
45. 1870(1871)	0.95	1.06	—	—	1.12	—	5.4
46. 1920(1921)	0.75	1.13	—	—	1.51	—	17.4
当年价格(扣除金融及住房收入)							
47. 1919～1923(1921)	0.64	1.19	1.27	1.10	1.86	0.87	25.0
48. 1963～1967(1965)	0.77	1.02	1.29	0.80	1.32	0.62	24.0
美国							
当年价格(扣除金融及住房收入)							
49. 1839	0.75	1.45	1.80	1.16	1.93	0.64	32.4
50. 1899	0.49	1.33	1.45	1.18	2.71	0.81	40.2
51. 1929[b]	0.56	1.11	1.27	0.96	1.98	0.76	21.4
52. 1963～1965[b]	0.67	1.02	1.28	0.84	1.52	0.66	22.0
1859 年价格(扣除金融及住房收入)							
53. 1839	0.78	1.39	1.69	1.14	1.78	0.67	27.8
54. 1899	0.44	1.36	1.77	0.83	3.09	0.47	52.6
1929 年价格(扣除金融及住房收入)							
55. 1899	0.76	1.12	1.13	1.11	1.47	0.98	15.8
56. 1929	0.55	1.12	1.34	0.92	2.04	0.69	25.8
澳大利亚							
当年价格(扣除金融及住房收入)							
57. 1861～1870(1861/1871)	0.72	1.18	—	—	1.64	—	22.2
58. 1891—1900(1891/1901)	0.77	1.12	1.18	1.05	1.45	0.89	15.6
59. 1935～1938(1933)	1.15	0.96	0.87	1.06	0.83	1.22	11.0
60. 1963～1966(1961)	1.17	0.98	1.12	0.81	0.84	0.72	15.2
1910～1911 年价格(扣除金融及住房收入)							

（续表）

国别和时期	相对于调整后的全国每个工人产值的每个工人部门产值				部门间比率		加权计算的不等量
	A	I+S	I	S	(I+S)/A	S/I	
	(1)	(2)	(3)	(4)	(5)	(6)	(7)
61. 1861～1870(1861/1871)	0.61	1.25	—	—	2.05	—	30.8
62. 1891～1900(1891/1901)	0.81	1.10	1.11	1.08	1.36	0.97	12.8
63. 1935～1938(1933)	1.24	0.93	0.78	1.13	0.75	1.45	19.4

—:资料无从获得。

a. 运输和通讯部门不包括在I部门内而是包括在S部门内。

b. 产值(国民收入)不包括从国外获得的收入。劳动力指按全日工作折算的雇用人员,不包括金融及房地产部门的工作人员。

一切条目都自表21和表38的注释所引证的资料来源计算得来。所用不止一种数列时,最近阶段的份额以更早的数列为指数回溯外推,而(作为份额基础)以推算的结果调整至加足100为止。

年份用/号连接时,数据指某个年份;用～号连接时,指两年份间所有年份。

行首括号内条目指与产值日期不同的劳动力的时期。

第7栏的不等量的度量是各部门产值份额与劳动力份额差额的总和(正负号不论)。

表中各条目内的估算是以当年价格与不变价格计算的产值的部门份额为基础进行的。所以用前者,出于两种理由。第一点较不重要,那就是:在可以同时取得以当年价格计算和不变价格计算份额的国家中,每个工人平均部门产值的长期趋势,无论以当年价格或不变价格计算的份额看都大体相同。因此当无法取得不变价格计算的份额时,用当年价格计算的份额也足以大体计算出主要部门每个工人平均相对产值的长期趋势。第二点理由较重要,用当年价格计算的产值可以大体估计隶属于某个部门的每一劳动力的相对收入。而且哪怕这种近似估算只是大体的,每一劳动力部门相对收入的长期变化也是很值得注意的。表 45 中的劳动力数据并没有调整折算为等价的单位,它们包括了不付工薪的家庭劳动者、女工等等,就像人口统计数字一样,应有尽有。因此,必须把它们和表 31 的截面加以比较。

(一)几乎在一切国家和所有各时期,A 部门的每个工人平均相对产值都明显地低于 1.0(第 1 栏)。在这一意义上,长期记录与当时截面相符,截面中 A 部门每个工人的平均相对产值在有关的人均产值变动范围(大部分自 150 美元到 1 000 美元,参看表 31,第 1 行)内作自 0.63 到 0.75 的变化。因此,I+S 部门的每个工人平均相对产值和(I+S)/A 比率经常远远高于 1.0。

与上述分析的结论不完全相同的值得注意的例外情况也是有的,从这种例外中可以看出关于 A 和(I+S)部门的相对值及(I+S)/A 比率,其长期记录明显地和从截面预计的情况有所不同。19 世纪初的英国,当它处于现代经济增长的早期时,其人均产值约为 200 美元,A 部门的每个工人平均相对产值超过 1.0,I+S 相对值和部门间的比率也就相应减少(而少于 1.0)。如果 A 部门预期的每个工人平均相对产值的低限确定为 0.75,则在现代经济的早期,A 部门的每个工人平均相对产值较高这种情况,还可以加上一些别的国家。把 A 部门预期的每个工人平均相对产值的最低限定为 0.75,这样的确定是有根据的,因为 1958 年截面,相对于 150—500 美元变动范围的比率是在 0.63 和 0.65 之间。在这些国家中,有 1850～1859 年的德国,1870～1879 年的丹麦,1861～1870 年的瑞典,19 世纪的意大利,1839 年的美国,1870 年的加拿大,1891～1900 年的澳大利亚和 1879～1883 年的日本。换句话说，在所列 13 个发达国家中，有 9 个国家的 A 部门在早期的每个工人平均相对产值比用截面间接表示出来的要高许多。当然，在这些国家中 I＋S 部门的每个工人平均相对产值和（I＋S）/A 的比率都明显地低得多。

（二）在最近的截面中，当我们移向人均产值的高水平时，A 部门的每个工人平均相对产值只微微上升，自基准点水平为 150 美元和 300 美元的 0.63，升至基准水平为 1 000 美元的 0.75（见表 31，第 1 行）。但在同样的变动范围内，I 部门＋S 部门的每个工人平均相对产值和（I＋S）/A 的比率急剧下降（前者自 1.64 降为 1.05，后者则自 2.6 降为 1.4）。由于表 45 所包括的所有发达国家的人均产值在各个阶段都大幅度上升，截面情况会使我们想到在相当长的发展期间，A 部门每个工人平均相对产值必然稳定或只会稍微上升，而 I＋S 相对值却会明显下降，（I＋S）/A 的比率则急剧下降。

对于发达国家和长期情况来说——暂且把最近一二十年所出现的与长期趋势相反的表面现象撇开不谈——根据截面情况能预期到的格局，只见于两三个国家。比利时的（I＋S）/A 的比率明显下降，主要是由于 A 部门每个工人平均产值急剧上升；荷兰的该比率在 1913～1965 年期间下降；丹麦则在 1870～1879 年至 1950～1951 年期间下降。挪威该比率下降的时间是在 1865～1950 年。最后，谈到澳大利亚，它的情况在许多其他方面也都是例外，其（I＋S）/A 的比率，开始高于 1.0，其后下降到远小于 1.0；其 A 部门的每个工人平均产值则升到大大高于 1.0。在其他发达国家，（I＋S）/A 的比率明显地上升，这种趋势在有的国家一直延续到最近期间：英国自1801/1811年一直到1907年都在上升（可能还要迟一些，不过我找不到1920年代中期到1950年这20多年中的估算数字）；法国该比率上升时间是在1896～1963年；德国自1850年代开始直到1935～1938年；意大利则在1860年代至1960年代这段时间；美国为19世纪；加拿大自1870年代开始直到1920年代；日本自1880年代开始直到1950年代。最后是瑞典，该比率如以不变价格计算，1960年代略高于1860年代，但如当年价格计算则略低。

根据上述证据，可以提出下述一般性结论。就长时期说来，直到最近一二十年为止，尽管人均产值持续上升，(I+S)/A的比率并未下降。换句话说，这两个主要部门每个工人平均相对产值并没有像最近的截面那样收缩，而在许多国家且有扩散的趋势。很可能直到1920年代以后，收缩现象才在好几个国家中明显起来。从表45及其所依据的资料无法精确确定趋势何时开始这种转变。但因1930年代是持续的经济萧条，收缩很可能出现于第二次世界大战期间。就任何实质性的分析目的来说，认真分析这种收缩何以集中于第二次世界大战后一二十年这件事是有深远意义的。

(三) 在(I+S)/A比率显然上升的全部七个国家中，上升趋势主要是由于A部门每个工人平均相对产值在发展过程中显著下降的结果。如在(一)点内已指出的，这些国家的初始水平，在相应的人均产值的各基准点价值上，比截面的水平要高，它们就是在这样的情况下逐渐下降的。虽然我们所作的估算数只是粗略约计，但从调查研究结果的普遍性质来看，使我们觉得它不是由于数据离奇而起。显然，在现代经济增长的大部分期间，A 部门每个工人平均产值增长的百分比跟不上 I+S 部门每个工人平均产值所增长的百分比。但这不等于说 A 部门每个工人平均产值没有上升，而只是说明它比国民经济中的其余部门上升速度较低一些。正是在这一关键方面，过去长期发展的记录就不能和某时的截面合拍一致。最近，在每个工人平均产值的增长率上，出现了 A 部门和 I+S 部门之间旧有的悬殊恰被倒转过来的现象，这是值得令人注意的，因为 A 部门每个工人平均相对产值急剧上升表示该部门劳动生产率高度增长。似乎在发达国家 A 部门发生了可以称之为现代农业革命变化的强烈迹象（也可能这种变化创始于它处，但影响了 A 部门）。

（四）在大多数发达国家中，尽管人均产值大量增加，(I+S)/A 的长期趋势仍然是上升的。但在有些欠发达的国家中，也有可能人均产值（也许还有每个工人平均产值）虽停滞不变，而(I+S)/A 的比率也同样上升。在第四章我们可以看到在印度、埃及和洪都拉斯三个欠发达的国家中，虽然人均产值并未上升，A 部门在全部产值中所占份额却明显地下降，而且为数相当大。就印度和埃及现有的有关数据看，这两国中，20 世纪初以来 A 部门劳动力的份额长时间相对稳定。印度的情况直到近年都如是，而埃及则至少保持到 1937 年，也许还要晚一些。人均（和按每个工人平均）产值停滞不前，A 部门的劳动力份额稳定，而 A 部门的产值份额却又下降，这些情况凑在一起就意味着(I+S)/A 的比率逐渐上升和 A 部门的每个工人平均产值实际地在下降。欠发达国家的(I+S)/A 的比率上升，就像发达国家一样，不符合最近的截面所暗示的格局。但是对欠发达国家其含义是指 A 部门每个工人平均产值绝对数下降的情况，这和我们对发达国家所作研究的结果是完全不同的。

（五）在观察 I 部门和 S 部门的部门相对值的动态时，我们的样本只限于较少数的发达国家。但是，某些一般性的结论还是可以提出的。即使不是那样，至少可提出一些颇有兴味的问题。

表 31 显示了在基准水平为 150 美元时，I 部门和 S 部门的相对值大体相当，都在 1.6 和 1.7 之间，然后随着人均产值上升到较高的水平时，相对值渐渐下降，到基准水平为 1 000 美元时，I 部门的相对值降到 1.15 而 S 部门的相对值降至 0.93。从表 45 中第 3 和第 4 两栏可以看到有一些国家，I 部门初始阶段的相对值低于 1.0，例如整个 19 世纪的英国，1913 年的比利时和荷兰，1850 年代的德国，而意大利直到 19 世纪末都还如是。在所有这些国家中，S 部门的相对值远在 1.0 以上。

因此，在这些国家中开始阶段的 S/I 比率大大超过 1.0，比表 31 截面所表示的 0.96 水准更要高得多。英国和比利时开始阶段的比率超过 2，荷兰在 1913 年是 1.55，德国超过 3，意大利是 2.72 或 3.49；甚至瑞典（迄今为止我们始终没把它作为不符合截面预期而提起过），其比率是 1.14 或 1.60。另一方面，在法国、挪威和美国，其初始阶段的 I 部门相对值远远超过 1.0，而 S/I 比率也都很低，比起从截面所可预期到的结果离差也并不太大。情况很可能是这样，许多 I 部门相对值低而 S/I 比率高的国家中，I 部门每个工人平均产值，由于纺织、服装和木材制品占相当大比重，因而拉低了。不管我们怎样解释，大多数国家存在着不符合截面预计的现象，仍旧是一个事实。

（六）在经济增长过程中，随着时间的前进，S部门的相对值有下降趋势。这很自然，因为在绝大多数国家中，其开始阶段的水平异常的高。根据表31的截面，I部门的相对值，按理原也应下降趋向于1.0，但事实上随着人均产值的上升，I部门相对值却没有下降。它在英国、比利时、荷兰、德国、意大利都是上升，而在加拿大则是保持稳定不变。I部门相对值稳定不变乃至上升又是一种与表31截面预期的倾向不相符合的例子。

同理，我们也可以想到，在I部门每个工人平均产值上升（或不下降）的国家中，其制造业分支部门的相对值也会有类似倾向。但因我们在可比的长时间内对于同样几个国家的制造业产值份额和劳动力份额所掌握的数据很有限，无法充分检验这种推论，但读者可参看表22、23、39、40等。

因此，S/I比率几乎在所有国家中都下降，而且在其中的大多数国家，其下降远比表31所预期的为大。在表31中当基准点价值自300美元变为1 000美元时，S/I的比率自0.96降至0.81。也就是说，人均产值增加了两倍多，该比率降低约七分之一。表45第6栏下降势头就猛得多，虽说人均产值的上升幅度比较小。举一个例子，比利时的比率自1910年的2.21降到1963～1967年的1.12，等于50多年中降低了将近一半，而在此期间它的人均产值的增加还不到一倍。

（七）迄今为止所讨论的两个比率：(I＋S)/A和S/I，都是表示未加权计算的每个工人产值在部门间的差异。两种比率的计算既然都不受全部劳动力中的部门份额大小的影响，随着这种比率的变动而来的对国民经济的意义就可能削弱。同一个其值为 0.2 的(I+S)/A 的比率，在 A 部门和(I+S)部门各占全部劳动力的一半时，是一种意义，而在 A 部门只有全部门劳动力的 5%而(I+S)部门却占 95%的时候，又是一种意义。

以三大主要部门为根据的截面的总计不等量自基准点价值为 150 美元时的 47 点降至基准点价值为 1 000 美元时的 14 点(参看表 31 第 31 行)。就像我们在前面讨论 A 部门的初始水平时曾提到过的，在表 45 第 7 栏可以看出许多发达国家初始阶段各部门间加权计算的不等量比我们从某时截面所预期到的要低得多。英国、荷兰、德国、丹麦、瑞典(当年价格计算的数量)、意大利(当年价格计算的数量)、加拿大、美国、澳大利亚，莫不如是，其不等量都是 35 点，或更少一些。此外，英国、法国(该国的部门间比率上升)、比利时、荷兰、德国、丹麦、挪威、瑞典和意大利(1881～1900 年以后)九个国家，在相当长的时期中，加权计算的不等量是下降的。但在其余的四个国家，甚至每个工人平均部门产值按加权计算的不等量在整个现代经济增长期间都没有下降，或许是在现代经济增长阶段的大部分期间都没有下降，直到最近这几十年才有下降。

由于各部门每个工人平均相对产值以及主要的部门间比率在长时间中的趋势和自某时截面所预期到的趋势两者之间存在着引人思考的差异现象，我们把后者也和最近 10 年的变化情况加以比较。这项比较应当是很有启发意义的，因为长期记录使我们想到在第二次世界大战后这 10 年有相反的趋势，这至少在最发达的国家中是这样。

表 46 总结了关于 1950 年和 1960 年这两个时点对两群国家样本的每个工人平均部门产值的情况。在这两种样本中我们取得了两个时点的产值（以不变价格计算，且将金融、房租扣除不计）的部门份额和劳动力的部门份额（并未调整为等价的单位）。其中一个样本的基本数据是依据国民账户中各部门产值份额直接估算的，另一个样本中，我们根据某一年（常为 1960 年）联合国粮农组织的农业生产指数和以不变价格计算的总产值间差别的动态情况外推约估 A 部门在以不变价格计算的产值中的份额。第二个样本虽然范围更大一些，但比第一个样本更易于产生错误；当然，它也没有在 I 部门和 S 部门之间的变动进一步作出区分。

在每一样本中，各国按照初始那一年的人均国内生产总值自低至高分类排列，而后根据每一组国家内各个国家每个工人的部门相对产值求出其等比中项，作为该组国家的每个工人相对部门产值。所得结果给人的印象十分深刻，而且这个结果同人均收入低的欠发达国家与人均产值较高的发达国家相比较时，其产值及劳动力的部门份额在第二次世界大战后期间的动态情况所得的结论是符合一致的。

第一，在两个样本中，人均产值较低的各组国家在(I＋S)/A 比率上几乎没有变动（第 1—6 行第 5 栏，第 11—13 行第 5、6 栏）。以国民账户为基础的样本，其 1950 年的人均产值（以 1958 年美元计算）范围在 127 美元至 299 美元之间的三组收入较低的国家，如预期的那样，他们的(I＋S)/A 的比率，比收入较高的各组国家要高得多,约为2.3—2.8,而高产值国家(1950年的人均产值为651美元到1 000美元以上)的对应比率则为1.4—1.9。并且,这三组收入较低国家在1950年和1960年的部门间比率大体相同。这种稳定状况,我们从截面上是无法预期得到的,因为在每一组国家中人均产值在这阶段都有很大提高,其上升幅度自17%至39%。根据联合国粮农组织指数制成的样本的计算结果更加无规律,在这三组收入最低的国家中,有两组国家,比率却上升了。

表46　主要部门每个工人相对产值的变化,1950年至1960年

一、20国,分五组,每组四国,按照以1958年美元计算的1950年人均国内生产总值的递增次序排列.以不变价格计算的产值的部门份额为根据

	相对于总产值(银行、保险、房地产及住房收入不计)的每个工人产值				部门间比率	
	A (1)	I+S (2)	I (3)	S (4)	(I+S)/A (5)	S/I (6)
第Ⅰ组(127美元;16.8%)						
1. 1950	0.72	2.04	1.98	2.13	2.83	1.08
2. 1960	0.67	1.86	1.93	1.78	2.78	0.92
第Ⅱ组(169美元;38.1%)						
3. 1950	0.64	1.56	1.41	1.67	2.44	1.18
4. 1960	0.62	1.48	1.46	1.46	2.39	1.00
第Ⅲ组(299美元;39.4%)						
5. 1950	0.59	1.37	1.13	1.62	2.32	1.43
6. 1960	0.56	1.35	1.27	1.41	2.41	1.11
第Ⅳ组(651美元;43.6%)						
7. 1950	0.62	1.15	1.21	1.09	1.85	0.90
8. 1960	0.75	1.07	1.16	0.94	1.43	0.81
第Ⅴ组(1 018美元;32.0%)						
9. 1950	0.62	1.13	1.25	0.99	1.82	0.79
10. 1960	0.70	1.06	1.25	0.84	1.51	0.67

二、24 国,分六组,每组四国,排列方法如第一部分,根据联合国粮农组织农业生产指数外推当时(常为 1960 年)产值的 A 部门的份额

	相对于总产值(银行、保险、房地产及住房收入不计)的每个工人产值					
	A		I+S		(I+S)/A	
	1950	1960	1950	1960	1950	1960
	(1)	(2)	(3)	(4)	(5)	(6)
11.第Ⅰ组(62 美元;39.3%)	0.76	0.61	1.63	2.12	2.14	3.48
12.第Ⅱ组(173 美元;35.2%)	0.66	0.63	2.00	1.65	3.03	2.62
13.第Ⅲ组(252 美元;44.4%)	0.64	0.57	1.25	1.28	1.95	2.25
14.第Ⅳ组(484 美元;60.4%)	0.53	0.68	1.22	1.09	2.30	1.60
15.第Ⅴ组(725 美元;34.6%)	0.56	0.75	1.19	1.08	2.12	1.44
16.第Ⅵ组(1 284 美元;23.0%)	0.62	0.76	1.09	1.04	1.76	1.37

第一部分内所有国家,他们的以不变价格计算的劳动力和产值的部门份额都是能够计算得出的,从而在该阶段的开始及终了年份,在固定的部门价格结构中,得以估算每一国家相对于总产值(不包括金融及住房收入)的每个工人的平均产值。第 1—10 行的第 1—4 栏是每个工人相对产值的等比中项。第 5 栏及第 6 栏的部门间比率自 1—4 栏计算得来。

第一部分内按以 1958 年美元计算的 1950 年人均国内生产总值递增次序排列所包括的国家为:巴基斯坦、土耳其、厄瓜多尔、洪都拉斯、多米尼加共和国、葡萄牙、萨尔瓦多、哥伦比亚、尼加拉瓜、希腊、智利、意大利、德意志联邦共和国、比利时、阿根廷、芬兰、法国、挪威、丹麦、加拿大。关于以 1958 年美元计算的人均产值的出处参阅表 26 的注释。

第二部分的国家,自通常原始资料整理出近来某一年(常为 1960 年)A 部门所占总产值(金融及住房收入不计)的份额,并据联合国粮农组织农业生产指数的动态,相对于总产值指数的动态,加以外推。农业生产指数载于每年刊行的联合国粮农组织的《农业生产年鉴》。

第二部分内按照以 1958 年美元计算的 1950 年人均国内生产总值的递增次序排列所包括的国家为:泰国、印度、巴基斯坦、埃及、土耳其、洪都拉斯、葡萄牙、西班牙、哥伦比亚、日本、希腊、智利、爱尔兰、意大利、荷兰、德意志联邦共和国、阿根廷、芬兰、比利时、法国、挪威、丹麦、加拿大、美国。

行首括号内条目表示 1950 年人均产值的等比中项及该阶段内该组人均产值增加的百分比。

第二部分第 1—4 栏的条目也是每组国家部门相对值的等比中项。第 5、6 两栏的部门间比率自第1—4栏计算得来。

对比起来，在两个样本中，由(I+S)/A比率衡量的部门间的不等量，在人均产值高的发达国家中，减少得较为显著。在表46的第一部分，平均的(I+S)/A比率在第Ⅳ组国家中自1.8降至1.4，在第Ⅴ组国家中则自1.8降为1.5。在第二部分中，三组人均产值高的国家的(I+S)/A比率也急剧下降。可是，在第一部分，第Ⅴ组国家的人均产值平均增长数则略比Ⅱ、Ⅲ两组为小；同样，在第二部分，第Ⅴ、Ⅵ两组国家在(I+S)/A比率显著减少下，其人均产值的平均增长率也比Ⅰ—Ⅲ组国家的平均数来得低。

欠发达国家和发达国家之间对由人均产值上升所引起并由(I+S)/A比率表示的各部门间不等量的反应的不同表现，在我们考虑到各个国家的情况并且记录了这一阶段比率升降的频率时，更可得到证实。在第一部分的样本中，我们看到人均产值最低的三组共12个国家中，有7国的(I+S)/A比率在1950至1960年这一段期间上升，而其余5国则下降；至于人均产值较高的8个国家中，有7国比率下降，只有阿根廷上升。如果我们把Ⅲ组国家中人均产值最高的国家意大利也归到发达国家这一类去，将更加强所得的结果。这么一移动，就会变成11个低产值国家中有7个上升4个下降，而9个高产值国家中8个下降1个上升。在样本范围较大的第二部分，结果同样惊人。产值较低三组的12个国家当中，有8国的(I+S)/A比率上升，而其余4个下降；产值较高的三组，也是12个国家，其中有11国的比率下降，只有挪威是略有上升。总之，发达国家中A部门与(I+S)部门间每个工人平均产值的差距显著缩小而在欠发达的国家则不存在这种现象。这都是第二次世界大战后10年间可以普遍看到的特点。

第二，在第一部分的样本中，S/I比率就像我们可以自截面预料到的那样，有下降趋势。这个动向在欠发达的国家和发达国家都可以看到。每一组国家的S/I比率在1960年明显地比1950年要低，而在欠发达国家中，自初始较高的比率下降的幅度无论在绝对数字上，甚至在比例上，都比发达国家更大(第1—10行，第6栏)。这种动向的广泛性，可用频率计算加以证实。在Ⅰ—Ⅲ组的12个国家中，有10国比率下降，只有2国上升；而在Ⅳ—Ⅴ两组的8国中，有7国比率下降，仅1国上升。我本来可以在S/I比率下降的幅度上来考虑，以决定比率下降是否完全可用最近截面中人均产值高低悬殊和该比率的关系对上述情况加以说明。但因看到(I+S)/A比率的观察到的变化和截面之间的变化存在着值得注意而富有启发性的现象，似乎不值得再在这一问题上进一步深入。

第一个概括性的结论是：第二次世界大战后的10年中，每个工人产值基本的部门间不等量，即A和I+S部门间每个工人产值的不等量，在欠发达国家中它对人均产值(也许还有按每个工人平均产值)的增高没有什么反应，但在发达的国家它是有反应的。这和表26、表43的结论是前后一致的。以产值来说，在第二次世界大战后的阶段，在欠发达国家中，观察到的A部门份额的下降和I+S部门份额的上升都比自截面可以预计到的要大。而以劳动力来说，在第二次世界大战后的阶段，则所观察到的A部门份额的下降，要比自截面所预计者为小。但在发达国家中，却不存在这种形成对照的差别。在这些国家中，在第二次世界大战后的阶段，A 部门不管是产值或劳动力上的份额两者所观察到的下降幅度都比自截面预料者为大。把产值份额和劳动力份额分开分析所产生的一个问题是，前者反映 1953～1965 年这一阶段，而后者则指 1950～1960 年这段期间。但比较表 26 和表 43 所得的结果，可在表 46 得到充分证实。而表 46 却是根据同样期间，同样样本国家的产值份额与劳动力份额编制的。

第二个概括的结论关系到第二次世界大战后 S/I 比率普遍下降的现象。无论是发达国家还是欠发达国家都具有这种特性（表 6，第一部分，第 6 栏）。截面的关系表明在基准点价值为 150 美元和 300 美元时，S/I 比率是 0.96，然后在基准点价值为 500 美元时降为 0.85；为 1 000 美元时降为 0.81（表 31，第 11 行）。表 46 中Ⅰ—Ⅲ组 1950 年的 S/I 比率较截面的水平高得多。但其下降明显且远非我们从截面所能料想得到的。主要原因在于 I 部门每个工人的相对产值的变动情况（第 3 栏）；因为在截面中，这个相对值也像 S 部门的相对值一样，随着基准点价值自 150 美元升至 1 000 美元，自 1.67 降为 1.15。但在第二次世界大战后 10 年中未有这种变动——在第 3 栏中自 1950 至 1960 年之间，两组上升，两组略有下降，一组无变动。很明显，第二次世界大战后这 10 年，I 部门产值份额的上升（比截面更见明显）和劳动力份额的上升（其幅度比产值份额小得多也不如截面那么明显）都比 S 部门更引人注意。由于这个原因 S/I 比率的下降比从截面所能预计者要大得多。

欠发达国家在1950年代的(S+I)/A比率下降不大，而S/I比率却急剧下降，这一点可能反映了要为日益增长的劳动力寻求适当的就业机会，确不容易。这也许是A部门劳动力份额为什么没有能很大下降的理由之一。S部门的每个工人平均生产率也可能因为低收入就业者占较高比例而被拉低。

第七章　总结及相互关联

一、结论概要

本书关于总体增长和生产结构的长期记录的评述局限于发达国家，这些国家的人均产值以及工业化和现代化水平之高，足够作为现代经济增长潜力成功地开发的证明。有一两个在人均产值基础上可以合格地称为发达国家的共产主义国家被排除了，这是由于它们显然不同的社会结构及其经济增长记录的高度不稳定性，且为期又较短。在长期记录中包括了少数的欠发达国家，那只是作为举例说明的目的被采用的；为了对截面联系作更全面的分析，在第二次世界大战后的年代中又多加了几个欠发达国家。

以下的结论概要没有把本书在详细讨论中提出的所有论点都包括无遗。这样做的目的主要是归纳主要的结论，以便于突出对总体增长的特征与生产结构的趋势之间的相互关连的讨论。

（一）在 15—18 个目前的发达国家进入现代经济增长以来的长时期中（这种进入的日期从英国的 18 世纪后期一直延伸到日本的 1880 年代，但集中的是在 1830～1870 年代），生产总值平均每年约增长 3%，人口约增长 1%，人均产值约增长 2%。这些增长率——在一个世纪内，人口差不多增长 3 倍，人均产值增长 5 倍多，生产总值至少是15倍——比在日本和老牌的欧洲国家以前所看到的情况要大得多（对欧洲的海外后裔来说，这种对比是与它们无关的，因为它们在早先时期大部分地方还是一片荒无人烟的土地）。最近一两个世纪，在人均产值和生产总值上增长的加速都是够大的。到目前来说，这样持续的长时间已足够有充足的证据来证实如下的观点：即过去的一个半至两个世纪体现了一个“新”的经济时代。这个时代反映了一组新的因素的出现，它们强大得足以支配长时期的增长。

（二）除日本外，目前的发达国家都在欧洲，或者是欧洲的海外后裔。当它们进入现代经济增长的时候，早已在经济上走在世界其他国家的前面了，人均产值至少比现今的亚洲和非洲的人口稠密的欠发达国家高出二至三倍。现代经济增长中的这一历史联系：发达国家的欧洲起源，在人均产值上他们初始的高水平（就日本来说则是一个惹人注目的例外），使我们在分析现代经济增长时，在对那些可以特别地归因于和那些不能归因于这种历史联系的因素间作出区别时，是极端重要的。从而，也就可以设想把那些不与特定历史联系的因素作为可转移的事物而在非欧洲的制度和经济渊源内移植。

（三）欠发达国家之所以未能进入发达国家的行列，或是因为他们人均产值的初始水平低，或是因为他们在过去一个至一个半世纪内人均产值的低增长率，或者是如通常看到的两种原因兼而有之。因而，人均产值当前的国际差别——其幅度大致在15∶1至20∶1之间（根据发达国家的平均数和1960年代初人均国内生产总值低于100美元的人口稠密的亚洲国家的平均数两者相比），它部分地是19和20世纪期间增长率的差别和部分地是初始人均产值的高低不同造成的结果。而且,由于享有现代经济增长好处的大多数国家,在初始时就有较高的人均产值,就使这种国际差别变得愈来愈大,甚至在第二次世界大战以后的年代中,差别还在继续扩大。

(四)即使在发达国家之间,在作为现代经济增长的特征——普遍的高增长率的共性之下,鉴于各国进入现代经济增长的日期以及其后人口和总产值增长率的不同,在发达国家中间也出现了总的经济实力(以及人均产值高低)的急速转移。因而,面对这种经济实力和经济权力的转移,就需要频繁地进行政治关系的调整。这种调整,在经济增长率高,经济重心转移快的情况下,当然要比增长率较低和国际差别累积较慢的情况下更为频繁。

(五)发达国家的总体增长率的加速和减速,只有在很少的情况下是各国都一致的。在有些国家,特别是欧洲的海外后裔,因为移民比第一次世界大战前的年代相对地减少,人口的增长就减速了;与此同时,由于它们的人均产值没有表现出显著的加速上升,因此,总产值的增长率也就减速了。人口增长的这种减速形式在老牌的欧洲发达国家中是找不到的。或许是由于存在增长率的长期摆动(这将在第六点中加以说明),这种摆动的周期对于验证各国间的人口和人均产值的增长率的一致的长期加速或减速问题来说,期限可能太短了。要验证长期的加速或减速问题,增长的稳定性是重要的,因为,正如生产结构的变动所表明,总生产中大多数部门的增长率过了一段时间后的确下降了,从而它们在全国总产值中所占的份额也下降了。因此,虽然对总产值和人均产值来说,没有出现增长减速的趋势，这是典型的，但对一国经济中的许多细分部分来说，它就不是典型的了。总产值和人均产值所以没有出现增长减速的趋势，这是由于有比平均增长率更高增长率的新的部门（工业）的加入给整个经济的增长率所带来的支撑作用造成的。

（六）对于具有长期和连续的增长记录，而这种记录使我们能对第一次世界大战前几十年的经济增长进行观察（第一次世界大战后的时期受到重大世界战争的影响太大，不便作为正常情况来进行观察）的少数国家来说，我们发现存在增长率的长期摆动（增长率在大约 20 年时期内的起伏），在每 10 年为一期的增长率中出现了相当惹人注目的高峰和低潮。这些摆动之间的结合及其背后似乎有规律的连接关系，有力地进一步证实了在发达国家有多种多样的经济面貌的存在。当然，20 世纪的两次世界大战在这些波动起伏上打下了它们自己的烙印。从而，要对第二次世界大战后10—15 年内相当高的增长率做出正确的解释，就需要对战前的长期趋势及其中的长期摆动进行慎重的考虑。

（七）与现代经济增长相联系的人均产值的高增长率，应主要归功于生产率的高增长率，亦即，单位投入的产出的高增长率。这里所说的投入是指在公认的国民经济核算体系内计量的并限于劳动力的人时数以及用原始成本，或更好地，用再生产成本计量的物质资本（不能再生产的和能再生产的）。在投入的这样计量下，在许多国家人均产值的增长中，至少有十分之八来源于生产率的增长。由于现代经济增长时代的人均产值的增长率比早先的许多世纪高出很多，我们有理由假设，生产率的增长率也是高出很多的。

（八）在对投入的通常的定义下，主要生产要素限于人均投入的增加；因而，人均产值的高增长率必然是生产率的高增长率的结果。人均劳动投入是受到总人口中劳动力的比例和工作时数限定的。总人口中劳动力的比例，在现代经济增长的长时期内是相对稳定的。劳动年龄人口比重的上升（这是出生率和幼年死亡率降低的结果），主要地被加入劳动大军的年龄的上升（由于延长教育年限）和退休年龄的降低（由于各种工作中雇用劳动者比重不断增高从而限制了年老工人的雇用）抵消了。劳动力的工作周小时和年小时都已经下降，特别在经济增长的后期阶段是如此。这是因为在较高的人均收入下使得与其得到更多的收入倒不如获得更多的闲暇这样的选择成为能够允许的事。物质资本投入的上升，如以资本报酬在总收入中所占份额来权衡其增长，其上升的百分比则是很有限的。资本报酬在总收入中所占份额，在长期过程中已从超过40％下降到20％左右。而更重要的是，资本贮存的增长率已低于产值的增长率，这部分地是由于不能再生产的资产在初始资本中占有较大的比重，部分地则是由于：当总产值在时间过程中增长时，储蓄和资本形成在总产值中占的比例的水平和上升趋势受到了特定因素的限制。在后一阶段，由于工作时数的大大下降和资本所具分量的减低，人均劳动力和资本投入结合在一起的增长率就可能更低。在假设人均产值增长率稳定的情况下，这就意味着生产率增长的加速。

（九）由于人均的人时和物质资本投入增长不多，也由于人均产值的增长主要是生产率的高增长率的结果，因而，劳动力和资本质量的改进——不是由资源的任何额外投入所引起的改进——是近代经济增长具有突出特征的人均产值高增长率的主要原因。这些"不花成本"的改进是和有用知识宝库的巨大增长相关联的。它大都可归因于科学的增长。科学被看成是一种社会事业，它致力于生产新验证过的从而是潜在有用的知识。现代发达的经济，在其连续的发展过程中，会相继出现迅速成长的各种新的生产部门。这种种新的部门的产生与高速发展是与导源于科学并与科学发展相连接的种种工艺技术革新和创造发明相联系的。这两者的联系就是对于上述关于现代经济中生产率的高增长率最终可归因于科学的发展这个论断的证实与支持。

（十）人们可能会论辩说，常规的经济核算高估了生产率的增长，因为它遗漏了另外的多种多样的经常费用和资本费用。在实际支出中间，就有被遗漏的经常费用。现在被分类在消费项下的有些实际支出（例如，在城市条件下个人在医疗卫生等方面的较大支出，或是由于大规模企业所需的公共规章制度的复杂性以及维持城市治安或类似的需要所引起的较大的政府支出），正确地说，应将其归入由于经济增长以及随着生产结构的变动而来的生活条件的变化所引起的经常费用中去的。其他经常费用也许不包含实际支出，但代表着大规模生产的不经济（诸如由汽车引起的空气污染或公共场所的半导体收音机到处传布的噪音），对这些不经济还没有给予经济上行得通的补偿。主要的被遗漏的资本费用是正规的或职业训练性的教育费用，两者都应视为是对于作为一种生产要素的劳动力质量的长期投资。

（十一）要在食品、服装及某某与"美好生活"有关的最终支出和因工作条件改变所需的支出之间做出区分，或者要在为某种生活方式做准备的教育上的长期“投资”和为培养适合担任某项工作的能力而所需的教育上的投资之间做出区分，那将是十分困难的。常规的经济核算摒弃这类有疑问的费用来回避这一问题，是不足为奇的。但这个问题是存在的。只要把现在被认为消费的几种明显的支出作为经常费用或作为资本费用重新分类，并对其影响作一粗略的示范性的计算（主要根据美国的资料），就显示出人均国民生产净值增长率的可观的减少（比如说，从年率 1.9％减至 1.7％），而生产率的增长甚至减少得更大（从年率 1.5％减至 0.9％），其结果使生产率的增长对人均产值的增长的比值也减少了（从 0.8 减至 0.56）。即使是这些减少了的人均产值增长率和生产率增长率，与现代化以前的几个世纪相对比也是高的——如果是常规经济核算中得出的增长率显示了巨大的加速，而且前所述及的调整所影响范围又有限，那就会是这样。尽管对反映在实际支出中的经济增长的额外费用计算的结果只是使作为现代经济增长象征的巨大的加速部分地减低，但是，隐藏着的费用的争论仍然是一个重大的问题。如果是对全部成本和收益而不仅是对实际的产出和投入进行严格的仔细研究，那就可能得出不同的结果，纵然这里会包含着可争议的推测，但仍是有益的。这样的一种方法的含义是，研究经济和社会的过去要为将来着想，这是从市场出发的常规的国民经济核算的记录所不能揭示的。

（十二）在我们评述生产结构的趋势之前，应该强调：以上讨论的产值和生产率的增长率虽然是以能公开地观察到和记录下的产出和投入为基础的，但完全依赖于经济活动各项目标的定义以及与之有关的区分收益和成本、产出和投入的各项准则。常规的经济核算和分析(以及前面的讨论)是建立在把最终消费者(个人或集体资格的)放在首位的基本假设上的——因此,他们的消费决定最终产出,从而据此对成本、投入和中间产品做出区别。在另一种假设下——例如在把传播某一意识形态的政治权力的增长看作至高无上的那样一种情况下,净产值(而不管是用什么方法度量的)就将等于忠于这一意识形态的人数的增长和他们的"忠诚"的增长;再加上使这种忠诚能借以用来传播意识形态的工具的贮存的增长。个人的消费就将成为一种经常费用或资本费用,这样,净产值和生产率的水平和趋势就将根本不同于我们所讨论的情况。定义和度量这种视经济和社会活动公认的目标和准则而定的情况,并没有使这种度量所揭示的数量的参数,在其概括地为社会中这种公认的目标以及向这些目标努力的社会成分服务时,减少其有用性。但它的确限于只对用同样的定义计量的社会才有意义,而对于经济和社会公认的目的和管理准则不完全一样的社会,这种度量及其得出的结果的适用性就会减低,至少在将其作为解说性的数据时是如此。

(十三)在评述生产结构时所区分的三个主要部门是:A部门——包括农业以及像渔业、林业和狩猎业等有关产业部门;I部门——包括矿业、制造业、建筑业、电力、煤气和水、运输、仓储和通讯;S部门——包括商业、金融、保险和房地产、住房收入,以及各种个人的、专业的、文娱的、教育的和政府的服务。在发达国家的增长进程中,这些部门在国民生产总值或国内生产总值或国民生产净值中所占份额的趋势是类似的:A部门的份额显著下降,从初始几十年的40%以上降到近年来的10%以下;I部门的份额显著上升，从开初几十年的22%—25%上升到近年来的40%—50%；以及S部门的份额微微的而且不是始终如一的上升，有少数几个国家则是例外，如法国、美国，还可能有加拿大，它们的S部门的份额在某种程度上显示出较明显的上升。这些趋势在按当年价格和按不变价格计算的份额数量中都可看到，但后者只是少数几个国家才有现成的资料。人们也许会推想：由于现代技术对I部门的产品成本的影响大于对A部门的，因而，对这两个部门的份额变动来说，按不变价格计算的数量将大于按当年价格计算的数量。但是，这种差别并没有发现，这可能是由于价格指数的灵敏度不够，或者是由于这一假设并没有十分正确的根据。

（十四）I部门份额的上升主要是由制造业促成的，它的份额从初始几十年的11%—15%上升到30%以上，在I部门份额的上升（同时在A部门份额的下降）中占了三分之二的比重。在制造业内部，金属加工和化学、石油等行业的份额上升显著，而纺织和服装、木材和皮革行业的份额则下降了。在I部门的其他细分部分中，运输和公用事业的份额，相对地说，上升得最迅速，在S部门的细分部分中，只有政府服务的份额在大多数国家中倾向于上升。S部门其他细分部分的份额的长期变动是不大的，在各国间的情况也大不相同。

（十五）A部门、I部门及其主要的细分部分份额的变动比率，必然比以前几个世纪高得多。例如，欧洲老牌的发达国家（和日本）的A部门份额在一个世纪到一个半世纪内下降了约30个百分比点，从而其高峰下降20个百分比点则经历了好几个世纪。根据当今在工业化程度上还很低的国家来判断，这个高峰必然要超过 60%(在欧洲,要指出 A 部门占有这样高份额的时期大致要追溯到中世纪早期)。

(十六) 在总产值中 A 部门所占份额的减少,I 部门份额的上升,以及 S 部门份额的不怎么一贯的并有限度的上升,所有这些都由近年的人均产值和总产值中的部门份额间的截面联系进一步证实。然而,尽管人均产值在截面联系中是占支配地位的因素,但从截面联系估算出的时间过程中的份额变动,却显然与观察到的趋势有相当大的差异。因此,就几个国家的平均数来说,A 部门份额观察到的下降比例超过了从截面估算的下降比例(1958 年的,但从其他年份的截面上也可预期到类似的结果),其比值是 1∶0.6。而 I 部门+S 部门份额观察到的上升比例则是从截面上估算的二倍。这意味着:A 部门的份额即使在人均产值没有上升的情况下也会下降(这种情况的确也能在欠发达国家中找到)。同时,某些制度上和技术上的因素则使由截面所代表的整个回归曲线位置移动了,对 A 部门的份额说在时间过程中是向下移动,对 I 部门+S 部门的份额说在时间过程中则是向上移动。在第二次世界大战后的较短时期(从 1953 至 1965 年)内,即使截面是从同时期的资料中引出的,部门的份额,甚至制造业分支的份额,其以截面为基础的估算的变动数,也有发现类似的短少情况。截面估算数不足额的大小以及它们在人均产值的不同水平上的差别,表明了截面所未能反映的增长因素的重要性,而正是这类因素使在不同发展水平上的国家在不足额上有不同的情况。

(十七) 在发达国家的增长进程中,A 部门在劳动力中所占份额急速地下降,从初始的 50%—60%水平下降到 1960 年代初的

10%以下到20%左右的水平(劳动力已对妇女人数作过加权调整,在农业部门的权数为0.2,在其他部门的权数为0.6。以扣抵农业部门中不付工资的家庭劳动力和其他部门中妇女低于男子的生产能力)。I部门的份额则从初始水平的20%—40%,在大多数国家都上升到超过40%——但情况与产值份额的变动不同:I部门份额的上升与A部门份额的下降相关的来看,它并不占支配地位。在大多数发达国家中,I部门在劳动力中所占份额的上升,或是低于S部门,或是大体相等。I部门在劳动力中所占份额的和缓的上升主要是由于制造业份额的和缓的上升,这同制造业在产值中所占份额的具有支配作用的上升恰成对照。接着的则是S部门份额的显著上升,它抵消了A部门份额下降的大部分。如果说,产值结构的"工业化"是就其变动与制造业、建筑业和整个I部门份额的上升相联系起来的这种狭义意义上的说法,那么,劳动力的结构就是部分地"工业化"和部分地"服务化"了。确实,在有些发达国家,比如像在美国,S部门在1960年代占了全部劳动力的一半以上。在S部门内部,家庭服务(以及诸如洗衣房等家庭外的类似服务)在劳动力中所占份额下降了,但其他的服务业的细分部分的份额则普遍地都有上升,而且有的上升得很明显,虽然它在产值中的份额没有表现出显著上升的趋势。

(十八)由于A部门在劳动力中所占份额在一个世纪或一又四分之一世纪内下降了35—50个百分点,劳动力的生产结构的转移,也像产值结构的转移那样,远比老牌国家在现代化以前几个世纪内必然要发生的转移快得多。即使在老牌的欧洲国家,如比利时、荷兰、法国和德国,在19世纪中叶,A部门在劳动力中所占份额的初始水平是要在50%—60%之间，如果也根据现在还很少工业化的国家的资料来判断，在现代化前的最高份额必然会在70%—80%之间。在较早几个世纪内的任何工业化和城市化，在促使A部门劳动力的份额降到目前的发达国家在现代化增长开始时的50%—60%的水平时，其每一世纪平均的速率必然大大低于25—40个百分点。对于我们正在研究其经济增长的某个国家来说，在处理劳动力问题上，这种急速转移是特别重要的。人口和劳动力的增加，就其过程来说，并不必然地和紧密地受经济变动的影响的。而且，在近代经济增长的大多数年代中，农村人口和农村劳动力的自然增长率比城市人口和非A部门劳动力的自然增长率为高。人口统计趋势的差别和经济增长与就业机会的差别间的这种矛盾，是大量的国内移居，家庭居住地和就业所在地分离，同代人特别是几代人之间的职业和地区转移的原因，随之而来的后果是经济和社会的流动性。这些转移比率的加速，这种国内流动性更快的进行速度，是现在经济增长所特有的和决定性的特征。

（十九）主要部门在劳动力中所占份额的趋势与人均产值及劳动力份额间近年来的截面联系是相一致的。但是，也像产值那样，截面的参数倾向于低估预期的趋势，同样地其相差的幅度也颇大。例如，在劳动力的部门份额能够观察到半个世纪以上（从1910～1911年至1960～1961年）资料的18个国家，无论自初始或终点的年份，从截面联系中引出的估算数与观察到的变动数相比，在A部门要低十分之四；在S部门要低一半以上；在I部门约低五分之一。在对第二次世界大战后的10年（1950～1960年）所做的类似检验中，人均产值较低的国家的截面估算数高估了这些变动，在人均产值较高的国家中则低估了这些变动——这说明了：对欠发达国家来说，观察到的A部门份额的降低以及I部门和S部门份额的上升比以截面为基础的从人均产值的上升中所应得出的结果为低；而对发达国家来说，观察到的劳动力中的部门份额的这些转移比应该预期到的为大。在向前预测（1950年截面）的基础上，对人均产值较低的国家来说，观察到的A部门份额的下降要比估算数低四分之一；对人均产值高的国家来说，观察到的下降要比估算数高出四分之一。

（二十）按工人平均的部门相对产值是从产值中和劳动力中的份额引出的——对产值和劳动力作过调整（在产值中扣除像住房收入和金融、保险及房地产部门这样的纯财产收入成分；在劳动力中对妇女劳动力用一定权数加权以减少其分量）或未作过调整，这并不显著地影响主要水平和趋势。在近来年份的截面对比中，A部门每个工人平均的相对产值在人均产值的低水平上显然低于1.0（即低于所有部门的平均数），而在人均产值较高的国家内则倾向于上升到接近于1.0；而I部门＋S部门的按工人平均的相对产值的变动倾向则与此相反。另一方面，在许多发达国家内，无论是A部门或是I部门＋S部门的按工人平均的相对产值的初始水平都更接近于1.0——同时，以(I＋S)/A的比值来计量的主要部门间的差异，在人均产值从70美元至500美元（1958年美元价格）的截面变动范围内，从4.0以上下降到1.8，这比目前的发达国家在其最初几十年的比值要低得多。换言之，结构的两重性——一个庞大的A部门，它的工人平均产值是低的和另一与此形成鲜明对照的很小的I+S部门,它们的工人平均产值则高得多——这不仅在欠发达的国家中是典型的,即使在人均产值200—500美元的近年截面变动范围内的国家中也是典型的。但这并不是大多数目前的发达国家在其现代增长的最初阶段(当它们的人均产值处在200—500美元的变动范围内时)的特征。

(二十一)在许多发达国家,A部门的按工人平均的相对产值倾向于下降,而(I+S)/A的比值在长期内则倾向于上升——至少在第二次世界大战前是如此。这些趋势从截面联系中并不是一定能够预期得到的。在截面联系中,当从较低的转向较高的人均产值时,显示了按工人平均的部门产值差别的明显的缩小和(I+S)/A的比值的显著的下降。仅仅在第二次世界大战后,才在部门间的不等量比值中,显然出现了一个普遍的相当显著的下降。这主要是由于A部门的按工人平均产值比其他经济部门上升得更为迅速所引起的。

(二十二)对第二次世界大战以后时期(大致在1950~1960年之间)包括发达和欠发达国家的范围大得多的样本所做的分析,指明了以下的情况:在人均产值较低的国家中,尽管人均产值显著上升,A部门的工人平均的相对产值并没有上升;部门间的不等量比值〔(I+S)/A的比值〕也没有下降。在人均产值较高的国家(按1958年价格计算在600美元以上的),A部门工人平均的相对产值倾向于上升,部门间的不等量比值倾向于下降。这是截面估算数和观察到的长期趋势间的差别的不一致性的又一例证,它揭示了一个重要的结论:在第二次世界大战以后时期,欠发达国家的工业化增长进程在产值份额变动上表现得较显著,而在劳动力的份额变动上的表现则是有限的，它使 A 部门和 I+S 部门之间按工人平均的相对产值中已有的差别更扩大了。

二、再举一例说明：总体增长和生产结构间的关系

以上总结的结论中有两条值得进一步探讨：人均产值和生产率的高增长率；生产结构的高变换率。我强调：发达国家在现代经济增长时期的总体增长率和生产结构变换率都比他们在现代化以前高得多，更不用说要比欠发达国家在最近一个世纪到一个半世纪时期的总体增长率和生产结构变换率高得多了。人均产值和生产率的高增长率与生产结构的高变换率之间的历史联系，从发达国家的经验中得到肯定的证实，而为欠发达国家的经验所否定。

在探索隐藏在这一联系后面的因素之前，我再次强调产值和劳动力两者的部门结构资料的严重局限性，这在前面已有所触及，由于现有的部门结构资料在分类中未能揭示技术上的新情况，从而使这些资料有很大的局限性。由于工业技术高度的和加速的变动率是现代时期人均产值和生产率的高增长的主要源泉，并且也是引起生产结构惊人的改变的主要因素。在现有的部门分类资料中未能把新的行业从旧的行业中区分开来，以及未能把那些受技术革新影响的行业区分开来，都是令人失望的。在部门结构的资料中如果能把农业和制造业以及专业性服务等等在技术上的新成分和旧成分区分开来，这将大大有益于现代经济增长的分析。在

易于取得的资料中未能做到这一点并不是意外的。它们反映了对区分各种成分的自然趋向。它们对部门内的各种成分是根据其规模大小、生产所需的制度条件、这些产品在需求的急速性和优先性级别中的地位等等原因的重要性来作这种区分的。技术革命与革新只是事物的一面,而且是难以区分和计量的一面。其结果,生产结构真实的变换率及其与总体增长的高比率间的联系都严重地被低估了。

表 47 提供了工业技术变动对产出结构的影响的一些作为例证的材料。这里,我利用了美国从 1880～1948 年关于制造业 38 个分支部门按不变价格计算的产值的长期数列(除去酒及饮料,这是由于禁酒时期对资料记录的影响;由于鉴定问题因而也把数列中的“其他”这一项除去了)。

利用两项简单的和看来似乎是机械的准则——1880 年份额的规模以及 1880～1914 年的增长率(或倍增率),我把这些分支组成四个大组类。组类 A 包括的分支是:其产值在 1880 年的总产值中占 0.6%或更少些,从 1880～1914 年的产值增长至少是 6 倍。组类 B 包括的分支是:其产值在 1880 年的总产值中占 0.6%以上,从 1880～1914 年的产值增长至少是 6 倍。组类 C 包括的分支是:其 1880～1914 年间的产值增长少于 6 倍而高于 3 倍,而不论其 1880 年产值的大小(对总产值的关系而言)。组类 D 包括所有其他分支,亦即其 1880～1914 年间的产值增长是 3 倍或更低些。还要指出:这 38 个分支的总产值在 1880～1914 年间的增长量是 4.33 倍。

表 47　美国 1880～1948 年制造业各行业在整个制造业的产出和资本中所占份额的变化，按初始期的增长速度分组

一、在制造业总产值中所占份额，按 1929 年价格计算(%)

	1880	1914	1948
	(1)	(2)	(3)
组类 A　1880 年所占份额在 0.6%或以下；1880 至 1914 年增长在 6 倍以上			
1. 罐头食品	0.4	1.0	1.6
2. 丝及人造丝织品	0.3	0.8	1.6
3. 针织品	0.3	1.0	1.3
4. 橡胶产品	0.2	0.5	2.3
5. 化肥	0.2	0.5	0.4
6. 基本化工产品、酸、化合物等	0.4	0.8	2.2
7. 石油炼制	0.3	1.2	10.4
8. 金属建筑材料及原料	0.3	2.1	2.1
9. 电力机器及设备、无线电等	0.1	1.8	4.9
10. 办公设备(金属制品)	0.1	0.4	0.5
11. 机动车辆	0	1.5	6.8
12. 机车	0.6	1.4	0.7
13. 飞机等	0	0	0.8
14. 组类 A 总计	3.2	13.0	35.6
(1) 汽车分组(第 4、7、11 行)	0.5	3.2	19.4
(2) 其他	2.7	9.8	16.2
组类 B　1880 年所占份额在 0.6%以上；1880 至 1914 年增长系数在 6 倍或 6 倍以上			
15. 面包及糖果产品	2.1	3.5	2.6
16. 其他食品	1.6	4.4	4.6
17. 纸产品	1.1	2.3	2.7
18. 印刷、出版等	2.7	5.3	3.1
19. 石料、黏土及玻璃	2.2	3.5	2.4
20. 钢铁	4.1	7.5	8.3
21. 其他非铁金属产品	1.5	4.3	2.6
22. 组类 B 总计	15.3	30.8	26.3
组类 C　1880～1914 年增长低于 6 倍而高于 3 倍			
23. 制糖	1.1	1.2	0.6

（续表）

	1880	1914	1948
	(1)	(2)	(3)
24.烟草制品	2.4	2.2	2.2
25.棉织品	5.2	4.2	1.2
26.服装	5.8	6.7	4.9
27.与化学有联系的产品、油漆、罩光漆等	2.8	3.7	4.9
28.金属器具	1.1	1.1	0.9
29.贵重金属制品、珠宝等	0.5	0.6	0.6
30.农业机械等(金属制品)	0.6	0.5	1.6
31.其他机械:工厂用、家庭用等	5.3	5.7	6.0
32.组类C总计	24.8	25.9	22.9
组类D　增长低的行业(所有其他的行业);1880～1914年增长低于3倍			
33.碾磨产品(食品)	6.0	3.4	2.0
34.牲畜屠宰加工厂产品	12.4	8.4	5.0
35.羊毛及毛线制品	3.5	2.0	0.6
36.地毯、挂毯等	0.9	0.6	0.4
37.纺织品(未归类在别处的)	2.5	1.6	2.1
38.鞋、靴	4.2	2.8	0.9
39.其他皮革产品	7.9	2.9	0.7
40.锯木厂及板材厂产品	11.3	5.7	1.3
41.其他木材产品	8.0	2.9	2.2
42.组类D总计	56.7	30.3	15.2
增长倍数	1880～1914	1914～1948	1880～1948
43.总产值	4.33	3.51	15.17
44.组类A	17.59	9.61	168.77
(1)汽车分组	27.71	21.28	588.60
(2)其他	15.72	5.80	91.02
45.组类B	8.72	3.00	26.08
46.组类C	4.52	3.10	14.01
47.组类D	2.29	1.76	4.07

（续表）

二、在制造业资本总额中所占份额，按 1929 年价格计算(%)			
	1880 (1)	1914 (2)	1948 (3)
48. 组类 A	6.0	16.2	39.2
(1) 汽车分组	1.0	4.2	22.6
(2) 其他	5.0	12.0	16.6
49. 组类 B	21.3	33.0	26.5
50. 组类 C	29.8	27.7	23.2
51. 组类 D	42.9	23.1	11.1
增长倍数	1880～1914	1914～1948	1880～1948
52. 资本总额	8.18	2.16	17.68
53. 组类 A	22.09	5.23	115.50
(1) 汽车分组	34.36	11.62	399.57
(2) 其他	19.63	2.99	58.70
54. 组类 B	12.67	1.73	21.99
55. 组类 C	7.60	1.81	13.76
56. 组类 D	4.40	1.04	4.57

作为本表基础的资料引自克里默、杜布洛夫斯基、博伦斯坦：《制造业和采矿业的资本：它的形成和筹措》(普林斯顿：普林斯顿大学出版社为国家经济研究局出版，1960 年)，总产值资料见表 A—10、第 252—258 页；资本总额资料表 A—8、第 241—247 页(均按 1929 年价格计算)。

由于 1900 年人口调查范围的变动，那一年提供了两个价值数字。在计算总计和各个分支 1880～1914 年的增长倍数时，因而增长是按 1880～1900 年和 1900～1914 年两部分复合计算的。但对第 1、2 栏显示的份额未做校正，在某种程度上说它们与总计数是不可比的，但差别很小，无关紧要。

我们在对行业分组时的唯一例外是把服装业归入组类 C 而不是组类 B，这是由于，在 1900 年的突然中止，而 1900 年的价值与其后年份相比又低得很多，从而就夸大了整个时期的增长倍数。

对棉织品、丝及人造丝织品、羊毛及毛线制品 1948 年的产值和资本总额的大致划分，是以 1937 年三项产品分开的数据为基础作出的。

第 44—47 行：是应用第 14、22、32、42 各行中的在总产值中所占份额的百分比变动从第 43 行引出的。

第 48—51 行：按同样的分支组类(第 1—13、15—21、23—31、33—41 各行所表明的组类)表示的在资本总额中所占的份额。

第 53—56 行：是应用第 48—51 行中的份额百分比变动从第 52 行引出的。

从这一分类中揭示出几项值得注意的结果：

（一）所有1880年产值在制造业总产值中占的份额不超过0.6%的各分支中，只有贵重金属、珠宝等和农业机械（第29—30行），其1880至1914年间的增长倍数没有超过六倍。与之相对照，有11个1880年产值在制造业的总产值中占的份额低于0.6%的分支，其1880～1914年的增长倍数都大于六倍。[①]

诚然，这一结果部分地是由于分类问题。还有一些其他的分支，其1880年的产值可能是微小的，之后也没有显著的增长，很可能就不再是重要的行业，而是并入较大范围的组类之中了。但是，两个方面的结论仍然是值得注意的：首先，组类A中的大部分分支代表着真正近代的行业或技术变化即将来临的行业。这对橡胶产品（汽车轮胎越来越占有支配地位），石油（汽车燃料的需求越来越占有支配地位）和机动车辆——这三项被合并为一个汽车分组——来说，肯定是确实的。这对组类A的其他大部分分支来说，如罐头食品、丝及人造丝（由于近期来人造丝的出现）、化肥、基本化工产品、金属建筑材料、电力机械、金属办公设备和机床，也是确实的。另一方面，1880年的产值在制造业总产值中占的份额较大但其增长速度落后的组类D所包括的行业中，如老旧的食品业、纺织业和木材业，对于它们来说，它们曾有过的任何技术革新，

① 基础资料是产出的价值，而不是附加价值或对国内生产总值抑或国内生产净值的贡献。由于较古老的和增长低的工业是食品业、纺织业、木材业等等，这些分支的净产值对制造业总产值之比显然比增长更为迅速的分支低。因而，对于用增加价值或用对国内产值的贡献所表示的结构改变来说，表47的结构改变在某种程度上是夸大了。但是，一般的结论仍然是不会变动的。

对于提高它们的平均增长水平，效果都是太有限了。其次，在1948年的制造业总产值中，有三分之一以上是属于1880年尚未出现的分支或是非常微小的分支(它们合起来只占制造业1880年总产值的3%左右)的。

(二)组类B在1880～1914年间的增长倍数也高于平均水平，它包括的行业在1880年的制造业总产值中所占的份额大于组类A，其技术革新相对地是近代的——但并不像组类A中的新行业那样是最近的和具有基本性的。为日益增大的城市市场而生产的新型食品在本组类内，其他的分支则是相对地迅速增长的行业，如造纸、印刷和基本金属。在组类B的所有行业中，主要的技术变化是在十九世纪实现的，但这些行业在1880年时都已有坚实的根基了。

(三)值得注意的是技术革新的持续影响。在组类A的11个在1880年时其产值还不大的分支中，有9个分支的增长率不仅在1880～1914年间，而且在1914～1948年间都超过整个制造业的平均水平。两个例外的分支是化肥(我们推想这是反映了1914至1948年间农业的缓慢增长)和机车(反映了铁路增长的猛烈下降)。与此相对照，组类B的8个分支中有4个(面包及糖果产品、印刷及出版、石料黏土及玻璃、其他非铁金属产品)，在1880至1914年间其增长率也比平均水平高，但在1914至1948年间的增长率则低于整个制造业的平均水平。

每一组类的总计份额(第14、22、32、42行)提供了甚至更有说服力的证据。组类A的份额在第一段时期从3.2%上升到13.0%，而后在第二段时期再增至35.6%，它是在两段时期中都显著上升的唯一的组类。组类A的各分组也显示出持续的上升和持续的超过制造业总产值的增长率。与此相对照，组类B的份额在第一段时期迅速上升，从1880年的15.3％上升到1914年的30.8％，但之后则下降到1948年的26.3％。组类C的份额在第一段时期稍有上升，而后在第二段时期就下降了。最后，组类D的份额在两段时期的连续猛烈下降从而使它在制造业总产值中所占的份额从1880年的占一半以上下降到1948年的仅占七分之一。

（四）将近70年的各组类及各行业间产值增长倍数的差别是惊人的。组类A的产值增长倍数是169倍，而组类D仅仅是4倍，其间的比例是40∶1。这样的对比对组类A的汽车分组来说更为明显，它的产值增长倍数是589倍。制造业产值结构的这种改变比第四章诸表中所显示的任何改变都要宽广和迅速得多——甚至对国内产值中的制造业许多分支的份额来说也是这样。

（五）总体增长率（在本例中就是制造业总产值的增长）及其组成成分增长率（在本例中就是“新”、“旧”工业）之间，有两个方面的相互影响必须明确地加以说明。首先，所有组类，甚至整个制造业的产值增长率都表现出一些减速（比较第1—2栏第43—47行）。即使是汽车分组的增长倍数，也从第一段时期的27.7倍下降到第二段时期的21.3倍。但是，制造业总增长倍数的下降，从4.33倍降为3.51倍，则比四个组类的任何一组更为和缓。这是由于：每一时期的总体增长率是四个组类的增长率的加权平均数（以它们在开头时期的份额为权数），每一组类增长的减速，伴随它的可能是总体增长率的稳定或者甚至是加速。例如，假若把组类B在第二段时期的增长率从3.00倍改变为5.7倍（它仍然远低于第一段时期的增长数8.7倍），第2栏第43行的总体增长倍数就将变为4.33倍,与第一段时期的增长倍数相等。我们还能举例说明,当四个组类的增长率都放慢时,总体增长率也可能加速。主要的因素是:在开头阶段的份额小但增长率极大的"新"工业,即使在所有的或大部分较"老"的(及次"新"的)工业部门减速时,起了支持总体增长的作用。

(六)第二方面涉及"新"工业的贡献问题,特别是它对总体增长的主要贡献的时间配合问题。这一问题用汽车分组的例子最能说明。这一"新"的并最终成为制造业和整个经济的最重要组成部分的行业,在第一段时期的增长速度要比第二段时期更快。但是,在第一段时期在整个制造业较初始的总额100增加上去的333点(增长倍数为4.33倍)中,它的贡献只是13.9点或只占总增加数333点的4%左右。在第二段时期,虽然它的增长率比在第一段期间低一些,但它在整个制造业这一期间增长中加到原先的总额100上去的251点内却贡献了68点,或者说超过了四分之一。由此可见,一个"增长"的工业所能发生的最大影响,不是在它本身增长的早期和急速阶段,而是在某一较后的阶段——在它业已取得了足够大的基础、使它的超过平均水平的增长率能对总体增长作出重大贡献的那个时期。

(七)最后,我们还得考察一下在新的也是工业技术革新策源地的工业部门和较旧的受技术革新影响较少的分支之间所使用的物质资本总额的增长率的差别(表47第二部分)。由于组类的划分是与第一部分相同的——资本价值(和产出价值一样)是按1929年美元价格计算的,因而这两部分是可比的。组类A在1880年在资本总额中占的份额高于在产值总额中占的份额,前者是6%而后者是3%。但这种不一致随着时间的推移而消失，在1948年，它在资本总额中占的份额是39.2%，而在产值总额中占的份额是35.6%，两者的差异就很小了。这些是细节，只要使用第一部分的产出价值，而不是使用对产值的净贡献，这个对比的差异程度就会大大减轻。关键问题是：当我们把技术革新策源地的工业区分出来以后，就可以发现在制造业产值结构高速度改变的同时，制造业所使用的总资本结构也发生了类似的宽广与迅速的改变，同时也还可能在归属于I部门的这个重要的细分部分（制造业）的总劳动力的分配上发生类似的改变。

我已经对表47做了详细的论述，为了把制造业内部迅速的结构变化的数量方面与其主要分支的技术革新联系起来进行说明，从而补充了以前各章所表述的结论和本章第一节所总结的结论。因而，总体增长和生产结构改变间的关系的讨论，尽管这种讨论只是探测性的，也就显得比较容易了。

三、总的评论：总体增长和生产结构改变间的关系

鉴于人均产值与生产率的高增长率和生产结构的高变换率这两者在现代时期的历史联系，总括的研究可以集中在两种见解上：首先，假若人均产值和生产率的高增长率是与用新知识和技术革新（它大部分来源于科学）大规模地应用于生产问题上相联系时，生产结构的变换率大致上也是高的；其次，根据第一种见解，把新知识大规模地应用在生产问题上和人均产值和生产率的高增长率

导致了生产结构的高变换率，那么，反过来说，它对有用的知识和科学本身的（现代经济增长中起重要作用的因素）贮存的高增长率又是绝对必要的，这样就可以在高比率下导致人均产值和生产率的进一步增长。显然，这类见解是无法加以“证明”的，但讨论是能够间接地表明总体增长和生产结构间的相互关系的，如果对这些关系进一步加以研究，就能为经得住检验的理论提供基础。

（一）对于为什么人均产值的高增长率会与生产结构的高变换率相联系，可以提出三种看法来说明。

第一，设若人均货物供应在不断上升，就应该在满足需要的先后次序和充分满足这两方面考虑到对消费者需要的基本结构影响的效果。无疑地，反映与人类生理特征有关的需要等级的先后次序级别，在生产结构形成的年代中具有支配作用。在现代经济以前的时期，农业部门的极大比重反映了在低生产率的情况下食物需要的优先性。同时，在对食物需要已相当充分满足的条件下，把重要的结构改变的大部分归诸于工业化，是在人均产值不断上升时，对 A 部门产品需求有限度的上升的结果。这些议论也适用于具有高度的优先性而尚未充分满足的其他与需要相应的产品；消费者需要结构是以对各类商品供给的丰富水平具有不同的反应为其特征的。如果消费者需要结构对保证消费品增加供应的不同制度条件是持续的并大体不变的，那么，人均产值的增长率越高，消费者需求结构的改变也就越大。因而，就要估计到这种事实：即当人均供应上升时，需求结构本身的重大改变的重点也移动了，从在人均产值较低水平上的“必需品”范围移向在人均产值较高水平上的“高档”商品和“奢侈品”的范围。

但是，在同意了人均产值和生产率的高增长率以及由需要结构引起的需求结构的高转移率之间的这种关联后，人们根据第三章中阐述过的理由，仍然会问，需求结构的高改变率对现代经济增长中生产结构的高改变率起作用的程度究竟如何。在现代经济增长中，创造出"新"产品的技术革新是具有突出地位的。技术上的创造发明，伴随而来的常常是生活条件的改变，无论它们是创制出了新产品抑或是为老产品提供了新的制造方法都是这样。新知识和技术革新的这些影响是在增长进程中一层一层地添加在先已存在的需要结构上的，它无论是对为了适应于改变了的生活条件还是为了对新产品做出反应，都会造成新的需求压力。由于现代发展已把人均的货物供应推向远远高出于生理的或类似特性占支配地位的高度优先需要的水平，这种优先需要对社会结构和工业技术来说可能是不变的，人们可能怀疑：对已增加的货物供应具有明确的并有显然不同反应的人类需要的基本结构，怎么会是导致那伴随着现代经济增长而来的生产结构迅速改变的主要因素呢？

第二，在当前的发达国家中，现代经济增长是从不同日期开始的，甚至在今天，它还只扩及到世界人口中的少数。正如第一章中已指出的，在当前的发达国家中间其迅速增长过程先后相继的开始，以及它对欠发达国家的增长的有限度的突破和贡献，意味着在人均的产值和在增长率上的差别更加拉大了。国际贸易和其他的国际流动，由于反映各国间产品生产相对优势变动的各国进出口结构的不断变动，从而也促使了一国的产出结构的改变。产品生产相对优势的变动转过来说又可能是某一国家较世界其他国家拥有较高的增长率的结果。这种与技术变动的高速度相联系的某国的高增长率，在该国本身的经济内部，相对优势的重点可能已有改变了，或者，国际贸易等国际流动对一国生产结构改变的影响也可能是由下述事实造成的：技术变革的经常涌现减少了运输及通讯费用，从而扩展了国际贸易的范围，而发达国家能够在这种情况下利用其相对优势，从而引起了生产结构的改变。在任何一种情况下，通常作为技术进步高速度发展反映的人均产值的高增长率，就会有助于相对优势的迅速改变，从而也会加强国内生产结构的改变。

直到 20 世纪的世界战争而暂时停顿为止（在第二次世界大战后又以较和缓的速度重新开始），对外贸易的增长速度明显高于产值的增长速度，即使在发达国家这一组类中也是如此，更不用说整个世界了。一些粗略的估算数表明：对外贸易在世界产值中所占的比重，可能已从 19 世纪开始时的只占很少几个百分点（可能是 3％）上升到第一次世界大战前夕的占三分之一。[①] 对外贸易在总产值中所占比重的急剧上升，标志着老牌发达国家以及许多欠发达国家已都被卷进了世界贸易网。在“年轻的海外国家”中，即那些开始时只是欧洲的小小后裔而后在广阔的领土上高速增长终于从它们的欧洲母国中分离出去的国家（例如美国），对外贸易的比重没有上升，这只是由于国内的增长更快，而且国内的增长主要是

① 对本节中的这一个或其他的结论，可参看库兹涅茨：“各国经济增长的数量：X. 对外贸易的结构和水平、长期趋势”，《经济发展及文化动态》第 15 卷，第 2 号，第Ⅱ部分（1967 年 1 月）第 2—26 页；以及库兹涅茨：《现代经济增长：速度、结构及扩展》（纽黑文：耶鲁大学出版社，1966 年），第 6 章，第 300—334 页。

依靠领土扩展，其本身就是一种主要结构变动的来源。

对外贸易业务和对比优势改变的贡献，对国家的经济规模来说是反函数，国家较小，贡献就更大。特别是在较小的发达国家中，对外贸易是一项关键因素，使它们有可能达到发达国家这一组类的人均生产率的高水平：它们的对外贸易比重的上升，可能是这些国家国内生产结构的高改变率的主要原因。就对外贸易在其总产值中只占较小比重的大国说，对外贸易的扩大、对国内生产结构改变的贡献可能是较为有限的。

现在我们来论述人均产值及生产率的高增长率和生产结构的高改变率之间关联的第三点，这可能是最重要的一点，亦即技术革新的高速度及其扩散。在总产值和生产率增长有赖于技术革新的这个限度内讲，生产结构的变动率也必然是高的，因为技术革新是在个别或少数行业首先出现的，它的经济影响是在时间过程中从某一生产分支逐步移至另一生产分支的（如表 47 所说明的）。

这一看法为发达国家经济历史中增长快的工业部门所证实。也就是说，那些在任何一定的时候增长得远比其他部门更快的工业部门，通常就因为它们是当时技术革新的中心。这些工业部门为数很少，从这一代到那一代也是不同的。当前，看来在工业部门则是与电子学、原子能和空间探索相联系的行业，在服务部门中，则是与保健、教育和文娱相联系的行业。在上一世纪，增长快的工业是与内燃发动机、某几类化学工业和石油以及小型的家庭耐用电器相联系的行业。在电力和通信成为进步的牵头行业之前的年代，看来就要把这一进程（和其他等等）追溯到与工业革命相联系的极少数主要工业上去了。与这种首先在某个部门开始技术革新和在发展过程中技术革新的中心转移相对照,我们可以设想另一种模式,即技术革新在所有现存的生产分支间是平均分布的,也没有创建什么新的分支。但即使是这样,由于不同收入对各种工业产品不同的消费需求弹性以及国际贸易中对比优势的不同影响,作为对人均收入上升的反应,生产分支间也会有某些结构改变。但是,它与由某个部门有了重要的技术革新突破及技术革新中心转移而实际发生的生产结构改变相对比,这种生产结构变动只是极微小的,其理由前面已阐明,因为在没有出现增长极快的生产分支的情况下,人均产值的全面上升就会低得多。因此,提出这样的问题是重要的,即:为什么技术革新是首先在某个特定部门出现而后再向别的部门扩展,而且其影响的中心是会转移的。

一个重大的技术革新是把一项发明(即现有知识的一项具有独创性的新的结合)应用于满足一项巨大的潜在需求,这一需求在此项发明(技术突破)之前是不能得到满足的。诚然,只有在此项发明广为传播后,并且在传播中引起了成百种次要发明和成千种改进,它们的累积影响大幅度地削减了相对成本,从而才满足了需求;作为对大量削减的相对价格的反应,这种需求就会是巨大的。一项具有重大经济影响的技术革新是三个组成部分的综合:1. 一项发明,它提供了一种骨架,使一系列次要的发明和改进能环绕它而建立起来;2. 物质资本,特别是人力资本(如发明者、工程师和组织者)的供给,人力资本的努力参与和专心集中于主要发明中的各项问题将使此项发明的有效改进和传播得到保证;3. 巨大的潜在需求,它经常通过当前增长快的工业在生产进程中的明显的薄弱环节而透露出来。这三个组成部分是互为制约的,因此,如果有了潜在需求,也可能缺乏足够的人力资本,因为要满足新出现的潜在需求就需要有新的人力资本投入这个领域从事发明与革新,但现有的发明者和革新者义已被为满足已有需求所需的发明与革新吸收去了。这样人力资本在既要从事新的发明和革新,又要对原有的生产继续革新,从而就会在人力资本上发生矛盾,感到人力资本的不够;或者是,在当时的生活和工作条件中所显露出的潜在需求还只是很少数的萌芽状态,在这种情况下,收入对不同货物的消费需求弹性的差别,本身就将会有偏重某种产品的选择性,因为发明是对潜在报酬作出的反应。

需求偏重某种产品的选择性意味着工业重心的转移是必然的。如果有一个由其原料、生产过程和产品的特定性质所规定的工业部门,业已实现了某几项重要的技术革新;如果在这项技术革新广泛应用后又成功地大幅度地削减该部门产品的成本,从而把这种产品从具有价格敏感性需求的奢侈品转变为价格低廉因而其需求不再受价格影响的必需品,那么,这种产品进一步的技术变革,不论其在工程技术上是如何革命,大致上也不会引起产量增长的进一步加速。这种倾向使得一些昔日曾从现代技术革新中得到好处的工业在削减成本的机会上趋向枯竭,这样就促使发明家把其注意力转移到更有希望的领域中去。它常常把技术革新引向建立起一个新兴的工业,来与过去曾受益的工业相竞争,从而进一步限制了后者的增长潜力。[①]

以上的讨论涉及的是技术革新对生产结构的直接影响。现在我们来说明生产结构改变的间接后果:即生活和工作条件的变化,其中有许多变化创造了新的需求和某些潜在的巨大的需求。这些新的需求如果没有过去的发明和过去的高增长率的影响就绝不可能出现,它们可能对进一步的技术革新提供刺激,从而支持总体增长的高速度,至少在常规的计量上是如此。

导致新的需求的某些后果是技术革新互相关联的环节,因而是易于辨认的。汽车的普遍使用,给居民稠密的城市带来了空气污染,这就创造出对某些补救措施的需求(这是对大规模生产的不经济的一种纯粹的弥补)。汽车使用的扩散也使近郊居住区和商业区的出现成为可能,从而创造了对后者的需求。技术革新后果的其他的连锁反应可能与更广泛的进程相连接并暗示了更广泛的影响。就以城市为例来说,这主要是由于:工厂规模的增大促使了小家庭的普遍出现,引起了对市场供应和各种专业性文娱服务的更大需求,也引起了代替家庭劳务的家用机械设备的更大需求,这就使家用机械设备的供给赶不上需求的增长,从而其相对价格在

① 关于技术革新的削减成本潜力的这种逐渐枯竭对不同工业的增长形式的影响,对各个工业部门产量增长放慢的影响,以及对工业结构的和整个工业中具有比平均增长率更高的新兴工业的不断出现,从而防止了总体增长率的变慢等等的影响,可参阅库兹涅茨:《生产和价格的长期运动》(波士顿:霍顿-米夫林出版公司,1930 年),特别是第一章。也可参阅伯恩斯:《1870 年以来美国的生产趋势》(纽约:国家经济研究局,1934 年),特别是第四章,关于发明对需求潜力的反应的阐释性的分析,可参阅施摩格罗:《发明与经济增长》(马萨诸塞州,坎布里奇,哈佛大学出版社,1966 年),特别是第一、六、七章。这一最近的专题著作概述了他毕生关于发明和发明活动的数量分析、它们对生产率的影响以及它们对需求结构的反应等方面的研究。

相当长的时期内就不断上升。

这些例证表明了生产结构的改变和在稍后一些时日的需求变化间的联系。毋庸赘述，显然，需求的这种变化将转过来对进一步的技术革新和增长提供刺激。诚然，新的需求作为一个真实因素也许早已出现在市场上，只要技术革新为满足某些长期存在的愿望或梦想使之成为可能的事物。空间旅行就是这种例子，它的需求可以追溯到伊卡尔斯传说。这种需求的出现是不能径直地用它是生产结构的先前的改变所创造的新的生活和工作条件的结果来解释的。但我在这里所做的全部论证是：生产结构的改变的确对新的需求的发生与扩大起着巨大的、哪怕只是部分的作用，而新的需求的扩大以种种方式和十分强有力地对新的技术革新施加压力，从而也就形成了高速的全面的增长。

（二）根据前述理由，新知识的大量应用与生产结构的高速改变间的联系以及与人均产值和生产率的进一步提高之间的联系，可以分两步来讨论：即 1. 新知识的大量应用与有用知识和科学贮存的进一步增长间的联系；2. 有用知识贮存的高增长率与人均产值和生产率的高增长率之间的联系。

首先，对于有用知识和科学贮存的高增长率来说，新知识和技术革新的大规模应用是一项必要的（纵然不是充足的）条件。因为，只有这样，新知识和技术革新才有可能真实地带来更多的人均产值，并从而为生产新知识的投资提供额外的资源。如果我们考虑到要繁荣科学就必须依靠教育和训练等一整套系列化的基础结构时，就不能把这种额外的资源看作是不重要的事情。在承认这种资源是一项主要的先决条件下，那么，一个能从内部促使科学繁荣的社会和意识形态的体制也就是必要的了。在现代化以前若干世纪,大量的投资花费在训练牧师、神学家和占卜者上面,虽然他们当中有不少人对有用知识确也有所贡献,但有用知识增加的速度并不是令人注目的。但是,当对科学提供了恰当的体制并有了特别注重实际验证的知识和重视独创性(即重视新知识而不是对某些权威的和古老的教条的注释)的现代学校制度以后,对于科学方面的投资大量的资源仍然是必需的。科学,这是一种需要有漫长的研究试验时间并难以逆料其特定结果的资本货物。人均产值的高速增长,为这种类型的资本投资的甚至更为高速的增长提供可能,这可以从发达国家中科学家人数的巨大增长以及从科学研究需要的复杂的物质资本的惊人增长中得到证实,这种情况在第二次世界大战后的年代中特别明显。

但是,在现有知识——不论其是否已在技术革新中体现了它的广泛应用——和有用知识及科学本身的贮存的高速增长之间,还有其他的联系。许多科学有赖于总结实践的描述性知识的积存以及对其正确性和可靠性能有效地予以验证的实验手段的积存——所有这些知识对经济生产问题都可能是有用的。但是,除非这种知识已得到广泛应用,则它还不是完全经过实践检验过的;广泛的应用必然会增添相当数量的实际经验数据,即使在还没有使这种现存知识在发明的形式下再结合起来时也是如此。由不断扩大推广应用(在采矿业、商业、制造业、农业中)而产生的这种不断增长着的实际经验数据贮存的供给,护养着科学的进展,而科学的进展则导致对自然界的某些普遍共同特征的发现,从而为技术的应用和进一步的发现提供基础。

新技术的广泛应用对科学进展以及对有用知识贮存增加的贡献，当现存知识在有用发明的形式下再结合起来时甚至更为显著。一项重大发明的广泛应用、它在大量生产中的传播，必然会对作为其基础的理论要义、过程和资料增添更多的细节和情报，而这些细节和情报在它们扩展到大量应用之前都不可能包含在科学发现甚或发明之中的。它还可能产生新的工具，其效能的被确信只能来自广泛应用时点滴改进的积累的结果。这种增添的知识和这些新的工具转过来为基础科学的新进展，而且往往是在未预料到的方向和途径方面的新进展提供基础。

科学发明家和先驱者感兴趣的不仅仅局限于他的发现与实际应用有关的特征方面。可以这么说，科学发明和广泛地应用的技术革新是对自然界组成部分的特性不断地进行探索的实验研究室的成果。这些向特定实践特征供给新知识的发明和革新以及应用它们的新工具，也必然地为基础研究的前进和它的高增长率提供了助力。这些相互联系的例证在现代科学和技术历史中是屡见不鲜的。诸如：蒸汽机的发展与1820年代的现代热力学的出现间的关系；由电磁短波领域内的发明和应用产生的出乎意外的收获，它最初是在1864年的马克斯韦利安公式中提出的，1887年赫茨首次加以示范证实，最后通过新的工具使得无线电和射电天文学（一门古老科学中的新领域）成为可能[①]。当今的空间探索，只是由于在广大规模上新的科学发现的相继应用，对科学研究提供了新的

① 关于为现代热力学奠定基础的卡尔诺的著作，是由蒸汽机的发展所促进这一情况，从它的书名《论热动力以及与发展热动力有关的机器》（巴黎：巴希利，1824年）中就显示出来了，其出版日期也证实了这种联系。从热力学的两条法则中引出的关于

工具，有指望在基础科学方面开拓新的领域下，才成为可能的。随着对已有的或提高了的新知识的高速度的增添，这些累积的新知识转过来又可能引向更多的发明和应用。简言之，如果没有这种由对发明和技术革新所提供的新资料和新工具的继续推动，由科学所不断提供的有用知识的增添速度，就可能比现在实际上已出现的（要计量是困难的）要低得多。[①]

以上还没有论述到的另一个可能的联系是科学工作中的动机与准则和应用之间的联系。鉴于现代科学要用经验来验证和根源于经验的特性，如果它没有最后被证实是“可行的”，不仅在实验室中而且在较少控制条件的一般生活中都是“可行的”，那它是否能出现、保持和加强呢？人们可以假设，对科学（或类似的“基础的”而非直接实践的智力工作）和人才的供应两者在经济资源方面都

能量转化的基本分析，是瓦特的探讨的继续，它有理由使我们把他的发明（或一系列的发明）赞誉为把现代科学对生产问题第一次显著的应用。关于以前的联系，可参阅福布斯：《到 1850 年为止的动力》，载于辛格、霍姆耶德·霍尔和威廉所编的《工艺技术史》第四卷（牛津：克拉伦敦出版社，1958 年）第 163—164 页。

关于在电磁短波探索中的科学发现、发明、革新和知识增添之间的相互作用的迷人历史，可参阅麦克劳林：《无线电工业中的发明和革新》（纽约：麦克米伦，1949 年）。虽然这一专题著作距今已 20 多年，其涉及的领域嗣后已经历了巨大的进展和变革。但它仍然是以单个工业的资料为基础来阐明那些在理解现代经济增长形式中至关重要的联系的最有启发性的书籍。

① 这里的讨论含有在大量生产下技术革新的传播对知识的贡献将永久继续下去从而由革新而产生的产品的产量具有从不下降的作用的意思。超过了一定的限度，留下供学习的余地就可能很少了——因此，不能指望几十亿的无线电或汽车能像最初的几十万件那样产生那么多的知识。但它的确指出了：技术革新实实在在地大量的扩散是必要的。没有它，无论是对自然界更多的特性的知识和新工具的出现（它通常只是在一项最初革新的大量扩散中才被证明是经济的）就都得不到保证。因此，研究技术革新扩散的限量和持续时间及其与增添知识和进一步发明的收获的联系，这种努力仍是具有重要意义的，是值得关注的。

得到了大量支持，但其成果没有能在相当广阔的和实践的范围内获得应用，那么，就可能不仅在对新工具和新知识的刺激方面，而且也会在把已取得科学成果使之变成生产现实性从事架设桥梁的（这种桥梁是由把科学成果应用于生产问题的发明家和革新家建筑的）压力方面，都将丧失享受科学的益处。其结果可能是科学的“官样文章化”，它将难以使科学保持其可验证的和根源于经验的特性的方向（它就不再是我们现在所称的“科学”）。这样的事件是难以想象的。因为，历史的事实是：现代科学是和广泛的应用密不可分地交织在一起的，也是和根据其最终的实践效用而尊崇科学的社会哲学密不可分地交织在一起的。但是，在社会对某些科学成分给予支持和推崇却并不迫切要求实际应用这样的一种关系中，人们也许能够看到：例如，希腊哲学中对天文和自然的推测，科学是被使用在提供实际应用基础以外的作用里的。

其次，由于在基础和应用科学方面，经过验证的和潜在有用的知识贮存的增长率很高，因此，对新知识应用以及发明和技术革新的高速度的假设是合理的，至少与现代以前的时期对比是高的。诚然，我们作为既定的东西来论述的是我们应该给予证实的东西，诸如：对新知识和革新愈是有利的社会气氛，愈能保证巨大的经济和社会收益；每当发现有潜在需求的丰富矿脉时就能有不断增加的资本供给的市场机制；具有能跨过“纯”知识项目的发现及其大量应用之间或由“纯”知识所引导的发明之间的裂口的教育素养和能力的发明家、改进者、革新者和其他人员的供给迅速增长。但是，要阐明有关如何应用这些有利条件，那就离题太远了。我们可以合理地假设，把增添的知识贮存转变为更大的产量和生产率的障碍，如与经过验证的知识的增长率显然较低的现代以前的时期对比，不会更大，只会更小。

这并没有告诉我们有用知识贮存增长和应用速度间的关系的时间格局——它转过来决定人均产值和生产率的进一步增长。应该承认，现有知识的广泛应用并不会自动地促使知识进一步增加并促使知识贮存的高速增长和科学的进一步发展，而后又是高速度的应用并从而带来人均产值及生产率的增长。对日渐增长的知识贮存的应用的障碍也可能迅速增加，从而趋向于抵消，甚至减少由日益增长的知识和技术所提供的对更大幅度的生产可能性的刺激。

尽管这一联系是重要的，但它与这里的主要论点没有密切关系。我所论证的仅仅是：现有知识贮存的广泛应用——它意味着人均产值及生产率的高速增长，也意味着生产结构的快速改变——对有用知识贮存的进一步迅速增长和科学的进一步发展，即使不是充分条件，也是必要条件。我还论证说：有用知识贮存的这种高增长率和科学的进一步发展，对人均产值及生产率的进一步快速增长来说，即使不是充分条件，也是必要条件。简言之，这意味着：尽管总体增长的高速度几乎不可避免地伴随着生产结构的高速改变，反过来，科学和技术的广泛应用和生产结构的快速改变对总体增长的更进一步的高速度来说，也是必不可少的。因此，不仅是经济生产中的生产结构的迅速改变，而且经济和社会的其他方面的结构的迅速改变（这将在以后讨论），必须看成是总体增长的高速度的必要条件和可能的成本。

四、高增长与低增长成分和总体增长的限度

借助于简单的代数式，存在于缓慢发展的和迅速发展的、“老”的和“新”的成分（像那些在表 47 中举例过的并在前一节中联系技术革新讨论过的）的增长率，和人均产值和生产率的增长率之间的关系就能够得到表明。因而，我们有可能稍微进一步地详细说明，在有“新”的和“老”的成分的增长率之间有着巨大差异的情况下，从而在生产结构显著的变动下，在现代经济增长的基干模式中，存在着总体增长的限度。

表 48 提供了一个作为说明用的样本。为了简化，我们假设人口数不变（人口增长在任何情况下都从属于它自身的规律性，与经济增长没有密切联系）。因此，本节中所有总产值百分比变化事实上也就是讲人均产值的百分比变化。这样，关于增长限度的讨论既适用于总产值也适用于人均产值；同时，鉴于我们在第二章中的结论：生产率在人均产值增长中占据主要地位，这里的讨论无疑也适用于生产率增长的限度。

在表 48 中总产值由三个成分组成：一是低增长倍数（M）；二是较高的增长倍数，这是新近的发明或技术变革的成果（H）；三是全由新产品组成（N），它在时期Ⅰ还不存在而是在时期Ⅱ出现的，为时期Ⅱ规定的高增长（H）成分。已知 M 和 H 成分的增长倍数，和关于 N 成分的相对数量的某些假定（这里安排的是时期Ⅰ中的 H 成分的资源份额），所有这些对计算总产值（按期初和期末价格两者进行计

算的总产值)，这是基于估计到价格趋势这样一个假设，这里我们假设的是成分 H 的高价格对于成分 M 的低价格是相对下降了。

总产值的增长倍数是低于成分 H 的增长倍数，因为后者在时期Ⅰ的总产品价值总额中只占很小的比重，即使 H 的分量用了两次，第一次是成分 H 从时期Ⅰ到时期Ⅱ的运动，第二次是关于时期Ⅱ的成分 N，总产值的增长倍数仍是低于成分 H 的增长倍数。另外，当使用期末价格时，成分 H 的相对价格从而它在时期Ⅰ的分量就降低了。由此，在 H 的增长倍数为 15 下，当把期初价格用作权数时总产值增长倍数是 6.95；而当把期末价格作为权数时，总产值增长倍数是 4.55。

表 48 总体增长率同低增长率、高增长率及新成分之间的关系用例子说明

一、按当年价格计算的产值

	时期Ⅰ			时期Ⅰ到时期Ⅱ的增长倍数	时期Ⅱ		
	数量 Q	价格 P	价值 V		数量 Q	价格 P	价值 V
	(1)	(2)	(3)	(4)	(5)	(6)	(7)
1. 低增长的产品(M)	95	10	950	3(G_m)	285	5	1 425
2. 时期Ⅰ的高增长产品(H)	5	50	250	15(G_h)	75	5	375
3. 新产品(N)	0		0	∞	18.95	25	473.7
4. 总产量(值)	100		1 200		378.95		2 273.7
5. 高增长产品量占总产量(值)的%(时期Ⅰ)	5 20 833						
6. 新产品占总产量(值)的%(时期Ⅱ)					5		20 833

（续表）

二、用期末价格加权的按不变价格计算的产品量增长率

	时期 Ⅰ			时期 Ⅱ		
	Q	P	V	Q	P	V
	(1)	(2)	(3)	(4)	(5)	(6)
7. M 成分	95	5	475	285	5	1 425
8. H 成分	5	5	25	75	5	375
9. N 成分	0		0	18.95	25	473.7
10. 总产量(值)	100		500	378.95		2 273.7

增长倍数

$G_{Ⅱ}=2273.7:500=4.5474$

$=[3.0(475:500)+15.0(25:500)]\cdot[1+\{(20.833):(100-20.833)\}]$

在数量、价格和价值的下角标以 m、h 和 n 作为 M、H 和 N 成分的标志，而在数量、价格和价值的下角标以 t 作为总产量的标志。

$G_{Ⅱ}=[G_m(Q_{mⅠ}P_{mⅡ}:Q_{tⅠ}F_{tⅡ})+$

$G_h(Q_{hⅠ}P_{hⅡ}:Q_{tⅠ}P_{tⅡ})]\cdot[1+\{V_{aⅡ}\cdot(V_{tⅡ}-V_{aⅡ})\}]$　　(1)

在进一步的讨论和方程式中，把方程式(1)右边括号归属于(1+N 比率)。

三、用期初价格加权的按不变价格计算的产量的增长率

	时期 Ⅰ			时期 Ⅱ		
	Q	P	V	Q	P	V
	(1)	(2)	(3)	(4)	(5)	(6)
11. M 成分	95	10	950	285	10	2 850
12. H 成分	5	50	250	75	50	3 750
13. N 成分	0		0	18.95	91.7[a]	1 737[b]
14. 总产量(值)	100		1 200	378.95		8 337

增长倍数

$G_{Ⅰ}=8\,337:1\,200=6.9475$

$=[3.0(950:1\,200)+15.0(250:1\,200)]\cdot[1+(20.833:79.167)]$

$G_{Ⅰ}=[G_m(Q_{mⅠ}P_{mⅠ}:V_{tⅠ})+G_h(Q_{hⅠ}P_{hⅠ}:V_{tⅠ})]\cdot(1+N\text{ 比率})$　　(2)

a. 自第 4、6 栏引出。

b. 总产值的 20.833%。

总之，如表 48 中两个方程式指出的，总产值的增长倍数可以看成为成分 M 和 H 增长倍数的一个加权平均数，而这个平均数会因“新产品比率”而升高。关于 M 和 H 成分增长倍数的权数以期初价格或以期末价格计算的初始时期产量各在总产值中占的份额。而对于以期末价格(方程式 1)为基础的计算,总产值的增长倍数是 M 成分的增长倍数乘上它的份额权数与 H 成分的增长倍数连乘两次它的份额权数(所以要乘两次是根据已作的假设,H 成分的增长要考虑到在时期Ⅱ的 N 成分的增长)的总和。

这个例证建立了一个在一定时间单位内,在总产值的固定比例下,专供 H 成分用的因而也是专供 N 成分用的持续增长的模式。这种模式可以在数量、价格、价格趋势和增长倍数等广泛范围下,用区分得到更多的成分;并用比专供 H 和 N 成分用的产值份额不变这一假设更为复杂的种种假设来精心地设计。但这种精心的设计,除非有以经验为根据的资料的支持(手头还没有这种资料),对基本概念不会增加多少内容。更确切地说,这个问题在于本例中所假设的关系,特别是与 H 成分的份额(因而也是与 N 成分的份额)的那些关系是不是有意义的。对 H 成分在时期Ⅰ指定这样微小的实物数量,以致甚至当乘以它的相对高的单位产品价格后,在产品总值中的 H 的份额仍旧只是 20%,这样做是否符合实际呢?在时期Ⅰ中高的 G_h、相对于 P_m 的高的 P_h 和时期Ⅰ中在期初价格下低的 Q_h 以及 V_h 的低份额之间,有无某些本质的联系呢?在高的 P_{hI} 和显著下降到 P_{hII} 之间有没有一种必然的联系呢?我认为所有这些联系,如果不是绝对必需的,也是非常可能和非常现实的。

如果一项革新大大地降低了具有高度价格弹性的某一已有巩固市场的商品的实际成本,或者如果它引进了一种满足了先前在人均基础上未能大量满足需求的新商品，那么，产出的实物数量的高增长率是可能的。在这种革新大到足以显著地影响总产量的场合，它们就是重大的革新，因为最初的结构容许较小改进的迅速积累。例如阿克赖特水力纺纱机、克朗普顿的走锭精纺机以及瓦特的蒸汽机提供了骨架、一个简单的外形，依据这些骨架，累积的改进就借以创建起来，就可能促成降低成本和提高生产率。这有两个含义：第一，在这样重大的革新的早期阶段，不论是在材料或社会技术方面，还是在成本和单位产品价格方面，如与改进措施累积后它们所降低的水平相比较，其结果都是高的，如与较老的定型商品价格相比较，也是高的。第二，因为实际高成本意味着实际资源的大量投入，在早期阶段 H 成分的实物产量必然是小的。没有一个经济能“提供”更多，因为它必须继续满足 M 成分的大量需要——它代表属于较低收入和对最终产品较低价格需求弹性的久已定型的产品和技术，而一旦技术已经确定并成熟时，也必须无保留地满足这类产品所需的中间产品的大量需要。甚至在一个高度发达的国家中，这种基本商品种类——例如食品、服装、房屋——在最终产品总额中所占的比例也是高的，而许多有关的技术，在过去也已固定下来，尽管它仍可以继续改进。因而，不论是 M 成分的人均产量还是其资源投入量都不能显著减少，以给新的 H 产品或 H 成分让出所需要的资源。另一方面，M 成分的增长率很可能是中等的，不仅是因为它的收入需求弹性值是低的(纵使是正的)，而且也由于价格弹性的需求反应也是低的。由此，虽然是在更发达的国家中，在 G_h 对 G_m 比率与时期 Ⅰ 总产值中的 Q_h 的比重之间的相互关联很可能是负的，这意味着 H 成分在总产值中占的比例是低的，也意味着 G_h/G_m 比率和从 $P_{h\,\mathrm{I}}$ 降低到 $P_{h\,\mathrm{II}}$ 之间的正的联系。[①]

如果这些关系保持住，表 48 中的代数式能为对总产值增长率设定上限的主要因素导引出一些方便的公式。如果我们假设 H 成分的价格相对于 M 成分的价格是下降的，我们就如实地假设了 G_h 对 G_m 的比率和 P_h 对 P_m 比率的下降之间的关联作用。为了简化这个代数式，我们断定这两个变量相互间是按正比例变动的，这样，对它们的关系我们就可以写成：

$$G_h : G_m = (P_{h\,\mathrm{I}} : P_{m\,\mathrm{I}}) : (P_{h\,\mathrm{II}} : P_{m\,\mathrm{II}}) \tag{3}$$

假如再进一步简化，我们可假设 H 的价格在时期Ⅱ降低到等于 M 的价格，即$(P_{h\,\mathrm{II}} : P_{m\,\mathrm{II}})$变成 1，而方程式(3)可以再写成：

$$G_h : G_m = P_{h\,\mathrm{I}} : P_{m\,\mathrm{I}};$$

$$\text{或 } G_h = G_m(P_{h\,\mathrm{I}} : P_{m\,\mathrm{I}}) \tag{4}$$

在这些假设基础上，G_{II} 的方程式，即以期末价格衡算的总产值增长倍数——这比以期初价格衡算的总产值增长更适合于我们的目的。——就变成：

$$G_{\mathrm{II}} = G_m[1 + \{(P_{h\,\mathrm{I}} : P_{m\,\mathrm{I}}) - 1\} \cdot \{Q_{h\,\mathrm{I}} : Q_{t\,\mathrm{I}}\}] \cdot (1 + N\text{ 比率}) \tag{5}$$

在说明方程式(5)之前，应当指出：表达式 $\{(P_{h\,\mathrm{I}} : P_{m\,\mathrm{I}}) - 1\} \cdot \{Q_{h\,\mathrm{I}} : Q_{t\,\mathrm{I}}\}$，对于我们最感兴趣的价值范围来说，接近于按时期Ⅰ的价格计的时期Ⅰ的资源总额中专供成分

---

① 这一广泛的命题在本章的开头已做过考察。关于进一步的讨论，可参见引用于第 8 页脚注②的参考资料。

H 用的份额，其精确的表达就将为$[P_{hI}Q_{hI} : P_{tI}Q_{tI}]$[①]。因此，就可以容许用按时期Ⅰ的价格计的时期Ⅰ的资源总额中专供成分 H 用的份额来替代方程式(5)中的表达式，从而，方程式(5)就变为：

$$G_{II} = G_m[1+(Q_{hI}P_{hI} : Q_{tI}P_{tI})] : (1+N\text{ 比率})$$

但根据我的假设，如表 48 中遵循的，成分 N 的份额是由时期Ⅰ的资源中专供成分 H 用的份额确定的；根据这一情况，用期末价格衡算的总产值增长倍数的最终方程式就变为：

$$G_{II} = G_m[1+(Q_{hI}P_{hI} : Q_{tI}P_{tI})]^2 \qquad (6)$$

据此，总产值增长率是两个因素的函数：低增长成分的增长素；以及总产值中在时期Ⅰ内专供成分 H 用的份额，这个份额(加

① 在下表中，在关于$(P_{hI} : P_{mI})$比率和Q_{hI}在Q_{tI}中的份额的几种不同假设下，我们比较了方程式(5)中表达式的数值，这个数值的近似值以 A 代表和以 S 代表时期Ⅰ的资源总额中专供成分 H 用的实际份额。

Q_{hI}在Q_{tI}中的份额(%)	$P_{hI} : P_{mI}=3$		$P_{hI} : P_{mI}=5$		$P_{hI} : P_{mI}=8$	
	A	S	A	S	A	S
(1)	(2)	(3)	(4)	(5)	(6)	(7)
1	0.02	0.029	0.04	0.048	0.07	0.075
2	0.04	0.058	0.08	0.093	0.14	0.140
3	0.06	0.085	0.12	0.134	0.21	0.198
4	0.08	0.111	0.16	0.172	0.28	0.250
5	0.10	0.136	0.20	0.208	0.35	0.296
6	0.12	0.161	0.24	0.242	不相应的	
7	0.14	0.184	0.28	0.273	无	
8	0.16	0.207	0.32	0.303	无	
…						
15	0.30	0.346	无		无	

这一计算只进行到时期Ⅰ的资源总额中专供成分 H 用的份额是 30%为止。当这个份额处在 20%和 30%之间时，$P_{hI} : P_{mI}$是实在的，其近似值和实际份额是相当接近的。

上 1)的平方(反映了成分 H 和 N 对总产值增长率的贡献)。如果对总产值的增长是有限度的话,它们是由拘束缓慢增长的成分 M 的增长率的因素和拘束该经济在总产值(或总资源)中能有多大比例专供成本较高、价格较高但更快增长的成分 H(并因而成分 N)来用的因素确定的。在成分 M 的增长主要是由低的收入需求弹性类型所支配的这一假设下,专供成分 H 和 N 用的资源的比例就是影响总体增长率的占支配作用的因素。但是这个比例和物质资本形成的比例是不相等同的,物质资本形成中的相当大的部分是要提交给成分 M 用的,而且,更重要的是,总产值(或总资源)中可供 H 和 N 成分用的比例并不反映对成分 H(和 N)生产类型可能是关键的所要求的劳动和管理资源的类型现在也已有了,而这种劳动和管理资源是否具备,对 H 和 N 的生产来说可能是关键性的。

现在我们可以考查表 48 中的假设所内含的关于资源投入的分配及其生产率问题(表 49)。首先,由于在时期Ⅰ中对成分 H 比成分 M 规定了高得多的单位产品价格,这样规定的含义是,前者对同等质量的资源要求有更大投入。其次,由于假设成分 H 的价格比成分 M 的价格下降得更多,我这样假定的意思指的是,投入成分 H 的资源的生产率将要比投入成分 M 的资源的生产率提高得更快。在这个例子中,成分 H 和 M 之间关于要素投入和生产率的这些差异是与价格和价格趋势的差异成正比例的。最后,由于把时期Ⅱ中的当年价格定为时期Ⅰ中的价格的一半,甚至对于成分 M 也是如此,我们这样规定包含的意思是,各成分的剩余生产率,甚至成分 M 的剩余生产率,都将是 2.0,一旦假定了这一切,成分 H 的生产率的变化及对成分 N 的影响就能知道了。

表 49 包含在表 48 分析中的资源投入和生产率增长

时期Ⅰ和时期Ⅱ以及各成分间相等的可对比单位(不变价格)的资源投入	时期Ⅰ			增长	时期Ⅱ		
	Q	P	V	倍数	Q	P	V
	(1)	(2)	(3)	(4)	(5)	(6)	(7)
1. 成分 M	79.167	12	950	1.5	118.75	12	1 425
2. 成分 H	20.833	12	250	1.5	31.25	12	375
3. 成分 N	0		0	∞	39.475	12	473.7
4. 总产量(值)	100	12	1 200		189.475	12	2 273.7

引自表 48,1—4 行的按当年价格表现的产值,使资源投入的生产率按比例增长相等于从时期Ⅰ到时期Ⅱ当年价格的按比例减少:并使资源价格(可比较单位)稳定在时期Ⅰ的水平上。

资源总额增长倍数的方程式,G_r(以 G_{mr} 和 G_{hr} 相应为成分 M 和 H 的资源增长倍数)于是就为:

$$G_r=[G_{mr}(Q_{m\,\mathrm{I}}P_{m\,\mathrm{I}}:V_{t\,\mathrm{I}})+G_{hr}(Q_{h\,\mathrm{I}}P_{h\,\mathrm{I}}:V_{t\,\mathrm{I}})]\cdot(1+N\text{ 比率}) \qquad (7)$$

但 $G_{mr}=G_m:G_{me}$,其中 G_{me} 是成分 M 资源效率的增长倍数;$G_{hr}=G_h:G_{he}$,其中 G_{he} 是成分 H 资源效率的增长倍数。

既然方程式(4)表明:$G_h=G_m(P_{h\,\mathrm{I}}:P_{m\,\mathrm{I}})$,上面由 1—4 行的推导表明:$G_{he}=G_{me}(P_{h\,\mathrm{I}}:P_{m\,\mathrm{I}})$,方程式(7)可重写成:

$$G_r=(G_m:G_{me})(1+N\text{ 比率}), \qquad (8)$$

或:将其应用于上面的例子,就为:1.89475=1.5(1.26317)

于是:按期末价格计算的生产率增长倍数为:$G_{e\mathrm{II}}=G_{\mathrm{II}}:G_r$,由方程式(6)的 G_{II} 和方程式(8)的 G_r 我们提出:

$$G_{e\mathrm{II}}=\frac{G_m[1+\{(P_{h\,\mathrm{I}}:P_{m\,\mathrm{I}})-1\}\cdot(Q_{h\,\mathrm{I}}:Q_{t\,\mathrm{I}})]\cdot(1+N\text{ 比率})}{(G_m:G_{me})(1+N\text{ 比率})}$$

$$=G_{me}[1+\{(P_{h\,\mathrm{I}}:P_{m\,\mathrm{I}})-1\}\cdot(Q_{h\,\mathrm{I}}:Q_{t\,\mathrm{I}})] \qquad (9)$$

或:将其应用于这里的例子,生产率的增长倍数为 2.40,即(2.0)(1.2);或 4.5474(见表 48)除以 1.89475(见第 4 行,第 5 栏,除以 100)。

表 49 表明了 H 和 M 部门资源投入每单位生产率速度不同的运动;而方程式(8)指出了在其所采用的假设条件下,决定整个经济的要素投入的增长率的因素;而方程式(9)指出了在这个经济

中决定总生产率(按期末价格衡算)的增长率的因素。方程式(8)透露了,要素投入的增长速率是M成分的投入乘上成分N(新产品)的比率而提高为其特征的,在这里所假设的条件下,亦即,成分M的投入乘上时期Ⅰ中专供成分H用的资源比率所提高的投入速率为其特征。方程式(9)表明,整个经济的生产率的增长倍数等于增长缓慢的M部分的生产率的上升乘上时期Ⅰ中专供成分H用的资源比率而提高。这样,生产率的增长也是由两个因素所决定的:较大的、增长缓慢的成分M的生产率增长率;以及时期Ⅰ中专供增长迅速的成分H(和N)用的总资源份额。如果说生产率的增长(或人均产值的增长)是有限度的话,它们存在于拘束该经济的非活跃部门生产率增长的因素中;并存在于拘束能够专供新的、增长迅速的成分H(和N)的总产值或资源份额的因素中。

用来简化这些模式的假设减损了这个举例说明的现实性。例如,关于专供成分H用的资源(数量)对专供成分M用的资源(数量)的比例在时期Ⅱ和在时期Ⅰ是同样的这种假设,是不符合实际的(表49,第2行,第1、5栏)。例如,这样的过分的简化也是不现实的,比如,使N的份额等于总资源中的成分H的份额。但由于过度简化而引起的条件限制看来是次要的,因为这个程序已使我们有可能去鉴别关于增长的限制因素的可能来源,亦即:像附着于特定革新的增长机会逐渐枯竭,在该经济中革新的重点的不断转移,以及在目前受到高增长潜在的革新影响的成分和这种影响的时期已经成过去的其他成分(而不管它们变动的身份)之间的区别。由这些简单模式提供的洞察力,虽然对人均产值及生产率的增长率的特定限制未作出实质性的回答,却是重要的,因为它在现代经济增长的过程中强调了结构的改变。

必须强调的是，我的讨论完全建基在成分 M、H 和 N 之间在满足需要中的不可代替性上面。成分 M 的相对低的增长率不能用成分 H 来代替它（按时期 I 的价格所提出的等值）而避免。这样的代替将意味着，投入 H 的资源的一定价值，对既定需要的满足，要等于投入 M 的同样的资源价值；而情况肯定不是这样。投入成分 H 的成千上万的人时和资本，例如投入小汽车和电视机的，并不能代替同量的或甚至较大数量的用于生产食品和服装的人时和资本。假如这种等量是存在的而且代替是可能的话，那么，把一切生产转移到成分 H 就会是有利的，"吃"、"穿"，或要不然，使用小汽车和电视机，甚至为满足饥饿每单位要更高的资源条件等等也是有利的，因为，由于限制了成分 M 的份额，产值和生产率的高得多的增长率就会因而得到保证。这种讨论不仅取决于增长的上限和欲望——当前的欲望，或是在一种新产品、新的革新已经有时间发展为一种有确定市场的商品后物质化的欲望——的稳定之间的联系，而且也取决于最终需求和有关技术（它会阻止成分 M 和成分 H 之间的容易的替代）的这种稳定结构的特定性质。

当然，人为的"替代"由独裁的政府是能够做到的。它可以通过限制成分 M 的有效需求和供应来迫使资源转向投入成分 H，尽管在自由市场中，对成分 M 的收入需求弹性是正的，而且甚至可能是高的（如在许多欠发达国家中那样）。任何为了影响自由市场在成分 M 和 H 间的选择并把资源的较高比例转移到后者的政府干预，都会影响"替代"情况。如果我要考虑到对举例分析的这种修改的话，那我就会离题太远了。那种分析的提出，主要是为了唤起人们对用期末价格衡算的总体增长率和支承最终需求的结构之间的关系的注意,并指出在一个国家的技术总体中由革新导引的高度增长的份额所受到的限制。基本的论据是最终需求的特定结构倾向于稳定,它限制了任何一定时间内能够被引入的种种革新的相对比例,也限制了一种革新一旦在采用后所能保持的较高相对价值(如在它的最初时期中所享有的)的时间长度。再者,技术的总的整体,虽然有待于各方面的不同程度的改进,这种改进则有赖于一个国家的经济和技术发展的情况,通常是受到早已形成的实践支配的,在这种实践中,大量降低成本的后备很可能是有限的。正是在这个意义上,我们说有一个能够改变的结构,但是在这个结构中,在一定的时间内用一部分替代另一部分的弹性是有限度的。

五、经济的和非经济的结构的变化

随着生产结构的变化必然会发生经济结构其他方面的变化。因此,从农业向工业的移动也意味着向最低限度规模更大的、平均的或最适宜规模更大的工厂生产过程的转移。由于运输和通信方面技术革命的帮助,工厂的规模迅速扩大,不只意味着使企业具有非个人的性质,而且也意味着参加生产的劳动力的工作条件的变化。另外,如果离开农业的转移只在一个国家中发生,国际贸易中的比较优势就会变动;随着进出口结构的变动反过来又会影响国内生产的结构。不断增大的工厂规模是迅速都市化的主要因素,而都市化在欧洲和海外已成为如此典型和如此引人注目的现代经济增长的伴随物。然而,我们必须着重指出都市的凝集不只反映了离开农业的运动而且反映了非农业部门内部正在改变的结构。都市化以及劳动者转变为在非个人组织起来的经济企业中的雇佣身份,意味着消费需求模式的重大变化——并导致最终产出组成的重大变化。

但这里我们更感兴趣的是经济结构改变对其他社会制度的影响,不是对主要具有经济性质的,而是对在一个社会中占统治地位的有深远影响的社会观点的影响。这些关系可以用连锁影响来说明,开始的链环是经济结构本身的变化,但随后的链环则是在更广阔的和非经济的领域,虽然在某种进一步的阶段中,又会回复到经济影响上来。

第一个可作为例证的连锁影响一开始是以固定资本投资和雇佣工人人数来衡量的工厂规模的显著增大。一个立即产生的后果是,大型工厂不可能由一个业主甚或由一个家庭的几个成员来经管;除非现代公司形式已经存在,作为一种社会创新现代公司必定会发展起来(事实上,它真的在 19 世纪上半期出现了,此后又加以改进)。[①] 另一个立即产生的后果是:为了把劳动力、管理人员和物质资本恰当地结合起来以达到工厂的有效经营,也为了动员必需的资本资源,必须发展一种新型的厂商组织。特别是,劳动力和

① 指的是:有限偿债责任和匿名的扩散的所有权;特许状的普遍化,赋予现代公司以经营自由(否则就是非法的),但禁止针对其他公司的合法垄断(独占);特许状是永久性的;以及放宽组织公司的条件。现代公司的所有这些方面,与 19 世纪前的几个世纪中的公司完全不同,那时公司是专门特许的、独占的、承担无限责任的、短期的和垄断性的(对同国人来说)。可参阅伯利和米恩斯:《现代公司和私有财产》修订版。(纽约:哈考尔特,布雷斯和沃德,1968 年)第二篇,第一章。

管理人员必须在客观标准的基础上加以选择而不是依据家庭来标记。

强调在工作成绩的客观检验基础上(正规的教育、考试和资历证明书等等)而不是在家庭出身和地位的基础上来指派在企业中的职位(它在社会中有举足轻重的作用),已经长期而反复地被看成是现代社会的一个特征。不论如亨利·梅因爵士系统地阐述过的这是从“地位到契约”的转变,或是现代社会学家所认为的这是从“高度特殊关系的归属准则”到“更宽广的普遍关系的成就准则”的转变,都说明了现代社会的这个特征。① 接着又产生了两个主要后果。当然,首要的条件是个人在处置他自己的才能的法律上的自由,因为,如果没有这种自由的话,就会限制(如果不是排斥)必需的培训和教育投资以及人的因素与企业中的其他生产要素的充分合作。人们发现奴隶制度与现代经济增长不能并存,这绝不是偶然的——它达到这样的地步,以致在美国为了给现代经济增长扫清道路而打了一场内战。第二个后果是,强调个人的能力,它对父母和子女双方都有直接关系,这对较低的出生率是一个强大的劝诱力,这样,才可以保证两代人,特别是年青一代的充分的人力资本投资。稍迟,在发达国家中只有很少孩子的小家庭的出现,在此同时,出生率大大下降,降到远远低于死亡率全面下降和婴儿死亡率下降所准许的水平以下,这也不是偶然的。

诚然,由大型企业的出现而要求的重视个人客观成就的检验,

① 参见霍西利茨:《社会结构和经济的增长》,载《国际经济学》第 6 卷第 3 号(1953 年 8 月),第 52—57 页,重印在他的《经济增长的社会学面面观》一书内,(格伦梭伊,自由版,1960 年)第 23—51 页,这些摘录引自第 33 页。

是以第六章中提到的下述事实为根据的，即农村比城市存在着较高的人口自然增长率和较低的就业机会增长率之间的冲突。这一冲突产生了国内移民以及使这些移居的劳动力与他的家庭和故乡分离开来，从而导致了“不知名”的城市劳动力的出现，这种城市劳动力只能由客观成就的标准来评价。这个国内移居是由经济生产的结构变化所引起的并与之相适应的结果。即使我们不考虑这个因素，我们也可以得出从大型工厂的出现到法律上的结构(企业和劳动)的变化、到人口统计形式的变动、到社会哲学的变化(因为强调客观成就标准就含有个人地位平等的意义)这样的一个连锁影响。这些法律上的、人口统计的和哲学的变化转过来又会对像消费需求结构这样的经济变量给以影响。

第二个可作为例证的连锁影响开始于生产结构的变化，其中有些代表了重大技术创新的成果，从而作为某种“新”事物，它要求新类型的法律和社会体制来适应它们(如上述的大型工厂和现代化公司)。由于这些“社会”革新必须由社会的主权机构加以经常支持和批准，国家担当了由经济和技术创新所要求的法律和制度，革新的票据交换所的职能是重要的。其所以特别重要，是因为经济结构这样的变化对于在这一体系内社会中不同地位的各种集团具有不同的影响:某些集团一定会获得大量利益，而另一些集团一定会受到损失，即使是相对的。因而冲突可能因经济增长的冲击而产生，由于结构的变动意味着经济不同部分的不同增长率，从而也意味着与之相联系的不同集团的不同受益，而为了解决这些冲突而提出的建议有可能产生更多的冲突。在发达国家的历史中，由于结构的变革在经济社会内部各种利益集团间充满着持续斗争的例子——不管特定的争端是谷物法，还是工厂立法，或公司法规，或公共领域的管理，或奴隶和自由劳动，或是集中化的与分散的银行经营等等，比比皆是。因此，从整个社会的长远利益考虑，首先要把紧张关系降到最低限度以便解决这些冲突，并使作为有机体的经济保持活力，同时有能力做出必要的决策以适应伴随着现代经济增长而出现的经济结构的不断变化，就成为主权国家重要的职能之一。最后，因为现代经济增长要求一个完备的基础设施，在这上面的投资赢得收益的困难就可能不利于充分的私人投资，因而，代表社会的国家本身必须对建立运输、通信和公用事业.并为教育这一基础设施担负起责任，或者至少要帮助支持私人企业家来从事这些建设。

在这三方面——作为必要的制度革新的票据交换所；作为各利益集团间解决争端的机构；作为社会需要的基础设施的主要企业家；因而，在为持续的结构改变的爆炸性的冲击开辟通道，在提供一个恰当的体制，使其能容纳以革命的高速度行动的这些结构改变并避免爆发成内战（它们有时是可能会的，有时则已经引起内战），主权国家具有关键的重要性。这样，经济结构变化的高速度就与主权国家作为一个有机体的重要性连接起来。在计量和分析经济增长中，我们讲到国家的经济增长和使用国民经济账户，就不是偶然的了。当这样做时，我们的含义是：主权国家是现代经济增长的重要因素；基于有用知识与科学的供给有跨越国家和世界性的特征，而有用知识和科学是使现代经济增长顺利前进的主要因素，国有单位，在调整经济和社会制度以推进和最大限度地应用有用知识与科学方面，起着一个决定性的增补的作用。

由于现代经济增长、连同它的持续的技术和社会革新及其结构变动的高速度一起，需要一个国家基础来作为公断人，和平地疏导变化，并为必不可少的基础设施承担直接责任，一系列的进一步后果就继之而起——但这些是经济学家迟迟不愿去探讨的一个方面，因为它们将把他引进一个不了解的领域。让我把它们作为问题的形式提出：一个具有这样必要的职能的主权民族国家，大致应该得到人民的支持，而不致去依靠警察的警棍，或更糟地依靠军队的坦克和机枪。作为这种支持的基础的是大家都有一种社会的感觉，即对国家的利益应比隶属集团和个人利益更为主要这一观点的承认——可称之为所谓“现代民族主义”。19 世纪和 20 世纪各种朝向统一和分裂的运动，难道不是都为了力求形成民族国家并使之作为共同决策的基础吗？这些决策，尽管对地区、产业和职业有不相等的影响，但它是共同能接受的。在完成必要的最低限度组织上的准备工作上的延误，对当代某些发达国家进入现代经济增长过程的推迟，是否应负责呢？这个连锁影响是很长的，从可以远溯到 18 世纪后期的大不列颠这个现代经济增长的先驱国家开始，一直延续到最近代的重要入场者，不论是日本(只是在 1880 年代才开始现代增长)或是俄国(它的第一次冲刺是在 1890 年代，第二次冲刺是在 1920 年代)。在与现代经济增长相联系的民族主义的加强和现代民族国家在其进入现代经济增长并取得了某些成就后的某种侵略的态度之间是否有些关连呢？由于各国进入现代化的序列不一致，这样，就常常使后入场国家会有当他们迟了一步时就可能越来越落在后面的感觉，从而促使了民族主义的加强。至于侵略态度，如果某国的成就是如此之大，以致其绝对的经济力量足以打乱在它增长之前已存在的大致平衡，这时就尤其会表现出来。近代发达的民族国家的这种侵略政策又在何种程度上同时作为积极因素和消极因素呢？作为积极因素，它通过增进对外贸易和可能的资本投资，以及一般是强力地渗透进不发达地区，把现代经济增长扩散到别处；而作为消极因素，它在发达国家中间制造紧张局势，在欠发达地区强加种种障碍以阻挠强有力的本土的民族国家的出现，而这样的国家，在推行为人民所接受的以经济增长为目的的政策时，能够动员现存的社会感情。

这样一类问题很容易大量提出，但它们的重要性以及对设想的现代经济增长需要有一个有效率的民族国家的最初的连接关系和因之促成的许多后果之间关系的确实性进行验证的困难，上面的举例说明已足够了。

已知结构变化的普遍的特点为：经济结构的变化必然引导到人口统计形式（出生率和死亡率、家庭结构的、人口的地区分布等等）的变化，引导到法律和政治制度以及社会意识形态某些因素的变化，这样就联想到两个结论。首先，人均产值和生产率的高增长率是与经济结构的改变紧密地联系在一起的，而且是确实需要的。经济结构的变化则是与人口结构、与法律和政治制度、与社会意识形态的变化紧密地联系在一起的，而且也是确实需要的。因而，在与现代经济发展相联系的高增长率和一系列不仅是经济的而且是社会的、不仅是制度的而且是意识形态的结构变革之间，是有着某种联系的。这并不意味着：在经济的和社会结构及意识形态中所有这种历史性联系的变动都是必要条件，并且它们没有一个是可以避免或可以取代的。[①] 这的确意味着，某些结构变化，不仅是经济上的而且是社会制度和信仰上的，都是必需的，没有这些，现代经济增长是不可能的。

第二个结论涉及的是社会结构中某些方面比现代以前的过去时期的更高速的变化——与经济结构变化的形式相类似。这个结论看来对某些易于计量的非经济的数值是有效的。例如，人口统计变数的变动率，如在发达国家的出生率、死亡率和都市化速度的变动率与西欧在现代发展以前更长远的过去时期的变动率相比要高速得多。与此相对照，对其本身不能计量的政治或意识形态过程，要检验这个推论就难了。而且很可能是，所谓困难，与其说是计量方面的，毋宁说是现实的迅速变化方面的，而这正是这些非经济的、非人口统计的社会制度和信仰的特征。实际上，它们正是发达国家在现代经济增长中所产生的某些主要问题的根源，同样地，这也是这种增长在整个世界缓慢展开的根源。

六、结构变化的连锁影响和增长

上述讨论已一再提到了在现代经济增长形式中一长串的连锁影响，其一是从有用知识和科学的累积到技术创新、到生产率的增长、到生产结构的变化、到经济结构的其他方面的变化、到政治和社会结构以及信仰的变化，以及随着它们对需求的影响又返回到

① 这些关联可参见格申克龙著《关于现代工业化的先决条件的概念的反映》，载《经济落后性的历史透视》（马萨诸塞州，坎布里奇，哈佛大学出版社，1962 年）第 31—51 页。

改变生活和工作条件；另一个是从科学到技术、到创新、到更多的学问、到更多的科学，等等——一切都将视经济和社会条件而定，这些经济和社会条件决定创新被应用的广度将有多大，从而将会取得多少新的知识，以及为了知识、科学和技术的进一步发展将会创造出什么样的新工具。总之，对作为现代经济发展特点的增长和经济及社会结构变化的这些一长串连锁影响提出某些独具的特征，可能是有益的。

第一个值得注意的特征是这种连锁影响并不是经常直接由一种经济变化，例如生产结构的变化，发展到一种经济结果，比如，对高度熟练劳动的需求。这两者通常是通过经济变化对生活条件上的影响连接起来的，这些影响产生了人口统计上的反应（出生率和家庭规模），而这种反应又创造出对某些新商品的需求。这样，尽管我们是集中在最初的经济冲力和最终的经济效果（就我们的目的说是最终的），要把这两者联系在一起的企图还是会使我们卷进人口统计形式及其他的大部分非经济性质的因素和过程中去。这种从经济冲力到包含人口统计的、政治的和意识形态等等环节的经济效应的连锁影响，能够容易地举出更多的来，并且它们在最近几个世纪（它们在更早时期也一样）经济增长机制中显然是基本的。总地说来，经济增长过程中的结构变动引起的改革，贯穿于整个社会母体组织中，而不单单是在经济活动和经济制度中。新的经济效应正是从这种社会母体的普遍的改造中出现的。据此，与经济变化及其经济结果有联系的经济度量，会可能被许多非经济环节分隔开。经济分析要达到完整性，大部分是要靠对这些介于其间的变量加以限制性的假设。如果这种计量和数量分析产生某些一致的参数，这些参数对很长的期间内和许多国家间显示出有限的可变性，这些结果可能是由我们这个计量体系强加的某些持久性限制因素而引起的（特别是当我们处理笼统的总计数时），也可能是由支配我们在现在和将来之间分配资源的那些主要经济变数而引起的。尽管这样，人们不能过分信赖在时间上和国家间那些参数的相对不变性。而如果建立在限制性假设基础上的我们的经济模式看来是有理的，那可能是因为我们倾向于把注意力集中在经济变动和经济环节中支配经济增长的那些实在的延伸部分，并把其他的事物，不论显然可见的或内含的，作为不“正常”而被排除了。但是，纯粹的经济分析和经济增长理论可以在其中活动的范围是那么狭小，因而，在一种分析体系内部，对非经济环节及对经济变数共同行得通的计量方法和分析方法是一个关键的重要事物。

第二，上面阐述的这种类型的连锁影响，其扩展是要相当长的时期的，要经历许多环节，其中任何一个在传递过程中都允许有某些偏移，因此结局的影响（所谓结局只是指我们对该连锁影响选定在那一环节上终止的意思），是一定时期的一组复杂的可变的连锁关系的累积结果，在这一时期，其他的连锁影响也许已经出现，它们同样也影响经济和社会生活，从而影响我们要在该处终止的特定的连锁影响。任何要有把握地来预测这种连锁影响，几乎都是不可能的。今天回顾起来，历史充满着对某个一定创新的效果的荒谬可笑的错误预测。因为我们处理的是主要导源于技术创新的变革，也就是那些具有全新的强有力因素的事件，由于被它们引发起来的许多变革的连锁影响经历了很长的时期跨越了社会制度和信仰的许多水平，对更远距离的重大影响的可靠预测几乎是难以指望的。因此，要预测汽车扩展的最后影响，即使是预测近如1920年代在美国——当它刚刚开始从当作一种主要由农场主使用的资本商品转为一种大量生产的消费者商品时——的影响，也意味是一种能刻画出社会变动长期累积的连锁影响的能力，在汽车刚出现时，当时任何人对它的知识都是不足的。这种知识，甚至今天也可能是不足的。

预测重大创新的长期影响的困难，因为从科学发现到在未来时期可能由其引起的技术创新之间要间隔很长的和可变的距离，在这间距中也会并行着类似的一长串连锁影响的问题。再重复一下已经应用过的例子，在1887年当赫茨获得他的发现时，或者甚至在20世纪初当马可尼把赫茨的发现应用于无线电报时，任何预测家要能预见到这个最重要的经济上的重大技术创新将在1920年代后期(距赫茨半个世纪以后，距马可尼25年以后)在家庭文娱工业中的应用，这也是不可能的。可以肯定，由科学提供的对已经受过检验的知识的任何增加，不管看来离实际应用是如何遥远，都是潜在地有用的，即对技术创新是有用的；因为，技术是为了人们的利益(或在任何目的上)而对自然进程的改变，因此，我们对自然界的任何知识可能成为对技术是有用的。[1] 但在发现和应用之间的距离可能是漫长的；只是当互补的条件结合起来是有利的时候才会跨越过去。——而“有利条件”不仅有赖于供求双方所包括的

① 关于在“纯粹”科学发现和最终的主要实际应用之间的某些不确定和令人惊异的关系的例子。可参见科恩著：《科学，人的仆人》(波士顿：里特尔·布朗，1948年)。

许多组成成分，而且也有赖于进一步的科学发现和其他的技术创新的许多副产品。

第三，对一定的重大技术创新长期的后果作出完整的和相对可靠的预测的近乎不可能性，意味着不仅不能预见到有利的或中性的结果，而且也不能预见到不利的结果。要用史实记载来证明在以往历史中预见的这种失败，就需要对这种记录进行详尽无遗的调查以证明因缺乏这种明确指明的预测，使事先未有足够的时间以改变事件的进程。在任何情况下，要证实这样的否定是困难的，而在这里是不可能的。我将用一些质疑性的问题来阐明这一点。由于汽车的广为使用而导致中等的和高收入阶层从市中心到郊区的移居，会引起城市税收基础被摧垮的后果并且使有效率的市政府近于崩溃——以及目前美国主要城市正在为之斗争的各种接踵而来的问题，这些是曾经预见到的吗，或者在当时是可以预测的吗？1920 年代限制向美国移民，会对这个国家的劳动力起稳定作用，在萧条年代断绝了新的移民流回其母国（由此出口这个国家的已失业者），并使对常住劳动力中的失业者要提供某种足够的失业保险或类似的失业补偿成为必须，这是能预见到的吗？关于大规模生产的不经济——诸如由于汽车成倍地增加而产生的拥挤和污染，以及由于空中交通成倍增加而产生的拥挤是噪音，难道在这些技术创新刚使用的早期阶段就能预见到吗？美国黑人劳动力的城市化和黑人人口中相当大部分从南部农村向北部、西部和中西部城市的迁移，连同移居人口调整而来的许多问题，这些问题在任何情况下都不小，而对长期遭受歧视的少数民族来说就特别严重，这些后果难道已充分预见到了吗？如果承认这里提出的疑问中某些间接的联系是不可能全部防止的,它们的确能用来说明这样一些连锁影响,即在经济增长过程中引起的经济变革常常会产生为社会所不欢迎的并要求采取某些有效政策行动的无法预期的后果。但是,所谓对它们无法预测,指的是:这类问题,只是在它们已经达到巨大范围之后,只是在它们已成为如此迫切,以致在亟须人们去注意和作政策处理的许多杂乱无章的问题中使它们赢得重视之后,人们才意识到问题的出现。可能导致成重要"问题"的这种连锁影响的数量和程度是很容易给引申得很多的,如果把某些确实具有的某类问题,如国际关系的压力和气氛变动,归因于技术创新与经济增长中的结构变动间的相互关系时,尤其如此。

第四,即使某些消极的后果在开初就能预见到,要采取迅速的果断行动来防止它仍受到两个因素的抑制:预测的不确定性和对新产品的高度评价。前者使人们在大大减低其实质的影响(积极或消极的)下来看待某个预测;后者是在技术创新(及其相联系的结构变革)的早期阶段,同时代的人加在新产品上的。如果某一预测已暗示到城市中由于交通堵塞在20或30年内将引起的问题,立即采取对策的冲力也可能被像"还有充分的时间和情况可能变化"这类论点所削弱。同样地,任何为阻碍汽车推广而对这种问题做出反应的政策措施,又可能因当时把汽车及其可能用途上的高度价值而被阻挡掉了。鉴于社会在处理许多需要解决的"问题"时的有限能力,试图避免或阻止由技术创新及与其相联系的结构变化所引起的长期不受欢迎的后果这种努力落在问题的后面,几乎是不可避免的。据此可得出如下概括性的结论:现代经济增长,由于总体增长和结构变化的高速度(它们是相互依赖和相互加强的)，也导致了问题的累积，这些问题是不可能及时地预见到的，它们的大小及程度和新颖情况在某种程度上则视构成其基础的总体增长率和结构变换率的幅度大小的作用而定。①

这样我们已经兜了一圈又回到了在第二章已经触及的包括在经济增长的非常规成本的问题范围中来。无论如何，在这里，与这些费用有关联的问题，多半更清楚地被看成是生产结构从而更广义地是经济和社会结构的迅速变化的后果——无法预见的或被忽视的后果；而后者和总体增长的高速度之间的联系的线索可能也变得更加明显了。

① 积极的成就与无法预见和长期未解决的问题的这种结合，不是只是现代经济增长才有的特征，这种情况对任何建立在新的从而部分地是未知的基础上的增长过程，都是属实的。例如，欧洲在现代以前的城市化过程，肯定是对经济增长的重大贡献，而随之俱来的则是更稠密地定居的城市人口的较高死亡率——就难以把这个后果说成是预料到了的。这个“问题”是事后才察觉到的，而适应的反应手段则直到19世纪才出现。这个论据还可以用别的例证进行复述，欧洲的向外扩张，不但为它带来了更多的贸易和掠夺品，而且也带来了新类型的疾病。这种扩张对宗教信奉的不同影响造成了正统的和不信奉国教的两者的“问题”，这些问题引起了大规模的流血，这同今天某些引起争论的(和制造流血的)准宗教争端是类似的。

本书译者分工情况如下：前言、第一章、第七章的一至三节，潘天顺译；第二、三、四章，第七章的第四至六节，常勋译；第五章，黄有土译；第六章，林宁生译。石景云负责全书的校订工作。

图书在版编目(CIP)数据

各国的经济增长:总产值和生产结构/(美)西蒙·库兹涅茨著;常勋等译. —北京:商务印书馆,2017
(汉译世界学术名著丛书:120年纪念版:珍藏本)
ISBN 978-7-100-14181-9

Ⅰ. ①各… Ⅱ. ①西… ②常… Ⅲ. ①经济增长理论—研究 Ⅳ. ①F061.2

中国版本图书馆CIP数据核字(2017)第137878号

汉译世界学术名著丛书
(120年纪念版·珍藏本)
各国的经济增长
总产值和生产结构
〔美〕西蒙·库兹涅茨 著
常勋 等译
石景云 校

商 务 印 书 馆 出 版
(北京王府井大街36号 邮政编码100710)
商 务 印 书 馆 发 行
南京爱德印刷有限公司印刷
ISBN 978-7-100-14181-9

2017年12月第1版 开本 710×1000 1/16
2017年12月第1次印刷 印张 27½
定价:130.00元